"十三五"江苏省高等学校重点教材

（编号：2018-1-022）

Communication
Enterprise Management

21世纪高等学校经济管理类规划教材
高校系列

通信企业管理
（微课版 第2版）

□ 刘宁 林萍 主编
□ 葛伟 孙霄凌 副主编

U0734623

人民邮电出版社
北 京

图书在版编目（CIP）数据

通信企业管理：微课版 / 刘宁，林萍主编. -- 2版
. -- 北京 ：人民邮电出版社，2020.1（2021.12重印）
21世纪高等学校经济管理类规划教材. 高校系列
ISBN 978-7-115-51824-8

Ⅰ. ①通… Ⅱ. ①刘… ②林… Ⅲ. ①通信企业－企
业管理－高等学校－教材 Ⅳ. ①F606

中国版本图书馆CIP数据核字(2019)第171056号

内 容 提 要

本书理论结合实践，通过基本理论、案例、习题等多种形式，系统地阐释了通信企业经营管理理
论。全书按照通信企业管理过程的各个环节，从企业的整体格局与战略到企业局部的产、供、销和人、
财、物管理等一系列经营活动，层层展开。本书内容包括企业与企业管理、企业战略管理、企业生产
管理、企业质量管理、人力资源管理、企业财务管理、物资与设备管理、市场营销、企业服务管理和
技术经济分析等。每章都是先介绍企业管理的通识知识，再介绍通信企业管理的相关内容。本书所介
绍的管理理论、方法和实践指导原则，不仅可以作为通信企业改善经营管理、提高绩效的有效参考，
而且对于其他企业和组织的管理也有很好的借鉴意义。

本书可以作为高等院校非管理专业本科生的教材，也可以作为通信企业管理人员的参考书。

◆ 主　编　刘　宁　林　萍
　　副主编　葛　伟　孙霄凌
　　责任编辑　孙燕燕
　　责任编辑　周昇亮

◆ 人民邮电出版社出版发行　　北京市丰台区成寿寺路 11 号
　　邮编　100164　电子邮件　315@ptpress.com.cn
　　网址　http://www.ptpress.com.cn
　　山东百润本色印刷有限公司印刷

◆ 开本：787×1092　1/16
　　印张：18.5　　　　　　　　　2020 年 1 月第 2 版
　　字数：511 千字　　　　　　　2021 年 12 月山东第 3 次印刷

定价：59.80 元

读者服务热线：(010)81055256　印装质量热线：(010)81055316
反盗版热线：(010)81055315
广告经营许可证：京东市监广登字 20170147 号

前 言 Preface

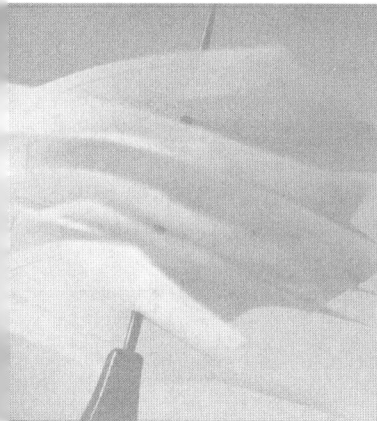

《通信企业管理（微课版 第 2 版）》是在南京邮电大学管理学院刘立、刘宁、林萍主编的《通信企业管理》一书的基础上修订完成的。本书是编者紧密跟踪通信企业在信息技术飞速发展背景下的管理变革，将企业管理的通识理论与通信企业管理的特色相结合编写而成的。

企业是一个国家经济发展的基本细胞。企业兴则经济兴。而管理是决定企业兴衰成败的关键。企业应该如何开展管理活动，才能确立自己的核心竞争优势，更好地参与市场竞争，从而提高效益、基业长青呢？在企业经营过程中，掌握好企业管理各环节的理论、实践和方法非常重要。

本书修订的主要内容如下。

（1）调整了部分章节的内容，删除了一些陈旧的知识，增加了新的管理实践和方法的内容。

（2）更新了部分开篇案例和课后案例。

（3）增加了阅读材料，以方便学生学习。

（4）强化了与通信企业管理相关的内容。在每章中增加了通信企业管理的相关内容。开篇案例、案例分析和文中的阅读材料大都来自通信企业。

（5）以二维码形式链接微课视频，学生扫码后即可观看，有助于教师教学和学生自学。

本书对应的课程《现代管理科学基础》已经正式在爱课程（中国大学 MOOC）平台上线，每学期都会开课一次，感兴趣的读者可以登录平台选修。在线平台中，除了有本书的重要理论知识外，还增加了部分思考题和讨论题。学生可以与教师在讨论区进行交流。此外，平台还会通过单元测试和期末测试的方式检验学生的学习情况。欢迎读者登录平台选课。

本书由南京邮电大学管理学院几位多年从事管理类课程教学的教师编写。全书由刘宁、林萍担任主编，葛伟和孙霄凌担任副主编。具体编写分工如下：刘宁负责编写第 1 章、第 2 章和第 5 章，林萍负责编写第 4 章、第 6 章和第 7 章，葛伟负责编写第 3 章和第 9 章，孙霄凌负责编写第 8 章和第 10 章。全书由刘宁和林萍统稿。

本书在修订的过程中得到了刘立教授的大力支持，在此表示真挚的感谢！此外，本书第 4 章和第 7 章中的微视频来源于课程团队刘影老师在线课程的视频片段，在此感谢刘影老师的支持。在本书的编写过程中，研究生张惠康、张瑞可、解一涵、王晓梅等帮助查找了部分资料和案例，在此一并表示感谢。

　　尽管经过反复认真修改，但由于编者水平有限，书中难免存在疏漏之处，请各位读者不吝赐教。任何问题可以发至编者邮箱：liun2004@263.net。非常感谢！

编　者

目录 Contents

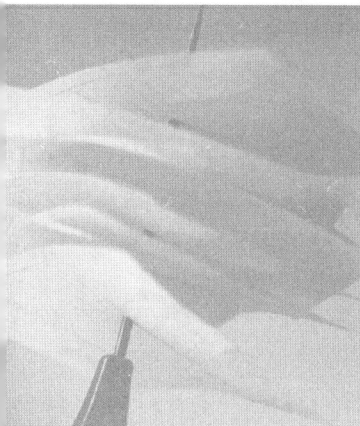

第9章　企业服务管理

第10章　技术经济分析

参考文献

【学习目标】

- 理解企业的概念和属性。
- 了解企业的组织结构。
- 掌握管理的概念、特征与职能。
- 了解管理思想的历史演进。
- 掌握企业管理基础工作的内容。
- 了解通信企业的发展现状及其最新的管理实践。

【开篇案例】

小米组织架构再次调整

2019年2月27日，小米集团组织部下发正式文件，宣布进行新一轮组织架构调整，任命崔宝秋为集团副总裁、集团技术委员会主席，并且在核心管理岗位上共任命了14名总经理、副总经理，这也是继2018年9月成立集团组织部、参谋部以来，小米规模最大的一次组织架构调整。

雷军在内部会议上指出，要继续强化技术立业，技术事关小米生死存亡，是小米持续发展最重要的动力和引擎。要进一步强化技术文化和工程师文化，着力提高集团的技术方向决策能力，在技术人才招聘、培养、任命和激励方面加大力度，带领公司探索未来技术趋势。

此前，小米曾设立质量委员会，雷军亲自担任主席，并且在上市后任命颜克胜为集团副总裁，兼任质量委员会主席。在设立质量委员会后，小米的质量工作取得了长足进步，2018年获得了中国质量协会质量技术一等奖，成了首获中国质量领域最高奖项的互联网公司。

在上市后的几次组织架构调整中，小米互联网业务的色彩越来越浓。在2018年9月的第一次重大组织架构调整中，小米设立了四个互联网事业部，这次又新增了两个互联网事业部。数据显示，小米互联网业务的商业潜力巨大，全球市场广阔。根据2018年第三季度财报，小米互联网业务收入达47亿元，同比大涨85.5%，其中海外互联网业务更是成果喜人，其收入占到了整体互联网业务收入的4.4%。此次新成立互联网五部负责海外基础应用的本地化，浏览器、信息流业务以及海外互联网商业化工作；新成立互联网商业部，负责国内互联网业务商业化规划以及目标达成。同时从组织架构层面加大了对AIoT战略推进的力度，新成立人工智能部、大数据部、云平台部，提拔了一批年轻的技术管理人才，为小米全面落实"手机+AIoT"双引擎战略打好了组织建设和人才储备的基础。

（资料来源：小米组织架构调整成立技术委员会.强化技术引领、增强互联网成色.腾讯科技，2019.）

1.1 企业概述

企业是经济的细胞，是市场主体。企业兴则经济兴。我国要想实现经济持续稳定增长、向中高端水平迈进，归根到底要靠企业。党的十八大以来，我国采取各种措施支持、服务市场主体发展，并于 2014 年 3 月 1 日起相继在全国范围内全面推行注册资本登记制度改革。多证合一、一照一码改革、企业注册全程电子化改革等措施，降低了企业登记门槛，提高了企业注册便利化程度，优化了企业经营环境。改革激发了大众创业活力。党的十八大以来，全国实有企业数量和注册资本（金）年平均增长率分别为 16.7%和 27.9%。截至 2017 年 9 月底，全国实有企业总量为 2 907.23 万家，注册资本（金）总额为 274.31 万亿元。①企业是构造市场经济的主体，促进社会稳定的基础力量。企业的快速发展和创新对推动国民经济的发展有着不可估量的贡献。

1.1.1　企业的概念与属性

企业是那些根据市场反映的社会需要来组织和安排某种商品或某种服务生产和交换的基本组织单位，实行自主经营、自负盈亏、独立核算。企业有以下几个属性。

（1）企业是经济组织。企业是为了保证经济循环系统的正常运行，通过权责分配和拟订相应层次结构而构成的一个完整的有机整体。因此，企业是经济组织。首先，它是一个投入—产出系统，即从事经济活动，具体为生产和营销等方面的活动，把资源按照用户的需要转变为可接受的产品与服务；其次，企业是以营利为目的的生产经营组织，追求最大利润是每一个在市场经济中角逐的企业的现实目标。有利润，企业才能生存和发展。而企业利润的提高还意味着政府的税收与国民的福利、公益事业的发展，以及企业自身的扩大再生产、职工生活水平的不断提高。

（2）企业是社会组织。企业不仅是经济组织，也是社会组织。现代企业是一个向社会全面开放的系统，企业提供产品或服务给社会大众，获得利润。与此同时，企业也需要社会的支持。企业要"满足社会需要"，不仅指满足用户和市场的需要，还包括满足股东和一切利益相关者（如供货商、营销商、职工、政府、社会公众等）的需要。这些利益相关者都在不同层面、不同程度上与企业发生着联系，影响或制约着企业的行为，形成了企业经营的社会环境。因此，企业需要在创造利润、对股东和员工承担法律责任的同时，承担对顾客、社区和环境的社会责任。企业的社会责任要求企业必须摆脱把利润作为唯一目标的传统理念的束缚，强调要在生产过程中对人的价值予以关注，强调对环境、顾客、社会的贡献。那些不承担社会责任，仅追求短期利润的行为，最终伤害的是企业本身。

（3）企业是自主经营系统。自主经营是指企业在国家的宏观调控下，结合市场需求，独立自主地对自己的生产和经营活动做出决策和进行管理。由于企业在市场中运作，面对的是各种各样的需求、稍纵即逝的机会以及优胜劣汰的竞争，因此，企业应具有充分的自主性，不应受到其他方面的直接干预。同时，对于企业经营者来说，自主经营除了行动自主之外，还意味着"自负盈亏、自我积累、自我发展和自我制约"。此外，企业自主经营也意味着政府必须简政放权，不能随意干涉企业的日常经营事务。

1.1.2　企业的产生与发展

企业是社会生产力发展到一定水平后，随着商品生产和商品交换的发展而产生的。从封建社会的手工作坊演变成为严格意义上的社会基本经济单位，在资本主义社会中出现的企业这一组织形式使得劳动生产率显著提高，成本大幅度降低，从而带来了高额利润，促进了社会生产力的发展和社

---

① 余颖. 十八大以来我国企业数量翻了一倍多. 中国经济网，2017-10-25.

会经济的进步。

企业是一个动态变化、不断发展的经济单位，随着人类社会的进步，尤其是社会生产力的发展、科学技术水平的提高而不断发展、进步。纵观企业的发展历史，其一般分为以下几个时期。

（1）手工业生产时期。从封建社会的家庭手工业到资本主义社会初期的工场手工业，这一时期（16～17 世纪）是企业的萌芽期。16 世纪以前的家庭手工业规模小而且分散，基本没有分工协作。即使出现包买商收购销售产品的情况，这些家庭手工作坊仍不具备企业性质。16 世纪以后，原来半工半农的家庭手工业者沦为雇佣劳动者，由包买商建立的手工业工场迅速发展，规模的扩大、产业结构的变化、机器设备的采用以及内部分工协作的形成，表明这时的手工业工场开始具有了企业的雏形。

（2）工厂生产时期。随着资本主义制度的发展，工厂制度开始建立。工业革命时期是真正意义上的企业的诞生期。在工业革命期间，新技术的出现、机器设备的普遍采用特别是动力机的使用，为工厂制度的建立奠定了基础。西方各国先后完成了资产阶级革命，出现了工业化高潮，工厂制度在采掘、煤炭、机器制造、运输、冶金等行业中相继建立。工厂制度的建立，是工场手工业发展的质的飞跃，标志着企业真正形成。

（3）企业生产时期。随着自由资本主义向垄断资本主义的过渡，工厂得到了迅猛的发展。从工厂生产时期到企业生产时期是企业作为一个基本经济单位的最终确立期。在企业生产时期，生产规模的空前扩大造就了托拉斯等垄断性企业组织；技术革新、技术设备的层出不穷推动了生产技术的迅猛发展。科学管理制度的建立标志着企业从传统经验型管理阶段进入科学管理阶段。管理权与所有权的分离催生了专门的工程技术和管理队伍；企业间竞争的加剧、兼并的频繁导致生产走向集中，出现跨国公司。

1.1.3 企业的法律形式

在市场经济条件下，企业是在法律上和经济上独立自主的实体，在一定的法律条件下拥有自主经营和发展所必需的、与其法律形式相对应的各种权利。因此，任何企业在设立之初，首先面临的都是企业法律形式选择的问题。

企业的法律形式一般分为以下几种。

1. 个体企业

个体企业是指由业主个人出资兴办、归个人所有和控制、由个人承担经营风险和享有全部经营收益的企业。其又称个人业主制企业、个人独资企业，是最古老、最简单的一种企业法律形式。2000 年 1 月 1 日，《中华人民共和国个人独资企业法》正式生效，表明中国将全面开放民间投资，最重要的意义则在于让每一位个人投资者都有平等参与市场竞争的机会。这部法律在降低投资者市场准入条件的同时，对投资者进行了必要的责任规范和约束。登记后的个人独资企业在享有企业全部经营所得的同时对企业的全部债务承担无限责任，即当个人独资企业的负债超过投资者投入的资本额时，投资者除了以原来投入的资本来清偿债务外，还要以自己的其他财产继续清偿债务，直至清偿完毕。这体现了权利与义务相一致的特点。个体企业不具有法人资格，不是公司，其出资人是自然人，不是企业的法人代表。

个体企业的主要特征为：规模较小，内部管理机构相对简单；建立和解散的程序简便；产权能够比较自由被转让；经营者与所有者合一，业主可以根据自己的意志经营企业，随时改变经营的内容和方式。不过，大多数个体企业财力有限，偿债能力和获取贷款能力都有限，难以从事大规模工

企业的法律形式

商业活动，生命力相对较弱。

个体企业多存在于零售业、手工业、农业、林业、渔业、服务业中。个体业主多为零售商店店主、注册医师、注册律师、注册会计师、自由职业者等。虽然它数量庞大而且是最古老的企业法律形式，但由于规模小而且发展空间有限，因此在整个经济中并不占据支配地位。

2. 合伙制企业

合伙制企业是指由两个或两个以上的个体联合经营的企业。合伙人按照协议投资，共同分享企业所得，共同承担经营亏损责任。其又可分为部分合伙人经营、其他合伙人出资且共同承担盈亏后果的形式；也可分为所有合伙人共同经营且承担盈亏后果的形式。合伙制企业的财产由全体合伙人共有，合伙人对企业债务承担连带无限清偿责任。

合伙制企业的主要特征为：可以由众多的合伙人筹集资本，共同承担偿还责任，从而降低了银行贷款的风险，提高了企业的筹资能力；合伙人对企业盈亏负有完全责任，这使得所有合伙人都以自己的全部家产为企业担保，因此有助于提高企业的信誉，分散了风险；合伙人在经营过程中集思广益，各显所长，有助于企业经营管理水平的提高。不过，其合伙各方具有不确定性，容易造成法律上合伙关系复杂、企业重大决策困难以及因某些非经营性合伙人对企业债务负有连带无限清偿责任而使企业面临风险。

总体而言，合伙制企业规模较小，资本需要量较少，合伙人的个人信誉对企业具有极其重要的影响，律师事务所、会计师事务所、诊疗所等机构常采取这种法律形式。

3. 合作制企业

合作制企业是指本企业或合作经济实体内的职工共同出资入股，合作经营，实行自主经营、自负盈亏、民主管理、按劳分配的一种集体经济组织。对于普通的合作制企业而言，外部人员不能入股。

合作制企业的主要特征为：企业产权归企业职工所有；企业的股本金跟随劳动者，具有劳动者自有资金的性质；企业将税后利润分为两部分，一部分用于企业内部的按劳分配，另一部分按股本进行分红。因此可以说，合作制企业实现了"按劳分配与按股分配相结合"和"劳动者与所有者相结合"。

股份合作制企业则是在合作制企业的基础上进一步发展起来的组织形式。它依法设立，由企业职工共同出资成立，可以吸收一定比例的社会资产，增强了筹资能力。股份合作制企业是共同劳动、民主管理、按劳分配和按股分红相结合的企业法人。企业对其管理、使用的财产拥有所有权。企业的最高权力机构是职工股东大会。企业以其全部资产对其债务承担责任，企业的出资人以其出资额为限对企业承担责任。

我国城乡地区许多小型工商企业和服务性企业，如农村供销合作社，城市信用、供销合作组织等，都为股份合作制企业。经验表明，合作制有利于调动企业职工的积极性，增强企业活力，降低成本，提高经济效益，是我国城乡小型工商业、供销服务业及其他第三产业的改革目标模式。

4. 公司制企业

公司制企业也就是我们通常提到的公司。公司是指依法设立的，全部资本由股东出资，以营利为目的的法人企业。公司是企业法人，享有独立的法人财产权。公司以其全部财产对公司的债务承担责任。公司的典型特点是所有权与经营权分离。公司的组织机构包括决策机构、执行机构和监督机构。其中，决策机构分为两个层次，股东大会是公司的最高权力机构，董事会是公司的常设决策机构；执行机构由公司高级经理人员组成，包括总经理、副总经理、常务董事等，具体负责公司的经营活动；监督机构则指的是监事会，由股东大会选举出的监察人员组成，对董事会和高级经理人员的活动及其组织的公司业务活动进行检查和监督。

公司的主要形式为有限责任公司和股份有限公司。

（1）有限责任公司。有限责任公司又称有限公司，是指根据《中华人民共和国公司登记管理条例》规定登记注册，由 50 个以下的股东出资设立，每个股东以其认缴的出资额为限对公司承担有限责任，公司法人以其全部资产对公司债务承担全部责任的经济组织。现行的《中华人民共和国公司法》允许成立一人有限责任公司，即只有一个自然人股东或者一个法人股东的有限责任公司。

《中华人民共和国公司法》规定，设立有限责任公司时应当具备下列条件：股东数量符合法定人数要求；有符合公司章程规定的全体股东认缴的出资额；股东共同制订公司章程；有公司名称，建立符合有限责任公司要求的组织机构；有公司住所。

有限责任公司股东大会由全体股东组成。股东大会是公司的权力机构，一人有限责任公司不设股东大会。有限责任公司设董事会，其成员为 3～13 人，股东人数较少或者规模较小的有限责任公司可以设 1 名执行董事，不设董事会。执行董事可以兼任公司经理。有限责任公司设监事会，其成员不得少于 3 人。股东人数较少或者规模较小的有限责任公司可以设 1～2 名监事，不设监事会。

有限责任公司的主要特征为：第一，股东的出资额由股东协商确定。股东所负责任仅以其出资额为限，承担的风险大为降低。第二，设置程序较为简单，一般公司的资产债务不予公开，公司内部机构设置也较为灵活。第三，股东交付股本金后公司出具股权证书，但股权证书仅作为权益凭证，不能自由流通，该股东必须征得其他股东的同意才能够转让，且要优先转让给公司原有股东。第四，有限责任公司不对外公开发行股票，筹集资金的范围和规模一般都较小，难以适应大规模生产经营活动的需要。因此，有限责任公司法律形式一般适用于中小企业。

（2）股份有限公司。股份有限公司又称股份公司，是指注册资本由等额股份构成，并且公司通过发行股票或股权证筹集资本，公司以其全部资产对公司债务承担有限责任的企业。《中华人民共和国公司法》规定，设立股份有限公司，应当有 2 人以上 200 人以下的发起人，其中须有半数以上的发起人在中国境内有住所。注册资本的最低限额为人民币 500 万元。

设立股份有限公司时应当具备下列条件：发起人数量符合法定人数要求；有符合公司章程规定的全体发起人认购的股本总额或者募集的实收股本总额；股份发行、筹办事项符合法律规定；发起人制订公司章程，采用募集方式设立的需经创立大会通过；有公司名称，建立符合股份有限公司要求的组织机构；有公司住所。

股份有限公司的所有权与经营权分离，股东大会是最高权力机构，委托董事会负责处理公司重大经营管理事务，董事会聘任总经理负责公司日常经营，监事会负责监督董事会和高级经理人员的工作，这使得所有者、经营者和劳动者之间建立了相互激励、相互制衡的机制。

股份有限公司的主要特征为：第一，任何愿意出资者都可以成为公司股东，不受资格限制；第二，股份有限公司的资本总额均分为金额相等的股份，以便于根据股票数量计算每个股东所拥有的权益，股东仅以其认购的股份对公司承担责任，一旦公司破产，公司债权人只能就公司的资产提出还债要求，而无权直接向股东讨债；第三，公司年度报告、资产负债表等账目必须公开，以供股东和债权人查询；第四，有可能获准在交易所上市，面向社会公开发行股票，筹资能力较强。股票易于迅速转让，这既增强了资本的流动性，又对公司经营者形成了强大的压力。不过，股份有限公司设立程序复杂；保密性不强；股东们关注短期收益，缺乏对公司长远发展的关注。

股份有限公司是现代市场经济中最适合大中型企业的法律形式，在国民经济中占据主导地位。

此外，还需要指出的是，在现实中，我们常常看到"某某集团公司"这样的名称。实际上，在《中华人民共和国公司法》中只有有限责任公司和股份有限公司的提法，并没有"集团公司"一说。其实，最常见的集团公司是这样的：有的公司进行多元化经营，在多个领域均成立了子公司，这样，母子公司就组成了一个企业集团，类似于军队当中的集团军，如海尔集团、联想集团等。另外，多个公司在业务、流通、生产等方面联系紧密，从而聚集在一起形成公司联盟，即集团公司。

1.1.4 企业的组织结构

组织结构是指组织各部分排列顺序、空间位置、聚集状态、联系方式以及各要素之间相互关系的一种模式，是执行管理和经营任务的体制。企业的组织结构犹如人体的骨架，206 块骨头组成的骨架在人体中起着支撑、保护的作用，可使消化、呼吸、循环等系统发挥正常生理功能。组织结构在整个企业中同样起着骨架作用，有了它，企业中的人流、物流、信息流才能正常流通，进而使企业目标的实现成为可能。企业能否顺利实现目标，能否促进个人在实现目标的过程中做出贡献，很大程度上取决于企业组织结构的完善程度。随着企业的发展和领导体制的演变，企业的组织结构也得到了发展。迄今为止，企业的组织结构主要有以下几种形式。

企业的组织结构（一）

（1）直线型组织结构。直线型组织结构是最早、最简单的组织结构。其特点是企业中的各种职务按垂直系统排列，各级主管人员对其属下拥有直接的一切职权，企业中每一个人只能向一个直接上级报告。这种组织结构的优点是：结构比较简单，权力集中，责任分明，命令统一，联系方便；缺点是：部门间协调性差，在企业规模较大的情况下，所有的管理职能都集中由一人承担，这往往会造成由于个人知识能力有限而出现失误。一般来说，这种组织结构只适用于一些小型企业或者是现场的作业管理，如某公司产品的制造车间（见图 1-1，图中 L 代表直线部门，1-3 代表管理层级，1 为最高，3 为最低）。

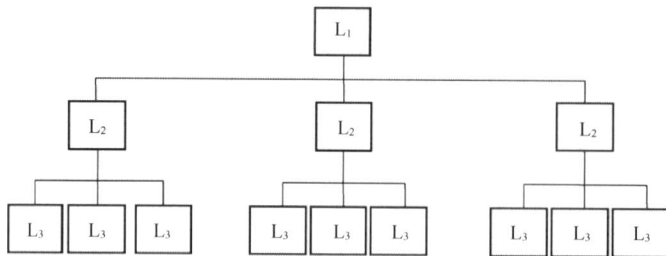

图 1-1 直线型组织结构

（2）直线—职能型组织结构。直线—职能型组织结构又称直线—参谋型组织结构，是在直线型组织结构的基础上增加了职能部门形成的。直线部门直接参与组织目标的实现，职能部门间接参与，它们为组织目标的实现提供服务。例如，对于生产型企业而言，它的主要目标有两个：生产和销售。作为组织目标实现的直接参与者，生产与市场人员构成了直线部门，而人事、研究与开发、财务及公共关系部门往往被认为是职能部门。这种组织结构的特点是：设置了两套系统，一套是按命令统一原则组织的指挥系统，另一套是按专业化原则组织的管理职能系统。直线部门在自己的职责范围内有决定权，对其下属的工作进行指挥和命令，并负有全部责任；而职能部门仅是直线部门的参谋，只能为下级机构提供建议和业务指导，没有指挥和命令的权力。其优点是：各级管理机构和人员实行高度的专业化分工，各自履行一定的管理职能，领导集中、职责清晰，工作效率高、组织稳定性强。缺点是：下级部门的主动性和积极性的发挥受到限制，部门间信息沟通少，不能集思广益做出决策，在职能参谋人员和直线人员间目标不一致时容易产生矛盾，整个组织系统的适应性差，因循守旧，对新情况不能及时做出反应。这种组织结构比较适用于中小企业，但对于规模较大、决策时需要考虑较多因素的企业则不太适用（见图 1-2，其中 L 代表直线部门，F 代表职能部门）。

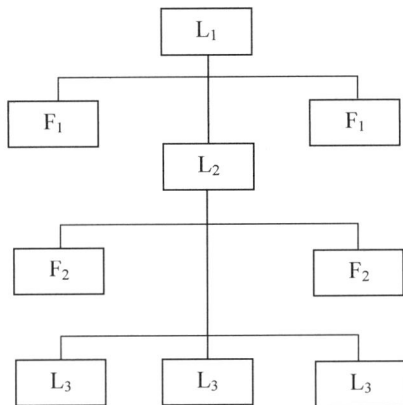

图 1-2　直线—职能型组织结构

（3）事业部制组织结构。事业部制组织结构于 20 世纪 20 年代由美国通用汽车公司首创，即在总公司领导下设立多个事业部，各事业部有各自独立的产品和市场，实行独立核算，事业部内部在经营管理上拥有较强的自主性和独立性，其最突出的特点是集中决策、分散经营，总公司集中决策，事业部独立经营，这是在组织领导方式上由集权制向分权制转化的一种改革。其优点是：组织最高管理层摆脱了具体的日常管理事务，有利于集中精力做好战略决策和长远规划，增强了管理的灵活性和适应性，有利于培养和训练管理人才。其缺点是：机构重复造成了管理人员的浪费；各事业部独立经营使得人员交换比较困难，相互支援性较差；各事业部主管容易从本部门角度出发考虑问题，而忽视整个企业的利益。

这种组织结构多适用于规模较大的企业，在国外已相当普及，我国近年来有很多大企业也在采用。在事业部制组织结构的基础上，美国、日本等国家一些大公司中又出现了名为"超事业部制"的新的组织结构形式，该组织结构在企业最高管理层和各个事业部之间增加了一级管理机构，负责统辖和协调所属各个事业部的活动，使领导方式在分权的基础上又适当地集中，从而使企业可以集中几个事业部的力量共同研究和开发新产品，更好地协调各事业部的活动，增强组织活动的灵活性（见图 1-3）。

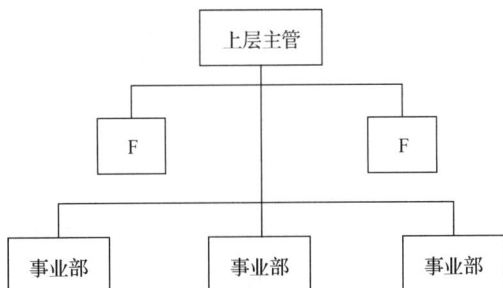

图 1-3　事业部制组织结构

企业的组织
结构（二）

（4）矩阵型组织结构。这种组织结构把按职能划分的部门和按产品（或项目、服务等）划分的部门结合起来组成一个矩阵，使同一个员工既与原职能部门保持

业务上的联系，又参与产品（或项目、服务）小组的工作。为了保证完成一定的管理目标，每个项目小组都设有负责人，在组织最高主管直接领导下进行工作。其特点是：打破了传统的"一个员工只有一个领导"的命令统一原则，使一个员工属于两个甚至两个以上的部门。其优点是：加强了各职能部门的横向联系，具有较强的机动性和适应性，实现了集权与分权的结合，有利于发挥专业人员的潜力；缺点是：由于实行纵向、横向的双重领导，可能会由于意见分歧而在工作中产生扯皮现象和矛盾（见图1-4）。

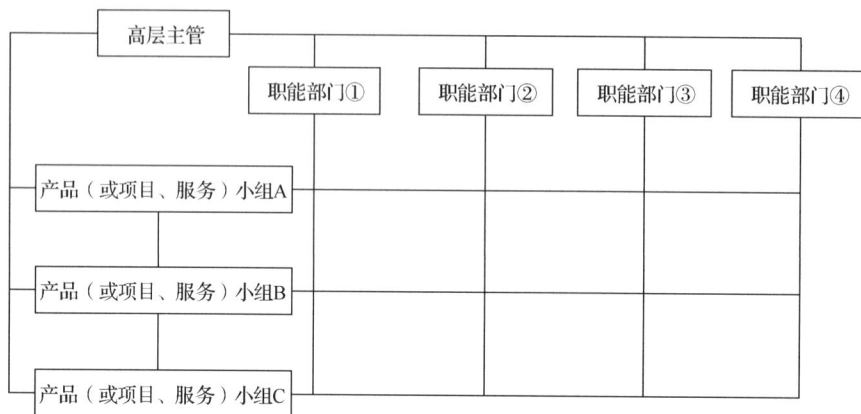

图1-4　矩阵型组织结构

阅读材料1-1

中兴通讯事业部管理转型

中兴通讯事业部成立于1998年，包括数据、CDMA、网络和移动事业部。事业部使得中兴通讯既有大企业的规模，又如成长型企业般灵活。中兴通讯董事长侯为贵曾说："我们不怕大企业病，因为我们有事业部。"

然而近年来，客户的需求发生了很大变化，其需求的不再是单个产品，而是整体解决方案。国内运营商均获得了固定网络和移动网络融合的业务牌照，这要求设备提供商不仅能提供单个产品，还要面向运营商提供融合业务的整体解决方案。按照传统的产品事业部管理方式，中兴通讯的任何一个事业部都没有能力提供整体解决方案。由于事业部实行单独考核，事业部之间沟通壁垒较高，故其向客户提供整体解决方案的反应速度较慢，甚至出现了移动事业部不愿意选择数据事业部的产品组网，而是优先选择思科的产品组网的现象。

2004年，中兴通讯在技术中心设立大项目总监负责为客户提供综合解决方案。大项目总监针对国内外客户业务需求，建立跨事业部的大项目团队，也曾试图解决跨事业部协同问题，但由于事业部单独考核，影响了大项目团队的运作。面对内部协同越来越困难的局面，以及客户需求的巨大变化，中兴通讯的组织结构变革已经迫在眉睫。

从2006年下半年开始，中兴通讯终结了已实行8年的事业部制，除了手机事业部没有参与重组之外，其他部门都被归入不同体系。在完善职能体系的基础上，其引入了矩阵型组织结构。变革组织结构后，中兴通讯任命市场体系的负责人为产品总经理，产品总经理根据市场需求，启用解决方案团队或者产品开发项目团队，团队的负责人为从各个体系中抽调的核心成员，如研发体系、物流体系、销售体系、市场体系等。这些核心成员代表各个体系参与项目团队，根据项目经理的指派代表本体系开展工作。项目经理和职能体系经理共同对核心成员进行考核。

（5）多维立体型组织结构。多维立体型组织结构是矩阵型组织结构和事业部制组织结构的综合发展，由三个管理系统组成：①按产品（或项目、服务）划分的部门（事业部），是产品利润中心；②按职能如市场研究、生产、技术、质量管理等划分的专业参谋机构，是职能利润中心；③按地区划分的管理机构，是地区利润中心。

在这种组织结构形式下，每一个系统都不能单独行动，必须由三方代表通过共同的协调才能采取行动。因此，多维立体型组织结构可促使每个部门都能从组织全局的角度出发考虑问题，从而减少了产品、职能、地区各部门之间的矛盾，且即使三者之间发生摩擦，也比较容易统一和协调。这种组织结构形式最适用于跨国公司或规模巨大的跨地区公司（见图1-5）。

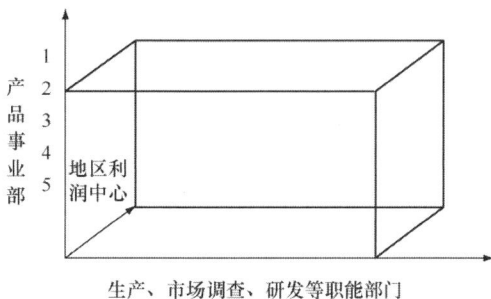

图 1-5　多维立体型组织结构

（6）网络型组织结构。网络型组织结构是近年来发展起来的一种组织结构，是解决资源限制性问题的一条强有力的途径——企业不必再具备创新所需要的全部资源，尤其是专业技术，只要知道哪里有这些资源和如何去与这些资源发生联系即可。

网络型组织与相联结的多个外部机构之间并没有资本所有关系和行政隶属关系，却通过相对松散的契约纽带，通过一种互惠互利、相互协作、相互信任和支持的机制开展密切的合作（见图1-6）。它可以是公司产品价值链的虚拟企业，由供应商、经营企业、代理商、顾客甚至竞争对手共同组建；也可以是公司职能部门的虚拟化，也就是公司通过生产外包、销售外包、研发外包、策略联盟等方式与其他企业产生业务关系。

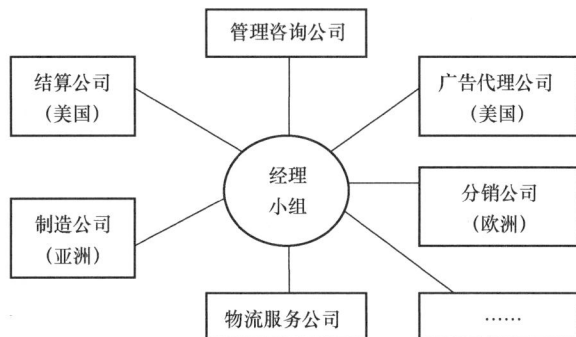

图 1-6　网络型组织结构

在网络型组织结构中，创新不是表现为单一企业的创新，而是涉及企业与企业、企业与社会之间既合作又竞争的复杂运作体的系统创新。因此，企业将采取集成系统的方式从网络型组织结构及自身的资源中获取信息，并创造一种创新产品的连续竞争能力。其中，以信息技术为基础的网络对这个过程起到了强大的推动作用。

网络型组织结构不仅适用于大公司，如思科、微软等，还适用于经营范围小、分工协作密切的小型公司。

　　基本上以上几种类型的组织结构是我们通过对实际存在的组织结构形式进行一定程度的理论抽象获得的，仅仅是一个基本框架，现实组织的组织结构可能更多样，有可能是多种类型的综合体。随着社会的发展和人们对管理认识的逐步深化，企业组织结构的类型也必将得到进一步的发展和完善。

1.2 管理的概念、性质及职能

1.2.1 管理的概念

　　管理起源于人类的共同劳动，自古就有。当人们开始组成集体去达到共同目标时就必须有管理，以协调集体中每个成员的活动。缺乏管理，人类社会就无法存在，更谈不上发展。但什么是管理呢？人们从不同的角度出发对其有不同的理解。从汉语词义角度看，"管理"一词是管辖、处理的意思。但这种字面解释是不可能严格表达出管理完整含义的。

　　多年来，西方许多管理学者从不同的研究角度，对管理的概念做出了不同的解释。其中较具代表性的有以下几种。

　　科学管理的创始人泰勒认为，管理就是"确切地知道你要别人做些什么，并指导他们用最好最经济的方法去做"。

　　法国管理学家法约尔认为，管理就是实行计划、组织、指挥、协调和控制。

　　决策理论学派的代表人物、1978年诺贝尔经济学奖获得者——美国管理学家西蒙认为，管理就是决策。

　　当代管理过程学派的代表——美国管理学家哈罗德·孔茨在所著的《管理学》（第9版）中把管理定义为："管理就是设计一种良好环境，使人在群体里高效率地完成既定目标。"

　　随着管理研究范围的不断扩大，特别是随着各方面专家运用各种现代科学知识来研究管理理论，人们对管理概念的认识更加多样化了。例如，有人从系统论角度出发，认为管理就是对整个系统的运动、发展和变化有目的、有意义的控制行为；有人从信息论的角度出发，认为管理就是信息不断输入、输出和反馈的过程。

　　对管理概念的不同认识，我们还可以列举出很多，它们从不同的侧面揭示了管理的含义，或者揭示了管理某一方面的属性。这对管理理论的发展是有益的。

　　我们知道要想形成一种管理活动，首先要有管理的主体，即谁来进行管理；其次要有管理的客体，即管理的对象；最后要有管理的目的，即为什么要进行管理。这样才具备了管理的基本条件。当然，要进行管理活动，还要运用一定的管理职能和方法，解决如何管理的问题；同时，必须了解管理是在一定的条件下才能进行的活动。

　　综上所述，根据国内外管理学者对"管理"这一概念的解释，我们对"管理"做如下定义：管理是指一定组织中的管理者，运用一定的职能和手段来协调本组织成员的活动，保证实现既定目标的活动过程。

1.2.2 管理的特征

管理的结构

　　为了更全面地理解管理的概念，理解管理学研究的范围和内容，我们需要对管理的特征做进一步分析。一般来说，管理具有以下特征。

（1）管理的目的性。管理是人类一种有意识、有目的的活动，因此有明显的目的性。管理的这一特征，是其与自然界和人类社会中那些非管理活动相区别的重要标志。在实际工作中，管理的目的往往具体表现为组织的目标。所以，组织的目标就是任何一个组织管理的出发点和归宿点，也是评价管理活动的基本依据。例如，中兴健康科技有限公司的目标是，在未来 5～7 年迅速成为中国养老产业中的领先企业。优步（Uber）公司的目标是，让出行像流水一样可靠，随处可在，连接你我。

（2）管理的组织性。现实社会中普遍存在着由两个或两个以上的人组成，为实现一定目标而开展协作活动的集体，这就形成了组织。管理的"载体"就是组织。组织在社会生活中广泛存在。任何性质、任何类型的组织都要保证组织中各种要素的合理配置，从而实现组织目标，这就需要在组织中实施管理。所以，组织是管理的载体，管理是组织中必不可少的活动。

（3）管理的人本性。所谓"人本性"，是指以人为根本。管理的人本性，是指在管理过程中应以人为中心，把调动人的积极性放在首位。我们知道，在所有生产要素中，人是最具有能动性的要素。管理者和员工的智慧和能动性对企业的经营和发展非常重要。在管理过程中，我们只有以人为本，才能协调好其他要素，实现高水平的管理。以人为本，首先要以内部员工为本，重视员工的需要，激励员工，培养员工，以人为中心进行工作设计，如应用人体工程学设计员工的操作台、企业的空间环境等。同时，以人为本还体现为企业提供产品和服务时要考虑顾客的需要。

（4）管理的创新性。经济学家约瑟夫·熊彼特于 1912 年首次提出了创新的概念。创新是指以独特的方式综合各种思想或在各种思想之间建立起独特联系的能力。管理的创新性表现为管理是一种不断变革、不断创新的社会活动。管理创新是指企业把新的管理要素（如新的管理方法、新的管理手段、新的管理模式等）或要素组合引入企业管理系统中，以更有效地实现组织目标的活动。具体而言，管理创新包括观念创新、组织创新、制度创新、技术创新、产品创新、环境创新和文化创新等。现实中各种产品的更新换代、企业组织结构的变革、战略的调整等，都是管理创新性的反映。2012 年党的十八大召开，强调要坚持走中国特色自主创新道路，实施创新驱动发展战略。2016 年 5 月，中共中央、国务院发布了《国家创新驱动发展战略纲要》。可见，创新无论对于企业还是国家的发展，都非常重要。

（5）管理的艺术性。管理的艺术性是相对于科学性而言的。管理的科学性是指管理是一门科学，是人类在长期从事社会生产实践活动中对管理活动规律的总结。作为一门科学，管理具有系统化的理论知识和自然规律。不过，管理不像其他科学那样，可以单纯通过数学计算求得最佳答案，也不可能为管理者提供解决问题的具体模式。管理者只能在掌握一定理论和方法的基础上，按照客观规律的要求，灵活运用这些知识和技能。这体现出了管理的艺术性。管理的艺术性强调因地制宜地将管理知识与具体管理活动相结合，进行有效的管理。

管理的科学性和艺术性是相辅相成的，如图 1-7 所示。相对而言，在高层管理者的工作中，艺术性的比重大一些；而在基层管理者的工作中，科学性的比重大一些。

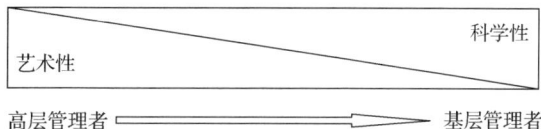

图 1-7　管理的科学性与艺术性

（6）管理的综合性。管理的对象、过程、目的等都很复杂，管理者仅掌握某一方面的知识与技能是远远不够的。管理者既要具有管理素质，又要有业务基础和处理人际关系的能力。管理者还需要对企业每个部门、每项业务都比较熟悉，这样才能从战略的高度出色地完成管理工作。现实中，很多企业要求新员工轮岗，其实就是希望新员工多方面了解企业情况，从而对企业的各部门概况有综合了解。

（7）管理的不精确性。管理在条件完全一致的情况下有可能产生截然相反的结果，即投入资源相同而产出可能不同。这说明了管理系统具有非线性，其中存在着很多无法预知的因素或不可能确切表示的因素，这是该系统的"本性状态"。这让我们知道，没有放之四海而皆准的经营模式和管理方法，相同的管理模式即使是在同一个企业不同的阶段，可能由于企业文化、市场环境等不确定因素而无法产生同样的效果。因此，管理者应结合企业实际情况探索适合本企业的管理模式，不要盲目效仿其他企业的管理模式。

（8）管理的系统性。企业是由人、财、物和其他资源在一定的目标下组成的一体化系统。这个系统可分为计划经营、生产技术、劳动人事、财务成本和生活服务等子系统。它们之间既有区别又有联系。子系统的目标要服务于企业管理系统的总目标。管理则通过对企业系统进行计划、组织、协调和控制，使企业的各子系统处于最佳运行状态。管理者如果看不到整体中的各个组成部分，就看不清楚整体的结构和格局，就会造成认识上的模糊，进而在工作中分不清主次。

1.2.3　管理的职能

管理的职能就是管理者为了有效地管理必须具备的功能，或管理者在执行其职务时应该做什么。

最早对管理的具体职能加以概括和系统论述的是管理过程学派的创始人——法约尔。他在1916年发表的《工业管理与一般管理》一书中指出，管理就是实行计划、组织、指挥、协调和控制。法约尔通过对管理职能的论述，形成了自己的学派，即"五功能学派"。后来许多管理学者对管理职能又从不同的角度用不同的语言进行了阐述，进而产生了不同的学派。但从总体上看，他们的观点只是繁简不同，表述不一，并没有实质上的差异。

西方管理学者对管理职能的不同划分，是随着科学技术的进步、管理理论的发展而不断演变的。在法约尔之后，除了古利克、布雷克外没有人再把协调列为一项管理职能。这是因为，有些人认为协调是管理的实质，其他各项职能均有协调的作用，因此不将协调作为一项独立的管理职能。20世纪30年代以后，由于出现了人际关系学说，人们在管理中从重视技术转向重视人的因素，因此古利克等人把人事、激励、沟通等作为管理职能。此后，西蒙和马奇等提出了决策理论，西蒙为了强调决策在管理中的作用，又把决策从计划职能中分出，列为一项管理职能。由于新技术革命浪潮的冲击，为了突出创造和革新在管理中的作用，希克斯又把创造和革新作为一项管理职能。20世纪70年代以后，近代管理学家一般把管理职能划分为计划、组织、激励、领导、控制等。

管理职能具有普遍性，不论哪种组织，也不论哪种层次的管理人员，其执行的管理工作都包括各种管理职能，只不过在内容上、时间分配上各有不同而已。高级管理人员用于计划和组织的时间较多，用于控制的时间较少；而基层管理人员则相反，大部分时间用于组织和控制，用于计划的时间较少。

从管理职能划分的演变看，计划、组织和控制是各管理学派公认的管理职能。鉴于在现代管理中领导的作用日益突出，所以我们将管理的职能划分为：计划、组织、领导和控制。

（1）计划职能。计划职能是指在工作或行动之前预先拟订具体内容和步骤。即通过周密的调查研究，预测未来，确定目标和方针，制订和选择行动方案，综合平衡，做出决策。计划的内容既反映了管理的各项指标，又规定着实现目标的方法、手段和途径。计划是人们完成任务，进行各项具体活动的依据，是管理的首要职能。科学的计划工作，主要是指正确地规定未来的发展，有效地利用现有的资源，以期获得最佳的使用效益、经济效益和社会效果。确定目标是制订计划的关键。目标选择不对，计划工作即使做得很周密，结果也会事与愿违。

（2）组织职能。组织职能就是把管理要素按目标的要求结合成一个整体。组织职能包括两个方面的内容：一是按照管理系统的目标合理设置机构，建立管理体制，确定各个职能机构的作用，规定各级权力机构的责任，合理地选择和配备人员，建立一个统一的、有效的指挥系统；二是根据各个时期任务所规定的目标，合理地组织人力、物力，保证生产、筹措、储备、供应、流通等各个环节互相衔接，以取得最佳的经济效益和社会效果。因此，组织职能是发挥管理功能的组织保证，是完善管理目标的有力工具和手段。

（3）领导职能。领导职能是指为了有效地实现组织目标，企业不仅要设计合理的组织，把每个员工安排在适当的岗位上，还要努力使员工带着高昂的士气、满腔的热情参与组织活动。这便是领导工作的任务。所谓领导，是指管理者利用组织赋予的权力和自身的能力去指挥和影响下属为实现组织目标而努力工作的活动过程。有效的领导要求管理者在合理的制度环境中，采用适当的方式，针对员工的需要及行为特点，采取一系列措施去提高和维持员工的劳动积极性。

（4）控制职能。控制是为了保证企业系统按预订要求运作而做的一系列工作，包括根据计划标准，检查和监督各部门、各环节的工作，判断工作结果与计划要求是否发生偏差；如果存在偏差，则要分析偏差产生的原因以及该偏差对企业的影响程度；如果有必要的话，还要制定并实施纠正偏差的措施，以确保计划活动的顺利进行和计划目标的有效实现。

1.3 管理思想的历史演进

1.3.1 古典管理思想

19 世纪 70 年代，第二次工业革命大幅推动了生产力的发展，电能的运用使各个行业的工作规模进一步扩大，钢铁、机械、化工、汽车等新产业兴起。随着制造业的大规模发展，企业完成了所有权与经营权的分离，形成了股份有限公司的组织形式。而机械水平的提高，要求劳工的生产效率进一步增强，管理者不能再单凭直觉与经验指挥生产，这要根据科学来制订工作标准与作业方法。但与此同时，随着企业规模的逐渐变大，管理层次不断提高，管理人员对生产工人无法直接监督，工人们有了"偷懒"和"搭便车"的行为，劳资关系开始激化。解决劳资双方的争斗问题对当时的管理方式提出了很大的挑战。此外，19 世纪 70 年代，美国出现了长期的经济萧条，市场疲软，需求持续下降。面对日益激烈的竞争，企业家们开始把注意力从技术转移到组织管理上来。也正是由于社会发展的需要以及传统经验式管理的束缚，美国出现了以泰勒为首的"科学管理原理"；法国则出现了以法约尔为代表的"一般管理理论"。这些使这一时代成为管理学科的转折点，使管理逐步由经验管理变为科学管理，由支离破碎走向系统化。

1. 泰勒：科学管理原理

科学管理原理的创始人是美国的弗雷德里克·W. 泰勒（Frederick W. Taylor，1856—1915）。1856 年，泰勒出生于美国费城杰曼顿一个富有的律师家庭。1874 年，泰勒考入哈佛大学法律系，不久因眼疾辍学，后进入费城米德维尔钢铁公司工作。他从机械工人做起，历任车间管理员、小组长、工长、技师等职位，后被提拔为中层管理者和总工程师。

泰勒的经历使他对生产现场十分熟悉，尽管他发明过多项技术专利，但仍意识到在当时的工厂中要提高劳动生产率，最重要的不是技术，而是管理。为提高劳动生产率，他针对管理进行了一系列科学试验和革新活动，系统地研究和分析了工人的操作方法和动作所花费的时间，提出了科学的标准化操作方法。1881 年，泰勒开始进行著名的"金属切削试验"，经过两年的初步试验，研究出了每个金属切削工人每个工作日的合理工作量。1898 年，泰勒以顾问身份进入伯利恒钢铁公司，进行了著名的"搬运生铁块试验"和"铁锹试验"。搬运生铁块试验是在这家公司五座高炉的产品搬运班组（大约 75名工人）中进行的。这一实验改进了操作方法，训练了工人，使工人的生铁块搬运量提高了 3 倍。铁锹试验即在系统地研究铲上负载后，研究使得各种材料能够达到标准负载的锹的形状、规格，以及各种原料装锹的最好方法。此外，泰勒还对每一套动作的精确时间做了研究，从而得出了一个"一流工人"每天应该完成的工作量是多少。这一研究使得堆料场的劳动力从 400～600 人减少为 140 人，平均每人每天的工作量从 16 吨提高到了 59 吨，每个工人的日工资从 1.15 美元提高到了 1.88 美元。

泰勒的一系列研究成果逐渐形成了管理体系，1911 年，他正式出版了《科学管理原理》。他因在管理领域做出了突出贡献被后人称为"科学管理之父"。概括而言，泰勒的主要观点有以下几个。

（1）科学管理的中心问题是提高劳动生产率。要想提高劳动生产率，制订有科学依据的劳动定额是非常重要的。泰勒通过搬运生铁块实验得出了各项作业的合理操作方法，提倡用科学的、高效率的方法代替经验的、低效率的方法；通过铁锹实验探索各项作业所需的合理时间，制订作业的基本定额。这种科学的、标准化的操作方法极大地提高了劳动生产率。

（2）科学管理是一场思想革命。泰勒认为，传统的经验管理是不科学的，必须加以改变。管理者应把传统的经验收集、记录下来，分析概括为规律和守则，使之科学化、标准化。

（3）要科学地挑选工人。要根据工作需要进行工作方法设计，并科学地选择工人，然后对工人进行科学的训练，以提高他们的技能，使其进取。选拔"一流的工人"并不是选拔最优秀的工人，而是选拔最适合这项工作的人。

（4）劳资双方应把注意力由盈余分配转移到盈余创造上。泰勒认为，管理人员和工人都过分关心如何对利润进行分配，而对如何提高生产效率，从而使劳资双方都能获得更多收益没有思考。事实上，科学管理是工人与雇主间一次彻底的精神革命与思想变革，通过双方的共同努力，用友好合作和互相帮助代替对抗与斗争——工人学习使用科学的操作方法，而管理人员则从"监工"变成"教练"。劳资双方把注意力从盈利分配转移到了增加盈余上来。

（5）把计划部门与执行部门分开。这是指进行管理人员和工人职责的分工，使双方都必须对各自的工作负责。计划部门（管理者）的主要任务是调查研究，为定额与方法提供科学依据；制订定额，明确操作方法；拟订计划，发布指令；将作业标准与实际操作进行比较并对两者进行控制。而执行部门（工人）的任务则是在标准化的方法指导下高效率地完成工作。

（6）差别计件工资制。管理者通过科学测量和计算，为每项工作确定一个劳动定额和差别工资率，然后按照工人是否完成定额而采用不同的工资率。如果工人能够保质保量地完成定额，则管理者就按高的工资率付酬，以资鼓励；如果工人的生产没有达到定额，就按低的工资率付酬，并给以警告。

20 世纪以来，科学管理在美国和欧洲各国大受欢迎。如今，科学管理思想仍然发挥着巨大的作用。当然，泰勒的科学管理理论也有其一定的局限性，如研究的范围比较小，侧重于生产作业管理。另外，泰勒对于现代企业的经营管理、市场营销、财务等都没有涉及。更为重要的是，他对人性的假设具有局限性，即认为人是经济人，追求自身利益最大化，只要有物质刺激就会拼命工作。

2. 法约尔：一般管理理论

亨利·法约尔（Henri Fayol，1841—1925）出生在法国的一个中产阶级家庭，19 岁大学毕业时取得了矿业工程师资格。1860 年，他成为科芒特里矿井组工程师；1888 年被任命为总经理，并改组了公司。与泰勒不同，他积累了丰富的高层管理经验。1916 年出版代表作《工业管理与一般管理》，反映了管理的一般规律，对他的理论进行了抽象概括。

法约尔的主要观点如下。

（1）揭示了管理的本质。法约尔认为，经营和管理是两个不同的概念。"经营"的意思是指导或引导一个组织趋向一个目标，它包括六种活动，即技术活动、商业活动、财务活动、安全活动、会计活动和管理活动。作为这六种活动中的一种，"管理"由计划、组织、指挥、协调和控制五种职能构成。这是对企业经营活动最早、最系统的概括，也是对管理职能最早、最经典的总结。

（2）总结出了 14 个管理原则。①劳动分工：劳动的专业化分工可以提高效率，不仅适用于技术工作，还适用于管理，但分工要适度，并非越细越好。②权力与责任：权力与责任是互相依存、互为因果的，权力是"指挥他人的权和促使他人服从的力"，责任则是随着权力而来的奖罚。一个人所处的管理位置越高，明确其责任范围就越困难。避免滥用权力的最好方法是提高个人素质。③纪律：是企业领导人同下属人员之间在服从、勤勉、积极、举止、尊敬方面所达成的协议，组织的成功离不开纪律。④统一指挥：无论什么时候，一个下级都应接受且只应接受一个上级的命令，双重命令是对于权威、纪律、稳定的威胁。⑤统一领导：强调统一的行动，只应有一套计划和一个领导人来协调资源应用与进行活动安排。⑥个人利益服从集体利益：集体目标应包含员工个人的目标，为避免员工将个人利益放在集体利益之上，管理者必须经常监督并以身作则。⑦合理的报酬：确定人员的报酬时首先考虑的是它能维持职工的最低生活消费并适应企业的基本经营状况，在此基础上再根据员工的劳动贡献来决定采用适当的报酬方式。⑧集权与分权：企业集权还是分权的影响因素有两个，一个是领导者的权力，另一个是领导者对发挥下级人员积极性的态度。⑨等级链与跳板原则：从最高层管理到最低层管理的直线职权代表了一个等级链，它保证统一指挥的实施，也可以使信息传递有秩序地进行。平级人员要进行沟通时，为了提高沟通效率，可直接通过"跳板"沟通，但事后要汇报。⑩秩序："凡事都应各有其位"，这一原则适用于物质资源，也适用于人力资源，各种资源都应在自己的岗位上发挥作用。⑪公平：公平是由善意与公道产生的，而公道是执行既定的协定。员工有被善待和平等对待的愿望，但管理者为了企业总体利益的实现，又应该严格执行已制定的合法、公正的章程。⑫保持人员稳定：管理层应采取一些做法激励员工，尤其是长期为公司服务的管理人员。⑬首创精神：鼓励员工认真思考和实现某种行动计划。在不违反职权和纪律的条件下，鼓励和发挥下级的首创精神。⑭人员的团结：团结是指通过利益的一致性来实现行动的统一，一个组织内集体精神的强弱取决于组织内部员工间的团结程度。

（3）强调管理教育的必要性与可能性。法约尔认为，管理是一种可应用于一切机构的独立的活动。他认为，每个人或多或少都需要管理的知识。一个人在某机构内的地位越高，开展管理活动就越重要。他在《工业管理与一般管理》一书中指出："一个大型企业的高级人员最需要的能力是管理能力。"法约尔认为，管理水平是可以通过教育来提高的。管理教育不是为把所有的学生都培养成好的管理者，而是引导青年人在工作中理解并运用这些管理知识。

在古典管理思想中，相关思想和理论有很多，但是泰勒与法约尔的理论最具代表性。泰勒的贡献主要在于其思想方法，他告诉管理者的不仅是知识、学问、技法，还有管理是科学的思想，其真理性在于探索的过程，管理者需要这种探索，尽管其结果可能并不是放之四海而皆准的；法约尔则概括了最普遍的管理职能，至今仍被管理者铭记。他们的思想共同构成了古典管理理论的基础。

1.3.2　中期管理思想

古典管理理论对管理思想和管理理论的发展做出了卓越的贡献，并且对管理实践产生了深刻影响，但是古典管理理论过于强调管理的科学性、合理性和纪律性，对管理中人的因素和作用不够重视。古典管理理论基于这样一种假设：社会是由一群无组织的个人组成的，他们在思想上、行动上努力获得个人利益，追求最大限度的经济收入，即"经济人"假设。基于这种假设，工人被安排从事固定的、枯燥的和过分简单的工作，成了"活机器"。从科学管理推行的实践来看，

人际关系学说

其尽管使劳动生产率大幅提高，但同时也使工人的劳动变得非常紧张、单调和劳累，引起了工人的强烈不满，使劳资关系日益紧张。随着经济的发展和社会的进步，有着较高文化水平和技术水平的工人逐渐占据了主导地位，体力劳动也让位于脑力劳动，这使管理者感到使用传统的方法已经无法有效控制工人了，因此逐步展开了对新的管理思想、管理理论和方法的探索。

1. 霍桑实验

霍桑实验是 1924 年在美国国家科学委员会赞助下，在西方电器公司所属的霍桑工厂中进行的。霍桑工厂是一个制造电话交换机的工厂，具有较完善的娱乐设施、医疗制度和养老金制度，但工人们仍愤愤不平，生产成绩很不理想。为了找出原因，西方电器公司的工程师组织研究小组开展实验研究，于 1924—1932 年先后进行了四个阶段的实验：照明实验、继电器装配工人小组实验、大规模访谈和接线板小组观察实验。最初，进行照明实验是想证明生产的物理条件（如照明、工作时间、环境）对生产效率有直接的影响，但实验结果出乎意料：无论工作条件（照明度强弱、休息时间长短、工厂温度等）是否改善，试验组和非试验组的产量都在不断提高。继电器装配工人小组试验也得出了类似的结论。1927 年，梅奥和哈佛大学的同事应邀参加霍桑实验，并领导了后续的访谈实验。在历时两年的大规模访谈实验中，工人由于可以不受拘束地发表自己的想法，发泄心中的闷气，从而工作态度有所改变，生产率相应得到了提高。在最后一个实验中，测试计件工资对生产效率的影响时，试验员发现接线板小组内有一种默契，大部分工人有意限制自己的产量，否则就会受到小组其他成员的冷遇和排斥。奖励性工资并未像传统管理理论认为的那样可使工人最大限度地提高生产效率。由此，梅奥发现了非正式组织的存在及其对工人态度的影响，并在此基础上提出了"人际关系理论"。

2. 人际关系理论

梅奥（E.Mayor，1880—1949）是原籍澳大利亚的美国行为科学家、人际关系理论的创始人、美国艺术与科学院院士、哈佛大学教授，主要代表著作有《组织中的人》《管理和士气》。

在霍桑实验的基础上，梅奥提出了人际关系理论，主要论点如下。

（1）工人是"社会人"而不是"经济人"。科学管理理论把人当成"经济人"看待，认为金钱是刺激人员积极性的唯一动力。而梅奥认为，人是"社会人"，影响人们积极性的因素除物质方面的因素外，还有社会与心理方面的因素。

（2）企业中存在着"非正式组织"。正式组织是以效率逻辑为导向的；非正式组织是以感情逻辑为导向的，为了满足工作中的情感需求。非正式组织的成因包括兴趣爱好相投、亲朋故友关系、工作联系、工作位置关系等。

（3）影响生产效率的最重要因素不是待遇和工作条件，而是工作中的人际关系。工人因被团体所接受产生的安全感比奖励性工资起着更为重要的作用。

继梅奥等人的开创性研究之后，西方从事人际关系行为科学研究的专家学者大量涌现。后人把他们的理论分为内容型激励理论（研究激励包括哪些内容，如马斯洛的需求层次理论、赫茨伯格的

双因素理论和麦克利兰的成就需要理论）和过程型激励理论（研究从动机的产生到采取行动的心理过程，包括弗鲁姆的期望理论、豪斯的激励力量理论、洛克的目标激励理论和亚当斯的公平理论）。1949 年，在美国芝加哥大学召开的"组织中人类行为的理论"研讨会上，"行为科学"被正式定名。

1.3.3 现代管理思想

第二次世界大战之后，世界政治形势基本稳定，许多国家都致力于发展本国经济，相应的工商企业活动范围日趋广泛、对企业管理的研究日臻深入，呈现了百家争鸣的繁荣局面，形成了众多的管理流派。哈罗德·孔茨在 1961 年发表的"管理理论的丛林"一文中，把各种管理理论划分为六个学派：管理过程学派、经验主义学派、人类行为学派、社会系统学派、决策理论学派和管理科学学派。1980 年，哈罗德·孔茨在"再论管理理论的丛林"一文中指出，经过近二十年的发展，管理理论的丛林不仅没有消失，反而更加茂盛。首先，出现了系统管理学派，人类行为学派分化成为人际关系学派和群体行为学派，管理过程学派中分化出了权变理论学派，又新出现了社会技术系统学派和经理角色学派等，一共 11 个学派。这些学派是建立在基本理论观点、基本分析方法和主要管理措施相一致的基础上的，都有自己的独到之处，而且都曾解决或说明过一些实际问题，现在同样也都在被实践检验。表 1-1 所示为现代管理理论的主要学派及其代表人物、代表作和理论观点。

表 1-1　　　　　　　　　现代管理理论的主要学派及其代表人物、代表作和理论观点

学派	代表人物及代表作	理论观点
管理过程学派	创始人：亨利·法约尔 哈罗德·孔茨和西里尔·奥唐奈：《管理学》	①管理是由相互关联的职能所构成的一种程序；②管理的职能与程序是有共性的；③对管理职能进行分析可归纳出管理原则，它们能指导实践
社会系统学派	切斯特·巴纳德：《经理人员的职能》	①组织是一个协作系统；②组织效力与组织效率原则；③管理者的权威应主要来自下级的认可；④组织要保证提供的诱因与员工贡献的平衡
决策理论学派	赫伯特·西蒙：《管理行为》《管理决策的新科学》 詹姆斯·马奇：《组织》	①管理的关键在于决策；②决策是一个复杂的过程；③决策分程序化决策与非程序化决策；④决策的满意行为准则；⑤管理是设计决策系统
系统管理学派	理查德·约翰逊、弗里蒙特·卡斯特、詹姆斯·罗森茨韦克：《系统理论和管理》	①企业是一个人造的开放系统，由多个职能子系统构成，并与环境保持协调；②企业组织具有完整的系统结构与运行机制；③管理靠系统性实现
管理科学学派	菲利普·莫尔斯和乔治·金布尔：《运筹学方法》 爱德华·鲍曼和罗伯特·费特：《生产管理分析》 埃尔伍德·伯法：《现代生产管理》	①尽量减少决策中的个人艺术部分，尽量以数量方法客观描述；②决策依据尽量为经济效果；③尽量使用数理方法与计算机
权变理论学派	弗雷德·卢桑斯：《权变管理理论：走出丛林的道路》 琼·伍德沃德：《工业组织：理论和实践》 保罗·劳伦斯和杰伊·洛希：《组织和环境》	①组织及其成员的行为是复杂的、变化的，因此管理不可能存在一种通用程序，完全依环境、自身的变化而变化；②管理的规律与方法应建立在调查、分类的基础上
经验主义学派	彼得·德鲁克：《管理的实践》 欧内斯特·戴尔：《伟大的组织者》 威廉·纽曼：《经济活动：组织和管理技术》	①管理的理论知识解决不了现实问题，充其量是过时的经验；②管理科学应建立在目前成功或失败的企业管理经验之上
群体行为学派	克里斯·阿吉里斯：《个性与组织：互相协调的几个问题》	①关注群体中人的行为，而不是人际关系；②以社会学、人类学和社会心理学为基础，而不以个人心理学为基础；③着重研究各种群体行为方式

续表

学派	代表人物及代表作	理论观点
社会技术系统学派	艾瑞克·特里斯特：《社会技术系统的特性》	①组织既是一个社会系统，又是一个技术系统；②企业中的技术系统（如机器设备和采掘方法）对社会系统有很大的影响；③企业中的社会系统同技术系统应结合起来，相互协调
人际关系学派	创始人：乔治·梅奥 亚伯拉罕·马斯洛：《人的动机理论》 弗雷德里克·赫兹伯格：《工作的激励因素》 道格拉斯·麦克雷戈：《管理的哲学》	①管理之本在于人，企业要探索人类的行为规律，善于用人、善于激励人；②强调个人目标与组织目标的一致性，企业调动积极性时要考虑人的需要；③企业要恢复人的尊严，实行民主管理，启发职工的创业、自主精神；④改进工作设计
经理角色学派	亨利·明茨伯格：《经理工作的性质》	①经理是指一个正式组织或组织单位的主要负责人，拥有正式的权力和职位；②经理要担任十个角色，这十个角色可分为三类：人际关系方面的角色、信息方面的角色和决策方面的角色

1.3.4　当代管理思想

随着社会生产的不断发展，企业所处的社会经营环境发生着剧烈的变化，企业的国际化趋势不断加剧，面临的竞争越来越激烈。与此同时，管理对象的复杂程度在不断增加，人的思维、工作的内容、行为的动机、面临的压力、接受的挑战等都大大超过以往。在这个时代，企业的生产经营活动出现以下几个特点：①生产规模越来越大，产销范围已扩张到全球；②生产技术的复杂程度大大增加；③产品升级换代的周期缩短，企业技术创新的步伐加快；④劳动生产率的提高主要不再靠体力劳动的加强，而更多地依赖人的知识和智力；⑤生产日益社会化使生产协作关系更加复杂。

在当代管理理论丛林中，企业再造理论、学习型组织理论及企业文化理论无疑是受到人们高度关注的三个理论。

1. 企业再造理论

1993 年，原美国麻省理工学院教授迈克·哈默（M. Hammer）与詹姆斯·钱皮（J. Champy）出版了《再造企业》一书，提出："20 年来，没有一个管理思潮能将美国的竞争力倒转过来，如目标管理、多样化、Z 理论、零基预算、价值分析、分权、质量圈、追求卓越、结构重整、文件管理、走动式管理、矩阵管理、内部创新及一分钟决策等。"为了能够适应新的世界竞争环境，企业必须摒弃已成惯例的运营模式和工作方法，以工作流程为中心，重新设计企业的经营、管理及运营方式。企业"再造"就是重新设计和安排企业的整个生产、服务和经营过程，使之合理化，通过对企业原来生产经营过程的各个方面、每个环节进行全面的调查研究和细致分析，对其中不合理、不必要的环节进行彻底的变革。

所谓"企业再造"，简单地说就是以工作流程为中心，重新设计企业的经营、管理及运营方式。也指"为了飞越性地改善成本、质量、服务、速度等重大的现代企业的运营基准，对工作流程（business process）进行根本性重新思考并彻底改革"，也就是"从头改变，重新设计"。企业再造包括企业战略再造、企业文化再造、市场营销再造、企业组织再造、企业生产流程再造和质量控制系统再造。企业再造的基本特点是：①向基本信息挑战，进行创造性思维；②彻底变革，要使企业"脱胎换骨"；③大跃进式的发展；④从业务流程开始。按照哈默和钱皮的定义，业务流程是企业以输入各种原料为起点到企业创造出对顾客有价值的产品为终点的一系列活动。

流程的改造得益于信息技术的高度发展，因为信息技术的发展使得效率不一定产生于分工，而有可能产生于整合之中。因此，在传统的组织职能理论基础上进行以流程为线索的调整，正在成为人们探讨高效的组织管理的新模式。

2．学习型组织理论

所谓学习型组织（Learning Organization），是指通过创造弥漫于整个组织的学习气氛而建立起来的一种符合人性的、有机的组织。在学习型企业中，人们不断地去拓展他们的能力，学习相互之间如何在一起工作，发挥参与精神以及通过不断的变革以适应瞬息万变的环境。

1990 年，彼得·圣吉（Peter M.Senge）出版了《第五项修炼》，引起了轰动。他提出了构建学习型组织的五个基本修炼原则：①培养"自我超越"的员工。要实现"自我超越"，每个员工应学习如何认清、加深和不断实现他们内心深处最想实现的愿望，应该全身心投入。②改善心智模式。每个人的心智模式影响着人们如何了解这个世界以及如何采取行动，而组织内部也可能存在一种共有的心智模式。③建立"共同愿景"。"共同愿景"是大家共同期望的景象，是能感召组织成员的共同目标。人们致力于共同关切的愿望时，才会进行创造性学习。④促进有效的"团队学习"。"团队学习"修炼要求团队成员能够超越自我，克服防备心理，学会如何相互学习与工作，形成有效的共同思维。⑤形成全局性的"系统思考"。"系统思考"的修炼要求人们能够纵观全局，形成系统思维模式。

可以看出，学习型组织理论的基点自然是建立在企业变革的基础之上的，却从一个全新的角度来考察企业这种组织形式。正如彼得·圣吉所揭示的五项基本修炼那样，学习不仅是为了企业的生存，提高企业的竞争力，更是为了实现个人与企业的真正融合，以使人们在组织中活出生命的意义。这种对组织的全新认识颇有新意。

3．企业文化理论

企业文化作为一种管理思想最早出现于日本。日本企业从 20 世纪 50 年代开始进行的企业文化建设使日本企业获得了巨大的成功，同时推动了日本经济的迅速崛起，对美国乃至整个西方经济构成了挑战。帕斯卡尔（Pascale）等学者研究发现，美国企业更加重视战略、结构、制度这三个硬性因素，而日本企业则更加注重管理的软性精神因素以及与企业长期并存的员工集体信念，并且塑造出了有利于企业创新、把价值与心理因素整合在一起的企业文化。企业文化这种软性精神因素对日本企业取得良好的经营绩效和长期发展起到了重要的作用。

爱德加·施恩在 1985 年出版的专著《组织文化与领导》中，对企业文化的概念进行了系统的阐述。他认为，企业文化是在企业成员相互作用的过程中形成的，为大多数成员所认同的，并用来教育新成员的一套价值体系。他认为，企业文化的内在本质不是企业的价值观、共同信念、团体规范等，这些仅仅是企业文化的外在呈现，并且指出企业文化应该包含为企业员工共同拥有的更深层次的基本假设和信念。这些假设和信念是团体在处理外部环境中的生存问题和内部聚合问题的过程中不断学习形成的，会随着新的实践而发生变化并得到发展，还会无意识地产生作用。他还把企业文化分成表面层、应然层和突然层三种层次。

施恩还提出了关于企业文化的发展、功能和变化以及建设等企业文化的基本理论，为企业文化基本理论研究奠定了坚实基础。20 世纪 90 年代，随着企业文化的普及，企业外部环境的急剧变化，企业越来越意识到强有力的企业文化对企业组织管理及发展的重要意义，并在此基础上进一步强调以企业文化为基础来塑造企业形象、增强企业核心竞争力。

1.4 企业管理概述

企业是构成经济系统并使其具有活力的细胞。经济、社会丧失了企业，便很难具有生机，取得繁荣与发展。企业为社会进步、国家富强乃至个人成长都提供了一种很好的组织形式和活动方式。我们对企业进行有效管理，不仅可以提高企业自身的运作效率和绩效，而且可以对整体经济的发展起到强大的推动作用。

1.4.1 企业管理的含义

企业管理是对企业生产经营活动进行计划、组织、领导和控制等一系列活动的总称。具体来说，它是由企业的各项运营活动（营销、生产、技术、财务、会计）和一般性的管理活动（计划、组织、领导、控制）综合而成的。"企业"本身具有从业者对"事业"的"企盼""企图"之意，体现为一种长期不懈的追求；"管理"则是一种对为官、管人、管事规律的总结，在于寻求其中的道理。因此一方面，"企业管理"之中必然包括企业的运营（常被称为经营）实践、管理实践及实践过程中对规律、理论的不断总结；另一方面，"企业管理"之中也必然有"理"，有其学问，需要我们去学习和掌握。企业管理既是艺术又是科学，而且其艺术部分是可以学习的。只要注意其特点以及相应的学习方法，我们学得的知识将会转变为技术，升华为素质，对于指导实际工作必将产生效益。

企业管理是在一个系统的运行过程中实现的。企业本身是一个大系统，包含着各个业务性运营系统和管理性协调系统；管理性协调系统的关键任务就是要进行企业大系统的优化决策，具体而言包括三个主要职能：①对企业系统进行分析：明确目标、任务内容及要求、内在的规律。②对企业系统进行设计：结构性资源配置、静态的活动过程安排、方法选择。③对企业系统进行运作：动态地运行企业，使之发挥创造力，并监督其运行状态以保证正常运转。

1.4.2 企业管理的内容

企业管理的具体内容一般包括以下几个部分。

（1）战略管理。企业战略管理是指对企业战略进行分析制定、评价选择及实施控制，使企业能够达到其战略目标的动态管理过程。企业在发展过程中，应根据企业的外部环境及内部资源和能力状况，为求得企业生存和长期稳定的发展，不断获得新的竞争优势，对企业的发展目标、达成目标的途径和手段做出总体谋划。战略管理过程包括战略目标确定、战略分析、战略选择和战略实施、战略评价与控制。

（2）生产管理。生产是制造型企业一切活动的基础。生产管理是计划、组织、控制生产活动的综合管理活动，内容包括生产计划管理、企业生产过程的合理组织（包括时间组织和空间组织）及生产过程的控制与优化。通过合理组织生产过程，企业可有效利用生产资源，经济合理地开展生产活动，以达到预期的生产目标。

（3）质量管理。质量管理是指为保证和提高产品质量和工作质量而进行的质量调查、计划、组织、协调、控制和信息反馈等各项工作的总称，内容包括质量管理的方法和工具、质量控制体系等。加强质量管理，对于保证和提高产品质量，更好地满足社会需要，提高经济效益具有重要的意义。

（4）人力资源管理。人力资源已经成为现代企业在竞争中取胜的关键。因此，企业人力资源管理正日益受到企业的重视。企业人力资源管理的目的是要在适当的时候、适当的场合为企业配备适宜的人力资源，使企业人力资源得到最合理、最有效的利用。人力资源管理的内容包括：制订人力资源规划、人员的招聘与解聘、工作绩效评价、制定合理的报酬制度、员工的职业发展等。

（5）财务管理。财务管理就是对在组织财务活动和处理财务活动中所发生的财务关系的管理，是企业管理的一个重要组成部分。随着经济的发展，财务管理在企业管理中的地位和作用越来越重要。财务管理的内容包括资金的筹集管理、投资管理、利润及其分配管理和成本费用管理。

（6）物资和设备管理。物资和设备管理是企业管理的重要组成部分。其中，物资管理是对企业所需各种物资的计划、采购、验收、保管、投放、回收利用等一系列组织工作的总称。物资管理包括制订物资供应计划、确定物资消耗与使用定额等。合理地使用和节约物资有利于提高物资采购决策的科学性。设备管理是指对设备运动全过程的管理，即对设备进行选择评价、维护修理、更新改造和报废处理的管理活动。有效地进行物资和设备管理对于促进企业生产的发展，降低产品成本，加速资金周转，增加企业盈利具有极其重要的意义。

（7）服务管理。基于服务业的蓬勃发展和制造业在制造技术、产品功能等方面的趋同，市场竞争已进入服务竞争的时代。对于企业而言，服务管理是一套严谨而积极的方法论，企业要确保所需级别的服务能按照业务的优先顺序以合理的成本提交给用户。服务管理的主要内容包括服务设计与开发、服务质量管理、服务接触和服务利润链等。

（8）市场营销。市场营销就是在不断变化的市场环境中，旨在满足消费需要，实现企业目标的经营活动，包括市场调研、选择目标市场、产品开发、产品定价、渠道选择、产品促销、产品储存和运输、产品销售、提供服务等一系列与市场有关的企业经营活动。企业在进行市场营销时，必须开展市场分析，选择目标市场，做出市场定位，并结合目标市场的特点和结构制定有针对性的市场营销策略。

1.4.3　企业管理基础工作的内容和作用

企业管理基础工作是指企业管理中带有基础性和起点性的工作，为企业专业管理的存在和运行提供资料数据、共同准则、基本手段和前提条件。无论企业管理的哪一个环节，如战略管理、生产管理和质量管理，都离不开这些基础工作。企业管理基础工作的好坏，决定着企业管理水平的高低和企业经济效益的大小。企业要想强化企业管理，提高管理水平，必须下大力气健全和完善各项基础工作。

1. 企业管理基础工作的内容

（1）信息工作。信息工作是对原始记录、台账、统计资料、经济技术情报、档案等信息资料进行收集、处理、传递、贮存的工作，为企业的经营决策、计划编制和组织控制工作提供科学的依据。企业开展信息工作要做到及时、准确、全面、适用和经济，以充分发挥信息资源的作用。

（2）定额工作。定额工作是企业为合理利用人力、物力和财力而制定的各种消耗标准和占用标准的工作。企业管理中的定额包括劳动定额、物资消耗和物资储备定额、资金占用定额等。定额要达到先进、合理的水平，并成为组织生产和按劳分配的科学依据。

（3）标准化工作。标准化工作是指企业技术标准和管理标准的制定、执行和管理工作。其中，技术标准是企业标准的主体，是对生产对象、生产条件、生产方法及包装、储运等规定的应该达到的标准。管理标准是关于企业各项管理工作的职责、程序、要求的规定。加强标准化工作，要求企业形成完整的标准化管理系统，并积极推行国际标准和国内先进标准。

（4）计量和检测工作。计量和检测工作是对生产设备、工具、原材料和产品进行测试、检验以及对各种理化性能进行测定和分析的工作。它的任务是建立和完善企业计量器具的检测手段，保证计量数据的准确性和及时性。企业开展计量和检测工作，可为产供销各环节提供真实可靠的原始记录和核算资料，从而为保证产品质量、降低物资消耗、加强成本核算提供良好的基础。

（5）规章制度。规章制度是通过文字的形式，对企业各项管理工作和劳动操作做出的规定。它是企业全体职工的行为规范和共同准则。企业规章制度主要包括企业的基本制度、各项专业管理制度和责任制度等。加强企业的规章制度工作，对于建立企业的正常生产秩序和管理秩序、加强劳动纪律、提高工作效率和经济效益有着重要的作用。

（6）班组工作。班组工作是关于职工民主管理和加强班组建设的工作，内容主要有班组建设、制度建设、业务建设等。班组是企业管理的第一线，班组建设是企业上层管理和中层管理的落脚点，因此对加强整个企业管理，保证企业目标的实现起着重要的作用。

2．企业管理基础工作的作用

（1）它是企业经营决策的客观依据。企业管理基础工作提供大量而全面的信息、资料、数据，为企业领导者进行经营决策、制订经营方针提供了客观依据。这些信息、资料、数据越准确、全面、适用、及时，就越能保证企业领导者所做决策和计划的正确性及科学性。

（2）它是提高企业素质的重要基础。依据反映客观规律的先进、合理的定额、标准和规章制度，企业可摆脱经验管理，走上科学管理的轨道；加强标准化及计量和检测工作，有利于提高产品质量，促进企业技术进步，提高企业的技术素质；严格规章制度和班组建设，有利于加强职工的组织纪律性，增强职工的民主管理意识和业务水平，从而有利于提高职工队伍的素质。

（3）它是贯彻"按劳分配"原则的重要依据。各种标准、规范的执行情况和定额的完成程度，是衡量职工工作任务完成情况的重要依据。它有利于客观地评价劳动者的贡献，克服平均主义，鼓励先进，鞭策落后，调动广大职工劳动的积极性。

（4）它是提高企业经济效益的重要保证。有了先进、合理的定额，职工干活有了标准，降耗节能有了依据，从而促进了劳动生产率的提高和物耗的降低；有了严格的技术标准和精确、完备的计量、检测手段，产品质量有了保证，废品率降低，盘亏损耗减少；再加上正确、及时的经营决策和计划，这些都在各个方面为提高企业的经济效益奠定了良好的基础。

1.5 通信企业管理概述

1.5.1 通信企业的含义

传统意义上，通信企业是指从事公共通信业务的、实行独立经济核算的经济性组织。拥有一定数量的职工、必要的资金、从事信息传递生产所必需的通信设备，以及提供通信服务的网点。通信企业分为邮政通信企业和电信通信企业两大系统。其中，邮政通信企业是指从事邮政通信生产经营活动，以满足社会对邮政通信的需要并获得赢利、自主经营、独立核算、具有法人资格的相对独立的经济实体。电信通信企业又划分为若干独立经营的全国性企业集团，也就是我们通常所说的运营商。[①]现代通信系统中，电信通信企业的比重越来越大，已逐渐成为主体。

---

① 杨广文. 交通大辞典.上海：上海交通大学出版社，2005.

随着技术的飞跃发展和时代的变迁，通信企业的内涵正在逐渐扩大，但不仅包括基本通信运营商、增值电信业务运营商，还包括通信设备供应商（如华为和中兴）、通信服务商（如中国通信服务股份有限公司）、通信基础设施建设和维护公司（如中国铁塔股份有限公司）等。此外，还有虚拟运营商（如蜗牛移动、小米移动）等。不过，本书提到的通信企业，主要还是指传统的邮政通信企业。

长期以来，我国的通信事业一直由国家邮电部门统一经营，即在原邮电部和各省（直辖市、自治区）邮电管理局的领导下，在各地分设邮电局或邮政局、电信局，负责为社会提供各种通信服务。1998 年，国务院机构改革为我国邮电体制改革拉开了序幕，首先是撤销邮电部，成立信息产业部，实行政企分开；其次是全国自上而下实行邮电分营，为邮政和电信两大行业各自按照自身规律建立现代企业制度创造条件。在邮政方面，设立国家邮政局，主管全国邮政行业和管理全国邮政企业。电信行业则旨在建立多元化有效竞争的市场结构。2008 年 3 月 11 日，国务院再次进行机构改革，成立了中华人民共和国工业和信息化部（简称工信部）。

在通信行业，邮政与电信之间存在着相互替代的关系，尤其是随着电信新技术和计算机技术在通信领域的推广和应用，以及 E-mail 业务、电子报刊业务、可视图文业务等多媒体技术的发展，通信业面临着巨大的威胁和挑战。但机遇与挑战同在，随着经济、社会的不断发展，人类对信息需求的提高，以及邮政通信实物全息通信优势的不断发掘，尤其是信息社会生产方式向综合化发展的趋势，行业间的界限逐渐模糊，通信业两个行业间融合发展的可能性越来越大。当前，我国无论是通信能力、电信用户规模还是技术水平都实现了跨越式发展，通信业已成为国民经济重要的基础性和先导性产业。移动电话的普及应用、宽带网络的技术革新、互联网经济的蓬勃发展，通信业的每一次发展变革都改变着人们的生活方式，也为中国经济发展注入了新活力。

1.5.2　邮政企业的发展和面临的挑战

1. 我国邮政企业的发展

1995 年 10 月 4 日，邮电部邮政总局正式注册为法人资格，即"中国邮电邮政总局"，简称"中国邮政"。2007 年 1 月 29 日，中国邮政集团公司与国家邮政局挂牌成立，中国邮政政企分开，统称"中国邮政"。2007 年，中国邮政储蓄银行成立，邮政储蓄改革稳步推进。2010 年，我国组建中国邮政速递物流股份有限公司，初步形成邮政速递物流专业化集约化规模化发展的新机制，邮政体制改革取得重大进展。中国邮政业经过几十年的发展，已建成遍布城乡的全程全网系统，即集信息流、资金流和实物流于一体的"三流合一"网络系统。

中国邮政集团公司现包括各省邮政公司、中国邮政储蓄银行、中国邮政速递物流公司、中邮人寿保险股份有限公司、中国邮政、中国邮政航空公司和中国集邮总公司。主要业务包括国内和国际信函寄递业务，国内和国际包裹快递业务，报刊、图书等出版物发行业务，邮票发行业务，邮政汇兑业务，机要通信业务，邮政金融业务，邮政物流业务，电子商务业务，各类邮政代理业务以及国家规定开办的其他业务。其中，中国邮政速递物流公司在国内 31 个省（自治区、直辖市）设立了分支机构，并拥有中国邮政航空有限责任公司、中邮物流有限责任公司等子公司。截至 2017 年年底，公司注册资本 220 亿元人民币，员工近 16 万人，业务范围遍及全国 31 个省（自治区、直辖市）的所有市县乡（镇），通达全球 200 余个国家和地区，自营营业网点超过 5 000 个。中国邮政速递物流公司主要经营国内速递、国际速递、合同物流等业务，国内、国际速递服务涵盖卓越、标准和经济不同时限水平和代收货款等增值服务，合同物流涵盖仓储、运输等供应链全过程。中国邮政储蓄银行在全国拥有营业网点 4 万个，覆盖了中国所有城市和 98.9%的县镇地区，网点数量位列全国第一。

2015 年，中国邮政储蓄银行实现了从单一股东向股权多元化的迈进，成功引进 10 家战略投资者，包括瑞银集团、摩根大通、淡马锡、国际金融公司等全球知名机构，融资规模高达 451 亿元。一年后，中国邮政储蓄银行在香港交易所主板成功上市，集资额逾 566 亿港元，为近年来港股的"集资王"。截至 2018 年第三季度，中国邮政储蓄银行服务个人客户近 5.65 亿户，在个人客户数量方面，与工商银行并列全国第一。2018 年，在英国《银行家》（The Banker）杂志公布的全球 1 000 家大银行榜单中，中国邮政储蓄银行名列第 23 位。2019 年 2 月，中国邮政储蓄银行正式被国家列入国有大型商业银行之列。

"十二五"以来，我国邮政业规模持续扩大，行业整体实力有所增强。据统计，2018 年，邮政行业业务收入（不包括中国邮政储蓄银行直接营业收入）累计 7 904.7 亿元，同比增长 19.4%；业务收入总量累计 12 345.2 亿元，同比增长 26.4%。中国邮政集团公司在 2018 年《财富》世界 500 强排行榜第 113 名。其收入规模位列世界邮政第 2 位，利润规模连续 4 年居世界邮政首位，在国民经济和社会发展中发挥着重要的作用。

2. 我国邮政企业面临的挑战

（1）邮政企业增长方式的转变。信息技术迅猛发展，推动邮政企业增长方式深度调整。随着互联网的普及和电子邮件的广泛使用，世界邮政企业长期赖以生存的信件业务不断萎缩，业务量下滑趋势加快。而包裹、快递和物流业务规模不断扩大，在业务收入中所占比重逐年增加。邮政企业增长方式面临调整，由以信件增长为主转向以包裹、快递和物流增长为主，并从单一的寄递服务模式向多元化综合服务模式转变，这给我国邮政企业带来了挑战。与此同时，各邮政企业与中国邮政储蓄银行、中国邮政速递物流公司业务共生、网络共用、经营共存、风险共担，但又各自是经营实体、利益主体，因此建立健全协调发展机制十分重要。

（2）竞争日益激化。随着邮政业务不断加宽和延伸，邮政企业的市场环境越来越严峻，呈现竞争主体多元化、竞争手段现代化、竞争焦点集中化的新特点。中国邮政企业不仅跟本土的企业竞争，而且还与国外跨国公司开展业务竞争。以 DHL、UPS、FedEx、TNT 为代表的国际跨国快递企业拥有全球性的航空和地面网络、先进的技术装备以及良好的管理方法，规模优势明显，竞争实力雄厚。邮政速递（EMS）网络虽已覆盖全国 2 000 多个城市，但在资产规模、员工素质、运输能力（特别是航空运力）、技术手段等方面和国外竞争对手存在较大的差距，竞争实力不强。

（3）内外部资源整合的挑战。邮政企业现有的网路组织和管理技术，还难以有效降低运行成本、大幅提高运行效率和效益，必须整合内外部各种资源，加快推进企业生产经营和管理流程的优化，促进邮政网络优势的进一步发挥。一方面，要寻求内部资源的整合，打破原有的分层经营管理模式，以拓展市场为目标，以项目为抓手，对产品、营销、网路和管理资源进行优化整合，完善内部资源利用结算机制，使企业资源合理流动，客户服务更富有效率，企业形象进一步提升。另一方面，要寻求对外部资源的有效利用。可以将部分非核心业务和生产环节外包给专业化公司，以寻求效率更高效益更好的发展。邮政企业应采取战略合作、联合经营等方式，实现资源共享、优势互补。

（4）互联网时代的挑战。互联网时代的邮政服务与传统邮政服务有着很大的区别。电子商务、网络购物等新型业态迅猛发展，推动大众生活消费方式向个性化转变。社会对个性化生产、服务和配送的需求迅速增长，成为了拉动邮政业发展的引擎。邮政企业通过提供个性化的快递物流配送服务，加入社会生产与消费的产业链、供应链和服务链，成为其中的重要环节。邮政企业与电子商务和制造企业的融合更加紧密，三者将形成相互依存、相互促进、共同发展的新格局。

3. 新时代我国邮政企业的管理实践

（1）实施"科技兴邮"战略，加快信息化建设。中国邮政积极应用新技术推动数字邮政建设，在信息平台化、服务智能化、生产自动化、网络高效化、运营绿色化、管理科学化六方面实现突破。通过加快信息化建设，搭建线上线下融合的邮政综合便民服务平台，建成了遍布城乡、覆盖全国、通达全球的现代邮政网络。目前，中国邮政拥有邮政网点 5.4 万个、便民服务加盟网点 60 余万个、全货运飞机 32 架、邮运汽车 7.1 万辆、智能包裹柜 9.2 万个，双层分拣机技术行业领先，智能分拣机器人、无人机投入应用，运营能力得到了极大的提高。此处，中国邮政不断优化生产流程，提高作业效率，建立起了操作标准化、处理专业化的工作模式，进一步提高了企业服务大众的能力。

（2）大力发展农村电商，逐步将金融扶贫、电商扶贫模式推向全国。中国邮政共推出 4 类举措：一是加强农村电商线上线下渠道建设，推动邮乐购实体线下渠道不断扩宽；二是继续做好工业品下乡，紧紧围绕"丰收欢乐购"主题，开展邮政"919 电商节"，助力农村消费升级；三是积极助力农产品进城，通过"一月一品""邮乐食堂""极速鲜"等典型项目，形成农产品进城品牌化示范效应；四是对接电子商务进农村综合示范工程，主动对接相关示范县。截至 2018 年上半年，中国邮政集团邮乐网共建成 709 个扶贫地方馆，覆盖 832 个国家级贫困县。通过发挥服务网络优势，整合邮政金融、电商、物流、传媒等专业优势资源，中国邮政集团邮乐网进一步加大在普遍服务、普惠金融、服务"三农"、绿色发展、精准扶贫等领域的投入，提高服务品质，主动承担起央企服务经济社会发展、服务民生的重任。

（3）开拓"跨境电商"业务，推动国际合作。中国邮政集团公司在电子商务方面主推"卖全球，买全球，助力全球物流大发展"。目前，中国邮政集团公司已在全球 11 个国家提供海外仓服务，更快地为第三方平台的卖家以及他们的自建站平台提供一系列的服务。2017 年 11 月，中国邮政集团公司与山东省商务厅签署了助推山东跨境电商发展的协议，2018 年，中国邮政集团公司参与了 16 场商务厅举办的"跨境电商进万企"活动。通过这种跨境电商会议的宣讲对企业的发展思路进行转型，使其由传统的贸易向跨境电商的新的业态思路拓展。现在，中国邮政集团公司已经在济南、青岛、烟台、威海四个口岸建立了由中国邮政运营和协助运营跨境电商园区。把想做跨境电商的企业、高校和个人纳入园区进行合理的资源整合，推动国内跨境电商发展。

1.5.3 电信企业的发展及面临的挑战

1. 我国电信企业的发展变革

1988 年，国务院明确了邮电体制以政企分开、邮电分营为改革方向。1994 年，国务院批准组建的中国联合通信有限公司（中国联通）被国家确定为中国第二公用通信网，它打破了电信产业由邮电部门独家经营的格局。1998 年，原信息产业部（现已更名为工业和信息化部，以下简称"工信部"）和国家邮政局相继挂牌，随后实施纵向业务切分，成立中国移动；2002 年，中国电信被拆分为南北两个公司：南方叫中国电信，北方叫中国网通。2008 年又实施了新一轮改革，构建起具有全业务经营能力和较强竞争力的三家市场竞争主体：中国电信、中国移动和中国联通。这三家运营商都获得了包含固网业务和第三代移动通信业务在内的电信全业务牌照，实现了固定电话、移动电话、数据业务和增值业务的全业务运营。

最近几年，工业和信息化部又开放了移动通信转售业务、宽带接入网业务，以及在自贸区扩大了外资准入范围。需要指出的是，互联网尤其是移动互联网在 2007 年之后的井喷式发展，开启了不同技术之间的异质竞争，如微信替代短信、话音等，让市场竞争变得更加激烈。

2. 我国电信企业面临的挑战

（1）巨大的客户需求。1978 年，我国固定电话用户总数只有 192.54 万户。1987 年移动电话开始出现之后，用户规模迅猛增长，到 2017 年年末，全国固定电话用户规模达 16.11 亿户，用户规模居世界第一。此外，我国互联网用户也呈现爆发式增长。截至 2017 年年末，中国移动、中国联通和中国电信三家基础电信企业的固定互联网宽带接入用户总数达 3.49 亿户；移动宽带用户（即 3G 和 4G 用户）总数达 11.32 亿户，占移动电话用户的 79.8%。我国互联网上网人数由 1997 年的 62 万人激增至 2017 年的 7.72 亿人，互联网普及率达到 55.8%。截至 2018 年 6 月，中国网民规模首次突破 8 亿人，手机网民规模达 7.88 亿人，手机接入互联网比例高达 98.3%。我国目前不仅建成了世界最大的宽带网络，也是全球网民和手机用户最多的国家。

（2）5G 的发展带来的挑战。5G 网络是第五代移动通信网络，是全球普遍期待的一个新的通信技术。如果说 2G 解决了打电话问题，3G 解决了信息服务业问题，4G 使信息服务更上一层楼，那么 5G 则能解决产业互联网问题，使第一、第二、第三产业与 5G 彻底融合，从而使我们进入万物互联的新时代。5G 可以极大地带动上游设备产业发展，但更重要的是支撑下游业务创新，培育新的消费需求和增长动力。5G 作为未来主流的科技产业变革趋势，将引领新一轮科技浪潮，也是我国未来新经济增长的引擎。预计到 2020 年，5G 将间接带动约 130 万人就业[①]。不过，建设 5G 基础设施需要大量资金和人力投入。未来 5G 基站量将是 4G 基站数量的 2 倍，这意味着运营商在 5G 基站的建设工作中需要投入更多的资金，在 4G 成本尚未完全收回的情况下，对于运营商而言要建立 5G 网络的全覆盖压力不小。

（3）人工智能的发展。1956 年，人工智能（Artificial Intelligence，AI）概念被首次提出。近年来，随着核心算法的突破、计算能力的迅速提高以及海量互联网数据的支撑，人工智能成为全球瞩目的科技焦点。全球知名市场研究公司 Tractica/Ovum 对 30 个领域近 300 个真实的 AI 使用场景进行的研究表明，电信领域是目前最大的 AI 细分市场。Tractica/Ovum 预测，到 2025 年，全球电信业对人工智能软件、硬件和服务的投资将达 367 亿美元。其中，电信业整体 AI 市场投资规模将以 48.8%的年复合增长率从 3.157 亿美元到 2025 年增至 113 亿美元。预计在到 2025 年，电信运营商主要将 AI 用于网络运营监控和管理，此期间这方面的支出将占到电信业 AI 支出的 61%。

3. 新时代我国电信企业的管理实践

（1）面向用户需求加快业务转型升级。手机刚刚兴起时，电信业主动适应用户对增值服务的需求，开发出"移动梦网"等模式，在话音和短信之外，培育起增值服务市场。后来又面向用户对互联网业务的需求，加快部署升级固定宽带网络，培育起固定互联网接入业务；随着移动互联网的发展，具备图像、语音、视频等功能的免费微信成了智能手机的必备软件，倒逼电信企业加快部署 3G 和 4G 网络，整个营销管理体系都围绕移动数据流量业运转。

（2）服务理念的转变。在竞争中，产品虽然是竞争的重点，可是服务才是最强的竞争武器。产品的定位要更加适应现有的市场，电信企业可根据人群需求的差异来设计有针对性的服务与产品，从而提高服务质量。通过对市场的充分调研，电信企业可发现产品的漏洞并进行有效的弥补，保障最终的通信服务质量。在网络背景下，服务理念也要顺应局势进行转变。网络融合要以客户为中心，这是因为客户是电信业务的直接受益者，客户对于电信业务的评价直接影响电信业务的开展，因此，电信企业应重视客户对电信网络的体验，围绕客户需求对电信业务进行相应的调整，逐步提高电信业务的服务质量。

（3）电信业务走向定制化、精确化

在网络背景下，通过对大数据的利用，电信企业可以分析出客户的喜好与需求，以此来设计更加精确的产品，提供更加私人化、定制化的服务。而进行电信业务定制化、精确化的转变，也是网

[①] 中国信息通信研究院《5G 经济社会影响白皮书》（2017 年 6 月发布）。

络背景下的一个要求。电信企业通过对数据的分析比对，来设计更加具有个性化的产品和服务，可避免电信产品趋同。在网络环境下，运营企业可以利用网络技术与大数据进行管理运维，提高产品、服务的质量，也能够充分利用数据资源和客户资源。

本章小结

本章首先介绍了企业的概念和属性，企业的发展和法律形式，以及常见的企业组织结构类型，然后介绍了管理的概念、特征和职能，重点对管理思想历史演进过程中各阶段有代表性的管理理论及其主要观点进行了阐述，接下来介绍了企业管理的含义、内容及企业管理基础工作包含的内容、作用。最后介绍了通信企业的含义、邮政和电信企业的发展和面临的挑战，以及在新时代邮政和电信企业的管理实践。

复习思考题

1. 什么是企业？企业有哪些主要属性？
2. 企业与公司有什么区别？有限责任公司与股份有限公司有何区别？
3. 如何理解管理的二重性？
4. 如何科学地评价泰勒的科学管理原理？
5. 企业管理包括哪些内容？

案例分析

中国铁塔的管理模式

2018年8月7日9:30，随着上市钟声的敲响，中国铁塔公司（以下简称"中国铁塔"）正式在港股亮相。按照中国铁塔2014年7月成立时明确的"快速形成新建能力""完成存量铁塔资产注入""上市"的三个目标均已实现。

中国铁塔的资产来源于三家运营商，人员也主要来自三家运营商，但中国铁塔并不是三家运营商的"简单拼盘"，而是跳出了传统国企的思维模式，在体制机制上大胆创新，力求提高效率，焕发活力。中国铁塔在组建之初，就建设了全国一体化的工程项目管理系统（PMS系统）。按照立项、设计、采购、施工、验收、决算全国统一的管理流程，来进行一体化的建设管理，实现了全国34个省（自治区、直辖市、特别行政区）、380多个地市级分公司的所有建设工程、所有建设工作人员在同一平台上被管理。打造了契合"互联网+"的、符合铁塔特色的建设管理模式，做到了建设流程的统一化、生产作业的标准化和工程质量可控，实现了总部—省—地市的三级管理穿透。

中国铁塔在组织结构上，采取扁平精简的模式。在总分架构下实行一级管理，总部有105人，其中89%的人员被配置在生产一线，实现了小总部大生产的模式；根据自身管理特点，总部实行集约化管理，统辖383个属地化运营团队，打造了一支高效率、强执行、有创新的"总部—省—地市"团队。稳步建立市场化的用人用工机制和基于绩效的薪酬考核体系；公司因事设岗，以岗定责，实现"去行政化"，规避了传统国企人多、机构臃肿等问题。

在运营管理上，中国铁塔实现了点多面广的站址资源的可管可控和精细运营。人员少、管理扁平、资产量庞大、铁塔分布点多面广，这是中国铁塔的基本特征。中国铁塔是典型的资产运营公司，但资产遍布城乡，高度分散，管理难度大。中国铁塔改变了传统的总部和省公司多级运维监控的模式，创新性地提出一级架构、全网监控的平台建设思路，采用无线互联网加物联网的方式搭建起一级架构的运维监控平台，实现了全网设备统一监控管理。此外，还自主开发了智能动环监控终端（FSU），装配在每个具备安装条件的站址，关联烟感、水浸、红外、摄像头等各类传感器，确保无人值守的铁塔站址的可视、可管、可控。目前平台已接入各类传感器1 600多万台，成为全国规模最大的实用物联网管理平台，实现了"工单直派一线"，减少了中间流转环节。

对于最敏感的采购领域，中国铁塔推行电商化采购模式。公司借助产业影响力，面对众多、分散的上游供给格局，搭建了铁塔类通信物资及服务的"O2O"平台——中国铁塔在线商务平台。平台采购范围包括铁塔、机柜、蓄电池等产品，以及土建施工、监理等服务，已基本涵盖中国铁塔工程建设与运行维护所涉及的所有物资和服务。新的采购模式不仅让权力在阳光下运行，建立了全国统一价格的大市场，而且能带动引导上游供给侧产品的研发创新。

此外，中国铁塔还推行了单站核算，按单个"通信站址"对铁塔和室分项目的收入、建设及场地租费、物业费等各项成本费用进行准确归集，实现"一个站址一张损益表，一个经营责任人一张损益表、一个经营主体一张损益表"，如此，188万个站址就是188万张损益表，这些损益表能全面反映每个站址的盈亏状况，帮助明确损益的责任，并协助各级公司进行精细化管理。

中国铁塔遵循互联网思维，用自主建设的IT系统对分布在全国的188万座铁塔进行管理，寻求对所有的业务做到端到端的管控，让所有的最佳实践形成最佳的流程，让所有的资源资产信息数据化，让所有的业务流程通过IT固化。

中国铁塔这种以共享为核心的商务模式，"规模化、集约化、高效化和专业化"的运营模式获得了境内外投资者的充分认可。

（资料来源：根据网络资料改编。）

思考题：
（1）从中国铁塔公司的管理实践中，你能看出管理的哪些特征？
（2）中国铁塔公司的管理模式有哪些特点？

【学习目标】

- 理解企业战略的含义和特点。
- 掌握企业内、外部环境的分析方法。
- 掌握企业的战略类型。
- 了解战略评估的过程和方法。
- 了解战略的实施和控制过程。
- 了解新时代三大运营商的战略选择。

【开篇案例】

虚商 2.0 时代：谁将成"王"？

移动转售正式商用牌照发放，取消流量漫游费，物联网市场爆发，5G（第五代移动通信系统）即将商用等让移动虚拟网络运营商（虚商）步入了 2.0 时代。在这一全新时期里，价格战不再是市场发展的杀手锏，虚商需要提供更加贴合市场需求的业务模式和服务。这也意味着，虚商发展的关键从低价抢市场用户做大规模逐渐转向业务创新，也就是说，谁具备创新精神和能力，谁将成为移动转售市场的王者。

移动转售步入新阶段

正式牌照的发展，让移动转售进入新的阶段。这不只是将试点牌照变为正式牌照这么简单，其让虚商市场发生了巨大的改变。中国联通监管事务部总经理周仁杰在"新市场 新格局"虚拟运营商主题沙龙上表示，虚拟运营商的竞争将以创新为主，并且创新将是多维度的。

中国信息通信研究院专家许立东介绍，截至 2018 年 12 月底，我国移动转售在网用户数突破 8 000 万户。在基础电信企业全面取消手机国内长途漫游费、降低国际长途电话费之后，移动转售企业话费竞争优势减弱，话音业务量收入由升转降。

这意味着，虚商依靠低价策略发展的道路已经走不通了，未来发展只能靠创新。许立东指出，移动转售企业当在现有模式基础上创新突破：一是在通信产业链上做大规模（国际业务、物联网、可穿戴设备、企业信息化、宽带接入网业务等）；二是以信息化业务服务集团主业，确定内部存在价值（如企业短信、流量批发、云呼叫中心、物联网方案等服务集团主业）；三是提供通信能力与完善主业生态结合，围绕主业生态进行创新拓展。

谁将在未来成"王"

在步入以创新为核心的 2.0 时代后，谁才能在众多竞争者中胜出？许立东认为，将来具有发展前景的企业，一是具备先发优势、实体渠道优势的传统行业巨头；二是具备技术优势、平台优势、运营模式优势的 ICT[①] 产业链强势企业。若两者兼具，企业的市场拓展效果会更好。未来，向 M2M、消费电子等垂直行业发展，向数据业务、企业市场转化，成为虚商向新领域拓展的重要助力。

---

① ICT 是 Information and Communication Technology 的缩写，指信息和通信技术，是电信服务、信息服务、IT 服务及应用的有机结合。

SA无线通信领域高级分析师杨光表示，2019—2020年是5G元年，5G将为业界带来很大影响，也将为虚拟运营商带来更大机遇。从历史来看，新一代信息技术的推出，均带来了格局洗牌，如TOP玩家格局、服务市场模式变化等。随着5G的推进，尤其借鉴国外经验来看，5G将创造更多机遇。

杨光进一步指出，与国外虚拟运营商市场相比，国内市场规模很大，但国内用户占比只有4.6%左右，与国外用户占比10%相比，上升空间还很大。不可否认的是，随着虚拟运营商从1.0时代步入2.0时代，渠道、监管等都向多元化发展，从全球发展来看，更需要多元化。

我们在最近的虚商运营数据中已经看到了这一趋势。据小米移动总经理任志国介绍，从2015年开始小米移动开始试点合作，2016年11月用户量突破百万元，2017年小米移动探索线下新零售模式，走出了管理平台化、渠道扁平化、产品云端化的模式，并发现平台就是产品的理念。截至2017年年底物联网发卡量突破一千万张。在去年，小米不仅用户ARPU（单位用户平均收入）迅速增长，而且DOU（平均每户每月上网流量）也成数十倍甚至百倍增长。

（案例来源：根据网络资料改编。）

战略，这个来源于军事、战争的术语，被引进现代企业管理的领域以后，其内涵和外延随着时代的变迁发生着革命性的变化。在经济全球化、技术日新月异、新的经营方式不断涌现以及信息交流过程发生根本性变革的超竞争环境下，越来越多的企业逐渐认识到战略管理的重要性。而且伴随着战略在企业中地位的提高，战略被赋予日益丰富的含义。本章将首先介绍战略的概念和特征，然后介绍战略分析方法，公司战略和竞争战略的种类以及战略实施、评价和控制。

2.1 战略与战略管理

2.1.1 企业战略的由来

战略是对企业长远发展的全局性谋划。"战略"一词源于古希腊文"Strategos"，原意是将军，在中世纪变成了一个军事术语，其含义是在敌对状态下指挥军队、克敌制胜的艺术和方法。进入现代以后，战略概念在社会生活中得到了广泛的应用。

20世纪上半叶，美国经历了前30年的大批量生产时代和后20年的大批量销售时代。在前30年，美国主要完善了大批量生产的机制，促使单位产品成本降低。当时的企业管理者认为，只要能提供低价的、标准的产品和服务，就能获得盈利和发展，谋划未来的愿望并不强烈。到了大批量销售时代，基本消费品的需求趋向饱和，企业的主要任务是满足基本消费品以外的更高需求。企业不得不应付环境的变化，转向多样化需求的市场，同时也要适应市场国际化的新趋势。企业面临的环境更加复杂，面临的竞争更加激烈。于是，以销定产、产品差异化等新的经营理念开始成熟起来，目标管理、预算管理和长远计划等应运而生。但这种筹划未来发展的计划，仅仅建立在未来可以根据历史推断的假设基础上，还不是对企业未来发展的科学谋划。

从20世纪50年代开始，美国进入了后工业时代。科学技术高速发展，社会需求有了更大的变化，企业的政治、经济、文化和自然环境的剧烈变化导致竞争更加激烈，从而使企业面临许多更为严峻的挑战和难以预料的突发事件。残酷的市场竞争曾经使美国每年新产生的40万家企业在一年以后倒闭了1/3，而余下企业的一半又在以后的5年中逐渐消亡。严峻的现实使企业家和经营者痛感市场即战场，开始对各种企业的长期发展和经营思想进行系统的观察和分析，力图找到能使企业长盛不衰的良方。

1965 年，美国管理学者安索夫（Igor Ansoff）出版了《企业战略论》。他提出，只有那些认真分析企业内外环境因素并且据此制定自己发展方向和目标、途径的企业才能在竞争中取胜。此书拉开了企业战略管理的序幕。1971 年，美国通用电气公司的新任总裁大胆地将战略管理的思想和方法运用于公司的管理实际，开创了实施企业战略管理的成功先例。

进入 20 世纪 70 年代后，欧美地区的企业尤其是美国企业遭遇到了日本企业的严峻挑战，这引起了西方管理学者和企业家的高度重视。其中一些人更是亲自前往日本考察研究，揭示日本企业迅速崛起的奥秘。研究者发现，重视企业发展战略及其管理是日本企业成功的重要经验。日本的企业文化、终生雇佣制度、年功序列制度也成为企业进行战略管理的辅助手段。这一发现对西方企业实行经营战略管理起到了极大的推动作用，有关著作纷纷出版，企业战略管理咨询服务开始出现，企业战略管理课程被列入工商管理教学计划。到了 20 世纪 80 年代，几乎所有著名的商学院都将企业战略管理作为了核心课程。直到现在，企业战略管理仍然被认为是所有管理活动中最重要的活动之一。

2.1.2 企业战略的含义与特点

一般来说，企业战略是指根据企业的外部环境及内部资源和能力状况，企业为求得生存和长期稳定发展，为不断获得新的竞争优势，对企业的发展目标、达成目标的途径和手段所做的总体谋划。

从企业战略的性质上看，企业战略实际上是企业一切活动的总纲，是企业在竞争形势下的准确定位，是企业进行资源配置的依据。企业战略反映了企业高层领导人的价值观念，也应该是企业全体员工的行动计划。企业战略具有以下特点。

（1）全局性。从空间上考察，企业战略是企业从全局出发，根据企业的总体发展需要制定的。它所规定的是企业的总体行动，所关注的是企业的总体效果。

（2）长远性。从时间上考察，企业战略既是企业谋求长远发展要求的反映，也是企业对未来较长时期生存和发展的通盘筹划。它即使以企业当前内外部条件为出发点，并且对当前的企业内外部活动有直接的指导和制约作用，也都是为了更长远的发展。

（3）抗争性。企业战略是关于企业在激烈的竞争中如何与竞争对手相抗衡，同时也是企业面对来自多方面的冲击、压力、威胁、困难和挑战的行动方案。市场如战场，现代的市场总是与激烈的竞争密切相连。通过制定战略，企业可明确自己的优势，在激烈的竞争中生存和发展。在互联网时代，信息技术的发展使企业的广泛合作成为可能，传统的破坏性竞争向合作型竞争转化，企业间会建立起战略联盟，追求双赢。在新的时代，企业战略的抗争性被赋予了新的内容。

（4）纲领性。企业战略规定的是企业总体的长远目标、发展方向和重点、发展途径以及采取的基本行动方略、重大措施和基本步骤，它们都是原则性的、概括性的，具有行动纲领的意义。企业纲领必须通过展开、分解和落实等过程，才能变成具体的行动计划。

（5）协同性。企业战略要求实现资源配置和经营决策的协同效应，取得合力大于分力之和的最终效果。因此，企业战略必须将企业的内部资源和外部资源整合起来，获取协同效益。

2.1.3 企业战略的层次

企业战略是分层次的。企业的愿景、使命和目标确定之后，通过内外部环境分析，企业需要选择实现目标的具体战略。通常，企业战略可以分为公司战略、竞争战略、职能战略三个层次。

1．公司战略

公司战略是指企业面对瞬息万变的市场环境，为求得长期生存和不断发展从而实现企业战略目标而进行的总体性谋划。公司战略是企业战略的总纲，是管理层指导和控制企业的最高行动纲领。公司战略考虑的主要问题是企业的经营范围、发展规模和发展方向，包括企业提供何种产品或服务，实施单一经营还是多元化经营；是否需要进入新的业务领域以及采用何种进入方式；企业是保持稳定发展还是追求增长规模，是靠自身的力量发展还是与其他企业结成联盟，或者采取并购或者外包的方式；产品市场反响不好时，是收缩生产线还是退出某个经营领域；是否考虑国际化以及国际化的程度等。

2．竞争战略

竞争战略（Competitive Strategy）又称业务战略，是企业的战略经营单位（Strategy Business Unit，SBU）或事业部、子公司的战略。竞争战略是企业在公司战略的指导下，经营管理某一个战略经营单位时的战略。战略经营单位是以企业所服务的独立的产品、行业或市场为基础，由企业若干事业部或事业部的某些部分组成的战略组织。战略经营单位的基本特征是：有自己的业务，有共同的性质和要求，掌握一定的资源，有其竞争对手，有自己的管理班子。一个战略经营单位可以是企业的一个部门、一类产品，也可能包括几个部门、几类产品。竞争战略主要涉及如下问题：该企业在它从事的某一个行业中如何竞争？该企业在某一个行业经营领域中扮演什么角色？如何运用自己的资源和竞争能力开展竞争？

需要特别说明的是，公司战略和竞争战略是针对多元化的大企业而言的。例如，华为公司旗下产品众多，那么该公司应该既有公司战略，也有旗下产品如手机、计算机等参与市场竞争的竞争战略。如果是一家规模较小的企业，由于其产品和业务比较单一或者较少，所以它的公司战略和竞争战略是在一个层面上的，只是内容有所差异而已。

3．职能战略

职能战略又称职能支持战略，是企业为贯彻、实施和支持公司战略以及竞争战略而在企业特定的各职能管理领域制定的战略。职能战略完全是为公司战略和竞争战略服务的，是各职能部门的短期战略规划。其内容要比公司战略和竞争战略具体和详细，并强调各部门的协同与配合。职能战略可细分为人力资源战略、研发战略、营销战略、财务战略、生产战略、质量战略等。职能战略的作用是使竞争战略的内容得到具体落实，并使与某一业务相关的各项职能之间取得协调。制定职能战略的责任一般由业务单位的负责人授权给各职能部门的负责人，但职能战略中涉及的其他职能部门的活动需要业务单位负责人进行协调或有关职能部门之间进行协商。

综上所述，企业战略是一个以企业目标为最终方向，与竞争战略和职能战略相互支持和协调的战略层次网。

2.1.4　企业战略管理的含义与基本过程

1．企业战略管理的含义

企业战略管理是指对企业战略进行分析制定、评价选择及实施控制，使企业能够达到其战略目标的动态管理过程。企业战略管理是构筑在企业战略基础上的管理行为和管理科学，是企业在处理自身与环境关系过程中实现其宗旨的管理过程，是决定企业长期表现的一系列管理决策和行动，包括企业战略的制定（分析、选择）、评价、实施和控制。说到底，企业战略管理是企业的自身生存与发展之道。

2. 企业战略管理的基本过程

企业战略管理是企业在确定企业战略目标的基础上，通过战略分析（这是一个知己知彼的过程，企业通过外部环境分析了解企业所处的宏观和行业环境，通过内部环境分析了解企业自身拥有的资源和能力），选择适合企业的战略（主要包括公司层面的发展战略和针对具体产品和服务的竞争战略），然后实施、评估与控制的过程。通过评价，企业可了解战略目标确定得是否合适，战略分析和选择环节是否有问题，是否需要调整，从而开展下一轮循环。企业战略管理过程模型如图 2-1 所示。

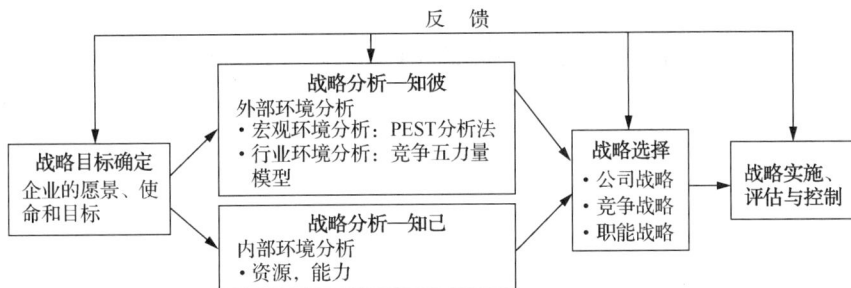

图 2-1　企业战略管理过程模型

由此可见，企业战略管理过程有四个主要阶段。

（1）战略目标确定阶段。在这个阶段，确定企业的愿景、使命和目标。企业愿景是对企业前景和发展方向的高度概括性描述，由核心理念和对未来的展望组成。企业使命是企业在社会进步和经济发展中所应扮演的角色和承担的责任。具体而言，企业的战略目标是指对企业战略经营活动预期取得主要成果的期望值。企业在发展的过程中，可能会根据情况不断调整企业愿景、使命和目标，并在此指导下开展战略管理活动。表 2-1 所示的是一些企业的愿景陈述。

表 2-1　　　　　　　　　　　　　　　　企业愿景陈述

企业名称	愿景陈述
通用汽车	成为提供全球运输产品和相关服务的领先者
新秀丽	为旅行世界提供创新的解决方案
宝洁	成为世界上优秀的消费品公司
百事	持续改善我们所生活的世界的各个方面——环境、社会和经济，创造一个更加美好的明天

资料来源：弗雷德·戴维. 战略管理：概念与案例（第 13 版）. 徐飞，译. 北京：中国人民大学出版社，2012.

（2）战略分析阶段。根据企业的愿景、使命和目标，分析企业处的内外部环境，结合 PEST 分析法和竞争五力量模型，分析企业的宏观环境和行业环境，评价企业所面临的机会和威胁。同时，企业还应认清自己拥有的资源和能力，特别是核心竞争力，分析自身的优势和劣势。这样才能知己知彼，为战略的选择提供依据。

（3）战略选择阶段。企业战略分为三个层次：公司战略、竞争战略和职能战略。其中，公司战略是指企业的总体发展战略，包括稳定发展战略、增长战略、紧缩战略和国际化战略；竞争战略的内容是某个单独的战略经营单位提供的产品或服务如何跟同行业的企业开展竞争，包括成本领先战略、差异化战略和集中战略。职能战略则是指在公司战略和竞争战略的指导下，不同职能部门需要完成的工作。企业根据战略目标和环境分析选择具体的公司战略和竞争战略，并在此基础上确定各项职能战略。

（4）战略实施、评估与控制阶段。战略实施就是将战略付诸实践的过程。战略评估是指将实施企业战略后的企业绩效与既定的战略目标、绩效标准相比较，发现战略差距，分析产生偏差的原因，明确是否需要调整以及如何调整。战略控制是指企业在从战略目标确定开始的整个战略管理活动中，要对战略的运行状况加以监督，观察实施战略的过程是否与当初的战略目标相吻合，若不吻合，则应采取有效措施纠正，以保证战略的实施，确保预期的战略目标得以实现。

在实践中，企业通常首先制定战略愿景、使命和目标，在此基础上开展战略管理工作。在下面几节的内容中，我们会从战略分析开始，逐步介绍整个战略管理的过程。

2.2 企业外部环境分析

企业外部环境分析

2.2.1 企业总体环境分析

企业总体环境主要包括政治环境（Political Environment）、经济环境（Economic Environment）、社会环境（Social Environment）和技术环境（Technological Environment），我们将其简称为 PEST。对企业总体环境进行分析的方法为 PEST 方法。总体环境与企业的关系如图 2-2 所示。

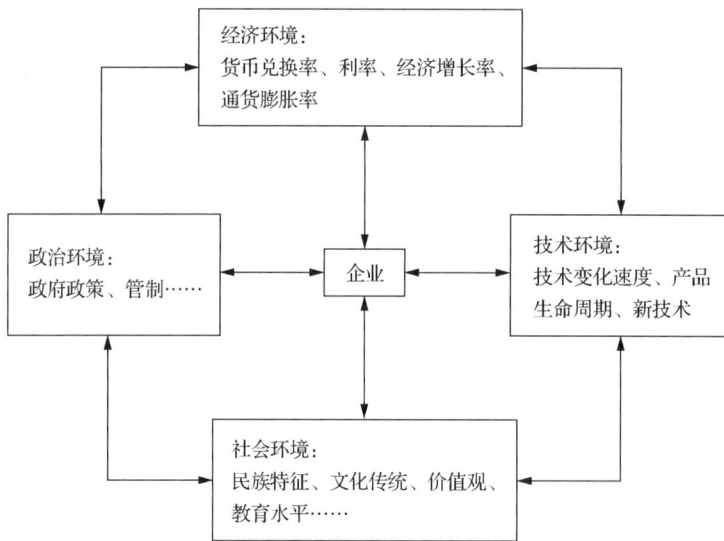

图 2-2　总体环境与企业的关系

1. 政治环境

一个国家或地区的政治制度、体制、方针政策、法律法规、监管管制等常常制约、影响着企业的经营行为。因此，在对企业所处的宏观环境进行分析时，首先要分析其所处的政治环境，主要表现在以下几个方面：

（1）政府的各项法律、法规。例如，各国政府制定的反托拉斯法、反不正当竞争法、专利法、环境保护法等，都为企业规定了行为规范。这些法律法规对企业的发展有着非常重要的指导和约束作用。例如，《中华人民共和国邮政法》《中华人民共和国电子商务法》《中华人民共和国电信条例》和《互联网信息服务管理办法》等都对邮政通信企业的经营和发展起到了指导和约束作用，而由世界贸易组织成员共同签署的《世界贸易组织贸易技术壁垒协定》则对通信企业参与国际竞争提供了规范和依据。

（2）政府的贸易保护主义政策。有些国家推行贸易保护主义政策，为自己的产业提供各种补贴，同时加强对其他国家的进口限制，如美国自 2018 年 6 月 1 日起对来自欧盟、加拿大和墨西哥的钢、铝产品分别征收 25%和 10%的关税。据欧盟统计，美国钢、铝关税措施对价值约 64 亿欧元的欧盟出口产品造成了影响。为实现贸易再平衡，欧盟从 2018 年 6 月 22 日起对自美国进口的价值 28 亿欧元的产品加征关税。加征关税的产品包括美国钢、铝产品，农产品等。①

（3）政府制定的产业政策。在经济发展的不同时期，政府都会确定鼓励或约束发展的产业和行业，采取相应的鼓励和约束的税收、信贷等措施。2016 年 11 月 29 日，国务院印发"十三五"国家战略性新兴产业发展规划，指出应加快壮大战略性新兴产业，打造经济社会发展新引擎。以创新、壮大、引领为核心，坚持走创新驱动发展道路，促进一批新兴领域发展壮大并成为支柱产业，持续引领产业向中高端方向发展和经济社会向高质量方向发展。立足发展需要和产业基础，大幅提高产业科技含量，加快发展壮大网络经济、高端制造、生物经济、绿色低碳和数字创意五大领域，实现向创新经济的跨越。着眼全球新一轮科技革命和产业变革的新趋势、新方向，超前布局空天海洋、信息网络、生物技术和核技术领域一批战略性产业，打造未来发展新优势。②

（4）政府对行业的监管或管制。政府管制是指政府凭借法定的权力对社会经济主体的经济活动所施加的某种限制和约束。其宗旨是为市场运行及企业行为建立相应的规则，以弥补市场失灵，确保微观经济有序运行，实现社会福利的最大化。根据管制对象和实施手段的不同，政府管制可分为经济性管制与社会性管制。③经济性管制是针对特定行业的管制，即对某些产业的结构及其经济绩效的主要方面所做的直接政府规定，如进入控制、价格决定、服务条件及质量的规定，以及在合理条件下服务所有客户时应尽义务的规定。例如，政府对公用事业（如电力、自来水和管道运输业、交通运输业、通信业和金融业等）的价格和进入的控制。社会性管制是政府基于对生产者和顾客健康和安全的考虑，制定一些规章制度对环境保护、产品质量和生产安全等方面所实行的管制，以取消经济活动所引发的各种副作用和外部影响。

2．经济环境

经济环境是直接影响企业在该国从事生产经营活动的基本的、具有决定意义的条件。

对企业经营影响较大的、企业较为敏感的经济指标有利率、货币兑换率、经济增长率和通货膨胀率。利率的变化直接影响人们对企业产品或服务的需求：存款利率的提高使流通中的货币量减少，居民用于购买消费品的收入减少；贷款利率的提高使企业贷款成本提高，从而降低了企业产品的竞争力。货币兑换率的改变将影响本国货币的购买能力：本国货币兑换率较高时，进口产品的价格相对降低，国际贷款的成本较低，企业的生产成本进而降低。但是，较高的货币兑换率使出口产品价格升高，降低了产品的出口能力。经济增长率将影响顾客可支配的收入量和购买能力，会改变市场容量和企业生产规模。通货膨胀率反映了国家物价总水平的提高程度。通货膨胀率水平将影响政府的货币政策和利率，因此会改变经济增长率。这些指标都会直接影响企业的发展。

例如，2018 年上半年，人民币对美元汇率经历了升值、稳定和贬值三个阶段，每个阶段都有 2 000 基点左右的波幅。汇率波动所产生的汇兑损益，对上市公司的净利润产生了直接影响。在以出口业务为主的纺织、工程机械、家电、半导体、电子等行业中，合计有 25 家上市公司明确在 2018 年业绩预告中提到了汇兑损益对企业业绩的影响，其中 14 家企业由于人民币贬值获得汇兑收益，11 家企业则因美元负债、毛利率下降等因素导致汇兑损失。④

---

① 央视新闻：欧盟今起对自美国进口 28 亿欧元产品加征关税 欧委会主席：美对欧盟加征关税违反逻辑，2018 年 6 月 22 日.
② 国务院关于印发"十三五"国家战略性新兴产业发展规划的通知（国发〔2016〕67 号），中华人民共和国中央人民政府网.
③ 袁持平. 政府管制的经济分析. 北京：人民出版社，2005.
④ 张赛男，杨坪."跳动"的汇率：25 家 A 股公司首曝损益账单. 21 世纪经济报道（广州），2018-7-28.

3．社会环境

社会环境是指一个国家和地区的民族特征、文化传统、价值观、宗教信仰、教育水平、社会结构、风俗习惯等，以及由此引起的社会成员行为、态度的变化。下面我们列举几个社会环境因素。

（1）人口老龄化。国际上通常把 60 岁以上的人口占总人口比例达到 10%，或 65 岁以上人口占总人口的比例达到 7% 作为国家和地区进入老龄化的标准。以此为标准，我国自 2000 年已进入老龄化社会。2017 年，全国人口中 60 岁及以上人口 24 090 万人，占总人口的 17.3%。预计到 2020 年，60 岁及以上人口数量达到 2.48 亿，老龄化水平达到 17.17%；2025 年，60 岁及以上人口数量将达到 3 亿，届时我国将成为超老年型国家。[①]中国人口的老龄化程度正在加速提高。庞大的老年人市场带动了医疗健康、餐饮、文化、娱乐、休闲、理财和保险等产业的发展。

（2）消费习惯。消费习惯是顾客在日常消费中不断形成的某种较为定型化的消费行为模式。近年来，国人的消费习惯发生了很大的变化，如超前消费的观念逐渐增强。随着贷款等金融工具的逐渐完善，房地产业得到了空前的发展，这使汽车、家电、手机等大额产品也都可以超前消费。越来越多的年轻人喜欢网络购物，这催生了很多新的互联网购物平台。另外，近年来人们的旅游观念也在不断改变：从最初的观光游览到追求休闲度假游，再上升到个性化旅游，促进了相关产品和服务水平的提高。

4．技术环境

技术环境具有变化快、变化大和影响面广、超越国界的特点。技术环境包括的主要因素有技术变化速度、产品生命周期、新技术等。有时，某些新技术的出现能够引发一场社会性技术革命，创造一批新产业，同时淘汰一批现有的产业。例如，数码相机对传统胶卷相机的替代、智能手机对传统功能手机的替代、互联网电视对数字电视的替代等无一不是技术创新的结果。在计算机领域，个人计算机和软件的开发改变了教育、娱乐和家用电子业，电子信息技术的发展和运用也已经对现有的信息传输手段造成了威胁。互联网已经为许许多多的企业创造了巨大的商业机会。

随着互联网技术的飞速发展，大数据、云计算、物联网的应用，将从根本上改变人们的工作方式，甚至改变工作的性质。近年来，人工智能的飞速发展更是科技发展史上一块举足轻重的里程碑。人工智能已经逐步渗透到我们的日常生活和工作当中，如机器视觉、指纹识别、人脸识别、视网膜识别、掌纹识别、智能搜索、智能翻译、自动程序设计、智能控制、语言和图像理解以及遗传编程等。智能家居、智慧医疗、智慧交通等更是使我们的生活变得越来越便捷。

正是因为技术变化对企业具有如此重要的意义，所有在高科技产业中，辨认和评价技术方面的机会和威胁已经成了企业战略制定过程中一项最重要的工作。越来越多的管理学者要求企业把技术管理看成高层管理者的重要任务，因为这些企业一旦能够制定正确的战略并实施，就可以在市场上取得长期的竞争优势。在企业总体环境中，与技术相关的问题几乎在每一个高层管理决策中都起着十分重要的作用。这些决策的正确与否取决于高层管理者是否有能力认真分析技术环境中存在的机会和威胁，以及是否有能力评价这些机会和威胁对整个企业战略的重要性。

2.2.2　竞争五要素分析

竞争五要素分析又称竞争五力量模型或行业结构分析模型（见图 2-3），是哈佛大学商学院教授迈克尔·波特（Michael Porter）于 19 世纪 80 年代初提出的。波特将行业中基本的竞争力量分为五类，利用其来分析一个行业的基本竞争态势，帮助企业选择合适的企业战略。这五种竞争力量分别

---

① 2018 年中国人口老龄化现状分析、老龄化带来的问题及应对措施. 中国产业信息网，2018-5-4.

是行业内现有竞争对手、潜在的加入者、替代品的生产者、讨价还价的供应者和购买者。五种力量的不同组合变化会最终影响行业利润潜力。

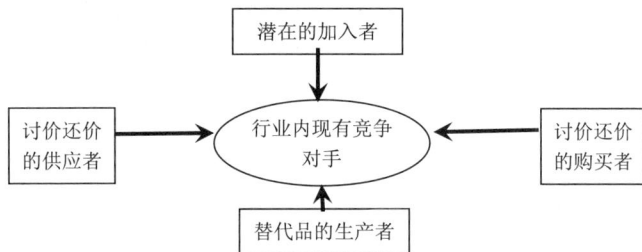

图 2-3　竞争五力量模型

1. 行业内现有竞争对手

行业内现有企业之间总是存在着竞争。作为企业整体战略一部分的各企业战略，其目标都在于使企业获得相对于竞争对手的优势，所以在实施中就必然会产生冲突与对抗现象，这些冲突与对抗构成了现有企业之间的竞争。但是，不同行业现有企业间的竞争激烈程度是不同的，有的比较缓和，有的十分激烈。激烈的竞争是由相互作用的结构性因素造成的，主要有以下几个因素。

（1）众多的或势均力敌的竞争者。当一个行业的企业为数众多时，必然会有一定数量的企业为了占有更大的市场份额和取得更高的利润，突破本行业约定的一致行动的限制，独立行事，采取打击、排斥其他企业的竞争行动。这势必会在现有竞争者之间形成激烈的抗衡。即使在企业为数不多的行业（如各企业的实力均衡），都有支持竞争和进行强烈反击的资源，也会使现有竞争者之间的抗衡激烈化。

（2）行业增长缓慢。在行业快速增长时，由于各企业可以在与行业保持一致的情况下，充分发挥各自握有的资源的作用来发展自己，因此竞争不太激烈。当行业缓慢增长时，有限的发展势必使各企业为了寻求出路而把力量放在争夺现有市场的占有率上，从而使现有竞争者的竞争激化。

（3）高固定成本或库存成本。当一个行业固定成本较高时，企业为降低单位产品的固定成本，势必采用增加产量的措施。企业的这种发展趋势会使生产能力急剧膨胀，直至过剩，还会导致产品价格竞争，从而使现有竞争者的竞争激化。

（4）产品统一性高和转换成本低。一个行业的产品，若差异性强，购买者必然会出于对某些特定销售者的偏好和忠诚来购买，如此生产企业间的竞争关系就会缓和；反之，若产品统一性强，购买者所考虑的是价格和服务，这就会使生产者在价格和服务上展开竞争，使现有竞争者之间的抗衡激化。同样，转换成本低时，购买者有很大的选择自由，也会产生相同的情况。

（5）规模经济的要求。在规模经济要求大量增加企业生产能力的行业，新的生产能力不断增加，就必然会经常打破行业的供需平衡，使行业产品供过于求，迫使企业不断降价销售，从而强化现有竞争者之间的抗衡。

（6）退出障碍。退出障碍是指经营困难的企业在退出行业时所遇到的困难。退出障碍的影响因素如下。①固定资产的专业化程度。企业固定资产的专业化程度越高，其清算价值就越低，转化成本也就越高，相应地，企业更不容易退出这个行业。②退出的费用。如劳动合同费、安置费、设备备件费等都很高，退出障碍就高。③政府和社会的限制。如因失业问题、地区经济影响问题、政府反对或劝阻企业退出某一行业。当退出障碍高时，经营不好的企业只得继续经营下去。这也使现有竞争者的竞争激化。

2. 潜在的加入者

潜在的加入者是行业的重要竞争力量，在给行业带来新生产能力、新资源的同时，其会参与原材料与市场份额的竞争，可能会给本行业带来很大威胁，最终导致行业中现有企业盈利水平降低，严重的话还有可能危及这些企业的生存。这种情况被称为潜在加入者的威胁，其状况取决于进入障碍和原有企业的反击强度。其中，进入障碍是最重要的影响因素。决定进入障碍大小的主要因素有以下几个。

（1）规模经济。规模经济迫使潜在加入者必须以大的生产规模进入，并冒着现有企业强烈反击的风险；或者以小的规模进入，但要长期忍受产品成本高的劣势。这两种情况都会使潜在进入者却步不前。

（2）产品差异优势。产品差异优势是指原有企业所具有的商标信誉和用户的忠诚等。它是通过以往的广告、用户服务、产品差异、行业悠久历史等形成的差异优势。它所形成的进入障碍，迫使新加入者要用很大代价来树立自己的信誉和克服现有用户对原有产品的忠诚。

（3）资金需求。资金需求所形成的进入障碍，是指在行业内经营，企业不仅需要大量资金，而且风险大，进入者要在握有大量资金、甘冒很大风险的情况下才会进入。

（4）转换成本。转换成本是指购买者变换供应者所支付的一次性成本。它包括重新训练业务人员、增加新设备、调整检测工具等花费的成本，甚至还包括中断原供应关系的心理成本等。这一切会造成购买者对变换供应者的抵制。进入者要进入，就必须用非常多的时间和特殊的服务等来消除这种抵制行为。

（5）销售渠道。一个行业的正常销售渠道已经为原有企业服务，潜在加入者要进入该行业，必须通过让价等办法，来使原销售渠道接受自己的产品。那种与原有企业建立专营关系的销售渠道所形成的进入障碍更高，潜在进入者很难利用。

3. 替代品的生产者

替代品是指那些与本行业的产品具有同样功能的其他产品。两个处于同行业或不同行业中的企业，可能会由于所生产的产品互为替代品而产生相互竞争行为，如各种共享单车之间的替代、共享单车与共享电单车之间的替代、共享单车与公交车之间的替代等。由于存在着能被用户方便接受的替代品，现有企业的产品售价以及获利潜力将受到影响。

为避免自己的产品被替代，现有企业必须采取一定的行动，如提高产品质量、通过降低成本来降低售价，突出产品的特色和定位等，否则其销量与利润增长的目标就有可能无法实现。不过，当出现的替代品是一种顺应潮流的产品并且具有强大的成本优势时，或者替代品是由那些实力雄厚、获利水平高的行业生产的时，采取完全排斥的竞争战略不如采取引进的战略更为有利。此外，替代品的竞争强度还受顾客转换成本高低的影响。顾客转换成本高，替代品的威胁程度就低；反之就高。总之，替代品价格越有吸引力、质量越好、用户转换成本越低，其产生的竞争压力就越大。例如，现在的智能手机在不同程度上替代了固定电话、照相机、录像机、计算器、手电筒、MP3播放器、收音机、导航仪、电子词典、报纸等。智能手机对这些产品替代的程度有所不同，如智能手机几乎完全替代了MP3播放器和收音机，但受到自身技术条件和存储空间的限制，对照相机和录像机则无法完全替代。尽管如此，由于智能手机携带方便，故其对这些产品的生产企业来说，也造成了很大的压力。这些企业必须不断创新，制造出技术含量更高和更便捷、功能更多的产品，才能避免被智能手机替代。

4. 讨价还价的供应者和购买者

任何行业的供应者和购买者都会在各种交易条件（价格、质量、服务等）上尽力迫使对方让步，以使自己获得更多的收益。供应者主要通过提高投入要素的价格及投入要素的重要性来影响行业中现有的企业；而购买者主要通过压价与要求提供较高质量的产品或服务，来对行业中现有企业施加影响。一个行业不论作为供应者还是购买者，都应设法提高自己的讨价还价能力，才能在与其他供应者和购买者的竞争中获取更大的优势。无论作为供应者还是作为购买者，其讨价还价能力主要由以下因素决定。

① 行业的集中程度。不论是购买者行业还是供应者行业，如果集中程度比对方高，其地位也会随之提高，这易于使对方接受自己的成交条件。

② 交易量的大小。若购买量占供应者销量的比重大，购买者的地位就高，否则相反。例如，沃尔玛公司跟供应商谈判时，因为需求量非常大，故谈判地位就比较高，通常能将供应商产品的价格压在较低的水平。

③ 产品差异化情况。对于标准产品，购买者确信还会找到对自己更有利的供应者，就会在讨价还价中持强硬态度。对于差异性产品，供应者知道购买者在别处买不到，就会在交易中持强硬态度。例如，英特尔公司是全球最大的半导体芯片制造商，也是世界领先的个人计算机、网络和通信产品制造商。长期以来，英特尔公司在全球一直居于行业中的垄断地位，其在中国的市场份额曾一度保持在 90%。

④ 转换供应商成本的高低。购买者转换供应商如果比较困难，讨价还价的地位自然就低；反之，若购买者可以轻易地转换供应商，其讨价还价的地位自然就高。

⑤ 信息掌握程度。谁掌握的信息多，谁就会占据主动地位。

阅读材料 2-1

华为首次公布核心供应商名单：国内企业 37 家

近日，华为正式公布核心供应商名单，这是华为首次公布其核心供应商名单。根据名单，华为核心供应商共92家。

其中，英特尔、恩智浦是十年金牌供应商，英特尔供给华为的主要是存储和服务器处理器，恩智浦则主要提供NFC芯片、音频放大器等元器件。

就国家分布而言，来自中国的华为核心供应商共有37家。京东方首次为华为提供柔性OLED曲面屏，搭载于旗舰机Mate 20 Pro之上，因此被华为列为金牌供应商。顺丰收购敦豪而进入华为供应链，并首次成为核心供应商。其他国家（或地区）方面，来自美国的华为供应商有33家、来自日本的有11家、来自德国的有4家、来自瑞士/韩国的各2家、来自荷兰/法国/新加坡的各1家。这些供应商中，有我们熟悉的供应商，如高通、博通、联发科、英特尔、SK海力士、三星、索尼等，还有天马、富士康、台积电、微软、甲骨文以及德州仪器等。

华为所有的供应商中，生产手机、计算机等2C端产品的有28家，其中超过30%是芯片供应商，主要是高通、博通、英特尔等厂商，而生产芯片的供应商中，CPU芯片供应商占一半以上。

其他供应商主要为华为提供产品组装和运输服务。代工厂基本以中资机构为主，其中我国台湾地区厂商是其核心供应商，如台积电、富士康等。华为对物流供应商的选择比较国际化。此外，其还有一些整体服务供应商。

5. 小结

以上五种基本竞争力量的状况以及它们的综合强度，决定着行业的竞争激烈程度。在竞争激烈的行业中，没有一家企业能长期获得惊人的收益。行业间竞争的不断持续，将会导致该行业投资收益率下降。若投资收益率长期处于较低水平，投资者将会把资本投入其他行业，这可能会引起现有企业停止经营，会刺激资本流出该行业。所以，行业竞争力量的综合强度还决定了资本向本行业的流入程度。

行业中的每一个企业都必须或多或少地应对以上各种力量构成的威胁，而且必须面对行业中每一个竞争者的举动。行业的竞争强度虽然是由五种竞争力量决定的，但这五种竞争力量中常常是最强的力量起决定性作用。例如，对处于极为有利市场地位的企业来说，潜在的加入者不会构成威胁，高质量、低成本的替代品生产者却会使它只能获得低收益。例如，从具体行业看，远洋油轮行业由于产品专用性很强，故竞争的关键力量可能是购买者（主要的石油公司）；而在钢铁行业中，竞争的关键力量可能是可代替的材料和外国加入者。

后来，以波特的竞争五力量分析模型为出发点，英特尔前总裁安迪·格鲁夫（Andrew S. Grove）重新探讨并定义了产业竞争的六种影响力。除了上述五种竞争力量之外，他补充了第六种重要的竞争力量，就是协力业者的力量。协力业者是指与自身企业具有相互支持与互补关系的其他企业。在互补关系中，该企业的产品与另一家企业的产品互相配合使用可得到更好的使用效果。协力业者（也可称通路伙伴）间的利益通常一致，彼此间产品相互支持，并拥有共同的利益。不过，任何新技术、新方法的出现，都可能改变协力业者间的平衡共生关系，使得通路伙伴从此形同陌路。

2.3 企业内部战略要素分析

2.3.1 企业内部战略要素的确定

企业内部战略要素是指企业内部最能反映企业基本能力、约束条件以及有别于其他企业特征的那些要素，主要体现为企业资源和企业能力。

1. 企业资源

企业资源是一个概括性的概念。通常，企业资源是指企业那些能够服务于企业生产、经营过程的所有投入。企业资源由内部资源和外部资源构成。

（1）内部资源。内部资源是企业经过长期积累形成的，具有使用权或者所有权、有形与无形的资源，包括以下几种资源。

- 实物资源。企业的实物资源不仅包含企业的基础设施、厂房、车间、机器设备，还包括这些实物资源的自然状况，如寿命、状态、能力等。

- 人力资源。它指组织中各部门不同技能、不同层次员工的数量和质量。

- 财务资源。财务资源是指企业所拥有的资本，以及企业在筹集和使用资本的过程中所形成的独有的、不易被模仿的财务专用性资产，包括企业独特的财务管理体制、财务分析与决策工具、健全的财务关系网络，以及拥有企业独特财务技能的财务人员等。

- 企业品牌。品牌是给拥有者带来溢价、产生增值的一种无形的资产，它的载体是用于和其他竞争者的产品或劳务相区分的名称、术语、象征、记号或者设计及其组合，增值的源泉来自于顾客心智中形成的关于其载体的印象。

- 企业文化。企业文化凝聚了企业的价值观和发展观，是企业的灵魂。它对企业的发展，特别是对企业的技术创新具有重要的作用。随着知识经济时代的到来，科学技术的迅猛发展，企业应

企业内部战略
要素分析

更加重视有自己特色的企业文化的创建，铸造企业之魂，创立名牌。

（2）外部资源。外部资源是指那些虽然不为企业所有，但是对企业有现实或者潜在使用价值的一切要素。外部资源可以存在于企业以外的任何领域，如可以互相连通的网络、信息渠道、其他企业的销售点、低成本的社会劳动力、高质量的社会物流系统。

企业的竞争优势取决于企业一系列独具特色的资源及其相互关系。企业是资源的集合体。

2．企业能力

资源必须转化为能力后才会为企业做出贡献。企业能力通常包括以下几种。

- 管理能力。它包括计划、组织、领导和控制的能力。
- 理财能力。它包括融资、投资和资本运营等能力。
- 生产运营能力。它包括提供产品与提供服务的能力。
- 研究开发能力。它主要指企业的技术创新能力。
- 营销能力。它是在从营销策划到售后服务全过程中所体现的企业能力。

需要强调的是，在所有能力中，企业核心能力最为重要。企业核心能力又称核心竞争力或者核心竞争优势，是美国学者普拉哈拉德（Prahalad）和哈默尔（Hamel）提出的，是指组织内部围绕战略形成的一系列互补的技能和知识的组合，能使整个企业保持长期稳定的竞争优势和获得稳定超额利润的能力。[①]

总体而言，企业核心能力具有以下几个特点。

（1）价值性。能很好地实现顾客所看重的价值，如能显著地降低成本，提高产品质量，提高服务效率等。百度副总裁向海龙认为，技术创新是搜索引擎的核心竞争力。企业只有不断进行技术创新，才能给企业带来价值。

（2）持久性。这种能力不会因为时间的推移而减弱或者消失，这种能力一定是持久的。

（3）不可替代性。它在为顾客创造价值的过程中具有不可替代的作用。

（4）难以模仿性。它不像材料、机器设备那样能在市场上购买到，而是难以转移或复制的。

核心能力可以表现为若干能力的组合，但它来源于企业所拥有的全部资源和综合实力。核心能力对企业而言非常重要。那些没有核心能力而仅靠市场机会的企业是无法获取长久发展的。例如，几年前大量共享单车企业出现，由于成本较低，又符合绿色出行的理念，发展迅猛，然而缺乏核心竞争力的企业却无法坚持下去。当前，越来越多的共享单车企业宣布倒闭就是最好的证明。此外，随着时代的发展，企业需要进行核心能力的调整。随着时代的发展，市场环境发生改变，技术日新月异，顾客的需求也在不断发生变化，这都需要企业去调整核心竞争力，参与市场竞争。

2.3.2　价值链分析

"价值链"这个概念是 1980 年哈佛商学院教授迈克尔·波特在其《竞争优势》一书中提出的。他认为，每一个企业都是在设计、生产、销售、发送等过程中进行种种活动的集合体。所有这些活动可以用一个价值链来表明。企业开发和推销产品或服务的总收入减去总成本，就是这一链条所增加的价值。在这条价值链上，企业从事很多内外价值增加的活动。波特把这些活动分为基本活动和支持性活动。基本活动围绕企业的核心生产与销售展开，贯穿于产品或服务的整个形成和运动过程，包括生产、销售、进料后勤、发货后勤、售后服务。这些是产生价值的环节。支持性活动则是支援核心业务的其他活动，包括企业基础设施（财务、计划等）、人力资源管理、研究与开发、采购等。

---

① Prahalad C. K.，Hamel Gary. The Core Competence of the Corporation[J]. Harvard Business Review，1990，68（3）：79-91.

基本活动和支持性活动构成了企业的价值链（见图2-4）。每项活动的总收入减去开展这项活动的总成本，就是这项活动增加的价值。

图 2-4 波特价值链分析

企业参与的价值活动并不是每个都创造价值，实际上只有某些特定的价值活动才真正创造价值，这些真正创造价值的活动，就是价值链上的"战略环节"。企业的核心竞争优势就来源于企业能比竞争对手更便宜、更有效地完成那些价值链上的"战略环节"。企业需要特别关注和培养在价值链关键环节上获得的核心竞争力，以形成和巩固企业在行业内的竞争优势。

不同行业和企业的价值链差别很大。例如，某造纸企业的价值链包括木材种植，伐木及造纸；某计算机公司的价值链包括编程、外部设计、软件、硬件及笔记本电脑，某酒店的价值链包括食品的供应、客户服务、登记和退房手续操作、网站和预定系统等。企业应该通过价值链分析，开发和培育自己的核心竞争力。例如，沃尔玛通过进行极其严格的库存控制，批量购买产品，提供规范的顾客服务，已建立起强大的价值优势。[①]

当然，对价值链的应用不只局限于企业内部。随着互联网的应用和普及，竞争的日益激烈，企业之间组合价值链联盟的趋势越来越明显。每个企业根据自己的核心竞争优势，分别负责发展整个价值链中某一个或几个环节，如研发、生产、物流等环节。

此外，价值链在企业发展过程中也要相应发展变化，企业要用动态的眼光拓展价值链，打造新的价值链，实现企业发展目标。

2.3.3 SWOT分析

1. SWOT 分析的含义

SWOT 分析是一种被广泛运用于企业战略管理、市场研究和竞争对手分析领域的分析方法，20世纪 80 年代初由美国旧金山大学的管理学教授韦里克提出，[②]经常被用于企业战略制定、竞争对手分析等。SWOT 的含义分别是：企业内部的竞争优势（Strength）和劣势（Weakness），以及外部环境的机会（Opportunity）和威胁（Threat）。因此，SWOT 分析实际上是将对企业内外部条件各方面内容进行综合和概括，进而分析组织的优劣势、面临的机会和威胁的一种方法。优劣势分析主要是

---

① 弗雷德•戴维. 战略管理：概念与案例（13 版）. 徐飞，译. 北京：中国人民大学出版社，2012.

② Heinz Weihrich. The TOWS Matrix：A Tool for Situational Analysis. Long Range Planning，2018，15（2）：61.（注：最初作者用TOWS，后修改为 SWOT。）

着眼于企业自身的实力及其与竞争对手的比较，机会和威胁分析将注意力放在外部环境的变化及对企业的可能影响上。

2．SWOT 分析过程

（1）基于内外部环境分析，整理出企业的优势（S）和劣势（W），以及面临的外部环境机会（O）和威胁（T）。按照重要性程度列出几条主要的内容（见表 2-2）。

表 2-2   SWOT 列表

机会 O： O_1：＿＿＿＿＿＿＿ O_2：＿＿＿＿＿＿＿ O_3：＿＿＿＿＿＿＿ O_4：＿＿＿＿＿＿＿ …	威胁 T： T_1：＿＿＿＿＿＿＿ T_2：＿＿＿＿＿＿＿ T_3：＿＿＿＿＿＿＿ T_4：＿＿＿＿＿＿＿ …
优势 S： S_1：＿＿＿＿＿＿＿ S_2：＿＿＿＿＿＿＿ S_3：＿＿＿＿＿＿＿ S_4：＿＿＿＿＿＿＿ …	劣势 W： W_1：＿＿＿＿＿＿＿ W_2：＿＿＿＿＿＿＿ W_3：＿＿＿＿＿＿＿ W_4：＿＿＿＿＿＿＿ …

（2）构建 SWOT 矩阵

SWOT 分析基于这样一种假设：有效战略源自企业内部资源（优势、劣势）和企业外部环境（机会、威胁）的匹配。因此，通过进行 SWOT 分析，企业可确定自身的优势与劣势，面临的机会与威胁，然后将这些因素列在一起进行综合分析，构建 SWOT 矩阵选择相应战略。下面我们为企业提供 4 种可供选择的战略，即 SO 战略、ST 战略、WO 战略、WT 战略，如表 2-3 所示。

表 2-3   SWOT 矩阵

		内部资源	
		内部优势（S）	内部劣势（W）
外部 环境	外部机会（O）	SO 战略 依托内部优势 利用外部机会	WO 战略 利用外部机会 克服内部劣势
	外部威胁（T）	ST 战略 依托内部优势 规避或减轻外部威胁	WT 战略 克服内部劣势 规避或减轻外部威胁

其中，SO 战略是一种增长型战略，要求企业依托企业内部优势，并利用外部机会。当企业具有某方面的优势，外部环境又为企业发挥这一优势提供了有利机会时，企业就可以采用这种战略。例如，在某企业的产品质量非常好，发展资金充足，外部市场空间又非常大时，企业可以通过收购竞争对手、扩大生产规模等方式来实现自身的发展、壮大。WO 战略是稳定型战略，是指通过利用外部机会来弥补自身缺陷与不足，从而获得竞争优势的战略。例如，某企业因原材料供应不足而导致生产能力闲置和单位成本提高，但此时产品市场前景比较好，企业可通过扩大供应商搜寻范围，寻找替代产品，进行上下游的整合等措施来保证原材料供应，这样就能通过利用各种外部机遇来克服企业自身的弱点，增强企业的竞争优势。ST 战略是多元化战略，指利用自身优势来规避或减轻外部威胁对企业造成的影响。当企业有明显的竞争优势时，如果外部威胁较大，企业可以选择多元化的路线来分散风险，减少危害。例如，某企业资金充足，产品开发能力较强，但原材料供应紧张，外部竞争非常激烈等。此时，企业就可以采用 ST 战略，考虑利用其优势来开发新工艺或新产品。WT

战略是紧缩型战略，主要通过克服企业内部的劣势来规避或减轻外部环境带来的威胁。当企业自身困难重重，同时又面临外部威胁时，企业可以通过缩小产品生产线、退出某个市场等手段来维持企业的生存，给自己一定的时间去调整。

3. 小结

SWOT 分析自出现以来，被广泛应用于战略研究与竞争态势分析中，成为企业战略选择的重要分析工具。分析直观、使用简单是它的重要优点。即使没有精确的数据支持和专业化的分析工具，企业利用其也可以得出有说服力的结论。但是，正是这种直观和简单，使得 SWOT 分析不可避免地带有一定的主观性和随意性。所以，企业在进行 SWOT 分析时要尽可能全面、充分分析企业所处的内外部环境，搜集、总结企业内部的优势和劣势，分析时要真实、客观、精确，并提供适当的数据为分析结论提供支撑。

2.4 战略选择

企业应通过内外部环境分析，结合 SWOT 分析结论，选择适合自己的战略。本节将从公司战略、竞争战略和职能战略三个层面分别陈述企业面临的战略选择。具体如表 2-4 所示。

表 2-4　　　　　　　　　　　　　　企业战略选择

公司战略			竞争战略	职能战略
稳定发展战略	增长战略 集中单一产品战略 多样化战略 一体化战略	紧缩战略 调整战略 放弃战略 退让战略 清算战略	国际化战略 本国中心国际化战略 多国本土化战略 全球化战略	成本领先战略 差异化战略 集中战略	研究开发战略 财务战略 生产战略 人力资源战略 市场营销战略 ……

2.4.1 公司战略

公司战略是一种具体说明公司现在经营或希望经营的业务，以及打算如何经营业务的组织战略。它是根据组织使命和目标，以及每个事业单元在组织中的地位提出的。例如，百事公司的使命是成为全球首屈一指的专注于休闲食品和饮料的快速消费类产品公司。为了完成该使命，其公司战略组合了不同业务，包括百事国际公司、百事饮料北美公司、桂格食品北美公司和菲多利北美公司的业务。公司战略的另一部分内容是高层管理者何时决定如何经营这些业务。公司战略包括稳定发展战略、增长战略、紧缩战略和国际化战略。

公司战略

1. 稳定发展战略

企业应用稳定发展战略时，不是要不发展或不增长，而是要稳定地、非快速地发展。它是组织保持现有业务的公司战略。这一战略的主要特征是企业保持自身过去和现在的目标，决定继续追求相同或类似的目标，同时，企业继续提供与以前相同或相似的产品或服务。

稳定发展战略在企业经营发展历程中所处的地位并不亚于增长战略。当企业意欲谋求发展时，先得有一段聚势时期，以积蓄实施该战略的力量。当实施该战略到了一定程度后，又需要有一个相对稳定的阶段，进行巩固、充实、调整。所以，稳定发展战略并非是消极的，它和增长战略有着内

在联系，两者之间是相辅相成的关系。

稳定发展战略的战略指导思想能够保持战略的连续性，不会由于战略的突然改变而引起企业在资源分配、组织机构、管理技能等方面的变动，从而保持企业的平稳发展。

企业在以下情况下可以考虑实施稳定发展战略。

（1）外部环境相对稳定，既无重大挑战、威胁，又无可供利用的机会。

（2）企业市场地位稳定。企业为了回避巨大风险，在一个时期内不求扩张，进行内部资源调整、优化组合也可以取得相当的经济效益。

（3）企业决策者以稳健经营为指导思想，也有的经营决策者对发展机会缺乏敏感性，对市场情况一时摸不准，这时可采取稳定发展战略，意欲稳中求进，以不变应万变。

（4）处于行业或产品成熟期的企业，产品需求、市场规模趋于稳定，产品技术成熟，较为适合采用稳定发展战略。

稳定发展战略可以通过几种战略方案来具体实施，包括培养客户的忠诚度、维持品牌的知名度、开发产品的独特功能、挖掘潜在的顾客等。

2．增长战略

企业增长战略就是企业在战略的协调和主导下，调配资源、集合众力，积极开展研发业务，寻求企业与环境的动态优化，以实现企业价值增长为目的的发展战略。它包括集中单一产品战略、多样化战略和一体化战略。

（1）集中单一产品战略。集中单一产品的组织把有限的资源集中在同一产品方向上，专注于主要业务活动，增加主要业务产品的供应数量或扩大主要业务市场。企业集中单一产品可以深入了解小市场的需求，实行专业化经营，从而节省开支，增加利润，提高企业的信誉度和产品的知名度。这一战略通常在以下情况下使用：产品未能充分满足市场需求，生产能力未能充分发挥或提高生产能力的财力不够充裕，在定价、促销和销售渠道方面存在缺口和薄弱环节。但是，实行集中单一产品战略的风险也是显而易见的。它把所有的鸡蛋都放进一个篮子里，目标过于集中和暴露，风险很大。当单一经营所在的行业发生衰退、停滞或者缺乏吸引力时，实行集中单一产品战略的企业将难以维持企业的成长。不过一般来说，客户需求的变化、技术的创新或新替代品的出现都有一个过程，企业有机会采取相应的变革对策。

（2）多样化战略。多样化战略或称多角化、多元化战略，是企业为获得最大的经济效益和长期稳定经营，开发有发展潜力的产品，或通过吸收、合并其他行业的企业，充实系列产品或者丰富产品组合结构的战略。

这种战略是根据大型企业规模大、资金雄厚、风险分散能力强、市场开拓能力强，而适应能力不强的特点提出来的。各企业实行多样化经营战略的主要原因为：一是为了分散风险。大型企业往往以本行业为中心，以副业的形式向其他领域扩展，以此分散经营风险；二是为了有效地利用经营资源，在技术、市场上向有关联的领域发展。多样化战略又可分为以下两种。

① 同心多样化战略。同心多样化战略是指公司通过增加或生产与现有产品或服务类似的产品或服务来实现增长的一种战略。企业只有在新增加的产品或服务能够利用企业在技术、产品线、销售分配渠道或顾客基础等方面具有的特殊知识和经验时，才可将这种战略视为同心多样化战略。采用这种发展战略，公司既可保持经营业务在生产技术上的统一性，又能将经营风险分散到多种产品上去。许多成功的企业都采取过同心多样化战略。例如，元祖公司最初以蛋糕起家，后来开始生产各种甜点，如雪月饼、凤梨酥、牛轧糖等。

② 复合多样化战略。复合多样化战略是指公司通过增加与现有的产品或服务、技术或市场没有

直接或间接联系的新产品或服务来实现增长的战略。企业开拓的新业务与原有的业务、市场毫无相关之处，所需要的技术、经营方法、销售渠道必须重新取得。例如，宝洁公司是日用品行业的领军企业，成功地打造了 300 多个品牌，除了在日用品市场上生产洗发水、洗衣液等，还进入了食品领域和化妆品领域。这种战略通常适用于规模庞大、资金雄厚、市场开拓能力强的大型企业。

采用复合多样化战略可以分散企业的经营风险，增加利润，使企业获得更加稳定的发展；能够使企业迅速地利用各种市场机会，逐步向具有更大市场潜力的行业转移，从而提高企业的应变能力；有利于发挥企业的优势，综合利用各种资源，提高经济效益。

复合多样化战略的缺点是可能会导致组织结构的膨胀，加大管理上的难度。同时，一味地追求多样化，企业有可能在各类市场上都不能占据领先地位。当外界环境发生剧烈变化时，企业首先会受到来自各方面的压力，导致巨大的损失。

（3）一体化战略。一体化战略是指企业充分利用自己在产品、技术、市场上的优势，根据企业的控制程度和物资流动的方向，使企业不断向深度方向和广度方向发展的一种战略。其包括横向一体化战略和纵向一体化战略。

① 横向一体化战略。横向一体化战略也叫水平一体化战略，是指为了扩大生产规模，降低成本，巩固企业的市场地位，增加企业竞争优势，增强企业实力而与同行业企业进行联合的一种战略。横向一体化分为兼并（Merger）和收购（Acquisition），兼并是指两家或更多独立企业、公司合并成为一家企业，通常是一家占优势的企业吸收一家或更多的企业，如国美和永乐的合并、大众点评与美团的合并等；而收购则指一家企业用现金、债券或股票等购买另一家或几家企业的股票或资产，以获得对该企业的控制权行为。

采用横向一体化战略，企业可以有效地实现规模经济，快速获得互补性的资源和能力。此外，通过兼并或者收购的方式，企业可以有效地建立与客户之间的固定关系，遏制竞争对手的扩张意图，维持自身的竞争地位和竞争优势。但是，采用横向一体化战略也存在一定的风险，如过度扩张所产生的巨大生产能力对市场需求规模和企业销售能力都提出了较高的要求。同时，企业在采用某些横向一体化战略（如合作战略）时，还面临着技术扩散的风险。此外，组织上的障碍也是企业采用横向一体化战略所面临的风险之一。

阅读材料 2-2

中国移动公司的海外并购

2006年3月，中国移动公司完成对香港移动通信市场排名第四的华润万众的收购；

2006年6月，以每股1.30港元的价格，斥资12.78亿港元从星空传媒购得19.9%凤凰卫视股权，成为凤凰卫视第二大股东；

2007年1月，收购国际移动通信公司Millicom旗下Paktel公司88.86%的在外发行股份，切入巴基斯坦市场；

2014年6月，中国移动国际控股公司与True Corporation PCL签订了股份认购协议，总交易价格约55亿元人民币。True Corporation PCL是泰国唯一的全国性综合电信运营商及一流的融合服务供应商，拥有丰富的资源优势和新兴市场运营管理经验。交易完成后，中国移动公司将通过中国移动国际控股公司持有True Corporation PCL经扩大后股本的18%权益，成为其第二大股东。交易完成后，双方将在技术和网络建设、采购共享、市场开发等多个领域开展合作。2014年8月，中国移动公司以约37亿美元收购马来西亚最大无线运营商Axiata公司 20%的股份。这是中国移动公司最大笔的海外交易，也是东南亚地区2007年以来最大的一笔通信行业的交易。

② 纵向一体化战略。纵向一体化战略又叫垂直一体化战略，是将生产与原材料供应，或者生产与产品销售联合在一起的战略。它包括前向一体化战略、后向一体化战略和两者兼有的一体化战略。前向一体化战略是企业自行本产品做进一步深加工，或者对资源进行综合利用，或建立自己的销售组织来销售产品或服务。例如，联想集团的 1+1 专卖店就是联想集团对前向一体化战略的尝试。后向一体化战略则要求企业自己供应生产现有产品或服务所需要的全部或部分原材料或半成品，如钢铁公司自己拥有矿山和炼焦设施，伊利有自己的奶牛养殖基地。后向一体化战略的实质是获得供方企业的所有权或对其加强控制。当然，实践中也有企业既采用前向一体化战略，又采用后向一体化战略。例如，京东董事长兼 CEO 刘强东自创了一个"十节甘蔗"理论，他认为，零售和消费品行业的价值链可以分为创意、设计、研发、制造、定价、营销、交易、仓储、配送、售后 10 个环节，就好像甘蔗的十节。京东要想在零售的价值链中占据重要地位，就必须吃掉更多节的甘蔗。此前，京东在做交易平台的同时，已经将自己的业务延伸到了仓储、配送、售后等环节（前向一体化）。如今通过众筹，京东又要将业务延伸到设计、研发、营销等重要环节（后向一体化）。采用纵向一体化战略的优势是明显的。企业不但能通过规模经济降低成本，而且能以某种垄断来缓解激烈的竞争局面。但是，企业选择纵向一体化战略后，由于投资巨大，难以脱身，会陷入被动局面。

3. 紧缩战略

紧缩战略相对来说是最不受欢迎的战略，因为一旦采用紧缩战略，就或多或少意味着企业先前的战略已不太适用了，企业采用紧缩战略往往是由于面临严重的业绩不佳问题。此时，企业战略决策者只能迅速采取措施扭转这种局面，否则将有可能被淘汰。在某些情况下，企业在衰退之前或在成熟期就从市场中全部或部分退出是最明智的行为。紧缩战略主要有以下几种。

（1）调整战略。这种战略特别强调企业运行效率的改善，主要适用于企业存在很多问题但尚未达到致命地步的情况。调整战略可以分两步实施。首先，压缩企业规模，停止人员聘用，全面减少研究开发、广告、培训、供应、服务等方面的在岗人数，降低包括人头费及其他非关键性费用在内的各类成本支出；其次，稳定已经精简了的企业，使其更具成本效率，更富竞争力。在当前全球 IT 行业不景气的情况下，很多电信企业纷纷裁员减薪，精简机构，节省开支，不同程度地采用这种战略以度过"寒冬"。

（2）放弃战略。如果企业存在的问题主要是由其某个战略经营单位或产品线的业绩不良而引起的（要么是由于某个战略经营单位或产品线，随着企业的发展已经不能继续与企业的其他部分有效配合，以产生企业整体的协同效应；要么是由于为使某个战略经营单位或产品线具有较强的市场竞争力，所必须投入的资源已大大超出企业供给能力），则此时企业的最佳选择就是放弃该战略经营单位或产品线，如诺基亚对移动手机业务的放弃。微软 2014 年 9 月 2 日宣布，将以 54.4 亿欧元的价格收购诺基亚旗下的手机业务，与此同时，诺基亚时任 CEO 艾洛普加入微软。收购之后，"诺基亚"品牌得以保留，旗下"Lumia""Asha"品牌继续运营。卖掉移动手机业务后，诺基亚还是一家独立的公司，专注于地图服务、网络基础建设。

（3）退让战略。退让战略通常很少被看作一个独立的战略。它类似于放弃战略，只是采取的不是完全放弃一个战略经营单位或产品线的做法，而是缩小这些战略经营单位或产品线的范围，做出局部让步。

（4）清算战略。清算战略是紧缩战略的一种极端形式，是企业在别无出路情况下的最后选择。从纯粹经济效益意义上考虑，较早的清算可能要比最终不可避免的破产更能起到保护股东利益的作用。只是企业选取清算战略往往会被看作经营失败，这使企业高层主管在决定是否进行清算时会面临巨大的心理压力，常常在现实已经变得很糟的情况下仍强烈希望出现奇迹，进而努力回避采取清算战略。鉴于此，企业在情况趋于恶化时，必须有一个很强的能够维护股东权益的董事会决定何时结束徒劳的努力。

4．国际化战略

按照企业国际化深入的程度，企业的国际化战略分为三种类型，即本国中心国际化战略、多国本土化战略和全球化战略。

（1）本国中心国际化战略。这是国际化战略的初步阶段，是母公司集中对产品进行的设计、开发、生产和销售协调。公司通过将产品服务销往海外市场，以创造价值。这种战略的优点是可以节约大量的成本支出，缺点是产品对东道国当地市场的需求适应能力差。实践中，很多发达国家的企业掌握着产品设备的核心技术，通过本国中心国际化战略，在东道国寻找原始设备生产商（Original Equipment Manufacture，OEM）进行批量生产。例如，很多企业把生产基地放到中国、老挝、越南、孟加拉国等发展中国家，而产品的研发、营销及战略决策由总公司完全控制。当企业的核心竞争力在国外市场上拥有竞争优势，而且在该市场上降低成本的压力较小时，企业采用国际化战略是合理的。但是，如果当地市场要求能够根据当地的情况提供产品服务时，企业采取这种战略就不合适了。

（2）多国本土化战略。为了满足所在国的市场需求，企业可以采用多国本土化战略。这种战略与本国中心国际化战略的不同之处是，根据不同国家的不同市场，提供更能满足当地市场需求的产品、服务。随着市场竞争的不断加剧，标准化的产品、服务越来越不能满足用户个性化的需求，特别是在不同的地域市场上，用户需求的差异性更加明显。因此，多国本土化战略日渐成为企业采用的新战略。特别是在信息产业中，企业在母国所做的产品或技术研发，很多情况下已不足以真正适应东道国的市场需求。目前，很多电信设备制造供应商已采用本土化战略，在一些比较重要的地域市场中设置研发中心，根据当地市场的需求进行生产运作。

在当地市场强烈要求根据当地需求提供产品、服务，并降低成本时，企业应采用多国本土化战略。但是，这种战略要求生产设施重复建设且成本高，在一些成本压力大的领域里便不适用。同时，过于本土化会使得在每一个国家的子公司过于独立，企业最终会难以指挥自己的子公司，不能将自己的产品、服务向这些子公司转移。

（3）全球化战略。全球化战略是企业向全世界的市场推销标准化的产品和服务，并在较有利的国家集中进行生产经营活动，由此形成经验曲线和规模经济效益，以获得高额利润的战略。企业采取这种战略可以在一定程度上降低成本。如果企业将一些已成熟的标准化的产品和服务更广泛地推广，并在较有利的国家中充分利用其资源进行生产经营，那么可以更好地实现规模经济效益。但是，在要求提供当地特色产品和服务的市场上，这种战略是不适合的。

应当注意，上述各国际化战略是有一定适用条件的，即使在同一个产业中，不同的领域、不同的发展阶段适用的国际化战略也不同。因此，企业要根据自身的情况，结合所处领域的市场状况，合理选择并运用国际化战略，以增强国际竞争力。

2.4.2　竞争战略

1980 年，美国学者迈克尔·波特（Michael E. Porter）在其出版的《竞争战略》一书中提出了竞争战略的概念。他指出，竞争战略是指企业正确地分析和界定本

竞争战略

企业在行业竞争中的地位后形成的战略。波特认为，所有企业都应该了解并制定相关战略，否则企业将在市场中处于不利的地位，从而削弱自己的竞争优势。波特提出了三种竞争战略：成本领先战略、差异化战略和集中战略。

1. 成本领先战略

成本领先战略要求企业积极地建立起能达到有效规模的生产设施，全力以赴降低成本，加强对成本的控制，最大限度地减少研究开发、服务、推销、广告等方面的成本费用。为了达到这些目标，企业有必要在管理方面对成本控制给予高度重视。尽管质量、服务及其他方面也不容忽视，但贯穿整个战略的主题是使成本低于竞争对手。

企业通过实施成本领先战略能获取的竞争优势主要有以下几个。

① 保持领先的竞争地位。当企业与行业内的竞争对手进行价格战时，企业由于成本低，在对手已失去利润的低价格水平上仍然可以获取利润，从而可在激烈的市场竞争中受到保护，保持绝对的竞争优势。

② 增强讨价还价能力。企业成本低，可以使应付投入费用有增长的余地，提高企业与供应者的讨价还价能力，减少投入因素变化的影响。同时，企业成本低，有利于企业在强大的买方威胁中保护自己。

③ 形成进入壁垒。企业的运营成本低，便为行业的潜在进入者设置了较高的进入障碍。那些生产技术不成熟、经营上缺乏经验的企业，或缺乏规模经济的企业都很难进入该行业。

④ 减弱替代产品、服务的威胁。企业若成本低，其在与替代品竞争时，可以凭借其低成本的产品、服务吸引大量的用户，减弱或缓解替代品的威胁，使自己处于有利的竞争地位。

总之，采用成本领先战略可以使企业有效地面对行业中五种竞争力量，以其低成本的优势获得高于行业平均水平的利润。

在实践中，选择成本领先战略的企业有沃尔玛、宜家等。但事实上，成本领先战略是一把双刃剑，它在给企业带来竞争优势的同时，也会影响企业的品牌形象，有时企业降低成本是以牺牲产品质量为代价的。

2. 差异化战略

差异化战略是指企业以提供标新立异的产品或服务，满足顾客特殊的需求，从而形成竞争优势的战略。实施差异化战略可以有许多方式如从技术、外观、客户服务、经销网络及其他方面入手，使产品或服务具有独特性。应当强调的是，采取差异化战略并不意味着企业可以忽略成本，但此时成本已不是企业应考虑的首要因素。

企业实施这种战略，可以很好地防御行业中的五种竞争力量，获得超过平均水平的利润，具体表现在以下几个方面。

① 低用户敏感程度。差异化战略让客户对品牌产生极大的信任，从而对价格的敏感性下降，进而使企业得以避开竞争。

② 强讨价还价能力。产品差异可带来较高的收益，不仅可以缓解供方压力，还可以缓解买方压力，当客户缺乏选择余地时其价格敏感度也不高。

③ 构成进入壁垒。由于产品服务具有特色，用户对该产品服务具有很高的忠诚度；同时，竞争对手要战胜这种"独特性"需付出相当的努力，从而构成强有力的进入壁垒。

④ 防止替代品/替代服务威胁。企业的产品、服务具有特色，可以赢得用户的信任。这样在面对替代品/替代服务威胁时，其所处地位比其他竞争对手更为有利。

实践中，很多企业都采用了差异化战略。以手机行业为例，OPPO更突出自己的拍照功能。vivo会突出闪充功能，苹果手机会突出系统稳定、生态链、摄像等功能。

3. 集中战略

集中战略是指企业把战略重点放在一个特定目标市场上，为特定的地区或特定的用户提供特殊的产品和服务的战略。这种战略以"在行业内很小的竞争范围内做出选择"为基础，实施这种战略的企业选择行业中的一个细分市场或一组细分市场，通过实施其战略挤走其他竞争者。成本领先战略和差异化战略都要求企业在全行业范围内实现其目标，集中战略却以很好地为某一特定目标服务为目标，它所制定的每一项职能性方针都要考虑这一目标。企业一旦选定了目标市场，就可以通过产品差异化或成本领先的方法形成集中战略。也就是说，集中战略基本上就是特殊的差异化战略或特殊的成本领先战略。

集中战略与成本领先战略和差异化战略一样，可以防御行业中各种竞争力量，使企业在本行业中获得较高的收益。这种战略可以用来防御替代品的威胁，也可以使企业针对竞争对手最薄弱的环节采取行动。不过要注意的是，集中战略在获取市场份额方面常存在某些局限性。这是因为企业实施集中战略，尽管能在其目标细分市场上保持一定的竞争优势，获得较高的市场份额，但由于其目标市场相对狭小，该企业的市场份额总体水平是较低的。因此，企业选择集中战略时，应在产品获利能力和销售量之间进行权衡和取舍，有时还要在产品差异化与成本状况之间进行权衡。

阅读材料 2-3

Vertu 手机的集中战略

1998年，诺基亚首席设计师弗兰克·诺佛（Frank Nuovo）开始构想一款奢侈手机。那时，全球手机行业刚刚走出"大哥大"时代，开始向"小而美"方向发展。诺基亚高层对诺佛的工作很感兴趣。1998年10月，Vertu正式诞生，成为诺基亚的子品牌之一。Vertu在拉丁文中的含义是"高品质、独一无二"。2000年，Vertu公司正式成立，总部位于英国汉普郡。2012年，诺基亚将Vertu品牌90%的股权出售给了瑞典投资公司EQT。2015年，香港基金公司GodinHolding联合"国际私人投资者"收购了Vertu。

Vertu的宗旨是替世界各地的富人量身定做手机。奢侈就是Vertu的特点。设计师们认为，Vertu手机应采用最尖端的技术和材质，并像超级跑车那样，全部手工装配。Vertu手机中有超过400个的组件，如名贵的钻石、黄金、珠宝、法拉利材料、硬度相当于不锈钢两倍的太空金属。仅仅Vertu Ascent的键盘，便由超过150个不同的部件制成。

购买Vertu手机的同时，用户还将享受"Vertu管家"服务，只要一按手机上的客户专键，手机便会直接连接到Vertu的24小时服务总台，不论你想要了解什么问题，都会有专人为你解答，而且其服务遍及全世界各个大城市，简直是一个超级贴身秘书。

普通版Vertu一般售价十几万元人民币，最高可达九十多万元人民币，是知名的奢侈手机品牌之一。

2.4.3　职能战略

职能战略是组织的各个职能部门需要采用的战略，目的是支持竞争战略的实施。一个企业的职能部门包括市场营销部门、财务管理部门、生产管理部门、人力资源管理部门、质量和研发管理部门等。职能战略的最终目标是持续提高企业的核心竞争力。从本质上来说，职能战略是职能工作如何配合公司战略和竞争战略实现的战略。没有公司战略和竞争战略，职能战略也就失去了为之服务的对象，从而失去了方向；没有职能战略，公司战略和竞争战略也就失去了各职能领域的支持，它们的实施也就没有了基础。

1. 市场营销战略

市场营销战略是涉及市场营销活动过程整体（市场调研、预测、分析市场需求、确定目标市场、制定营销战略、实施和控制具体营销战略）的方案或谋划，决定着市场营销的主要活动和主要方向。有效的市场营销战略是企业成功的基础。市场营销战略是一个完整的体系，其基本内容包括市场细分战略、市场选择战略、市场进入战略、市场营销竞争战略和市场营销组合战略。

市场营销战略的制定经常要借助产品定位这一工具来进行。所谓产品定位，指运用市场研究的方法来确定计划中和现有产品在市场上的地位。它能够帮助营销部门的经理人员决定是否保持现有的产品或市场经营组合不变，并使企业能制定针对目标顾客的营销战略，即进行通常所说的目标市场经营。例如，一个企业可制定市场细分战略，其目标是使自己的产品进入一个较大市场的某一细分市场，进而组合成一个较大的目标市场。

2. 生产战略

生产是企业的核心职能，是将输入（原材料、人力、动力、机器运作）转变为输出（产品或服务）的过程。这种转变并非简单的输入、输出转变，因为它同时也是生产"附加价值"的过程。生产战略就是企业在生产成本、质量、流程等方面建立和发展相对竞争优势的基本途径，它规定了企业生产制造和采购部门的工作方向，为实现企业总体战略服务。企业不能仅根据企业内部生产条件来确定生产战略，还应考虑市场需求和企业整体战略的要求。生产战略面临着以下两个问题：其一，企业生产系统的基本性质是什么，以及如何寻求资源输入和产品输出之间的最大平衡；其二，如何开展短期的设施布局、设备设计和工艺计划。

3. 财务战略

财务战略就是根据公司战略、竞争战略和其他职能战略的要求，对企业资金进行筹集、运用、分配，以取得最大经济效益的战略。财务战略的基本目的是有效利用企业的各种资金，在企业内部、外部各种条件制约下，确保实现企业战略计划所规定的战略目标。财务战略的任务主要包括：第一，以企业战略目标为基础，利用最佳方式筹集企业所需资金，实现资金筹集的合理化。第二，根据企业战略计划的要求，有效分配和调度资金，确定合理的资金结构，确保资金调度的合理化和财务结构的健全化。第三，在企业战略经营过程中，采取各种必要措施，利用适当的财务计划和控制方法，配合各个职能部门，充分、有效地利用各种资金，加速资金周转，讲求资金运用的效率化，促进企业的成长。第四，制订和实施财务战略计划，确定长期和短期财务目标，在合理筹集、分配和运用资金的同时，力求实现资金收益的最大化。

4. 研究开发战略

研究开发包括科学技术基础研究和应用研究，以及新产品、新工艺的设计和开发。在大多数行业中，技术变化速度较快，研究开发部门因而被认为是一个十分关键的职能部门。研究开发战略的选择常常受企业总体战略和经营战略的影响。企业可采用三种不同的研究开发战略：第一种是在进攻与防守之间进行选择的基本型研究开发战略；第二种是以新技术作为进入新市场主要手段的渗透型研究开发战略；第三种是竞争对手和技术自身产生技术威胁时的反应型研究开发战略。一个企业采取何种研究开发战略，取决于它的规模、技术领先程度、环境状况以及竞争对手等方面的情况。

5．人力资源战略

人力资源管理部门的活动包括：确定企业对人力资源的需求；招聘、挑选、训练、培养和劝导职工；建立工资报酬方面的制度；制定劳动纪律方面的制度；处理与某些职工福利有关的问题等。人力资源战略是指根据企业总体战略的要求，在人力资源的选、育、留、用等方面所做决策的总称。人力资源战略的目标需要与企业战略保持一致。在企业竞争中，人才是企业的核心资源，人力资源战略处于企业战略的核心地位。一般而言，企业人力资源战略可分为人力资源开发战略、人才结构优化战略和人才使用战略。

2.5 战略的实施、评估和控制

企业在选定战略之后，要进行战略实施。在实施过程中对照最初的战略目标进行战略评估。战略控制则是战略实施过程中战略评估的继续，即企业选择了合适的战略并对战略做出分析评估之后，必须对战略实施加以控制。在这个过程中，企业要考虑企业资源与战略目标的关系，企业资源配置越合理，企业战略目标就越好实现。除此以外，企业还要跟踪战略实施的全过程，积极主动地进行相应的变革。这样，企业战略才能得到顺利实施和有效控制。

2.5.1　企业战略的实施模式

企业管理人员在实施企业战略时，有五种基本模式。

1．指挥型

这种模式的特点是企业总经理考虑的是如何制定一个最佳战略的问题。在实践中，计划人员要向总经理提交企业经营战略的报告，总经理看后做出结论，确定了战略之后，总经理向高层管理人员宣布企业战略，然后强制下层管理人员执行。

这种模式一般适用于高度集权的体制，不适应高速变化的环境。此外，这种模式把战略制定者与执行者分开，即高层管理者制定战略，强制下层管理者执行，因此，下层管理者会因此感到自己在战略制定上没有发言权，处于一种被动执行的状态。下层管理者会丧失执行战略的动力和创造精神，工作积极性也会降低。

2．变革型

这种模式的特点是企业总经理考虑的是如何实施企业战略。在战略实施中，总经理本人及其助手需要对企业进行一系列的变革，如建立新的组织机构、新的信息系统，变更人事等，采用激励手段和控制系统以促进战略的实施，增加战略成功的机会。

这种模式在许多企业中比指挥型模式更加有效，但并没有解决指挥型模式存在的问题，即如何获得准确信息的问题、各职能部门和个人利益对战略计划的影响问题以及战略实施的动力问题；而且还产生了新的问题，即企业通过建立新的组织机构及控制系统来支持战略实施的同时，也失去了战略的灵活性，在外界环境变化时战略的变化更为困难。长远来看，处于不确定环境的企业应该避免采用不利于战略灵活性的措施。

3. 合作型

这种模式的特点是企业总经理考虑的是如何让其他高层管理人员从战略实施一开始就承担起有关的战略责任。为发挥集体的智慧，企业总经理要和企业其他层次的管理人员一起就企业战略问题进行充分的讨论，形成较为一致的意见，然后制定战略，再进一步落实和贯彻战略，使每个高层管理者都能够在战略制定及实施的过程中做出各自的贡献。

合作型模式克服了指挥型模式和变革型模式的局限性，使总经理接近一线管理人员，获得比较准确的信息。同时，由于战略的制定是建立在集体考虑的基础上的，这提高了战略实施成功的可能性。

该模式的缺点是战略是不同观点、不同目的的参与者相互协商、折中的产物，有可能经济合理性较低。在这种模式下，战略决策者与执行者仍然是两个群体，因此其积极性不能充分被调动。

4. 文化型

这种模式的特点是企业总经理考虑的是如何动员全体员工参与战略实施活动，即企业总经理运用企业文化的手段，不断向企业全体成员灌输企业战略思想，建立共同的价值观和行为准则，使所有成员在共同的文化基础上参与战略实施活动。这种模式由于打破了战略制定者与执行者的界限，力图使每一个员工都参与制定和实施企业战略，因此使企业各部分人员都在共同的战略目标下工作，使企业战略实施迅速，风险小，企业发展快。

这种模式在实践中要求企业员工有较好的素质，受过较好的教育，对属于人才密集型的电信企业来说是一种比较理想的模式。但要注意的是，企业文化一旦形成，就很难再融入外界的新生事物。

5. 增长型

这种模式的特点是企业总经理考虑的是如何调动下层管理人员实施战略的积极性及主动性，为企业效益的增长而奋斗，即总经理要认真对待下层管理人员提出的一切有利于企业发展的方案，在与管理人员探讨了方案中具体问题的措施以后，应及时批准这些方案，以鼓励员工的首创精神。采用这种模式时，企业战略不是自上而下地推行，而是自下而上地产生，这有利于调动企业各方面人员的积极性，促进战略的顺利执行。这种模式适用于变化较大的行业中的大型联合企业。

20 世纪 60 年代以前，企业界认为管理需要绝对的权威，这种情况下采用指挥型模式是必要的。20 世纪 60 年代，钱德勒的研究结果指出，为了有效地实施战略，企业需要调整企业组织结构，这样就出现了变革型模式。合作型、文化型及增长型三种模式出现较晚，但从中可以看出，战略的实施充满了矛盾和问题，在战略实施过程中，只有调动各种积极因素，企业才能获得成功。上述五种战略实施模式在制定和实施战略上的侧重点不同，指挥型和合作型更侧重于战略的制定，而把战略实施作为事后行为；而文化型及增长型则更多地考虑战略实施问题。实际上，在企业中上述五种模式往往是交叉或交错使用的。

2.5.2　企业战略的评估

1. 企业战略评估过程

企业战略的评估活动，贯穿于整个企业战略实施过程。具体可以分为五个阶段（见图 2-5）：确定评估内容、建立评估标准、衡量实际业绩、将实际业绩与标准进行比较、根据实际业绩与标准要求的差距情况决定是否需要采取适当的校正行动。通常我们将企业战略评估的前三个阶段称为评估，后两个阶段称为控制。尽管为了分析的方便，我们对评估与控制做了上述划分，但从管理的基本职能来看，评估与控制作为一个整体，是战略实施过程中不可分割的两个有机组成部分。

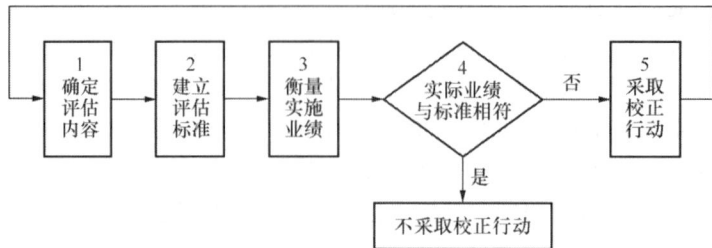

图 2-5　企业战略的评估过程

（1）确定评估内容。为了保证战略实施过程更有效地进行，企业必须先对该过程的目前状况有比较全面的了解。也就是说，先要对该过程的现状进行必要的评估，而评估的关键是在明确评价目的的基础上，具体确定评估内容。进行企业战略评估的目的主要包括提供信息和提供依据两方面，这就是：为企业战略管理者了解整个企业战略管理过程的运作情况与影响因素提供信息，为企业战略管理者对有关部门及员工进行业绩考核与奖惩提供依据。

为使企业战略管理者能对影响企业战略业绩的关键要素有比较全面、客观的认识，以便尽早采取必要的行动来保证企业预期战略目标的实现，企业在确定评估内容时，必须注意考虑企业的使命与战略目标的要求，结合实际评价的必要性与可行性，具体选择需要进行监督检查的内容与指标，以满足其对企业战略管理过程进行适当控制的需要。为此，企业管理者最后确定的内容，既要比较客观，又要能真正反映对于企业战略实施来说最重要、最有意义的信息。

（2）建立评估标准。我们应根据企业战略目标，结合企业内部人力、物力、财力及信息等具体条件，确定企业评估标准，作为战略评估的参照系。评估标准可以用来作为考核企业运行是否正常的依据，这类标准通常就是企业运行目标及其层层分解的详细说明。

在建立企业战略评估标准时，除了应该指明可接受的业绩水平外，还必须包括一个允许误差的范围。一般情况下，只要企业战略实施的实际业绩在允许误差范围内，我们就可认为企业战略实施过程运行正常，即使出现了稍许偏差，也仍可认为是偶然的随机因素造成的，可以不加调整。此外，从进行企业战略控制的需要看，我们在建立标准时不应只考虑过程的最终结果，还应该考虑过程进行中的结果。

（3）衡量实际业绩。企业应根据所确定的内容与标准，定期、定点对企业运行业绩进行实际测量与记录，为进行企业战略过程控制提供基本的数据资料和信息依据。从企业战略管理的角度来看，衡量实际业绩通常需要采用一些综合的方法，如企业经营诊断法。

企业经营诊断法具体包括以下几个实施步骤：第一步，初步评价。对企业的整体运作状况进行概括性了解，找出企业在战略管理过程中明显存在的问题，并根据轻重缓急进行分类，根据时间与经费的许可情况决定是否需要就某些问题做深入探讨研究；第二步，深入调查。根据初步评价确定需要进行深入分析的问题，从企业机构设置、资金运用、产品制造、市场营销等方面出发，利用各种有效的调查方法对这些问题进行客观全面的调查，以便深入了解与问题有关的信息；第三步，分析诊断。根据所掌握的信息，利用各种定量与非定量的管理方法，对企业战略管理中所存在的问题进行系统分析，找出问题产生的根本原因，并提出解决的对策；第四步，建议实施。根据分析提出的改进意见，采取校正措施解决所存在的问题，并对解决问题中可能出现的困难加以追踪、评价，从而保证企业战略管理过程的顺利进行。

（4）比较实际业绩与标准要求。我们将实际业绩与标准业绩进行比较，是为了确定企业战略管理过程是否存在偏差，以便找出产生偏差的原因，从而制定对策予以消除。这里采用战略扫描的方法。通过比较，最终得到的结果不外乎这两种情况，即实际业绩在允许误差范围之内或在允许误差范围之外。对于这两种不同情况，我们必须有针对性地采取相应的对策。

对于实际业绩在允许误差围之内的情况，通常不必采取什么校正行动，只需要按照原先的做法执行企业战略计划即可，控制过程也就此为止。而对于实际业绩在允许误差范围之外的情况，此时由于实际业绩与标准业绩相比出现了偏差，为此我们需要进一步判断：这一偏差是否仅仅是随机波动因素作用的结果？在战略实施过程中是否有不正确的做法？过程本身对于达到所希望的标准是否合适？最后在对上述问题回答的基础上，决定是否采取校正行动。

2. 企业战略评估的方法

企业在经营活动中，通常会用投资收益评价作为战略评估的主要方法。投资收益评价，从广义上来讲就是投入与产出的比较。对于企业战略的投资收益由于经营战略的长期效益难以估量，因此我们一般通过综合分析战略的投入与产出，应用企业经济效益和综合指标来做相对的衡量，然后将其与经营战略目标体系中的综合指标进行比较评价。即在一定时期内，企业总的战略投入与总产出，在不考虑其他间接影响的情况下，可由企业在某一经营收益期所创造的利润和所占用的资金总额之比，即资金利润率来度量。

资金利润率是企业执行各项战略、政策的最终结果，能反映企业的综合经营效率。常用的资金利润率指标有以下三个。

（1）销售利润率。销售利润率是将企业税后利润与销售收入净额进行对比所确定的比率。其计算公式是：

$$销售利润率=（税后利润/销售收入净额）\times100\%$$

（2）资产利润率。资产利润率是将企业税后利润同企业资产总额进行对比所确定的比率。由于企业资产是企业管理者投入战略资本的总额，因此资产利润率可反映企业经营战略所创造的效益水平，是一个综合评价指标。其计算公式是：

$$资产利润率=（税后利润/资产总额）\times100\%$$

（3）投资利润率。投资利润率是指将企业税后净利润同全部资产总额进行对比所确定的比率。其计算公式是：

$$投资利润率=［税后利润/（企业股东投资额+未分配利润）］\times100\%$$

2.5.3　企业战略的控制

企业战略实施的全过程中，企业必须进行完善、有效的战略控制，这样才可能实现其战略目标。以下是四种主要的战略控制方式。

1. 回避问题的控制

很多情况下，管理人员可以采用适当的手段，使不适当的行为没有产生的机会，从而达到不需要控制的目的。例如，通过自动化使工作的稳定性得以保持，按照企业的目标正确地工作；通过与外部组织共担风险而减少控制；或者转移或放弃某项活动，以此来消除有关的控制活动。

如果企业在管理上不能或不准备采取措施来避免由他人引起的控制问题，那么管理人员就要采用其他的控制方式来处理这类问题。

2. 具体活动的控制

具体活动的控制，是保证企业职工个人能够按照企业的期望开展活动的一种控制手段。例如，通过行政管理来对员工进行行为上的限制，以免出现不符合企业预期的行为；通过设定相关的工作责任考核与奖惩制度，使员工明确企业要求。

3. 成果的控制

这是以企业的成果为中心的控制方式。它只有一种基本形式，即成果责任制。也就是说，员工要对自己的工作成果负责。

4. 人员的控制

这种控制是依靠所涉及的人员为企业做出最大的贡献来实现战略目标的。例如，通过实施员工培训计划，来提高关键岗位上人员的能力；改进上下级之间的沟通方式，使企业员工更清楚地知道与理解自己的作用，从而达到和谐一致，最终实现目标。

2.6 新时代三大运营商的战略选择

据工业和信息化部数据显示，截至 2018 年 5 月月末，我国 4G 用户总数达到 10.9 亿户，占移动电话用户数的 73%，表明 4G 成熟普及且用户发展进入末期。2019 年，我国通信产业将迎来 5G 的试商用。在人工智能领域，运营商扮演多重角色。基于"云、管、端"和大数据应用等方面的优势，运营商处于信息网络和泛连接的最前沿。借助在信息化应用和大数据方面的能力与经验，运营商可以运用技术和资源优势参与 AI 的研发。基于"云、管、端"和大数据应用等方面的优势，运营商将成为人工智能商业化产业链中重要的一环。

在面向未来融合创新、万物互联的数字化时代，三大运营商（中国移动、中国电信、中国联通）的战略总体而言均体现为增长战略和国际化战略的融合。基于 5G、人工智能技术的发展，三大运营商将逐步突破，不断深化推进战略目标。

2.6.1 中国移动：深入实施"大连接"战略

中国移动已全面实施"大连接"战略，提出深化"四轮驱动"融合发展，确保领先优势。所谓"四轮驱动"发展战略，即移动、家庭、垂直用户（企业市场）和数字化服务四个领域全面、融合发展，以驱动"大连接"战略不断发展。

（1）在移动领域，中国移动 2018 年 4G 客户突破 7 亿户，规模试验 5G 网络，布局新型基础设施，2018 年宣布成立国内首个具备基于 5G 最新标准端到端能力的开放实验室——5G 联创中央（北京）实验室，为各类创新应用提供定制化的 5G 端到端技术服务。中国移动还提出全面推进网络转型，加强基于 NFV/SDN 的下一代网络顶层设计，提前布局云计算、大数据、人工智能等新型基础设施，打造能力集中、统一管控、资源共享的大 IT 基础设施和运营能力，促进 5G 技术成熟和生态构建，在 2020 年实现规模商用，为经济转型升级提供强大网络支撑。

（2）在家庭市场领域，中国移动于 2017 年 5 月携手互联网公司、IT 和家电企业、创业公司，发起成立数字家庭合作联盟，加强资源整合和优势互补，共建开放共享、合作共赢的数字家庭新生态。2018 年，中国移动的家庭宽带用户数量突破 1.3 亿户，其将丰富魔百和、和目、智能家庭网关等数字化家庭产品，拓展家庭安防、娱乐、教育等信息化应用。

（3）在物联网和企业市场，中国移动实现了 346 个城市的城区 NB-IoT 连续覆盖。物联网用户数在 2016 年年底已突破 1 亿户，2017 年年底突破 2 亿户。对于垂直行业，中国移动还提出推进"互联网+"行动计划，深耕多个垂直行业，服务好产业园区、专业市场、小微企业，推出更符合客户需求、更有竞争力的信息化应用和整体解决方案。

（4）大力发展行业数字化服务，为企业提供优质的信息通信服务。中国移动建立起 And Link 数字家庭开放平台和省级数字家庭管理平台支撑家庭数字业务发展，还发布了人工智能平台——九天。九天平台主要应用于智能客服、深度学习平台、智能营销机器人、网络智能化等。该平台一方面是深入电信行业，聚焦于运营商的市场运营、网络还有服务等应用领域，同时，面向垂直行业，以应用场景驱动的方式提供端到端的 AI 应用解决方案和实施；另一方面是面向 AI 应用研发人员、企业等提供开放 AI 能力的服务。

（5）深化对外合作战略，促进产业协同和繁荣发展。加快推进"一带一路"区域海底光缆、陆地光缆等大容量、高速率通信基础设施的建设，加快区域性海外网络服务提供点（POP 点）的部署和海外数据中心建设。通过与国际运营商深化在终端、移动漫游业务、数据业务、网络能力和互联网业务等五大领域的合作，开放互通网络、客户、产品等各类资源，推动通信业务的紧密协同和创新合作，最终实现平台创新，构建高速数据时代的崭新生态系统。

2.6.2　中国电信：转型战略3.0

早在 2016 年，中国电信就提出了转型战略 3.0，即提出了适应智能化时代、通过智能牵引转型升级的 3.0 战略，着重推进网络智能化、业务生态化、运营智慧化，做领先的综合智能信息服务运营商。同时，中国电信还提出了"五大生态圈"概念，即中国电信将与产业链共创智能连接、智慧家庭、互联网金融、新兴 ICT、物联网五大业务生态圈。2019 年，中国电信将在人工智能、智慧家庭、物联网、5G 等领域不断发力，促进中国电信业务的全面转型。

（1）积极探索 5G 相关业务。中国电信加强 4G 网络动态扩容，持续完善重点场景深度覆盖。一方面中国电信 4G 基站达 138 万套站，有力地支撑了 VoLTE 高清语音升级和大流量业务的持续发力。另一方面，中国电信积极涉足 5G 领域。参与 5G 国际标准制定，在 17 地开展规模组网试验，建成超 1 000 个 5G 基站。在语音通话、4G/5G 互操作设备互通等方面取得了一定进展。同时，中国电信积极探索 5G+自动巴士、智能治水、移动远程医疗等垂直行业应用。

（2）积极尝试人工智能等新型服务方式。中国电信与合作伙伴共同打造了人工智能开放平台——灯塔，中国电信灯塔平台的侧重点在赋能，主要被应用于智慧家庭、智能客服、用户身份识别等领域。该平台服务对象主要包括安防、金融、自动驾驶、医疗影像诊断、AI 音箱和智慧畜牧等。此外，该平台用 AI 赋能 AI，实现 AI 民主化，加速 AI 行业赋能，将数据资产转化为 AI 生产力。

（3）五大生态圈融通互促，发展成效显著。中国电信生态圈宽带用户三重融合率达到 65%，同比提高 13 个百分点，其中天翼高清用户渗透率达到 72%，这说明中国电信有效开拓了智慧家庭的潜在空间。DICT 收入增长超过 20%，已逐步成为公司未来新的增长动能。物联网连接规模突破 1 亿，公司迈入快速发展轨道。翼支付活跃商户增长超过两倍，支付生态已成为移动业务发展的重要差异化手段。中国电信已成为全球最大的 FDD 4G、光纤宽带、IPTV 和固定电话运营商，率先建成全球首张全覆盖的新一代物联网（NB-IoT）网络，智能连接生态快速扩张，智慧家庭生态基础巩固，新兴 ICT 生态势头良好，物联网生态已具雏形，互联网金融生态发展加速。

（4）全面实施"云改"，以云网融合、物云融合引领 DICT 和物联网业务快速发展。中国电信 IDC 和云业务收入分别同比增长 22.4%和 85.9%，拉动服务收入增长近 2 个百分点。中国电信物联网实现加速突破，收入和连接规模再度翻番；全方位升级融合，以"大流量+百兆宽带+智能家庭"快速拓展市场，天翼高清用户突破 1 亿户，智能家庭应用初具规模；打造互联网金融综合平台，协同移动业务互促规模发展，翼支付平均月度活跃用户超过 4 300 万户，全年累计交易额突破人民币 1.6 万亿元。

2.6.3　中国联通：深入推进混改，推进互联网化运营

2017 年 8 月，中国联通混改方案正式公布，引入 BATJ 互联网巨头等家庭互联网产业链玩家为股东，为其家庭互联网业务发展注入了新的基因与活力。混改后，总部部门数量减少 33.3%，总部人员编制减少 51.6%，全国省级公司管理人员精减 9.8%。2018 年是中国联通的混改元年。2019 年 3 月 13 日，中国联通公布了 2018 年度报告。数据显示，净利润达 102 亿元，同比增长 458%，归属于上市公司股东的净利润 40.81 亿元，同比增长 858.3%。新的时代背景下，中国联通将轻装上阵，继续推进混改和互联网化运营，强化"大数据""大连接""大计算"三个方面的能力，打造新基因、新治理、新运营、新动能、新生态的"五新"联通。

（1）以"新基因"激发更大内在活力。通过深入推进人力资源改革，打造一支高素质专业化的管理人员队伍。深入落实人才强企战略，深化人才创新机制改革。持续抓好企业文化建设，着力推进"三个一切"在各个领域落地生根，实现企业文化外化于形，固化于制，内化于心，实化于行。

（2）以"新治理"释放更多制度红利。充分发挥混改后新组建的董事会的功能作用，加快探索建立有中国特色的现代国有企业制度。以充分激发微观主体活力为着力点，深入推进体制机制改革、划小改革攻坚，在中国联通形成"人人都是主人翁，把联通当成自己家的事业来干"的干事创业活力竞相迸发的新局面。

（3）以"新运营"实现更高效率效益。全面推进互联网化运营。要结合企业实际深入推进供给侧结构性改革，紧紧围绕提高感知度、提高效率的"两个提高"目标，全面推进中国联通的互联网化运营，致力打造业务、营销维系、管理"三张网"，业务网要聚焦重点业务、重点区域，营销维系网要实现差异化、互联网化发展，管理网要极致发挥 IT 集约化优势。中国联通通过新零售、无界零售，加快新零售互联网化，加快产品互联网化，实现客户随时、随地、随心消费；通过"去三化"，即去中心化、去中间化、去边界化，加快实现企业运营管理的互联网化。

（4）以"新动能"拓展更大发展蓝海。中国联通对于创新业务要以规模化发展为目标实现更快增长，聚焦云大物等重点业务和重点市场；将国际业务作为新的增长极，提高全球交付能力，实现业务高效协同。积极发展 AI 业务。与百度、科大讯飞、烽火等公司进行深度 AI 项目合作。其中，中国联通与科大讯飞的合作聚焦人工智能技术在智能终端产业链上的应用，与烽火在智慧城市方面开展合作，并共同推动相关标准的制定。此外，公司与用友网络、光启集团也签署了合作框架协议，进一步在双方优势创新领域展开合作。

（5）以"新生态"汇聚更多协同优势。中国联通要加快与混改战略投资者间的深度合作，加快建立终端产业链、物联网、5G 垂直行业合作等新生态。同时，还要统筹处理好创新业务与基础业务、局部与全局、显绩与实绩、竞争与合作、2C 与 2B 等各方面关系。深入推进混合所有制改革，按照"四位一体"深入推进划小承包、人力资源、薪酬激励、绩效考核等机制体制改革。围绕打造联通发

展 "新生态"，强力推进与战略投资者业务深度合作与协同，通过 "赋能" 提高 "己能"。

本章小结

$$\ast\ast\ast\ast\ast$$

　　企业战略是根据企业的外部环境及内部资源和能力的状况，企业为求得生存和长期稳定发展，为不断获得新的竞争优势，对企业的发展目标、达成目标的途径和手段所做的总体谋划。企业战略可以分为公司战略、竞争战略、职能战略三个层次。企业战略管理过程有四个主要阶段：战略目标的确定、战略分析、战略选择和战略实施、评估与控制。企业在决定战略目标后开展战略分析。战略分析包括外部环境分析（企业总体环境分析和竞争五要素分析）和内部战略要素分析（包括资源和能力分析）。其中企业总体环境主要包括政治环境、经济环境、社会环境和技术环境，简称 PEST。竞争五要素分析认为，行业中存在着五种基本的竞争力量，五种力量的不同组合变化最终会影响行业利润潜力。企业战略选择主要在公司战略、竞争战略和职能战略三个层面来探讨。企业在选定战略之后，要进行战略实施。在实施过程中对照最初的战略目标进行战略评估。而战略控制则是战略实施过程中战略评估的继续，即企业选择了合适的战略并对战略做出分析评估之后，必须对战略实施加以控制。本章在最后介绍了新时代三大运营商的战略选择。

复习思考题

$$\ast\ast\ast\ast\ast$$

　　1. 简要描述企业战略管理的特征。

　　2. 企业总体环境分析涉及的因素有哪些？

　　3. 分析五种竞争力量对行业状况的影响。

　　4. 简述公司战略的类型及其特点。

　　5. 简述竞争战略的类型及其特点。

案例分析

$$\ast\ast\ast\ast\ast$$

折叠屏手机大战：三星华为直接交锋

　　随着三星抢发，华为跟上，折叠屏手机在西班牙巴塞罗那MWC 2019（世界移动大会）的风头俨然盖过了5G。

　　在折叠屏手机上最为 "硬核" 的无非是三星和华为。三星先于2019年2月20日（当地时间）出乎行业预料地抢先发布将显示屏对折的折叠式手机Galaxy Fold，紧接着，华为在MWC2019开幕前一天公开搭载5G通信功能的向外展开的折叠式手机Mate X，让折叠屏手机在朋友圈刷屏。而其他品牌，对折叠屏手机，更多是选择观望。

　　vivo相关负责人表示，对于折叠屏手机，公司在持续关注。此前，曾传出将在MWC 2019上推出折叠屏手机的OPPO，也并没有如期发布，因此有网友质疑OPPO的研发实力。随后，OPPO副总裁沈义人在微博展示了OPPO的折叠屏手机，并表示从目前这个阶段看来，折叠屏手机除了屏幕大和可以折叠后，并不能给用户带来更好的体验，折叠屏手机是厂商秀技术实力的产生。

　　一贯务实的OPPO和vivo显然在等待更合适的时机进入折叠屏手机市场，这或许也是基于对上述问题的考虑。

TCL李绍康在接受媒体采访时就指出，当前三星和华为在折叠屏手机上处于领先地位，但是任何厂商都需要解决一些问题，并且，当前折叠屏手机生态尚未建立。对于TCL来说，TCL本身并不想争第一，因为投入太大。"对于折叠屏手机的生产现在只能等，整个生态环境还没建立起来，都处于试验阶段。"李绍康认为，折叠屏手机目前的挑战在于3个方面：第一是在硬件上，折叠屏怎么解决折叠后存在缝隙、屏幕的寿命等问题；第二是折叠屏能折叠多久？能折叠到怎样的程度？这些问题都需要解决；第三是软件上，折叠屏手机的软件和普通手机的软件不一样，使用方式也有很多不一样，所以对于软件开发来说，挑战很多。

第一手机研究院院长孙燕飚表示，折叠屏手机不是已有市场的产物，是一个需要开创的新事物，想要进入该领域，企业不仅要实力雄厚、有"敢第一个吃螃蟹"的勇气，还要有社会责任感和产业责任感。基于大企业的知名度和号召力，引导产业做出方向性的探索，继而建立产业生态圈。三星和华为这样的大型手机厂商相继推出折叠屏手机，已经展示出一种趋势：折叠屏手机具备了比较高的产品成熟度。

值得注意的是，在这一轮的折叠屏"大战"中，曾经的智能手机霸主苹果却"哑火"了。不久前，据知名分析师郭明錤爆料，苹果还将延用刘海屏（刘海并不会变小）作为2019年新一代iPhone的屏幕。有专业人士认为，当年苹果真正赢得智能手机市场，靠的是创新。苹果先是做出了智能手机，并通过智能手机快速地形成了IOS开发的生态圈。2016年之后，苹果的科技研发就一直滞后，连续3年都不改变外形，可以说在手机结构的研发实力上，苹果已经落后于中国厂家。归根到底，还是苹果的创新文化出了问题。

（资料来源：根据网络资料改编。）

思考题：

（1）你如何看待手机行业的竞争？试结合波特的竞争五力量模型，分析手机行业的竞争环境。

（2）试以案例中提到的任意一家手机企业为例，探讨该企业应采取的竞争战略，并说明原因。

企业生产管理 | 第3章

【学习目标】

- 掌握生产系统的构成。
- 了解生产类型的划分。
- 了解组织生产过程的基本要求。
- 熟悉企业生产过程的空间和时间组织。
- 了解企业生产计划体系。
- 了解生产管理的新理论。

【开篇案例】

离散制造智能工厂

在工业4.0背景下，离散制造业需要实现生产设备网络化、生产数据可视化、生产文档无纸化、生产过程透明化、生产现场无人化，要做到纵向、横向和端到端的集成，以实现优质、高效、低耗、清洁、灵活的生产，从而建立基于工业大数据和互联网的智能工厂。

1. 生产设备网络化，实现车间"物联网"

工业物联网给工业4.0的实现提供了一个新的突破口。物联网是指通过各种信息传感设备，实时采集任何需要监控、连接、互动的物体或过程等各种需要的信息，与互联网结合而形成的一个巨大网络。其目的是实现所有物品与网络的连接，以方便识别、管理和控制。传统的工业生产采用M2M（Machine to Machine）的通信模式，实现了设备与设备间的通信，而物联网通过Things to Things的通信方式，可实现人、设备和系统三者之间的智能化、交互式无缝连接。

在离散制造企业车间，所有的设备及工位实行统一联网管理，这使设备与设备之间、设备与计算机之间能够联网通信，设备与工位人员紧密关联。例如，数控编程人员可以在自己的计算机上进行编程，将加工程序上传至DNC服务器，设备操作人员可以在生产现场通过设备控制器下载所需要的程序，待加工任务完成后，再通过DNC网络将数控程序回传至服务器中，由程序管理员或工艺人员进行比较或归档，这使整个生产过程被网络化、追溯化管理。

2. 生产数据可视化，利用大数据分析进行生产决策

目前，信息技术渗透到了某些先进离散制造企业产业链的各个环节，条形码、二维码、RFID、工业传感器、工业自动控制系统、工业物联网、MES、ERP、CAD/CAM/CAE/CAI等技术在离散制造企业中得到了广泛应用，尤其是互联网、移动互联网、物联网等新一代信息技术在工业领域的应用，使离散制造企业也进入了互联网工业的新的发展阶段。

在离散制造企业车间，工人每隔几秒就收集一次数据，利用这些数据可以实现多种形式的分析，分析结果包括运行率、故障率、生产率、设备综合利用率（OEE）、零部件合格率、质量百分比等。在生产工艺改进方面，在生产过程中使用这些大数据，就能分析整个生产流程，了解每个环节是如何运行的。一旦某个流程偏离了标准工艺，就会产生一个报警信号，这能更快速地发现错误或者瓶颈所在。

利用大数据技术，还可以对产品的生产过程建立虚拟模型，进行仿真模拟并优化生产流程，当所有流程和绩效数据能在系统中重建时，制造企业的生产流程将得到改进。例如，在能耗分析方面，在设备生产过程中利用传感器集中监控所有的生产流程，能够发现能耗异常或峰值情形，由此便可在生产过程中优化能源的消耗，因此对所有流程进行分析将会大大降低能耗。

3. 生产现场无人化，真正成为"无人"工厂

在离散制造企业生产现场，数控加工中心、智能机器人、三坐标测量仪等所有柔性化制造单元可进行自动化排产调度，形成无人值守的全自动化生产模式（Lights out MFG）。在这种模式下，管理者可以远程通过系统查看管理单元内的生产状态情况，面对突发状况时，可以通过系统及时调整生产任务的优先级别，从而真正实现无人智能生产。

（资料来源：根据网络资料改编。）

生产是企业一切活动的基础，生产管理是企业管理的一项重要职能，也是企业管理的重要内容。一般地讲，生产是指一个组织将对它的输入转化为输出的过程。生产的定义分为狭义和广义两种：广义生产的定义是社会组织将其输入转化为输出的过程，是与生产产品或提供优质服务直接关联的一组活动，包括产品制造和服务；狭义的生产是指生产产品，也就是产品的制造，即使用一系列的能量，把原材料的几何、物理和化学性态进行预定变化，获取产品的过程。本章讨论的生产主要指狭义的生产。

3.1 企业生产管理概述

生产管理这一术语最早是 1930 年左右出现的，在这一时期，泰勒的科学管理方法得到普遍应用，定量决策方法日渐成熟，在制造业中形成了以提高生产效率为重点的管理方法，涉及生产过程的优化、计划、组织实施与控制、分配的激励机制等部分。进入 20 世纪 60 年代以后，数字计算机在企业管理中得到了越来越广泛的应用，在企业管理中应用其较多的领域是生产管理领域，其中产生了物料需求计划管理方法，以后又发展成制造资源计划管理方法、企业资源计划管理

企业生产管理概述

方法和供应链管理方法等；这一时期也是消费个性化发展较为迅速的时期，企业为了使市场和使顾客满意，对生产系统的柔性、自动化、高效、节能、环保等方面做了改进。硬件设施的现代化及与之相适应的管理思想和管理方法的应用标志着企业的生产管理逐步进入了现代化。

3.1.1 企业生产系统

1. 生产系统的构成

企业的生产活动是围绕经营目标开展的，是由生产系统完成的。生产系统是企业大系统中的一个子系统，系统模型如图 3-1 所示。

生产系统是由输入、转化、输出和反馈控制四个部分构成的，核心功能是转化。它不仅接受各种生产要素、信息的输入，根据要求进行生产转化，接受反馈机制的调整与控制，以保证输出的有效与转化过程的效率，还会受到环境对它的随机干扰。因此，生产系统必须有适应环境的应变能力。

生产系统的构成要素根据性质可分为硬件要素与软件要素两类，如表 3-1 所示。

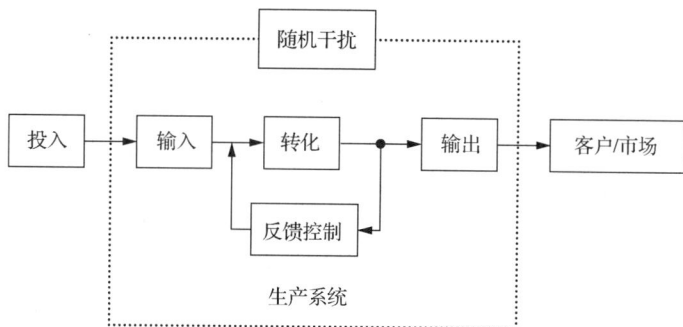

图 3-1　企业生产系统的模型

表 3-1　　　　　　　　　　　　　　　　生产系统的构成要素

硬件要素	软件要素
1. 生产技术：生产流程、设备工具、技术变化规律	1. 生产计划：计划的编制、类型与方法等
2. 生产设施：设施的布局、布置、联系方式	2. 生产环境：政治、经济、社会、市场的变化
3. 生产规模：生产能力的强弱、性质、变化规律	3. 生产质量：质量检验、控制、保证体系
4. 生产一体化：方向、程度、平衡性	4. 生产人员：工作态度、素质要求、激励机制

（1）生产系统的硬件要素。硬件是指构成生产系统的基本要素，决定着系统的功能与性质。这些要素主要包括生产技术、生产设施、生产规模、生产一体化程度等。硬件要素是形成生产系统框架结构的物质基础，建立这些要素需要的投资多。硬件要素一旦建立起来并形成一定的组合关系之后，要改变它或进行调整是相当困难的。在生产系统运行过程中，掌握与控制这些要素相对较容易。

（2）生产系统的软件要素。软件要素是指在生产系统中支持和控制系统运行的要素，决定着系统的运行特点和效率。这些要素主要包括生产计划、生产环境、生产质量、生产人员等。建立软件要素一般不需要很大的投资，建成以后进行改变和调整也比较容易。但在生产系统运行过程中，软件要素容易受其他因素，如机制、人员、文化、观念、行为等深层次的影响，因此，企业想要掌握与控制它比较困难。

生产系统中的硬件要素构成了生产产品的子系统，其内容及其组合形式决定生产系统的结构形式。软件要素构成了生产管理的子系统，其内容及其组合形式决定生产系统的运行机制。两者匹配，系统才能正常地高速运转并生产出优质产品。

2. 生产系统的绩效衡量

企业衡量生产系统绩效的指标主要有产品的质量、生产成本、生产率、有效性和适应性等。

（1）产品的质量。生产系统必须生产出符合质量标准的合格产品与优质产品。这是企业对生产系统的一项基本要求。衡量质量绩效的指标有等级品率、优质品率、陈品抽查合格率等。现代企业生产系统的质量绩效更体现在不断地改进产品质量，以满足用户现实的和潜在的需要上。有关产品质量的调研、设计、制造、控制和连续性改善等，是与企业所有部门工作相关联的综合性活动，因此，对质量的评价实际上也是对整个生产系统的综合评价。

（2）生产成本。生产成本是指为获取和利用各种生产资源所付出的费用。它是对生产系统资源投入量的一种测定。生产成本的高低自然是衡量生产系统绩效的一个指标。

（3）生产率。生产率是指生产系统产出量与投入量在价值上的比值，它代表了生产系统投入转换为产出的效率。如果相同数量的投入有了更多的产出，则生产率就增长了。因为生产率能更确切地反映投入要素的利用程度，所以它能更好地代表生产系统创造经济效益的性能。它常被认为是衡量生产系统绩效最重要的一个指标。

（4）有效性。有效性是另一项反映生产系统效率的指标，是实际产出量与计划产出量的比值。这个指标侧重于考察管理工作的效能。生产率主要由生产工艺技术水平所决定，采用先进工艺技术的生产系统，其生产率总比生产技术落后的生产系统要高，有效性衡量的是同一生产效率的产出效率。如果实际产出与计划产出有差距，则预示管理工作效能需要改进。

（5）适应性。适应性是指生产系统对产品品种和产量变化的应变能力，可以用引进新产品或改变产量规模所需的时间来衡量。当今科技飞速发展，市场对新产品的需求日益增加，企业必须不断开发新产品，并相应调整生产能力，才能不断赢得新的市场份额。因此，适应性也是反映生产系统绩效的一个重要指标。

上述各项指标是对一般的生产系统而言的，在实际中，不同的企业不可能使每项指标都达到最佳，它们只能侧重于从一个或几个方面做出努力。为此，企业应根据自己的经营目标、市场特点和资源能力，明确这些绩效指标的优先考虑顺序。

3.1.2　生产管理的内容与决策

1. 生产管理的内容

企业生产管理的内容非常丰富，主要包括计划、组织、指挥、控制和协调五个方面。

（1）计划。计划主要指根据企业经营计划的目标和要求而制订的生产计划和生产作业计划。生产计划主要规定产品品种、质量、产量和产值等指标，以及保证实现计划的技术组织措施等内容。生产作业计划则是生产计划的具体执行计划。

（2）组织。组织主要是指生产过程组织和劳动过程组织的统一。生产过程组织是合理进行产品生产过程各阶段、各工序在空间上和时间上协调衔接的组织，即生产过程的空间组织和时间组织。劳动过程组织是指在生产过程组织的基础上，正确处理劳动者之间的关系，以及劳动者与劳动工具、劳动对象关系的组织。

（3）指挥。指挥是指根据企业的预定目标，对生产活动的全过程实行统一调度和监控，以确保生产活动有计划、有秩序、高效率地进行。

（4）控制。控制是指在计划执行过程中，企业对生产全过程各项活动所进行的检查和协调工作。控制是企业根据实际完成情况与计划或标准进行对比，对产生的差异采取措施，进行调节管理的过程。

（5）协调。协调是指根据企业生产的特点，考虑顾客的切身利益，着力于搞好企业内部各个生产环节和各部门之间的关系，切实搞好企业与社会各界和广大顾客的关系，以求得社会的广泛支持和理解，从而促进企业的不断发展。

2. 生产管理的决策

生产管理需要通过生产管理的决策来实现。它是按照生产管理的目的和原则，对生产管理内容进行决策的过程。最终生产管理结果的好坏很大程度上取决于生产管理的决策是否正确。

生产管理决策是企业决策的一部分，它必须服从企业的整体目标。企业战略受制于市场环境，它反映了企业的用户对产品或服务的需求，也表明了企业将怎样使用自己的全部资源与管理力量（产品、市场、人力资源、组织、财务、运作）以获取竞争优势，因此生产决策考虑如何组织生产能力以支持企业战略的实现。

具体来说，常见的中长期决策内容如下。

（1）产品的选择与设计。产品的选择与设计与其随后规划的生产方式和生产能力密切相关，互相影响。

（2）设备与生产方式的选择。对于一种既定的需求（产品或服务需求），通常可以用不同的设备和生产方式来实现，企业主管必须做出最好的选择。

（3）职务与作业设计。职务与作业设计是整个系统设计的不可分割的部分，它包括系统的全部岗位职务和全部作业内容。

（4）厂址选择。如果那些与市场远近或与原料供应距离有关的成本要素的比重很大，或企业担负着一定的环保重任，那么厂址选择十分重要，这将直接影响企业未来的经济效益。

（5）厂区与设备的平面布置。这项工作直接与生产费用相关，它要求总的物件运送费用能够降到最低程度，或满足某些更复杂的要求。

（6）定编定员。定编定员的前期工作是确定劳动定额，劳动定额是企业两大基础定额之一（另一项为材料定额）。基础工作是企业管理的重要工作，基础工作做得不扎实，会影响其他工作的效果。科学的定编定员工作可以避免人员冗余，提高人力资源的利用率。

（7）年度与进度计划。年度计划以利润最大化为目标，而进度计划以成本最小化为目标，在这方面企业有许多定量决策工作要做。

一般来说，常见的短期决策内容主要如下。

（1）生产作业计划。它是一项日常性工作，根据短期内的实际情况，科学地组织人员、财务和设备等，以获得最佳的资源利用率和效率。

（2）进度控制。根据进度计划，需要对人员和设备的负荷情况做调整，以及处理可能出现的突发事件，如设备故障、人员缺勤、停工待料、订单变动等。

（3）质量控制。这是一项事关重大的工作，是全员、全过程、综合的管理工作。

（4）库存控制。库存对保证生产过程的连续性起了重要的调节作用。但是，过量的库存产生许多负面影响，有关库存的决策要恰到好处。

（5）成本控制。成本控制与质量控制一样，都是形成于整个生产过程的一项日常的全员、全过程、综合的管理工作。

3.2 生产类型

各企业在产品结构、生产方法、设备条件、生产规模、专业化程度、工人技术水平以及其他方面，都具有各自不同的生产特点，对企业的技术经济指标有很大影响。根据这些特点，通常可以归类为几种典型的生产类型。因此，各个企业应根据自己的特点，从实际出发，建立与其生产类型相匹配的生产管理体制。

企业生产类型

生产类型是指根据生产产品的性质、结构和工艺特点，产品种类的多少、种类的变化程度、同种产品的数量等各种因素，对企业及其生产环节所进行的分类。生产类型是影响生产管理的主要因素之一，是研究生产管理时首先要明确的重要问题。

3.2.1 常见的生产类型

1. 按工艺特性分类

（1）加工装配型。在加工装配型生产过程中，产品是由离散的零部件装配而成的，物料运动呈离散状态。零部件是构成产品的不同元件，它可以在不同的地方制造。零部件的不同组合可以构成不同的产品。因此，加工装配型生产的特点是工艺过程具有离散性。加工装配型生产的地理位置分散，零件加工和产品装配可以在不同的地区甚至在不同的国家进行。由于零件种类繁多，加工工艺多样化，又涉及多种多样的加工单位、工人和设备，因此其生产过程中的协作关系相对复杂，展示这一类型的有机床、汽车、家具、电子设备、服装的生产制造。

（2）流程型。在流程型生产过程中，物料是均匀、连续地按一定工艺顺序运动的。它的特点是工艺过程具有连续性。流程型生产包括化工、炼油、冶金、食品、造纸等。与加工装配型生产不同，流程型生产的地理位置集中，生产过程自动化程度高，只要设备体系运行正常，工艺参数得到控制，就可以正常生产合格产品。其生产过程中的协作与协调相对简单，但对设备和控制系统的可靠性要求很高。

2. 按生产批量分类

（1）单件小批量生产。单件小批量生产的特点是产品对象基本上是一次性需求的专用产品，一般不重复生产，如南京云锦。因此其品种繁多，生产对象不断变化，要求生产设备和工艺装备必须采用通用性的，工作的专业化程度低。

（2）批量生产。批量生产的对象是通用产品，生产具有重复性，如笔记本电脑、汽车的生产。它的特点是生产的品种较多，每个品种的产量不大，每一种产品都不能维持常年连续生产，因此，在生产中形成了多种产品轮番生产的局面。

（3）大批量生产。大批量生产的特点是生产的品种少，每一品种的产量大（或单位产品劳动量和年产量的乘积很大），生产过程稳定地、不断重复地进行。一般大批量生产的产品在一定时期内具有大且相对稳定的社会需求量，如饮料、零食等。

3. 按生产计划的来源分类

（1）备货型。备货型（Make-to-Stock，MTS）生产是指在没有接到用户订单时，企业经过市场预测按已有的标准产品或产品系列进行的生产，生产的直接目的是补充成品库存，通过维持一定量成品库存即时满足用户的需要。轴承、紧固件、小型电动机等产品的生产属于备货型生产，这些产品的通用性强，标准化程度高，有广泛的用户。

（2）订货型。订货型（Make-to-Order，MTO）生产是指按用户特定的要求进行的生产。用户可能会对产品提出各种各样的要求。经过协商和谈判，企业以协议或合同的形式确认对产品性能、结构、质量、数量和交货期的要求，然后组织设计和制造。锅炉、船舶等产品的生产均属于订货型生产，这些产品的专用性强，大都是非标准的，有特定的用户。

3.2.2 改善生产类型的途径

不同的生产类型对企业的生产经营管理工作和各项经济技术指标有着显著的影响。不同生产类型具有不同的经济效益。例如，大批量生产的产品成本较单件小批量生产和批量生产的产品成本要低。因此，大批量生产是较经济的一种生产类型，批量生产次之，单件小批量生产最差。所以，摆在生产组织者面前的一项重要任务是如何通过一切可能的措施和方法，在单件小批量生产中按批量生产方式组织生产，在批量生产中按大批量生产方式组织生产，从而改善企业的技术指标。实践证明，可以通过下列途径来提高生产批量和工作的专业化程度，从而改变企业的生产类型。

第一，在全面规划、统筹安排的原则下，积极促进工业生产的专业化协作，包括产品专业化、零部件专业化、工艺专业化和辅助生产专业化，以及相应的各种形式的生产协作，为减少重复生产，增加同类产品产量，简化企业的生产结构和提高专业化水平创造条件。

第二，在产品设计方面，进行产品结构分析，改进产品设计，加强产品的系列化、标准化和通用化工作，广泛采用标准件和通用件。

第三，在生产组织方面，采用成组技术，组织同类型零件的集中加工。

第四，在计划工作方面，加强计划工作，合理搭配产品品种，减少在同一时期内出产的产品品种数。

第五，在劳动组织方面，增加必要的设备和工人，以相对减少每个工作地平均负担的工序数目。

上述各种措施能在一定程度上使企业的生产类型升级，增加大批量生产的因素，提高企业生产经营的经济效果。但需要指出的是，改变生产类型并非在生产上无限制地加大批量。企业的生产类型取决于产品数量及生产的稳定性和重复性。而采取什么样的品种轮换方式，确定每种产品的批量有多大，这是组织生产时需要解决的问题。

阅读材料 3-1

光电通信行业的小批量多品种产品生产模式

随着大数据的运用和网络经济的发展，人们对数据的使用越来越频繁，光电通信行业的发展也越来越快。由于光电通信行业的客户对产品在性能方面的要求有很大差异，这导致产品之间的共用性很低，专用性很强，产品的差异化也导致了生产工艺的不同。

光电通信行业产品的差异化导致生产制造企业在生产过程中必须严格按照批次来进行管理和控制，无论是从原材料的投入，还是在生产过程中的控制，以及最后产品的包装入库。企业需要记录和跟踪所有产品数据，包括生产批次、生产数量、批次的质量状况等，必须做到记录清晰、信息明确和无差错。不同批次和不同型号的产品在生产时需要被区分管理，以避免出现混料质量问题，引起客户的投诉。

生产制造企业在生产投入前的准备工作复杂，这导致其无法按照既定计划完成生产并交付给客户。由于光电通信行业产品的特殊性，原材料的交期都比较长，再加上产品需求和订单的不稳定，这都导致企业的原材料计划和采购人员在制订和执行原材料采购计划的时候遇到诸多困难。

产能不平衡的问题也是由于光电通信行业产品生产流程和工艺的复杂性造成的。企业根据客户订单生产时，由于每一批次的生产数量都不一致，因而各生产工序和生产车间需要针对不同客户和不同型号的产品进行调整，因此会出现部分设备闲置而部分设备产能不足的情况。

因此，光电通信行业下的小批量多品种产品生产模式是一种新的生产模式，是在其他行业规模化批量性的生产模式下，为了满足市场需求多元化和个性化的变化趋势而产生的特殊模式，它能够较好地满足市场需求，但是同时也会带来生产进度不确定和产能不平衡的问题。

3.3 生产过程组织

3.3.1 生产过程的概念

任何工业产品的生产，都需要经过一定的生产过程。所谓生产过程，是指从原材料、元器件的投入开始，经过一系列的加工，直至生产出成品的全部过程。在生产过程中，主要是劳动者运用劳动工具，直接或间接地作用于劳动对象，使之按人们的预定目标变成工业产品。在某些生产技术条件下，为实现产品的生产，少数情况下还要借助于自然力的作用。这时，生产过程就是一系列相互联系的劳动过程和自然过程相结合的全部过程。

工业企业的生产一般由许多过程协作完成，根据各过程在生产中的不同作用，可将其划分为以下三种类型。

（1）基本生产过程。基本生产过程是指对构成产品实体的劳动对象直接进行工艺加工的过程。例如，机械企业中的铸造、锻造、机械加工和装配等过程；纺织企业中的纺纱、织布和印染等过程。基本生产过程中包含企业的主要生产活动。

（2）辅助生产过程。辅助生产过程是指为保证基本生产过程的正常进行而从事的各种辅助性生产活动过程，如为基本生产过程提供动力、工装和维修工作等过程。

（3）生产服务过程。生产服务过程是指为保证生产活动的顺利进行而提供各种服务性工作的过程，如供应工作、运输工作、技术检验工作、清洗、油封、包装等过程。

上述三种过程结合在一起，构成了企业的整个生产过程。其中，基本生产过程起主导作用，其余都是围绕着基本生产过程进行的。

基本生产过程和辅助生产过程都是由若干既相互独立又彼此联系的工艺阶段组成的。所谓工艺阶段，是指按照使用的生产手段的不同和加工性质的差别而划分的局部生产过程。例如，机械制造类企业的基本生产过程可以分为毛坯制造、金属切削加工和装配三个工艺阶段；纺织企业的基本生产过程可以划分为纺纱、织布和印染三个工艺阶段等。每个工艺阶段又由若干工序所组成。所谓工序，是指一个人或一组人在一台机床上或在同一工作地点对同一劳动对象进行连续加工的生产环节。它是生产过程的基本组成单元，是企业生产技术工作、生产管理和组织工作的基础。按照性质，工序分为基本工序和辅助工序两类。直接使劳动对象发生形状或性能变化的工序为基本工序，也被称作工艺工序，如锻造、铸造、焊接、热处理、车、铣、刨、磨等基本工序；凡为基本工序的生产活动创造条件的工序都称辅助工序，如产品检验、清洗、运输工序等。

3.3.2 组织生产过程的基本要求

组织生产过程是指对生产系统内的所有要素进行合理的安排，以最佳的方式将各种生产要素结合起来，使其形成一个协调的系统。这个系统的目标是使作业行程最短、时间最省、耗费最小，又能按市场的需要提供优质的产品或服务。

合理组织生产过程是指把生产过程在空间上和时间上很好地结合起来，使产品以最短的路线、最快的速度通过生产过程的各个阶段，并且使企业的人力、物力和财力得到充分的利用，达到高效、低耗、质优、安全与环保。合理组织生产过程需要做到以下几点。

（1）生产过程的连续性。生产过程的连续性是指在生产过程各阶段物流都在不停运动，且流程尽可能短。连续性包括时间上的连续性和空间上的连续性两个方面。时间上的连续性是指物流在生产过程的各个环节的运动，自始至终处于连续状态，没有或很少有不必要的停顿与等待现象。空间上的连续性要求生产过程各个环节在空间布置上合理紧凑，使物流的流程尽可能短，不出现迂回往返现象。

（2）生产过程的平行性。生产过程的平行性是指生产过程的各工艺阶段、各个工序在时间上实行平行交叉作业。保证生产过程的平行性可以缩短产品的生产周期，加快产品的生产，减少生产过程中的在产品数量，从而节约流动资金，加速资金周转。为了达到生产过程的平行性，企业在布置生产作业空间时，要合理地利用面积，尽量做到各生产环节能同时利用空间，从而在各自不同的空间内同时平行作业。

（3）生产过程的比例性。生产过程的比例性也称协调性，是指生产过程的各个工艺阶段之间、各工序之间在生产能力上要保持一定的比例关系，以适应企业生产的要求。这种比例关系主要是指各生产环节的职工数、设备数、生产面积、生产速率和生产班次等都必须互相协调和适应。生产过程的比例性是保证生产顺利进行的前提。

（4）生产过程的均衡性。生产过程的均衡性也称节奏性，是指企业的生产任务从开始到最后完工都能够按预定计划均衡地完成。所谓"均衡"，是指在相等的时间间隔（如月、旬、周、日）内，完成大致相等或稳定递增的生产工作量，避免时松时紧的突击加班现象出现。企业均衡地进行生产，能够充分利用人力和设备，防止因突击赶工而影响产品质量，有利于安全生产和企业生产秩序的正常化。

（5）生产过程的适应性。生产过程的适应性是指生产过程的组织形式要灵活，要能及时满足市场变化的要求。科学技术的迅猛发展，使产品更新换代的速度加快，市场对新产品的需求也日新月异。这就促使企业必须不断开发新产品，以适应市场的需求。这就要求企业在生产时要有较强的适应性和应变能力。

（6）生产过程的经济性。生产过程的经济性是指企业在生产过程中对消耗的费用必须力求节省，讲求经济效益。企业要按照上述要求对生产过程进行组织，不断提高劳动生产率和设备利用率，最大限度地适应产量增长的需要，确保生产任务的完成，并在此基础上讲求企业生产全过程的经济性与效益性。

3.3.3 生产过程组织的内容

企业生产过程组织主要包括以下内容。

（1）空间组织：确定空间布局。确定生产现场的空间布局，即企业生产过程的空间组织，使生产场地的布局合理，以保证生产省事、省力又省时。

（2）时间组织：控制生产周期。对生产过程中所需的生产周期进行控制，即企业生产过程的时间组织，把生产耗时降到最低限度。

（3）优化产品质量。对生产过程中的产品质量进行控制，通过优化产品质量控制系统，确保产品质量。

（4）管理生产过程。严格执行有关规章制度，根据生产作业计划，对生产过程进行监督、检查、指挥和调度，以确保生产过程优质、高效、低耗地运转。

对于企业生产过程的组织工作，本章主要讨论企业生产过程的空间和时间组织两个方面。

3.3.4　企业生产过程的空间组织

企业的生产过程是在一定的空间内，通过许多相互关联的生产单位来实现的。所以，企业必须根据自身的特点，建立相应的生产单位并在各个生产单位中配备相应的设备，采取一定的专业化生产形式，使企业在空间上形成一个既有分工又密切联系的有机整体。这就是生产过程空间组织要解决的主要问题。

生产过程的空间组织

1. 企业生产单位的组成

企业为了使生产过程有序进行，必须建立相应的生产部门。与生产过程的类型一致，企业的生产部门一般也分为3类。

（1）基本生产部门。这是指直接从事企业基本产品生产，实现企业基本生产过程的生产单位，如机械制造企业的毛坯车间、邮电服务业的包刷车间和电话机房等。

（2）辅助生产部门。这是指实现辅助生产过程，为基本生产提供辅助产品与劳务的生产单位，如机械制造企业的模具车间、邮电服务业的通信维修部门等。

（3）生产服务部门。这是指为基本生产和辅助生产服务的单位，一般是指企业的仓储、后勤等部门。

在实际工作中，由于各企业生产条件、生产能力等不同，生产单位的组成存在着一定差异，各企业生产单位的组成模式并不是固定不变的，企业要因地制宜地选择最适合自己的生产单位的组成模式。

2. 影响企业生产单位组成的因素

企业要根据不同的生产单位进行不同的空间组织，而生产单位的组成又受诸多因素的影响。因此，要想对企业各生产单位进行科学的空间组织，就必须分析影响企业生产单位组成的各种因素。

（1）企业的产品方向。企业生产的产品种类对企业生产单位的构成起着决定性的作用，它决定了企业基本生产部门、辅助生产部门和生产服务部门的设置。

（2）企业的专业化水平和协作范围。企业的专业化水平和协作范围对生产单位的设置有直接的影响。一般来说，企业的专业化程度越高，生产产品越单一，其生产单位的结构就越简单；企业的协作范围越大，通过跨企业进行的协作也越多，企业的生产单位的组成就越简单。

（3）企业的生产规模。企业的生产规模越大，所需的生产单位就越多，生产单位的规模也越大。通常，大型企业一般要建立几个性质相同的车间，而小型企业常常把几个车间合并成一个车间。

（4）产品的结构与工艺特点。产品的结构不同，决定了产品的功能不同，因此设备的配备和生产单位的设置都将不同。同样，产品工艺过程的不同、工艺方法的改变，也会影响和改变生产单位的设置。

除了以上因素外，厂区的集中与分散、面积的大小、物流的多少等因素也会影响企业生产单位的设置。随着经济的发展和科技的进步，影响企业生产单位组成的因素也可能会发生重大的变化，企业必须做出相应的调整。

3. 生产单位的专业化组织形式

生产单位的组织形式是指设置企业生产单位（车间、班组）时所采取的专业化形式。生产单位的专业化组织形式主要有工艺专业化形式、对象专业化形式和综合专业化形式。正确选择生产单位的专业化组织形式，是进行企业生产过程空间组织的一项重要内容。

（1）工艺专业化形式。工艺专业化形式也叫工艺原则，是按生产过程各个工艺阶段的工艺性质来建立生产单位的一种组织形式。工艺专业化的生产单位内集中了同类型的设备和同工种的工人，对企业生产的各种产品进行相同工艺方法的加工。这时，加工对象是不同的、多样的，而工艺方法是相同的，如机械制造业中的铸造车间、机加工车间、热处理车间及车间中的车工段、铣工段等，都是工艺专业化生产单位。

按工艺专业化形式建立生产单位的优点是：灵活、适应性强，有利于充分利用生产设备和生产面积，便于工艺管理，提高员工技术水平。其缺点是：产品在生产过程中往返交叉运输多，运输路线长，增加了运量和运费；由于中间环节多，产品在生产过程中停顿和等待时间增多，延长了生产周期；由于生产单位之间生产联系复杂，增加了各项生产管理工作的难度。工艺专业化形式适用于品种复杂多变，工艺不稳定的单件小批量生产类型的企业。

（2）对象专业化形式。对象专业化形式也叫对象原则，以产品为对象来设置生产单位。对象专业化的生产单位内集中了不同类型的生产设备和不同工种的职工，对其负责的产品进行不同工艺方法的加工。这时，加工对象是相同的，而工艺方法是不同的。

按对象专业化形式建立生产单位的优点是：有利于保证产品质量和提高劳动生产率；因加工路线短，中间停留时间少，既节约了运费，又缩短了生产周期；生产单位间的联系减少，简化了生产管理工作，也有利于建立健全的生产责任制。其缺点是：对产品品种变化的适应能力差，一旦品种改变，很难做出相应的调整；生产单位内加工工艺方法多，不便于对工艺进行专业化管理和指导；当产量不够大时，生产场地和设备能力不能得到充分利用。对象专业化形式适用于专业方向确定，产品的结构、产量、品种比较稳定，工种和设备配套比较齐全的大批量或批量生产类型的企业。

（3）综合专业化形式。综合专业化形式又叫混合原则，是将上述两种专业化形式结合起来的一种形式。它综合了两种专业化形式的优点，在实际中被应用得比较多。根据两种专业化形式所占比重的不同，专业化形式又可分为：在对象专业化形式的基础上，局部采用工艺专业化形式；在工艺专业化形式的基础上，局部采用对象专业化形式。

综合专业化可以从两方面理解：一是从生产单位的同一层次看，企业内的车间或班组既有按工艺专业化形式建立的，又有按对象专业化形式建立的；二是从生产单位的不同层次看，在工艺专业化车间内的班组是按对象专业化形式建立的，或者在对象专业化车间内的班组，是按工艺专业化形式建立的。综合专业化形式机动灵活，适应面广，如应用得当，可取得较好的经济效益。

阅读材料 3-2

华为手机的数字工厂

华为手机取得今天的市场份额，其位于东莞松山湖的手机智能制造工厂功不可没。

华为高端手机整个生产车间规模非常大，随处可见各种全球最先进的装机或检测设备，如世界领先的 Camelot dispensing 点胶机，全自动化机械手臂控制的整机测试、自动打螺钉机、自动压合机等自动化设备。手机的生产流程包括表面贴装单板、单板功能测试、组装、预加工、整机测试、包装全套产线，可有效提高生产效率，保证生产过程的一致性和产品质量，进而大大保证手机的高度可靠性。

这些看得见的高科技设备确实炫目，但真正的智能制造光靠自动化设备是远远不够的。想要实现智能柔性化生产，信息化的手段必不可少，企业要利用智能传感器、eLTE-U、NB-IoT等物联网无线技术，将机器人、工业设备随时随地接入网络，实时提取生产过程的海量数据。智能生产线还可以借助物联网平台被预测性维护，避免故障停产，降低运营成本。

在华为松山湖工厂中，ABB的机器人已经与华为物联网技术中的eLTE-U方案完成了对接，物联网能够及时回传ABB机器人状态和报警数据，为生产设备的预防性维护提供大数据通路。此外，华为通过将eLTE-U模组集成到ABB机器人中，利用无线网络对机械臂进行远程和实时控制，可实现精益化、高效生产，打造数字化、自动化和绿色的生产园区。

3.3.5 企业生产过程的时间组织

合理组织生产过程，不仅要求企业各生产单位、各工序在空间上密切配合，而且要求加工件在时间上互相协调和紧密衔接，实现有节奏的连续生产，以达到提高劳动生产率和设备利用率、缩短生产周期、降低产品成本的目的。生产过程的时间组织主要研究加工件在生产过程中各生产单位之间，各道工序之间在时间上衔接和结合的方式。其内容包括研究产品生产过程的时间构成、研究缩短产品生产周期的途径。在此基础上研究加工件在生产过程中的移动方式，并对不同的移动方式所耗费的时间进行比较。

产品在整个生产过程或其中某个生产阶段、生产环节，从投入到产出所需要的全部时间为生产周期，俗称加工周期。在离散型生产过程中，生产周期与加工件在工序间移动的方式有关，移动方式与加工件的数量有关。加工件在工序间的移动方式是指加工件从一个工作地到另一个工作地之间的运送方式。企业进行生产过程时间组织的目的就是缩短加工件的生产周期。要缩短加工件的生产周期，就需要恰到好处地在生产过程中选择加工件的移动方式和对加工件的先后加工次序进行安排，而移动方式的选择和生产顺序的安排都要以加工件的规格化、标准化和系列化为前提。通常，企业生产过程时间组织中加工件的移动主要有三种基本方式可供选择。

1. 依次移动式

依次移动式也叫顺序移动式，是指整批加工件在前一道工序全部加工完毕后，整批地转移到下一道工序继续进行加工，直到最后一道工序完工才告结束的一种移动方式。采用这种移动方式时，设备在加工同一批次加工件时工作不停顿，生产不中断，便于组织，但加工件加工周期长。如果忽略不计工序间的交接时间，则加工一批加工件的加工周期，等于该批工件在全部工序上加工时间的总和。其加工周期的计算公式为：

$$T_{依} = n \sum_{i=1}^{m} t_i$$

式中：t_i 表示第 i 道工序的加工时间；

n 表示整批加工件中的批量（批数）；

m 表示工序数。

例 3-1：加工件批量 $n=4$，工序数 $m=4$，每道工序时间分别为 $t_1=10min$，$t_2=5min$，$t_3=15min$，$t_4=10min$。加工件的加工周期如图 3-2 所示。也可用公式计算：

$$T_{依} = n \sum_{i=1}^{m} t_i = 4 \times (10 + 5 + 15 + 10)$$

$$= 4 \times 40 = 160 \text{（min）}$$

计算结果与图 3-2 中的结果是一样的。

2. 平行移动式

平行移动式是指整批加工件在前一道工序加工完一小批后，就立即转入下一道工序进行加工，直到加工件全部加工完毕的一种移动方式。这种移动方式使得工序间出现平行作业，因此加工件加工周期短，但当前道工序的加工时间大于后道工序时，设备有停顿时间，生产短暂中断。加工件加工周期 $T_平$ 的计算公式为：

$$T_平 = \sum_{i=1}^{m} t_i + (n-1) t_{max}$$

工序号	工序时间（min）	加工件加工周期（分）																			
		10	20	30	40	50	60	70	80	90	100	110	120	130	140	150	160	170	180	190	200
1	10																				
2	5																				
3	15																				
4	10																				

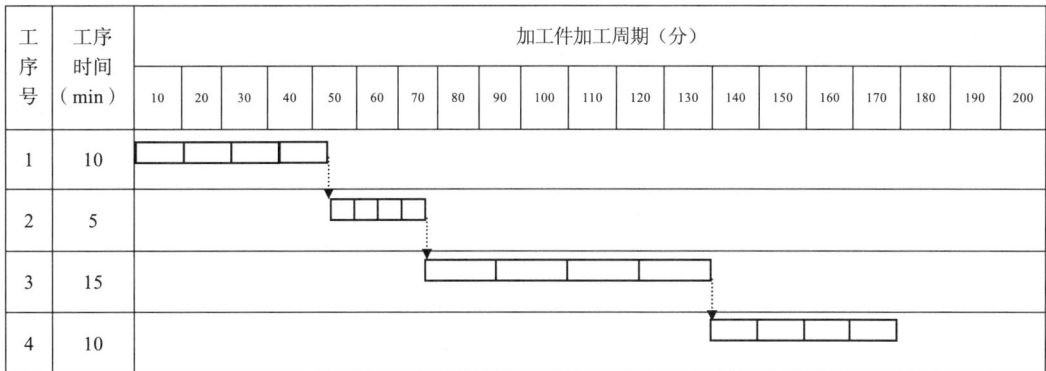

图 3-2　依次移动式示意图

式中：t_{max} 表示所有工序时间中最长的工序时间。

为了便于比较不同移动方式下加工件加工周期的长短，故仍以例 3-1 中的数据为例。加工件加工周期如图 3-3 所示，也可用公式计算。

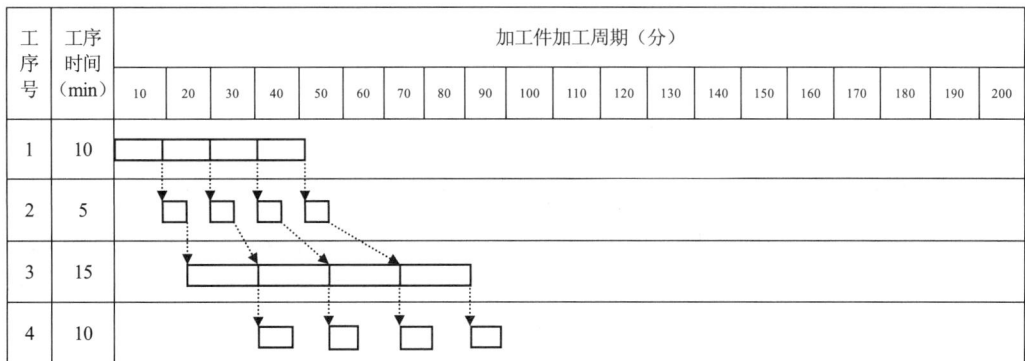

工序号	工序时间（min）	加工件加工周期（分）																			
		10	20	30	40	50	60	70	80	90	100	110	120	130	140	150	160	170	180	190	200
1	10																				
2	5																				
3	15																				
4	10																				

图 3-3　平行移动式示意图

用公式计算得：

$$T_平 = \sum_{i=1}^{m} t_i + (n-1) t_{max}$$

$$= (10 + 5 + 15 + 10) + (4-1) \times 15$$

$$= 40 + 45 = 85 \text{（min）}$$

计算结果与图 3-4 中的结果是一样的。

3. 混合移动式

混合移动式是依次移动式和平行移动式的混合形式。混合移动式吸取了前两种移动方式的优点，既考虑了生产的平行性，又考虑了生产的连续性，消除了设备在加工过程中的间断现象，保证了人力和设备的充分负荷，适当缩短了加工件的加工周期。其不足之处是生产组织比较复杂，不易掌握移动规律。此时，加工件加工周期 $T_{混}$ 的计算公式为：

$$T_{混}=n\sum_{i=1}^{m}t_i-(n-1)\sum_{i=1}^{m-1}\min(t_i,\ t_{i+1})$$

式中：$\min(t_i,\ t_{i+1})$ 表示 t_i 与 t_{i+1} 前后两道工序间最短的工序加工时间。

仍以例 3-1 中的数据为例，加工件加工周期如图 3-4 所示，也可用公式计算。

用公式计算得：

$$T_{混}=n\sum_{i=1}^{m}t_i-(n-1)\sum_{i=1}^{m-1}\min(t_i,\ t_{i+1})$$
$$=160-3\times(5+5+10)=100（min）$$

计算结果与图 3-4 中的结果是一样的。

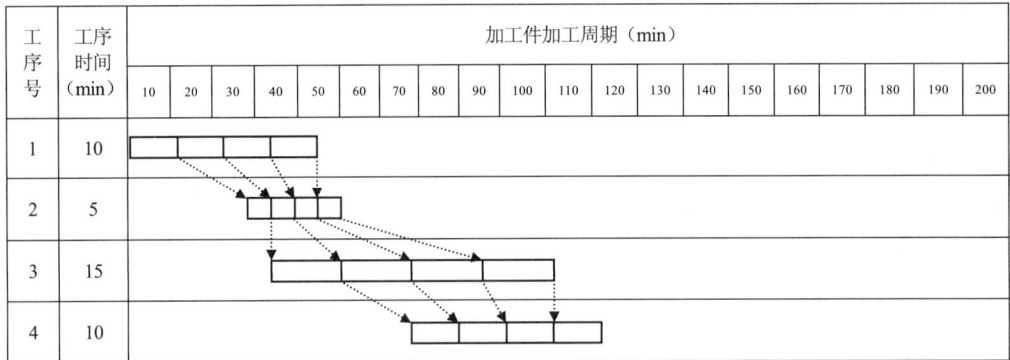

图 3-4　混合移动式示意图

上述三种移动方式是工序衔接的基本形式，实际生产中要复杂得多。当批量小、工序时间短时，企业应采用依次移动式；当批量大、工序时间长时，企业应采用混合移动式；对象专业化的生产车间也可采用混合移动式；平行移动式适用于流水生产线。通常，企业在选择移动方式时，不仅要考虑生产周期，还应结合生产特点，考虑生产类型、批量、生产任务缓急程度、生产单位专业化形式及加工件尺寸、重量、设备调整难易程度等因素。选择原则如表 3-2 所示。

表 3-2　　　　　　　　　　　　三种移动方式的选择原则

移动方式	加工件重量	任务期限	批量大小	专业化形式
依次移动式	低	不紧张	小	工艺专业化
平行移动式	高	紧张	大	对象专业化
混合移动式	低	紧张	大	对象专业化

3.4 | 企业生产计划体系

3.4.1 生产计划的概念与分类

1. 生产计划的概念

现代企业生产是社会化大生产，企业内部分工十分精细，协作非常严密，任何生产活动都离不开其他部门而单独进行。对于生产管理而言，企业需要调配各种资源，在规定的时间，按需要的量，生产出市场所需的产品或服务，这离不开周密的计划。

企业生产计划是指根据市场需求和企业生产运作能力，对一个生产运作系统的产出品种、产出速度、产出时间、劳动力和设备配置以及库存等问题预先进行的谋划和安排。企业生产计划通过企业内部和外部合理的运作，可保证各环节合理衔接，以最小的成本、最快的速度、最优的产品和服务满足市场的需要，实现企业最佳经济效益。生产计划是企业组织生产运作活动的依据。

以系统观点看，生产计划是一个体系。具体而言，企业生产计划是一个包括预测职能、需求管理、综合生产计划、主生产计划、作业计划、物料需求计划和能力计划等相关计划与职能，并以生产控制信息的及时反馈连接成的复杂系统。

一般来说，生产计划要完成以下任务。

（1）要保证按时交货与生产量；

（2）使企业维持同其生产能力相称的工作量（负荷率）及适当开工率；

（3）作为物料采购的基准依据；

（4）将重要产品或物料的库存量维持在适当水平；

（5）保持生产持续增长，补充和增加人员和机械设备。

2. 生产计划分类

在企业中，生产计划按时间跨度可以分为长期、中期、短期三个层次。它们之间相互紧密联系，协调构成制造企业生产计划工作体系。长期生产计划通常按年制订，时间跨度往往超过一年，关注企业长期的盈利水平；中期生产计划一般为六个月～十八个月的计划；短期生产计划覆盖了一天到六个月以内的计划安排。具体内容如图 3-5 所示。

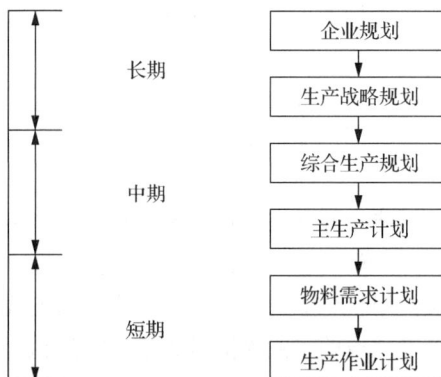

图 3-5　主要生产计划活动

长期生产计划是企业战略的重要组成部分，是由企业最高决策层制订的计划。它的主要内容包含在企业战略规划、经营计划、资源计划等中，其任务主要涉及产品决策、生产发展规模、技术发展水平、新生产设施的建造等。长期生产计划要与同时期的营销计划、市场预测、财务计划、资源计划等相协调。

中期生产计划属战术性计划，又称年度生产计划。它的主要任务是在正确预测市场需求的基础上，对企业在计划年度内的生产任务做出统筹安排，规定企业的产品品种、质量、数量和进度等指标。其主要包括两种形式：综合生产计划与主生产计划。综合生产计划是对企业未来较长一段时间内资源和需求之间的平衡所做的概括性分析，是根据企业所拥有的生产能力和需求预测对企业未来较长一段时间内的产出内容、产出量、劳动力水平和库存水平等问题所做的决策和规划。主生产计划确定每一具体的最终产品在每一个具体时间段内的生产数量，是综合生产计划的具体化。综合生产计划是对未来一段较长时间内企业的不同产品系列所做的概括性安排，不是一种用来具体操作的实施计划。主生产计划正是把综合生产计划具体化为可操作的实施计划的计划。

短期生产计划是年度生产计划的具体实施计划，属于作业层计划。短期生产计划所处理的问题基本上是企业内部日常的作业管理问题。短期生产计划主要包括物料需求计划和生产作业计划。物料需求计划是将主生产计划分解展开为构成产品的各种物料的需求数量和需求时间的计划，以及这些物料投入生产或提出采购申请的时间计划。生产作业计划就是把年度生产计划规定的任务，一个一个地具体分配给每个生产单位、每个工作中心和每个操作工人，规定其在月、周、日以至每一个轮班的具体任务。其内容包括作业任务分配、作业排序、进度控制等。

3．生产计划指标

生产计划的主要指标有以下四个。

（1）产品品种指标。产品品种指标规定了企业在计划期内应生产的产品品名和品种数须按具体产品的用途、型号、规格加以细分。产品品种指标能够在一定程度上反映企业适应市场的能力，一般来说，品种越多，企业越能满足不同的需求，但是过多的品种会分散企业的生产能力，使其难以形成规模优势。因此，企业应综合考虑，合理确定产品品种，加快产品的更新换代，努力开发新产品。

（2）产品产量指标。产品产量指标规定了企业在计划期内生产的合格产品数量一般以实物单位计量。产品产量指标常用实物指标或假定实物指标表示。当品种数较多时，企业可以将用产品的主要技术参数为基数换算的折合单位作为计量单位。

（3）产品质量指标。产品质量指标规定了企业在计划期内产品质量应达到的水平，一般用综合性的质量指标反映，如合格品率、一等品率、优质品率、废品率等。其包括内在质量与外在质量两个方面。内在质量是指产品的性能、使用寿命、工作精度、安全性、可靠性和可维修性等因素；外在质量是指产品的颜色、式样、包装等。在中国，产品的质量标准分为国家标准、部颁标准和企业标准三个层次。

（4）产值指标。产值指标是用货币形式表示的产量指标，综合反映了企业生产的总成果。产值指标又分成商品产值、总产值、净产值三种。商品产值，是指企业在计划期内生产的可供销售的产品或工业劳务的价值。其内容包括用自备原材料生产的可供销售的成品和半成品的价值，用订货者来料生产的产品的加工价值，对外完成的工业性劳务价值。总产值，是指用货币表现的企业在计划期内应该完成的产品和劳务总量。它反映企业在计划期内生产的总规模和总水平，其内容包括商品产值、订货者来料的价值、在制品、半成品、自制工具的期末期初差额价值，它是计算企业生产发展速度和劳动生产率的依据。净产值，是指企业在计划期内新创造的价值。净产值的计算方法有两种，一是生产法，即从工业总产值中扣除物质消耗价值的办法；二是分配法，这种方法从国民收入初次分配的角度出发，将构成净产值的各要素直接相加求得净产值，这些要素主要包括工资、职工福利基金、税金、利润、利息、差旅费、罚金等。

3.4.2　生产计划的编制

生产计划的编制大致需要经过三个步骤。

1. 调查研究，收集资料

在制订生产计划前，企业首先要收集和掌握以下几个方面的信息。

（1）反映国家和社会需求的资料。企业的生产目的是满足国家和社会对企业产品的需要。企业可从三个方面获取这些资料：一是市场调研部门提供的计划期需求预测数据及分析报告；二是销售部门提供的已签订的供货协议与合同；三是上级部门下达的计划指标。

（2）本企业的生产经营目标。其主要表现在以下两个方面：一是计划期应该达到的生产发展水平，二是计划期应实现的利润指标和成本指标。

（3）反映外部生产资源方面的信息。其主要包括三个方面的情况：一是供应部门提供的各种生产物资、动力的可靠供应量和可获得的其他补充供应量；二是外协部门提供的从外单位获得的生产能力和物资供应等方面的信息；三是仓库运输部门从外单位获得的运输、仓储等生产服务方面的信息。

（4）企业内部生产资源。其主要包括四个方面的情况：一是各生产部门的生产能力情况；二是库存资料；三是新产品开发进度和生产技术准备能力状况；四是人员状况。

2. 确定生产指标，进行综合平衡

掌握制订生产计划的必要资料后，就可开始制订生产计划了。

编制生产计划，一般分为三个工作层次进行：第一个层次是测算总产量指标；第二个层次是测算分品种产量指标；第三个层次是安排产品出产进度，编制产品出产进度计划。其中，第一个层次、第二个层次的工作属于编制生产计划大纲的工作。

企业测算总产量指标时，主要通过产量、成本、利润三者之间的相互关系进行分析计算，确定能保证实现计划利润指标的总产量控制数。测算分品种产量指标时，首先应该考虑新品种产量，在总产量控制数的约束下，分析各品种与产量之间的不同搭配，找出各品种与产量的合理搭配，实现企业的总体经营目标。指标初步确定后，企业要对生产任务与生产能力及其他生产条件进行平衡，从多个环节上测算生产能力等生产条件对生产任务的保证程度。例如，应根据生产任务的具体情况，核算和检查在设备、劳动力、物资供应、生产技术准备工作、资金等方面是否能满足计划要求，若发现某些方面存在薄弱环节，应及早采取措施，解决问题，以保证生产任务的落实。

3. 确定生产计划方案

企业在提高经济效益、增产增收以及实现利润目标的前提下，在综合平衡的基础上，对初步确定的生产指标，根据实际情况进行相应的调整，确定最佳的生产指标方案。企业其他部门据此编制产前准备计划，落实生产计划。

3.5 | 生产管理的新理论

面对市场需求的迅速变化，传统企业的生产模式面临许多问题，表现在：不适应市场变化，难以按市场要求组织多品种生产；生产计划控制能力弱，以高库存保证连续生产，难以降低成本；采用不能对市场进行灵敏反应的"推动"而非"拉动"的生产方式；生产管理手段非计算机化；市场不成熟，企业间缺乏明确和密切的协作，难以建立规范的业务往来关系，供货及时性难以保证等。建立高效率、高柔性和低成本的生产系统，进行多品种小批量的快速生产，满足用户需求成为当务之急。企业生产管理新理论的全面导入势在必行。

3.5.1 准时生产制

准时生产制（Just In Time，JIT）的实质是保持物质流和信息流在生产中的同步，以恰当数量的物料，在恰当的时候进入恰当的地方，生产出恰当数量与质量的产品。

为了创造一种使库存达到最小的生产系统，日本丰田汽车公司率先提出并完善了准时生产制——JIT。对于企业而言，库存为万恶之源。因为库存会掩盖许多生产中的问题，还会滋长工人的惰性。更糟糕的是，库存要占用大量的资金，使企业承受因市场变化而导致的库存跌价的风险。如果企业能够实现"零库存"，只生产有市场订单的产品，而且当市场有需求时，能够及时地供给，那么企业将大幅度提高经营效益并能轻松规避风险。

JIT 作为一种现代管理技术，能够使企业降低成本，改进企业的经营水平，准时生产制的主要思想如下。

（1）追求零库存。企业争取利润最大化的主要手段之一是降低成本。库存是一种隐性成本，削减甚至消除库存，是降低成本的有效途径。随着后工业化时代的来临，主流的生产模式开始变成多品种、小批量的生产。根据市场的要求进行生产，是消除库存的最佳方法。JIT 认为，只有在必要的时候按必要的数量生产必要的产品，才能避免库存造成的资源浪费，使企业获得最大利润，JIT 力图通过"零库存"来增加企业利润。

（2）强调持续地强化与深化质量管理。JIT 强调在现有基础上持续地强化与深化，不断地进行质量改进工作，逐步实现不良品为零、库存为零、浪费为零的目标。尽管绝对的零库存、零废品是不可能达到的，但是 JIT 就是要在这种持续改进中逐步趋近这一目标。

3.5.2 精益生产

精益生产（Lean Production，LP）又称精良生产，是一种以客户需求为拉动力，以消灭浪费和不断改善为核心，使企业以最少的投入获取成本和运作效益显著改善的一种全新的生产管理模式。它的特点是强调客户对时间和价值的要求，以科学合理的制造体系来组织为客户带来增值的生产活动，缩短生产周期，从而显著提高企业适应市场变化的能力。

精益生产的概念是美国麻省理工学院在一个名为"国际汽车计划（IMVP）"的研究项目中提出来的。它致力于消除生产中的浪费现象，消除一切非增值的环节，从而使企业兼顾了大批量生产的经济性和多品种生产的灵活性。与过于臃肿的生产方式相比，这种新的生产方式被命名为精益生产。

精益生产的主要思想如下。

（1）顾客确定价值。企业实现价值的源头是顾客，精益生产提出产品价值由顾客确定的概念，要求从顾客角度审视企业的产品设计和生产经营过程，识别价值流中的增值活动和各种浪费。企业应消除顾客不需要的多余产品功能和多余的非增值活动，不将额外的花销转嫁给顾客，以实现顾客需求的最有效满足。

（2）识别价值流。精益生产要求人们识别价值流，采用 JIT 等方法实现增值活动，并为价值流动提供支持和保障。精益生产是永无止境的过程，其结果必然是浪费的不断消除、价值的不断挖掘，以及企业活力的不断增强。

（3）促进价值流动。精益生产将所有的停滞视为浪费，要求消除停滞，使各增值活动流动起来，强调的是不间断的价值流动。

（4）坚持需求拉动。精益生产认为，过早生产、过量生产均属浪费，企业应以需求拉动为原则准时生产。需求拉动就是按顾客（包括下游工序）的需求投入和产出，使顾客能精确地在需要的时间得到需要的产品，如同在超市的货架上选取所需要的东西，而不是把用户不太想要的东西强行推给顾客。企业采用需求拉动原则，可实现生产和需求直接对接，消除了过早、过量的投入，因此减少了大量的库存和在制品，大幅压缩了生产周期。

（5）力求尽善尽美。精益生产追求完美的持续改善，改善是以需求为基础的，要求工作人员并不只做会做的事，还要向应该做的事挑战，成为改善者而不是被改善者。企业改善设备之前要先进行员工作业改善，以保证其对改善的适应性，而在改善方案确定之后，首先要确认安全和质量，否则改善也将成为一种浪费。

3.5.3　敏捷制造

随着生活水平的不断提高，人们对产品的需求和评价标准将从质量、功能和价格转为最短交货周期、最大客户满意、资源保护、污染控制等。市场是由顾客需求的产品和服务驱动的，而顾客的需求是多样的和多变的，因此企业需要具备敏捷性的特质，即必须能在无法预测，不断变化的市场环境中保持并不断提高企业的竞争力。

敏捷制造（Agile Manufacturing，AM）是在不可预测的持续变化的竞争环境中使企业繁荣和成长，并具有面对由顾客需求的产品和服务驱动的市场做出迅速反应的能力。

敏捷制造的目标是快速响应市场的变化，抓住转瞬即逝的机遇，在尽可能短的时间内向市场提供高性能、高可靠性、价格适宜的环保产品。为了实现这一目标，企业应具有如下能力。

（1）强大的技术研发能力。在信息时代，技术进步速度加快，互联网大大提高了信息传播速度和扩大了知识普及范围，新技术被全球各地的人们迅速地吸收、掌握、应用。企业要保持领先地位，就要拥有强大的技术研发能力，确保产品的及时更替。敏捷制造模式认为，产品结构逐步向多元化、个性化方向发展，在未来的新经济模式下，决定产品成本、产品利润和产品竞争能力的主要因素是开发、生产该产品所需的知识的价值，而不是材料、设备或劳动力。

（2）柔性的生产能力。大批量生产转向小批量多品种生产已经成为新的生产潮流，企业需要采用敏捷制造模式，即通过可重组的、模块化的加工单元快速生产新产品及各种各样的改良产品，从而使生产小批量、高性能产品能取得与大批量生产同样的效益，进而使同一产品的价格和生产批量无关。

（3）个性化的生产能力。敏捷制造型企业按订单组织生产，以合适的价格生产顾客的订制产品、个性化产品。这种方式取代了单一品种的生产模式，满足了顾客多种多样的要求。

（4）企业间动态合作能力。敏捷制造要求企业对内部的生产工艺、流程、机构能迅速进行重组，以对市场机遇做出敏捷反应，生产出顾客所需要的产品。当企业发现独自不能做出敏捷反应时，就要进行企业间的合作。敏捷制造强调企业间的动态合作，企业可利用以网络为基础的集成技术，包括异地组建动态联合公司、异地设计、异地制造等有关集成技术，在信息高速公路上建立工厂子网乃至全球企业网，通过互联网和其他企业进行合作，组织产品的设计、生产、组装、调试等活动，实现跨企业的动态联盟，对市场需求做出快速反应。

（5）激发员工创造精神的能力。敏捷制造型企业建立了一种能充分调动员工积极性、保持员工创造性的环境，可以巩固和提高企业持续的创新能力。有远见的领导者将具有创新能力的员工看成企业的主要财富，将对员工的培养和再教育作为企业的长期投资行为。

（6）构建新型用户关系的能力。敏捷制造型企业强调与顾客建立一种崭新的"战略依存关系"，强调顾客参与制造的全过程。要想满足顾客越来越高的要求和期望，最好的方法是让顾客参与到产品设计和制造的流程中来。许多企业提供电子商务平台，根据顾客在网络上提交的订单进行生产；还利用网络收集顾客的意见和建议，加强产品顾客化的程度。

3.5.4　大规模定制

大规模定制（Mass Customization，MC）又称大批量定制、客户化定制，是一种集企业、客户、供应商和环境于一体，充分利用企业已有的各种资源，在标准化技术、现代设计方法、信息技术和先进制造技术等的支持下，根据顾客的个性化需求，以大规模生产的低成本、高质量和高效率提供定制产品和服务的生产方式。

1. 大规模定制的原理

大规模定制基于产品族零部件和产品结构的相似性、通用性，利用标准化、模块化等方法降低产品的内部多样性，增强顾客可感知的外部多样性，通过产品和过程重组将产品定制生产转化或部分转化为零部件的批量生产，从而迅速向顾客提供低成本、高质量的定制产品。大规模定制的基本原理概括如下。

（1）相似性原理。大规模定制的关键是识别和利用不同产品和过程中的相似性（几何相似性、结构相似性、功能相似性、过程相似性），利用标准化、模块化和系列化的方法减少产品内部多样性，增强零部件和生产过程的可重用性。

（2）重用性原理。在定制产品和服务中存在大量可重新组合和重复使用的单元。企业可通过使用标准化、模块化和系列化的方法将定制产品生产转化或部分转化为批量生产，从而可以较低成本、较高质量、较快速度生产个性化产品。

（3）全局性原理。大规模定制是一个涉及面广的系统工程，不仅涉及制造技术和管理技术，而且与员工的思维方式和价值观念有关。

2. 大规模定制的类型

大规模定制分为以下几种类型。

（1）按订单销售（Sale-to-Order）。在市场环境相对稳定的条件下，根据市场预测批量生产产品，然后按订单销售。其又称库存生产或预测型生产，实际上是大批量生产。

（2）按订单装配（Assemble-to-Order）。将库存零部件装配成顾客需要的产品的生产方式。企业的装配和销售活动是顾客驱动的。

（3）按订单制造（Make-to-Order）。根据顾客订单和企业图纸进行制造和装配，对少量零件进行变型设计，以满足顾客的特殊需要。企业的采购、部分零部件制造、装配和销售活动是顾客订单驱动的。

（4）按订单设计（Engineer-to-Order）。根据顾客的特殊需要，对相关零部件进行重新设计或变型设计，并按设计结果生产交货。全部或部分产品设计、采购、零部件制造、装配、销售等活动都由顾客订单驱动。

（5）按订单研制（Research-to-Order）。按客户需求进行产品研究开发，并组织生产。

3.6 通信企业生产管理

3.6.1 通信企业生产和生产计划

生产运作是现代企业的基本活动之一，生产管理也是企业众多管理活动中最为重要的工作之一。通信企业与其他工业制造业企业一样，需要进行对生产过程的有效管理，即开展生产运作系统的设计和生产运作过程中的计划、组织和控制活动。

基础通信企业的装备更新速度快，生产自动化程度较高。随着交换程控化、传输数字化等电信新技术的广泛应用和计算机技术的迅猛发展，通信网络具有鲜明的高新技术生产特征。计算机和光纤技术成为现代电信不可缺少的基础，通信向宽带化、综合化、智能化方向发展，要求通信和计算机技术不断融合。通信网络的运行更多地由计算机监视与控制，设备的集成度、自动化程度越来越高，早已取代话务员成为提供网络服务的主体。与之相适应，通信行业生产人员呈现数量减少，人员素质提高趋势。

对通信企业来说，生产计划是企业进行未来生产管理活动的依据和基础，通信企业及其分支机构和所属人员也要制订这样的在未来一定时期内，关于行动方向、内容和方式安排的管理计划。为有效从事生产活动，完成企业的经营目标，通信企业需根据生产过程各个环节，按合理分工和协作而设立各职能机构的计划，通常涉及三类职能部门，包括财务、营销和生产部门，生产部门还可细化分工，如生产计划部门，设备维护部门，物资供应与采购部门，信息化系统部门等。在这些生产计划的执行过程中，通信企业还需建立完善的生产计划控制系统，对生产计划执行情况进行检查，确定企业生产是否按既定计划、标准和方法进行，一旦发现偏差，通过系统分析其产生原因，进行调整和纠正。

3.6.2 通信企业智能制造

智能制造（Intelligent Manufacturing，IM）是一种由智能机器和人类专家共同组成的人机一体化智能系统，它在制造过程中能进行智能活动，如分析、推理、判断、构思和决策等，通过人与智能机器的合作共事，去扩大、延伸和部分地取代人类专家在制造过程中的脑力劳动。智能制造是一种崭新的制造模式，由于它突出了知识在制造活动中的价值地位，而知识经济又是继工业经济后的主体经济形式，所以智能制造就必然成为影响未来经济发展过程的制造业的重要生产模式。

通信企业智能制造的研究目标包括两个：一是整个通信企业制造过程的全面智能化，首次提出了将以机器智能取代人的部分脑力劳动作为主要目标，强调整个企业生产经营过程大范围的自我组织和自我控制的能力；二是通信企业信息和制造智能的集成与共享，强调智能的集成的自动化。要实现以上目标，通信企业应做好以下两方面的工作。

（1）智能制造技术。智能制造技术（Intelligent Manufacturing Technology，IMT）是当今最新的制造技术，但至今对智能制造技术尚无统一的定义。比较公认的说法是：智能制造技术是指在制造系统生产与管理的各个环节中，以计算机为工具，并借助人工智能技术来模拟专家智能的各种制造和管理技术的总称。简而言之，智能制造技术即人工智能与制造技术的有机结合。

智能制造技术利用计算机模拟制造业人类专家的分析、判断、推理、构思和决策等智能活动，并将这些智能活动与智能机器有机地融合起来，将其贯穿应用于整个制造企业的各个子系统：经营决策、采购、产品设计、生产计划、制造装配、质量保证和市场销售等，以实现整个制造企业经营运作的高度柔性化和高度集成化，从而取代或延伸制造环境中人类专家的部分脑力劳动，并对制造业人类专家的智能信息进行收集、存储、完善、共享、继承与发展。

（2）智能制造系统。智能制造系统（Intelligent Manufacturing System，IMS）是智能制造技术集成应用的环境，是智能制造模式展现的载体。它是一种智能化的制造系统，是由智能机器和人类专家结合而成的人机一体化的系统，它将智能技术融合进制造系统的各个环节，以一种高度柔性与集成的方式，借助计算机模拟的人类专家的智能活动，进行分析、判断、推理、构思和决策，取代或延伸制造环境中人的部分脑力劳动，同时，收集、存储、完善、共享、继承和发展人类专家的制造智能。

智能制造系统在通信企业制造过程中能自动监视生产过程的运行状态，在受到外界或内部激励时，能够自动调整参数，使组织达到最优状态。智能制造系统具有较强的自学能力，并能融合过去总是被孤立对待的生产系统的各种特征，在市场适应性、经济性、功能性、适应自然和社会环境的能力、开放性和兼容能力等方面自动为通信企业生产系统寻找最优的解决方案。

智能制造系统突出了知识在制造活动中的价值地位，而知识经济又是继工业经济后的主体经济形式，所以智能制造成为了影响未来经济发展过程的制造业的重要生产模式。

3.6.3 "互联网+"通信企业生产

1. "互联网+"的定义

"互联网+"是两化融合的升级版，它将互联网作为当前信息化发展的核心特征提取出来，并与工业、商业、金融业等服务业全面融合。这其中最关键的就是创新，只有创新才能让这个+真正有价值、有意义。正因为此，"互联网+"被认为是创新 2.0 下的互联网发展新形态、新业态，是知识社会创新 2.0 推动下的经济社会发展新形态。通俗来说，"互联网+"就是"互联网+各个传统行业"，但这并不是简单的两者相加，而是利用信息通信技术以及互联网平台，让互联网与传统行业进行深度融合，创造新的发展生态。"互联网+"行动计划将重点促进以云计算、物联网、大数据为代表的新一代信息技术与现代制造业、生产性服务业等的融合创新，发展壮大新兴业态，打造新的产业增长点，为大众创业、万众创新提供环境，为产业智能化提供支撑，增强新的经济发展动力，促进国民经济提质增效升级。

2. "互联网+"通信企业生产

"互联网+"通信企业生产的具体表现形式主要有以下几种。

（1）"互联网+制造"即传统通信企业采用移动互联网、云计算、大数据、物联网等信息通信技术，改造原有产品及研发生产方式，与"工业互联网""工业4.0"的内涵一致。

（2）"移动互联网+工业生产"。借助移动互联网技术，传统通信企业可以在通信设备产品（如数据交换机）上增加网络软硬件模块，实现用户远程操控、数据自动采集分析等功能，这极大地改善产品的使用体验。

（3）"云计算+工业生产"。基于云计算技术，一些通信企业企业打造了统一的智能产品软件服务平台，为不同厂商生产的智能硬件设备提供统一的软件服务和技术支持，优化用户的使用体验，并实现各产品的互联互通，产生协同价值。

（4）"物联网+工业生产"。运用物联网技术，通信企业可以将机器等生产设施接入互联网，构建网络化信息物理系统，进而使各生产设备能够自动交换信息、触发动作和实施控制。物联网技术有助于加快生产制造实时数据信息的感知、传送和分析，加快生产资源的优化配置。

（5）"网络众包+工业生产"。在互联网的帮助下，通信企业通过自建或借助现有的"众包"平台，可以发布研发创意需求，广泛收集客户和外部人员的想法与智慧，扩展创意来源。

阅读材料 3-3

互联网+电信的应用

如今，越来越多的传统制造业插上"互联网+"的翅膀，成为经济发展新动能，实现了供给侧改革，迎来了从中国制造到"中国质造"和"中国智造"的华丽蜕变。互联网"邂逅"制造业，为产品质量、生产效率的提高带来了"加速度"，也让更符合未来发展趋势的顾客个性化定制真正成为可能，由消费决定生产，供给侧改革的又一大幕正在拉开。

担负"互联网+先进制造业"的央企责任，中国电信正致力于构建企业间、行业间数字化协作的创新生态圈。为满足工业智能化发展需求，中国电信工业互联网以工业连接为基础，构建在安全可信的"天翼云"上，具有低时延、高可靠、广覆盖的特点。工业互联网为制造企业提供数据采集、设备监控、数据存储、数据分析、运营优化、资源管理等一系列服务，是新一代信息通信技术与先进制造业深度融合所形成的新兴业态与应用模式。

机联网以工业PON为基础，通过电信移动网络将智能传感通信设备采集到的信息发送至工业PON管理平台，方便管理者随时掌握设备（机床）的温度、湿度、光感、气压、振动、偏转等数据变化。潍柴工业互联网利用工业PON网络解决方案，通过潍柴产业链横向一体化、纵向一体化及端到端流程打通，实现了低成本、高效率、高质量响应客户个性化需求的目标。目前，中国电信已与潍柴成功在工业互联网产业联盟完成工业网络互联与数据采集测试。

本章小结

通信企业与其他工业制造业企业一样，需要进行对生产过程的有效管理，即进行生产运作系统的设计和生产运作过程中的计划、组织和控制活动。生产管理是研究如何将生产要素组织成现实生产力，以有效地创造产品。企业进行生产管理的目标是使生产效率和效果俱佳，达到提高企业竞争力的目的。要实现这一目标，企业就需要通过运用各种方法，包括生产计划的编制、生产计划的执行、生产过程的时间组织、生产过程的空间组织等，使生产过程有序、均衡，减少资源浪费及人力浪费。生产管理新理论的发展对生产实践起到了巨大的推动作用，这些新理论的成功运用能显著地提高生产效率，降低生产成本，提高企业效益。

复习思考题

1. 企业生产系统由哪些主要部分构成？
2. 生产管理的基本原则的是什么？
3. 生产类型的概念是什么？
4. 组织生产过程的基本要求是什么？
5. 企业生产过程的时间组织如何实现？
6. 企业生产计划体系的概念是什么？

案例分析

华为公司生产计划管理的演变历史

华为技术有限公司（以下简称"华为"）是全球最大的电信网络解决方案提供商，华为技术有限公司生产计划随着科技的不断进步和企业的不断发展，也逐步趋于科学。

1994年以前，根据公司的年度销售计划，计划员制订全年一次性的采购计划，要求分批到货。生产方式为按库存大量加工半成品，库存积压较多。

1995年，华为提出对于资金占用较大的A类物料，实行滚动订货，对于B、C类物料实施按年订货、分批到货的订货方式。生产方式转变为按订单备货方式生产。这种方式的弊端在于，当销售高峰突然来临时，要货计划量增长滞后，生产物料供应不足；而销售低潮时，又可能使企业能及时调整计划，以致供应过量，库存积压严重。

1996年，公司注重销售计划—要货计划评审及控制，同时加强了采购认证工作，理顺供应平台。

1997年，销售计划由营销工程部的销售管理部制订，依据办事处申报计划汇总而成，销售计划准确率一般为40%~60%。要货计划由销售计划部制订，其制订流程是依据办事处申报计划，经过系统进行优化，最终由销售计划部、生产部门、销售管理部共同评审确定。

1997年4月以后，公司引入了Oracle的MRPII系统，各部门使用的Foxpro设计的孤岛式的系统基本被统一的MRPII平台替代，计划一个月制订一次。

1998—1999年，建立了计委体系，成立各产品的产品联席计划小组。将采购计划、加工计划合并，用一个主生产计划（MPS）驱动周加工计划与采购计划。公司将两个库存组织变成6个库存组织，为朝独立运作的事业部方向展作准备。

1999—2000年，计委体系结构重新调整，一、二级计委职责重新确定。ISC（集成供应链）项目启动，引入IBM先进理念和供应链模式。

2000年下半年市场需求旺盛，出现部分物料欠料情况，影响市场供货。

2001年，ISC（集成供应链）项目进入开发阶段，持续推进供应链管理改进。公司成立供应链管理部，将采购计划和订单计划合并，更加有利于物流计划的实施。计委体系结构重新调整，增加 S&OP 专员，重组为三个二级计委。库存组织合并为三个，由于市场需求迅速缩减，公司年度预测严重偏大，库存较多。

2002年，面临IT的冬天，公司引入I2公司的APS（高级计划系统），计划一方面投入大量力量参与测试，另一方面还要准备ERP II的上线，为业务的发展做出贡献。

2003年，ERP II上线，9月29日APS正式上线，与ERP II相比，APS考虑了约束和需求优先级，计划制订的频次大幅增加。2004年以后，公司对APS系统做了很多优化，使之与华为业务更好结合。2006年，公司成立企业计划部，改组了计委，产品线领导成为计委主任，企业计划部成为计委的秘书机构。

（资料来源：根据网络资料改编。）

思考题：

（1）你如何看待华为公司的生产计划管理演变过程？

（2）华为公司的生产计划管理演变过程体现了哪些生产管理理论？

第4章 企业质量管理

【学习目标】

- 了解质量、质量管理的概念。
- 熟悉全面质量管理的主要内容和特点。
- 了解六西格玛管理思想。
- 了解ISO 9000族质量标准与质量体系认证。
- 了解质量控制和质量检验的方法。
- 了解通信工程项目质量管理的内涵和过程。

【开篇案例】

华为的质量管理之道

华为自创立伊始便秉承"质量为最重要的基础"这一核心发展观念，加之其具有自主研发的创新精神，一举成为行业的领军企业。华为是如何建立起自己的"零缺陷"质量管理体系，践行"以客户为中心"的价值观，走向卓越，甚至成了世界级产品质量标杆的呢？

从2000年开始，华为走上了发展的快速通道，有了自己的完整产品体系，而且开始了全球化的历程。在高速增长中，其质量问题突显，顾客的抱怨声越来越大。以顾客为中心的华为员工，不吝惜时间与成本，一趟一趟地飞到顾客身边，去把坏了的产品换回来，通过售后服务去弥补质量带来的问题。但这就如同一个死循环，以顾客为中心是华为的核心价值观，但产品质量不行，顾客的订单越多，抱怨也就越多。为此，华为启动了漫长、曲折的质量体系建设工程。

1. IPD+CMM阶段

2000年，华为引入IBM公司帮助其构建集成产品开发（Integrated Product Development，IPD）流程和集成供应链网络服务于客户（Internet Service Customer，ISC）体系。彼时，印度软件开始快速崛起，任正非认为，必须要向印度学习软件的质量控制。所以，华为建立了印度研究所，将CMM软件能力成熟度模型引入华为。华为因此实现了通过严格的业务流程来保证产品的一致性。

2. 集大成的质量标准阶段

随着华为在欧洲大面积开展业务，新的问题出现了：由于每个国家客户的需求不同、政府监管要求不同、行业质量标准不同，手机厂商必须针对不同国家做适配后再发布产品。华为在为不同的运营商服务时，需要仔细了解每一家的标准，再将标准信息反馈至国内的设计、开发、生产制造环节。为了解决适配问题，华为在流程管理基础上强化了标准对于质量的要求，通过量化指标让产品得到客户的认可。

3. "零缺陷"质量文化建设

华为的市场开拓到了日本、韩国等市场时，来自这些市场的顾客的苛刻要求让华为对质量有了更深入的理解。日本顾客认为，无论是百分之一还是千分之一的缺陷，只要有缺陷就有改进的空间。华为管理层意识到，在流程和标准之外，质量还应进一步提高。因此，华为引入克劳士比的零缺陷理论，做全员质量管理，构建质量文化。

4. 以顾客为中心的闭环质量管理体系

顾客的需求在变，没有一套质量体系是一成不变的。完成了流程、标准、文化的建设，华为又遇到了新问题：如何让顾客更满意？此时，该问题也是华为发展的新方向。华为引入了卡诺的质量观（即用户的需求分为3个层次——基本型需求、期望型需求和兴奋型需求），在基础质量零缺陷之外，更加重视用户体验。

从流程管理、标准量化，到质量文化和零缺陷管理，再到后来的以用户体验为导向的闭环质量管理，华为质量管理体系是跟随客户的发展逐渐完善的，在这一过程中，华为还特别借鉴了日本、德国的质量文化，将其与华为的实际相结合，建设尊重规则流程、一次把事情做对、持续改进的质量文化。总结华为的质量文化，就是将"一次把事情做对"和"持续改进"有机结合起来，在"一次把事情做对"的基础上"持续改进"。

（资料来源：由网络资料改编。）

4.1 | 质量与质量管理的发展

质量是各国经济发展中一个受到普遍关注的突出问题。各国政府和企业均高度重视产品质量和服务质量，努力寻找提高质量、不断满足顾客期望、追求企业卓越绩效的有效途径。加强质量管理，对于保证和提高产品质量，更好地满足社会需要，提高经济效益，具有重要的意义。

4.1.1 质量的概念

质量的内容十分丰富，随着社会经济和科学技术的发展，也在不断得到充实、完善和深化。美国著名的质量管理专家朱兰（J.M.Juran）提出，任何组织的基本任务就是提供能满足顾客要求的产品，"产品"包括货物和劳务。从顾客的角度出发，"质量就是适用性"，即产品在使用时能成功地满足顾客需要的程度，顾客对产品的基本要求就是适用。因此，质量是一个综合的概念，它并不要求技术特性越高越好，而是追求诸如性能、成本、数量、交货期、服务等因素的最佳组合，即所谓的最适当。

质量的概念

国际标准化组织（ISO）2015 版 ISO 9000、ISO 9001 的标准推出后，我国等同采用的 GB/T1 9000—2016 和 GB/T1 9001—2016 于 2016 年年底推出，并于 2017 年正式实施。根据《GB/T1 9001—2016/ISO 9000：2015 质量管理体系基础和术语》的规定，"一个关注质量的组织倡导一种文化，其结果导致其行为、态度、活动和过程，它们通过满足顾客和其他有关的相关方的需求和期望创造价值。组织的产品和服务质量取决于满足顾客的能力以及对有关的相关方预期或非预期的影响。产品和服务的质量不仅包括其预期的功能和性能，而且还涉及顾客对其价值和利益的感知。"因此，质量是客体的一组固有特性满足用户要求的程度。狭义的质量对象就是产品，包括产品结构、性能、精度、纯度、物理性能、化学成分等内在质量特性和产品的外观、形状、手感、色泽、气味等外部质量特性。广义的质量对象包括实物产品、服务、过程、人员、组织、体系或者资源。相关质量术语如表 4-1 所示。

表 4-1　　　　　　　　　　　　　　　　　质量术语

质量（3.6.2）quality

客体（3.6.1）的一组固有特性（3.10.1）满足要求（3.6.4）的程度

注 1：术语"质量"可使用形容词来修饰，如差、好或优秀

注 2："固有的"（其反义是"赋予的"）意味着存在于客体（3.6.1）内

客体（3.6.1）

示例：产品（3.7.6）、服务（3.7.7）、过程（3.4.1）、人员、组织（3.2.1）、体系（3.5.1）、资源。

注：客体可能是物质的（如一台发动机、一张纸、一颗钻石）、非物质的（如转换率、一个项目计划）或想象的（如企业未来的状态）

固有特性（3.10.1）：可区分的特征

注 1：特性可以是固有的或赋予的

注 2：特性可以是定性的或定量的

注 3：有各种类别的特性，如：

——物理的（如机械的、电的、化学的或生物学的特性）

——感官的（如嗅觉、触觉、味觉、视觉、听觉）

——行为的（如礼貌、诚实、正直）

——时间的（如准时性、可靠性、可用性、连续性）

——人因工效的（如生理的特性或有关人身安全的特性）

——功能的（如飞机的最高速度）

满足要求（3.6.4）

明示的、通常隐含的或必须履行的需求或期望

注 1："通常隐含"是指企业（3.2.1）和相关方（3.2.3）的惯例或一般做法，所考虑的需求或期望是不言而喻的

注 2：规定要求是经明示的要求，如在形成文件的信息（3.8.6）中阐明

注 3：特定要求可使用限定词表示，如产品（3.7.6）要求、质量管理（3.3.4）要求、顾客（3.2.4）要求、质量要求（3.6.5）

注 4：要求可由不同的相关方或组织自己提出

注 5：为实现较高的顾客满意（3.9.2），可能有必要满足那些顾客既没有明示也不是通常隐含或必须履行的期望

注 6：这是 ISO/IEC 导则，第 1 部分的 ISO 补充规定的附件 SL 中给出的 ISO 管理体系标准中的通用术语及核心定义之一，最初的定义已经通过增加注 3 至注 5 被修订

资料来源：《GB/T1 9001—2016/ISO 9000：2015 质量管理体系基础和术语》

注：术语后面的序号，如（3.6.2）表示该术语在国际/国家标准文件中的章节位置。

4.1.2　质量管理的概念

　　质量管理是企业重要的职能之一，朱兰对质量管理的基本定义为：质量管理就是适用性的管理、市场化的管理。费根堡姆下的定义是：质量管理是"为了能够在最经济的水平上、充分满足顾客要求的条件下进行市场研究、设计、制造和售后服务，把企业内各部门的研制质量、维持质量和提高质量的活动统一为一体的一种有效的体系"。结合术语的规定，质量管理就是关于质量的指挥、控制、组织、协调的活动，包括制订质量方针和质量目标，并通过质量策划、质量保证、质量控制和质量改进等实现质量目标的过程。相关的质量管理术语如表 4-2 所示。

表 4-2　　　　　　　　　　　　　　　　　质量管理术语

质量管理（3.3.4）quality management

关于质量（3.6.2）的管理（3.3.3）

注：质量管理可包括制订质量方针（3.5.9）和质量目标（3.7.2），以及通过质量策划（3.3.5）、质量保证（3.3.6）、质量控制（3.3.7）、和质量改进（3.3.8）实现这些质量目标的过程（3.4.1）

续表

质量方针（3.5.9）quality policy

关于质量（3.6.2）的方针（3.5.8）

注 1：通常质量方针与组织（3.2.1）的总方针相一致，可以与组织的愿景（3.5.10）和使命（3.5.11）相一致，并为制定质量目标（3.7.2）提供框架

注 2：本标准中提出的质量管理原则可以作为制订质量方针的基础

质量目标（3.7.2）quality objective

与质量（3.6.2）有关的目标（3.7.1）

注 1：质量目标通常依据组织（3.2.1）的质量方针（3.2.4）制定

注 2：通常，为组织（3.2.1）内的相关职能、层级和过程（3.4.1）分别规定质量目标

质量策划（3.3.5）quality planning

质量管理（3.3.4）的一部分，致力于制定质量目标（3.7.2），并规定必要的运行过程（3.4.1）和相关资源以实现质量目标

注：编制质量计划（3.8.9）可以是质量策划的一部分

质量保证（3.3.6）quality assurance

质量管理（3.3.4）的一部分，致力于提供质量要求（3.6.5）会得到满足的信任

质量控制（3.3.7）quality control

质量管理（3.3.4）的一部分，致力于满足质量要求（3.6.5）

质量改进（3.3.8）quality improvement

质量管理（3.3.4）的一部分，致力于增强满足质量要求（3.6.5）的能力

注：质量要求可以是有关任何方面的，如有效性（3.7.11）、效率（3.7.10）或可追溯性（3.6.13）

资料来源：《GB/T1 9001—2016/ISO 9000：2015 质量管理体系基础和术语》

4.1.3 质量管理的发展阶段

质量管理作为企业管理的一个重要组成部分，大体经历了质量检验、统计质量控制、全面质量管理和 ISO 9000 族质量管理体系认证四个发展阶段。

1. 质量检验阶段

质量检验阶段从 18 世纪中叶欧洲工业革命开始，直到 20 世纪 30 年代第二次世界大战爆发前结束，是质量管理形成和发展的积累和准备阶段，又被称为事后检验阶段。它是质量管理的初级阶段，主要通过产品质量检验的方法，利用一定的检测工具来鉴别产品的质量，保证合格产品出厂，人们对质量管理的理解只限于质量的检验。20 世纪以前，质量管理主要依靠操作者的手艺和经验来进行，称作"操作者的质量管理"。到 20 世纪 20～40 年代，企业生产规模迅速发展，机器逐步代替了手工操作，出现了大批量生产，因此对零部件互换性、标准化、通用性的要求越来越高，开始进行质量检验的专职管理，以防止废次品出厂。但是，这种事后检验在产量大幅度增长或当产品需要进行破坏性试验的情况下，根本难以保证全部产品的质量。

2. 统计质量控制阶段

20 世纪 20 年代中期，美国贝尔电话公司的工程师休哈特（W.A.Shewhart）提出了运用数理统计图表控制生产中产品质量的一种方法。这一方法虽然具有科学性，可以预防生产中废品的产生，但由于当时美国处在经济危机时期，主要矛盾是商品滞销积压，因此未得到广泛采用。直到 20 世纪 40 年代第二次世界大战时期，军队对大量生产的军火产品，迫切要求保证产品质量和按期交货，这一统计质量控制办法才得到重视和应用，还形成了专门的学科。统计质量控制主要保证生产过程中

的产品质量，但不能提高产品本身的质量。随着科学技术的发展，人们对精密、复杂产品的质量提出了更高的要求，加上市场竞争日趋激烈，各个企业把改善产品的经济性和技术服务作为提高产品质量的重要内容。这就使得许多企业认识到，光靠统计质量控制的方法还不能满足需要。

3. 全面质量管理阶段

20世纪50年代以来，生产力迅速发展，科学技术日新月异，人们对质量的要求越来越高。人们开始运用"系统工程"的概念，把质量问题作为一个有机整体加以综合分析研究，实施全员、全过程、全企业的管理。随着市场竞争尤其是国际市场竞争的加剧，各国企业都很重视"产品责任"和"质量保证"问题，加强内部质量管理，确保生产的产品安全、可靠。20世纪50年代末，美国通用电气公司的费根堡姆和质量管理专家朱兰提出了"全面质量管理"（Total Quality Management，TQM）的概念，认为全面质量管理是为了能够在最经济的水平上、充分满足客户要求的条件下进行生产和提供服务，把企业各部门在研制质量、维持质量和提高质量的活动构成为一体的一种有效体系。全面质量管理与过去的质量检验、统计质量控制相比，在管理的对象、范围、参加人员以及方法上都有很大的发展。

4. ISO 9000族质量管理体系认证阶段

20世纪60年代后，国际经济交流活动蓬勃开展，贸易交往日趋频繁，国际产品质量保证和产品责任的问题引起了世界各国的普遍关注，世界各国间贸易竞争的日益加剧也使不少国家把提高进口商品质量作为执行贸易保护主义政策的重要手段，迫使出口国不得不用提高质量的办法来应对贸易保护主义，这也加速了ISO 9000族标准的产生和推广。ISO 9000族标准是国际标准化组织（ISO）颁布的在全世界范围内通用的质量管理和质量保证方面的一系列国际标准的统称，已被百余个国家或地区等同或等效采用。该系列标准在全球具有广泛、深刻的影响，有人称其为"ISO 9000现象"。1987年，ISO 9000系列国际质量管理标准问世，质量管理与质量保证开始在世界范围内对经济和贸易活动产生影响。1994年，ISO 9000系列标准改版，新的ISO 9000标准更加完善，为世界绝大多数国家所采用。第三方质量认证活动的普遍开展，有力地促进了质量管理的普及和管理水平的提高。2015年9月23日发布的ISO 9000：2015、ISO 9001：2015标准，标志着质量管理体系发展到了一个新的阶段。

4.2 全面质量管理

4.2.1 全面质量管理的概念和特点

1. 全面质量管理的概念和方法

最早提出全面质量管理概念的菲根堡姆给全面质量管理下的定义是："全面质量管理是为了能够在最经济的水平上，并考虑到充分满足用户需求的条件下，进行市场研究、设计、生产和服务，把企业内各部门的研制质量、维持质量和提高质量的活动构成为一体的一种有效体系。"显然，上述定义表明：第一，全面质量管理要讲究经济效益；第二，全面质量管理中所要求的是全面的、全过程的质量管理，是一个整体有效的活动；第三，全面质量管理的质量是根据用户的需求来确定的，是以用户的需求得到满足为评定依据的；第四，全面质量管理涉及研制

全面质量管理的
概念和特点

质量、维持质量和提高质量三个方面，因此，所采用的管理方法必须是多种多样的，不应局限于统计方法。

全面质量管理的基本方法可以概况为四句话十八个字，即一个过程、四个阶段、八个步骤、数理统计方法。一个过程，即企业管理是一个过程。企业在不同时间内，应完成不同的工作任务。企业的每项生产经营活动，都有一个产生、形成、实施和验证的过程。四个阶段，即根据管理是一个过程的理论，美国的戴明博士把它运用到质量管理中来，总结出"计划（Plan）—执行（Do）—检查（Check）—处理（Act）"四阶段的循环方式，简称 PDCA 循环，又称"戴明环"。八个步骤，即为了解决和改进质量问题，PDCA 循环中的四个阶段还可以具体划分为八个步骤，如表 4-3 所示。

表 4-3 全面质量管理基本方法

四个阶段	八个步骤
计划阶段	1. 分析现状，找出存在的质量问题
	2. 分析产生质量问题的各种原因或影响因素
	3. 找出影响质量的主要因素
	4. 针对影响质量的主要因素，提出计划，制定措施
执行阶段	5. 执行计划，落实措施
检查阶段	6. 检查计划的实施情况
处理阶段	7. 总结经验，巩固成绩，工作结果标准化
	8. 提出尚未解决的问题，转入下一个循环

阅读材料 4-1

戴明环（PDCA 循环）

戴明博士最早提出了 PDCA 循环的概念，所以我们又称其为戴明环。P、D、C、A 四个英文字母所代表的意义如下。

◆ P（Plan）计划。通过市场调查、用户访问、国家计划指示等，明确用户对产品质量的要求，并以取得最经济的效果为目标，确定质量政策、质量目标和质量计划等；

◆ D（Do）执行。执行就是具体运作，实现计划中的内容，如根据质量标准进行产品设计、试制、试验等；

◆ C（Check）检查。就是对照计划，检查执行的情况和效果，及时总结和发现计划实施过程中的经验和问题；

◆ A（Act）处理（或行动）。对检查的结果进行处理，对成功的经验加以肯定，并予以标准化，或编制作业指导书，便于以后工作时遵循；对于失败的教训也要总结，以免重现。对于没有解决的问题，应在下一个 PDCA 循环中解决。

PDCA 循环（见图 4-1）的四个阶段，顺序进行，组成一个大圈；每个部门、小组都有自己的 PDCA 循环，并都成为企业大循环中的小循环；PDCA 循环呈阶梯式上升、循环前进，即不断根据处理情况或利用新信息重新开始循环改进过程；而任何提高质量和生产率的努力要想成功都离不开员工的参与。

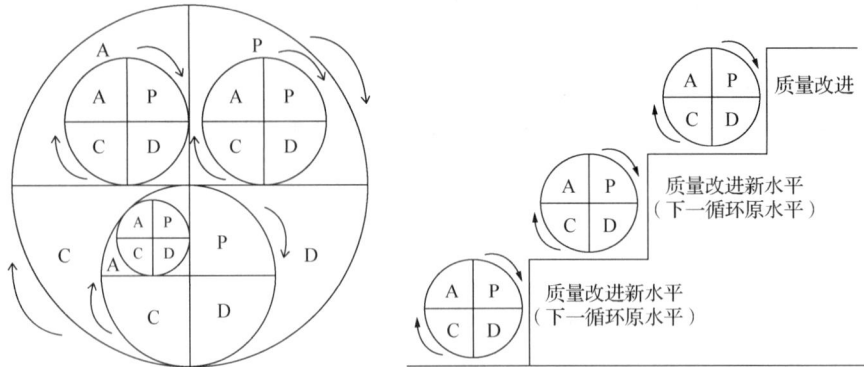

图 4-1　PDCA 循环

PDCA循环实际上是有效进行任何一项工作的合乎逻辑的工作程序。在全面质量管理中，PDCA循环得到了广泛的应用，并取得了很好的效果，因此有人称PDCA循环是全面质量管理的基本方法。之所以将其称为PDCA循环，是因为这四个过程不是运行一次就完结，而是要周而复始地进行的。即一个循环完了，解决了一部分的问题，但可能还有其他问题尚未解决，或者又出现了新的问题，如此则需要再进行下一次循环。PDCA循环的管理模式体现着科学认识论的一种具体管理手段和一套科学的工作程序。

（资料来源：W. Edwards. Deming. Out of the Crisis [M]. 2nd edition. MIT Press，1986。）

2. 全面质量管理的特点

"三全"是全面管理思想的精髓，即全面的质量管理、全过程的质量管理和全员参与的质量管理。全面质量管理的管理对象包括产品质量，也包括工程质量、工作质量和服务质量。就全过程质量管理而言，是指质量管理的渗透产品的产生、形成的各个环节，贯穿于生产经营全过程，是包括设计过程（主要包括试验、研制、产品设计、工艺设计、试制、鉴定等）、产品制造过程、产品生产辅助过程（主要指物资供应、工具准备、设备维修等环节及辅助生产部门的质量管理）和产品使用过程等全过程的质量管理。就全员参与质量管理而言，是指在企业生产经营过程中从领导到一般干部、普通职工都对质量管理有着足够的认识，以自觉的行为维护质量规划和质量目标的实现。

所谓"四个一切"的观点，是指在质量管理中一切为用户服务、一切以预防为主、一切用数据说话、一切按 PDCA 循环办事。全面质量管理以社会和市场需求为依据，以用户满意为标准，提倡一切为用户服务。为了确保产品质量，全面质量管理中的用户不仅指产品的最终顾客，而且还包括下道工序，企业遵循"下道工序就是上道工序的用户"的观念。全面质量管理强调一切以预防为主，认为产品质量是设计、制造出来的，检验仅能起到事后把关的作用。因此，全面质量管理的重点要从对产品质量的事后检验转变为控制生产全过程的质量，从抓结果转变为抓原因，以预防为主，并且将预防、控制和严格把关结合起来，以保证质量的稳定和水平不断提高。全面质量管理提倡深入实际、深入生产现场掌握第一手资料，对质量和现场质量管理存在的问题，不仅要进行定性研究，还要进行定量分析；不仅要明确有哪些因素对产品质量的形成有影响，而且还要明确各种因素的影响程度，通过分析论证寻找质量变化的规律性，并采取有效措施解决问题。

4.2.2 全面质量管理的主要内容

全面质量管理是从市场调研开始对产品形成全过程的管理，在具体工作中，我们应明确各环节的质量工作重点。全面质量管理的主要内容如下。

1. 市场调研质量管理

企业由生产型转向生产经营型，其管理职能向市场延伸，因此质量管理也渗透到了市场调研中。为了了解生产需求，对售后的产品进行客观评价，以便改进和提高产品质量，企业进行市场调研质量管理时应重视做好如下两方面的工作。

全面质量管理的
主要内容

（1）把握市场对拟开发的新产品的需求情况。企业要安排熟悉营销和产品的人员从事市场调研，在广泛调查的基础上分析整理、预测市场对拟开发的新产品的需求；同时还要明确对新产品有需求的地区和范围，明确用户对产品质量的具体要求和期望，明确用户对新产品价格的承受能力，并且注意对其他企业同类产品的市场状况进行必要的调查，通过详细、全面的一系列调查，掌握第一手资料。

（2）制定产品建议报告和建立用户信息反馈制度。企业要在取得市场调研第一手资料的基础上，将用户对产品的需求和期望转化为相应的标准，明确产品的性能、感观特征、安全结构、适用标准和法规、包装和质量保证，形成正式的产品建议报告。同时，建立起质量跟踪控制和信息反馈系统，制定质量信息的收集、分析、归类和传递程序，与用户进行正常的信息反馈，为有效的管理提供依据。

2. 设计和规范质量管理

产品设计决定产品的固有质量，如果产品设计质量不符合用户需要，就会形成产品质量的"先天不足"。因此，企业必须采取相应措施严格控制设计质量，要在明确设计质量基本要求的基础上做好如下工作。

（1）编制设计计划和制定检验测试准则。企业在设计计划中一般应明确规定产品的质量要求、各项设计的职能和设计完成应提交的技术文件，还要安排好分阶段的设计进度计划并且考虑有关安全、环境保护和其他法规的要求；同时，还要规定相应的检验测试方法并制定验收准则。

（2）进行设计评审和样品的试制、鉴定。为了顺利完成高质量的产品设计，企业要从满足顾客需求、产品规范和服务要求、工艺规范和服务要求等方面进行评审，做好设计的可靠性和安全性评价，做好验证计算和验证实验。另外，还要组织好对样品的试制和鉴定工作。

（3）做好正式投产和销售的准备工作以及控制设计文件的更改。在正式投产之前，企业要对现有设备、工序能力、公用设施、备件供应、检验测试手段、人员培训等情况进行审查，确保其得到落实，并对设计文件的更改制定严格的审批程序。

3. 采购质量管理

采购质量管理直接关系到企业购进的原材料和备品配件等的质量水平，是企业针对采购活动而进行的，要做好以下两方面的工作。

（1）采购前期准备工作。为了保证采购物资的质量，企业要明确各项外购物资的质量要求，如型号、规格、等级、式样、性能、指标、检验方法等，要通过"货比三家"、对供货方进行现场评定、访问用户、检验样品等方式，选择合格的供货单位，同时还要在采购合同中明确规定相应质量要求。

（2）制订和严格贯彻实施进货检验计划。企业要根据进货的重要性和供货单位的质量保证能力，确定各种所进货物的检验项目和检验方式；严格按技术规范和供货合同选择检验方法，并对不合格品进行规范化处理；要研究确定以备验证的保留样品，并且按审批程序对进货检验计划进行调整。

4. 生产过程质量管理

生产过程是产品质量形成的重要环节，也是容易产生质量问题的环节，因此，生产过程的质量管理在全面质量管理中处于重要地位。

（1）制订工艺方案、作业指导书和关键工序质量控制计划。企业应在制订的工艺方案中明确工艺原则，提出要件目录，明确工序控制点等；在作业指导书中要明确作业内容，使用的材料、设备、专用工艺装备，作业准备和检验方法等；制订关键工序质量控制计划的目的在于保证关键工序处于受控状态。

（2）做好工序检验工作。企业要通过实际调查鉴定相应工序作业指导书的正确性和可行性，鉴定其生产能力是否符合规范。要在工艺流程中设置必要的检验工序，以便对工序、零件和产品进行质量检验，同时还要规定辅助材料，公用设施和环境条件的控制标准。

（3）进行生产过程的控制。生产过程的控制是指从原材料入厂到制成成品的整个制造过程的质量控制，即按照图样、设计和工艺等技术文件的规定，控制影响质量的各项因素，以保证制造质量符合设计质量的要求。企业对生产过程进行控制，一是要建立仓库管理制度，保证不合格的物资不会流入生产第一线；二是要严格对设备进行维护保养；三是要认真执行工艺标准；四是要加强对特殊工序的控制；五是要有效地进行验证状态的控制；六是要控制现场使用的技术文件，严防技术文件的混淆、误用，并且控制工艺文件的修改流程。

（4）质量检验和验证。质量检验和验证是生产过程中的必要和正常工序，企业通过检验把关，有利于防止不合格品流入市场。质量检验和验证包括外购物资验证、工序检验和成品检验与验证。为了有效地进行质量检验和验证，企业应当对测量和试验设备进行有效控制，包括建立计量器管理制度、实行计量器具检定制度、保证量值溯源（即各计量单位的量值能够通过计量标准逐级由下而上溯源到国家或国际计量基准，或者能够达到鉴定标准），并且具有相应的失准或失控纠偏措施。

（5）处理不合格品。企业对于不合格品，首先应鉴别并隔离，由有关的技术人员和检验人员对不合格品和可疑的不合格品进行评审，确定质量问题的性质，并做出处理决定，慎重对待回用。与此同时，还要采取相应的管理措施，如明确责任制度（明确一个职能部门负责企业质量管理的组织工作），调查分析质量问题产生的原因，进行质量问题严重性评价，制定和实施纠正措施并评价鉴定措施的效果等。

5. 产品形成后的质量管理

产品形成之后（含购进物资和在制品、半成品在各工序的移动），搬运和贮存等也会对质量产生影响，甚至会造成很大浪费，因此，产品形成之后的质量管理与用户利益和企业利益也有密切联系，必须引起高度重视。

（1）创造良好的搬运和贮存条件。企业为了保证产品质量，避免磕碰、划伤、磨损等，应配备必要的器具，如货盘、容器、输送设备等；要建立仓库管理制度，防止产品损坏变质，并制定包装规范，确保包装质量。

（2）做好售后服务工作。追求良好的售后服务，是企业进行全面质量管理的一项必要工作。因此，企业一是要做到保质、保量、按期交付产品，并且编制正确安装的指导文件；二是要为用户提供专用工具和产品使用说明书；三是要做好后勤保障工作，如提供技术咨询等；四是要正确对待和处理质量申诉，根据不同情况分别处理，争取用户的信任。

（3）收集市场信息和进行质量跟踪。为了评价产品质量满足用户需求的程度，以及进一步改进产品质量，企业要建立收集市场质量信息的反馈系统，采用多种多样的方式收集用户和顾客的意见和要求。为了及时掌握产品质量情况，预测产品市场竞争前景，可定期选择有代表性的产品或原有产品进行质量跟踪，以便及早采取纠正措施。另外，还要对质量文件和质量记录进行科学管理，并对人员进行相应培训。

6. 质量成本管理

研究质量管理问题，有时会使人们产生一种误解，认为质量管理的目的就是提高产品质量，且产品质量越高越好。其实，从满足用户需要出发，产品质量过高或过低都不是用户所期望的，这时我们就需要研究质量成本问题。

所谓质量成本，是指企业为了稳定、提高产品质量进行质量活动所支付的费用和由于质量故障造成损失的总和。一般情况下，质量成本分为运行质量成本和外部质量保证成本两类，运行质量成本中包括预防成本、鉴定成本、内部故障成本和外部故障成本。于企业应当把握好协调与用户利益关系的度，应当明确，提高质量水平（产品质量对标准的符合程度）意味着降低内、外部故障成本和增加预防成本与鉴定成本，企业要通过全面质量成本管理生产出质量符合用户要求、并且成本较低的产品，就要认真调查研究、分析论证，寻求各种成本的最佳结合，形成适宜的质量水平，以获取理想的质量效益。

阅读材料 4-2

朱兰"三部曲"

朱兰博士认为："质量是一种合用性，而所谓'合用性'，是指使产品在使用期间能满足使用者的需求。""事实证明，TQM带给企业一个强烈的呼声，一个新的工作动力，一种全新的管理方法。为此，企业对TQM必须全力以赴。因为，TQM给企业经营提供了一种新的管理方法和体系。"朱兰所倡导的质量管理理念和方法始终影响着企业界质量管理的发展。他的"质量计划、质量控制和质量改进"被称为朱兰"三部曲"。其中朱兰理论的核心：管理就是不断改进工作。朱兰提出，质量不仅要满足明确的需求，也要满足潜在的需求。

1. 质量计划（Quality Planning）

质量计划的实施步骤如下：确定顾客→明确顾客要求→开发具有满足顾客需求特征的产品→制定产品目标→开发流程满足产品目标→证明流程能力。

现实中存在的质量差距又主要分为以下几类。

（1）设计的差距，即便是对顾客的需求完全理解，但是由于各方面的原因，如设备，技术等，很多企业还是很难设计出理想的产品或提供完善的服务。

（2）过程的差距，由于企业对产品的生产或者提供的服务过程中存在差异达不到设计上的要求，使得许多的优秀设计达不到预期的效果，这种过程能力的缺乏是各种质量差距中最持久、最难缠的问题之一。

（3）运作的差距，也就是用来运作和控制过程的各种手段在最终产品或服务的提供中会产生副作用。

2. 质量控制（Quality Control）

质量控制可以为掌握何时采取必要措施纠正质量问题提供参考和依据，是"三部曲"中的重要环节。为了掌握何时采取必要措施纠正质量问题，企业就必须实施质量控制，其步骤如下：选择控制点→选择测量单位→设置测量标准→建立性能标准→测量实际性能→分析标准与实际性能的区别→采取纠正措施。

朱兰强调，质量控制并不是优化一个过程，而是对计划的执行。总体上讲，质量控制就是在经营中达到质量目标的过程控制，关键在于何时采取这种措施，最终结果是按照质量计划开展经营活动。

3. 质量改进（Quality Improvement）

更合理和有效的管理方式往往是在质量改进中被挖掘出来的。质量改进有助于发现更好的管理工作方式，其步骤如下：确定改进项目→组织项目团队→发现原因→找出解决方案→证明措施的有效性→处理文化冲突→对取得的成果采取控制。

朱兰认为，美国存在质量危机的原因之一就是忽视了"质量改进"而一味强调"质量控制"，这会使企业的质量目标固定在原有的水平上。

（资料来源：约瑟夫·M. 朱兰，约翰夫·A. 德费欧. 朱兰质量手册：通向卓越绩效的全面指南[M]. 第6版. 北京：中国人民大学出版社，2014。）

4.2.3　六西格玛管理

1. 六西格玛（6σ）管理概念

σ（西格玛）是希腊文的一个字母，在统计学上用来表示标准偏差值，用以描述总体中的个体离均值的偏离程度，测量出的 σ 表示诸如单位缺陷、百万缺陷或错误的概率，σ 值越大，缺陷或错误就越少。六西格玛（6σ）概念于 1986 年由摩托罗拉公司的比尔·史密斯提出，作为一个目标，6σ 表示的是，所有的过程和结果中，99.999 66% 是无缺陷的，也就是说，做 100 万件事情，其中只有 3.4 件是有缺陷的，这几乎趋近到人类能够达到的最为完美的境界。可以看出，6σ 管理的核心是在生产过程中降低产品及流程的缺陷次数，追求零缺陷生产，防范产品责任风险，降低成本，提高生产率和市场占有率，提高顾客满意度和忠诚度。自 20 世纪 90 年代中期开始，6σ 被 GE 从一种全面质量管理方法演变成为一个高度有效的企业流程设计、改善和优化的技术。GE 同时为其提供了一系列同等地适用于设计、生产和服务的新产品开发工具，使其成为了各国追求管理卓越性的企业最为重要的战略举措。至今，6σ 逐步发展成为以顾客为主体来确定企业战略目标和产品开发设计的标尺，是追求持续进步的一种管理哲学。

2. 六西格玛管理思想

（1）以顾客为关注焦点的管理理念。六西格玛管理以顾客为中心，关注顾客的需求。它的出发点就是研究顾客最需要的是什么，最关心的是什么，根据顾客的需求来确定管理项目，将重点放在顾客最关心、对企业影响最大的方面。

（2）通过提高顾客满意度和降低资源成本促使企业的业绩提高。六西格玛管理的目标有两个，一是提高顾客满意度。它通过提高顾客满意度来占领市场、开拓市场，从而提高组织的效益。二是降低资源成本，尤其是不良质量成本损失 COPQ（Cost of Poor Quality），从而增加组织的收入。

（3）基于数据和事实的管理决策。六西格玛管理广泛采用各种统计技术工具，它通过定义"机会"与"缺陷"，通过计算 DPO（每个机会中的缺陷数）、DPMO（每百万机会中的缺陷数）测量和评价产品质量，将一些难以测量和评价的工作质量和过程质量，变得像产品质量一样可测量和可用数据加以评价，获得改进机会、达到消除或减少工作差错及产品缺陷的目的。

（4）以项目为驱动力。六西格玛管理以项目为基本单元，通过一个个项目的实施来实现产品或流程的突破性质量改进。

（5）实现对产品和流程的突破性质量改进。六西格玛管理的一个显著特点是项目的改进都是突破性的，使产品质量得到显著提高、流程得到改造，从而使组织获得显著的经济利益。

（6）有预见的积极管理。六西格玛管理用动态的、即时反应的、有预见的、积极的管理方式取代那些被动的习惯，促使组织在当今追求近乎完美的质量水平而不容出错的竞争环境下能够快速向前发展。

（7）无边界合作。六西格玛管理消除部门及上下级间的障碍，促进组织内部横向和纵向的合作，确切地了解最终用户和流程中工作流向的真正需求，是建立在广泛沟通基础上的。

（8）追求完美，容忍失误。作为一个以追求卓越作为目标的管理方法，六西格玛管理为企业提供了一个努力方向。没有不执行新方法、贯彻新理念就能实施六西格玛管理的企业，而这样做总会带来风险。在推行六西格玛管理的过程中，可能会遇到挫折和失败，企业应以积极应对挑战的心态面对挑战和失败。

3. 六西格玛流程

六西格玛有一套全面而系统地发现、分析、解决问题的方法和步骤，这就是 DMAIC 改进方法，DMAIC 的具体意义如下。

D（Define）——定义：识别客户需求，确定影响客户满意度的关键因素，将改进项目界定在合理的范围内；

M（Measure）——测量：对测量系统进行校准，搜集整理数据，对关键质量指标进行量测；

A（Analysis）——分析：运用多种统计技术方法确定影响关键因素；

I（Improve）——改进：找到需要改进的环节和方案后，具体实施，使过程的缺陷或变异减少；

C（Control）——控制：使改进后的过程程序化，并通过有效的检测方法保持改进的成果，将影响因素的偏差控制在许可的范围内。

阅读材料 4-3

京唐公司全面推行精益六西格玛管理

"持续改进，追求精益"是京唐公司推进六西格玛管理的初衷和理念。正是在这种理念的引导下，京唐公司针对设备管理、生产工艺、产品质量、用户服务等方面，启动了400多项六西格玛精益管理项目，促进了产品质量、产品档次、顾客满意度的提高，累计创效8.03亿元。2015年，在全国科学技术大会上，京唐公司的"高效化微合金化钢板坯表面无缺陷生产技术开发与工程化推广应用"六西格玛项目，荣获国家科学技术进步二等奖。截至2017年7月，共获得10余项国家级、省部级科学技术奖，极大地促进了精细管理、精益制造能力的提高。并且，京唐公司运用六西格玛管理的方法和工具在学习实践中培养人才，夯实精益管理基础，不断取得新突破：910人通过绿带资格考试，89人通过黑带资格考试，其中有40人通过了中国质量协会黑带注册理论考试，创造了中质协黑带注册考试91.7%的通过率……

2013年2月18日六西格玛项目启动，京唐公司建立了由公司领导挂帅的推进组织机构，形成了公司级和部门级的分层次管理体系，在公司层面成立了精益六西格玛管理委员会及管理办公室，并制定了相关制度，规范了项目的选项、过程控制、评价、经济效益核算及培训组织管理等流程及实施标准，支持六西格玛项目全面推进实施。26个部门成立了精益六西格玛推进办公室，根据公司精益六西格玛相关制度进行细化，制定各部门的精益六西格玛管理制度，支撑部门级项目运行。有了组织架构及管理制度的支撑后，六西格玛项目办公室与公司技术质量管理部门及各作业部从生产稳定性、质量稳定性、工艺参数波动及各项指标运行情况等多方面查找京唐公司主流程生产控制过程中的短板，对各环节进行风险分析，确定改进项目。为了有效推进六西格玛项目，京唐公司举办了形式多样的"培训班"。针对公司级、部门级领导开展了倡导者培训，针对处室级领导、技术管理人员开展了绿带培训，针对优秀绿带人员开展了黑带培训，针对非操作岗位的现场作业人员开展了基础课程培训。

在京唐公司，六西格玛项目推进情况每月都要作为部长例会上的汇报项目被发布。结合以往经验，京唐公司认识到单个项目团队往往无法很好完成项目，研究出了以多个项目团队配合，共同解决一个问题的"项目群"方式。该方式能够有效解决项目间、工序间、部门间的"死角"问题。"降低炼钢夹杂带出品率"项目群包括"连铸液位波动控制""提高三路氩气合格率""降低钢水脱碳结束氧活度""提高炼钢渣改质效果降低夹杂带出品率"四个子项目。项目实施后，炼钢夹杂带出品率由0.9%降低到0.59%，超越极限目标达到行业领先水平。

京唐公司以客户需求为导向实施精准产品设计，通过用户分类、需求调研实现用户需求的全面收集，运用精益六西格玛方法，将用户关键需求转化为现场参数设计要求，充分发掘用户深层次需求，对主工序的生产控制过程进行改进，实现精益制造。"提高扇形段功能精度寿命"项目通过精益六西格玛工具层层分解设备、部件、零件，共找出853个控制点，通过精益六西格玛分析方法找出根本原因并改善。通过项目实施，将功能精度的分析从定性逐步转变为定量，保证了设备功能精度的持续稳定，过钢量增加3倍。

（资料来源：根据网络资料整理而来。）

4.3 | 质量管理体系

质量管理体系是通过周期性改进，随着时间的推移而逐步发展的动态系统。正式的质量管理体系为策划、实施、监视和改进质量管理活动的绩效提供了依据。

质量体系与质量
体系认证

4.3.1 ISO 9000族标准

1. ISO 9000 族标准的产生

ISO 9000 族标准是指由国际标准化组织（International Organization for Standardization，ISO）发布的，有关质量管理的一系列国际标准、技术规范、技术报告、手册和网络文件的统称。国际标准化组织第 176 技术委员会（ISO/TC176）的专家和该组织的成员经过卓有成效的努力和辛勤劳动，于 1986 年发布了 ISO 8402《质量——术语》，1987 年制定并发布了首版 ISO 9000 质量管理和质量保证系列标准，使之成为衡量企业质量管理活动状况的一个基础性国际标准。随后，国际标准化组织对 ISO 9000 族系列标准进行"有限修改"后，于 1994 年正式颁布实施 ISO 9000 族系列标准，沿用了质量保证的概念，传统制造业的烙印仍比较明显。在广泛征求意见的基础上，又启动了修订战略的第二阶段工作，即"彻底修改"。1999 年 11 月提出了 2000 版 ISO/DIS 9000、ISO/DIS 9001 和 ISO/DIS 9004 国际标准草案。此草案经充分讨论并修改后，于 2000 年 12 月 15 日正式发布实施。该版本标准引入了"以顾客为关注焦点""过程方法"等基本理念，从系统的角度实现了从质量保证到质量管理的升华，也淡化了原有的传统制造业痕迹，具备了更广、更强的适用性。相继经历了 1994 版标准和 2000 版标准，ISO 9001：2008 国际标准于 2008 年 11 月 15 日正式被发布。2015 年 9 月 23 日，万众瞩目的 ISO 9001：2015 新版标准正式发布，宣告着第三代管理标准（G3）时代如期应境而来。ISO 9000 族国际标准发展简介如表 4-4 所示。

表 4-4 ISO 9000 族国际标准发展简介

年份	版本	标准
1987	第一版	ISO 9000 系列质量管理和质量保证国际标准
1994	第二版	ISO 9000 系列质量管理和质量保证国际标准
2000	第三版	ISO 9000 系列质量管理体系国际标准
2008	第四版	ISO 9000 系列质量管理体系国际标准
2015	第五版	ISO 9000 系列质量管理体系国际标准

ISO 9000 族标准主要是为了促进国际贸易而发布的，是买卖双方对质量的一种认可，是在贸易活动中建立相互信任关系的基石。众所周知，对产品提出性能、指标要求的产品标准包括很多企业标准和国家标准。但这些标准还不能完全满足客户的要求和需要。客户希望拿到的产品不仅为当时检验合格的，且在整个使用过程中故障率也是最低的，此外即使有了缺陷，企业也能为用户提供及时的服务。ISO 9000 族标准在企业产品的全部生产和使用过程中，对人、设备、方法和文件等一系列工作都提出了明确要求，通过工作质量来保证产品实物质量，最大限度地减少产品隐含的缺陷。

现在，许多国家把 ISO 9000 族标准转化为自己国家的标准，鼓励、支持企业按照这个标准来组织生产，进行销售，符合 ISO 9000 族标准已经成为在国际贸易上需方对卖方的一种最低限度的要求。现代的企业为了使自己的产品能够占领市场，能够把自己产品推向国际市场，无论如何都要不断提高自己的质量管理水平。同时基于顾客的要求，很多企业也都高瞻远瞩地主动把工作规范在 ISO 9000 这个尺度上，逐步提高实物质量。可以说，通过 ISO 9000 认证已经成为企业证明自己产品质量、工作质量的国际通行"护照"。

2. ISO 9000：2015 的组成

ISO 9000 族标准就如同一本全球畅销书，一经发布就在全球逐步推广开来，迅速代替了以工业为基础的国家标准。ISO 9000 族标准（见表 4-5）包含了大量的综合性质量管理的概念和指导性文件，提供了外部质量保证要求的几种模式，可促进质量管理和质量保证工作规范化、程序化和国际化。它在给企业管理注入新的活力和生机、给世界贸易带来质量可信度、给质量管理体系提供评价基础的同时，也随着全球经济一体化、客观认知的提高和标准自身的需要不断发展和完善。

表 4-5 ISO 9000 族标准的构成

类型	文件
核心标准	ISO 9000：2015 质量管理体系——基础和术语
	ISO 9000：2015 质量管理体系——要求
	ISO 9004：2009 组织持续成功的管理——一种质量管理方法
	ISO 9011：2016 质量和（或）环境管理体系审核指南
其他标准	ISO 10012 测量设备质量保证要求
技术报告	ISO/TR 10006 项目管理指南
	ISO/TR 10007 技术状态管理指南
	ISO/TR 10013 质量管理体系文件指南
	ISO/TR 10014 质量经济型指南
	ISO/TR 10015 教育和培训指南
	ISO/TR 10017 统计技术在 ISO 9001 中的应用

类型	文件
小册子	质量管理原则
小册子	选择和使用指南
	ISO 9001 在小型企业的应用

ISO 9000 族最核心的内容如下。

（1）ISO 9000：2015 质量管理体系——基础和术语。这是该族标准最基础的应用文件，涉及的主要内容包括基本概念和质量管理原则、建立质量管理体系的基本概念和原理、对相关术语和定义的解释。

（2）ISO 9000：2015 质量管理体系——要求。该标准适用于质量管理体系认证活动，交易中的验厂，企业追求质量稳定、风险防范和顾客满意。主要涉及的内容包括质量管理体系策划需要考虑的因素、PDCA 方法及应用、风险控制。

（3）ISO 9004：2009 组织持续成功的管理——一种质量管理方法。该标准有助于企业理解 ISO 9001，在一定程度上提出了超越 ISO 9001 基础要求的更高的管理要求，提供可供选择的管理思路或建议，强调业绩和效率以激发企业潜能。涉及的主要内容包括：成本和风险控制、财务管理要求、相关方满意和企业自我评定。

（4）ISO 9011：2016 质量和（或）环境管理体系审核指南。该标准提供内审的策划和组织，提供对供应商现场考察/评价工作的思路，可应用于有公正性要求的检查活动。涉及的主要内容包括审核的原则、审核方案策划、文件审核和现场审核、公正性要求，审核人员管理。

3. 质量管理的原则

质量管理体系包括组织识别其目标以及确定实现预期结果所需过程和资源的活动，为有关的相关方提供价值并实现结果所需的相互作用的过程和资源，能够使最高管理者通过考虑其决策的长期和短期后果而充分利用资源。ISO 9000：2015 将质量管理的八大原则调整为七大原则。

（1）以顾客为关注焦点。质量管理的主要关注点是满足顾客要求并且努力超越顾客期望。组织只有赢得和保持顾客和其他有关的相关方的信任才能获得持续成功。与顾客互动的每个方面都为组织提供了为顾客创造更多价值的机会。理解顾客和其他相关方当前和未来的需求有助于组织的持续成功。

（2）领导作用。各级领导建立统一的宗旨和方向，并且创造全员积极参与的环境，以实现组织的质量目标。统一的宗旨和方向的确定以及全员的积极参与，能够使组织将战略、方针、过程和资源保持一致，以实现其目标。

（3）全员参与。在整个组织内各级人员的胜任、被授权和积极参与是提高组织创造和提供价值能力的必要条件。为了有效和高效地管理组织，尊重并使各级人员参与是重要的。认可、授权和能力提高会促进人员积极参与实现组织的质量目标。

（4）过程方法。只有将活动作为相互关联的连贯系统进行运行的过程来理解和管理时，才能更加有效和高效地得到一致的、可预知的结果。质量管理体系是由相互关联的过程所组成的。理解体系是如何产生结果的，能够使组织优化其体系和绩效。

（5）改进。成功地组织持续关注改进工作。改进对于组织保持当前的绩效水平，对其内、外部条件的变化做出反应并创造新的机会都是极其重要的。

（6）循证决策。基于数据和信息的分析和评价的决定，更有可能产生期望的结果。决策是一个复杂的过程，并且总是包含一些不确定性。它经常涉及多种类型和来源的输入及其解释，而这些解释可能是主观的。重要的是理解因果关系和可能的非预期后果。对事实、证据和数据的分析可导致决策更加客观和可信。

（7）关系管理。为了持续成功，组织要管理其与有关的相关方（如供方）的关系，有关的相关方影响组织的绩效。当组织管理其与所有相关方的关系以使相关方对组织的绩效影响最佳时，才更有可能实现持续成功。对供方及合作伙伴的关系网的管理是尤为重要的。

4.3.2 质量体系认证

1. 质量认证与质量体系认证

"认证"一词的英文原意是一种出具证明文件的行动。ISO/IEC 指南 2：1986 中对"认证"的定义是："由可以充分信任的第三方证实某一经鉴定的产品或服务符合特定标准或规范性文件的活动。"举例来说，对第一方（供方或卖方）生产的产品甲，第二方（需方或买方）无法判定其品质是否合格，于是由第三方来判定。这样的活动就叫"认证"。第三方的认证活动必须公开、公正、公平，才能有效。这就要求第三方必须有绝对的权力和威信，必须独立于第一方和第二方之外，必须与第一方和第二方没有经济上的利害关系，或者有同等的利害关系，或者有维护双方权益的义务和责任，才能获得双方的充分信任。担当第三方这个角色的机关或组织叫"认证机构"。

我国质量标准工作从 1981 年起步，目前已经颁布了《中华人民共和国标准化法》《中华人民共和国产品质量法》和《中华人民共和国产品质量认证管理条例》等一系列法律法规，我国的国家级认证机构是中国质量认证中心，该中心由中国检验认证集团管理。现在，各国的认证机构主要开展如下认证业务。

（1）产品质量认证。产品质量认证是指依据产品标准和相应的技术要求，经认证机构确认并通过颁发认证证书和认证标志证明某一产品符合相应的标准和相应的技术要求的活动。产品质量认证是随着现代工业的发展作为一种外部质量保证的手段逐步发展起来的。在此之前，企业间进行贸易活动，为取得对方对产品质量的信任，往往采用"合格声明"的方式，但有很大的局限性。因此，为满足供方树立其产品信誉、社会保障顾客利益以及安全和立法的需要，由第三方证实产品质量的现代质量认证制度便随之而生。从 20 世纪 30 年代开始，质量认证得到了较快的发展；到 20 世纪 50 年代，基本上已在所有工业发达国家普及。

随着时间的推移，质量认证制度本身也得到了较快的发展。起初，各认证机构只对产品本身进行检验和试验，仅能证明供方的产品设计符合规范要求，并不能担保供方以后继续遵守技术规范。后来质量认证机构增加了对供方质量保证能力的检查和评定以及获证后的定期监督，从而证明了供方生产的产品持续符合标准。到 20 世纪 70 年代，质量认证制度又有了新的发展，出现了单独对供方质量体系进行评定的认证形式。

（2）质量体系认证。质量体系认证是指由公正的第三方体系认证机构，依据正式发布的质量体系标准（即采用 ISO 9000 族标准），对被认证企业的质量体系进行审核，并以颁发认证证书和发布注册名录的形式，向公众证明企业的质量体系符合某一质量体系标准，有能力按规定的质量要求提供产品，在产品质量方面能够说到做到。

质量体系认证的目的是要让公众（顾客、客户、政府管理部门等）相信企业具有一定的质量保证能力，其表现形式是由体系认证机构出具体系认证证书的注册名录，依据的条件是正式发布的质量体系标准，取信的关键是体系认证机构本身具有的权威性和信誉。

认证机构在质量体系认证中使用的基本标准不是产品技术标准，因为在质量体系认证中，认证机构并不对认证企业的产品实物进行检测，颁发的证书也不证明产品实物符合某一特定产品标准，而是证明企业有能力按政府法规、用户合同、企业内部规定等技术要求生产和提供产品（服务）。目前世界上质量体系认证通用的质量体系标准即 ISO 9000 族国际标准。

2. 企业推行 ISO 9000 质量体系认证的一般步骤

简单地说，推行 ISO 9000 质量体系认证有如下五个必不可少的环节：知识准备－立法－宣传贯彻－执行－监督和改进。在具体实施时，我们可以根据企业的具体情况，对上述五个环节进行规划，按照一定的推行步骤，引导企业逐步建立 ISO 9000 的质量管理体系。以下是企业推行 ISO 9000 质量体系认证的典型步骤，从中可以看出，这些步骤中完整地包含了上述五个过程。

（1）企业原有质量体系识别、诊断；

（2）任命管理者、组建 ISO 9000 推行机构；

（3）制定目标及激励措施；

（4）各级人员接受必要的管理意识和质量意识训练；

（5）ISO 9001 标准知识培训；

（6）质量体系文件编写；

（7）质量体系文件大面积宣传、培训、发布、试运行；

（8）内审员接受训练；

（9）若干次内部质量体系审核；

（10）在内审基础上的管理者评审；

（11）质量管理体系完善和改进；

（12）申请外部认证。

企业在推行 ISO 9000 之前，应结合本企业实际情况，对上述各推行步骤进行周密的策划，并给出在时间上和活动内容上的具体安排，以确保得到有效实施。企业经过若干次内部审核并逐步改进后，若认为所建立的质量管理体系已符合所选标准的要求（具体体现为内审所发现的不符合项较少时），便可申请外部认证。

3. 推行 ISO 9000 质量体系认证的作用

（1）强化品质管理，提高企业效益；增强客户信心，扩大市场份额。负责 ISO 9000 质量体系认证的认证机构，都是经过国家认可机构认可的权威机构，对企业质量体系的审核是非常严格的。如此，企业可按照经过严格审核的国际标准化的质量管理体系进行质量管理，真正达到法治化、科学化的要求，极大地提高工作效率和产品合格率，迅速提高企业的经济效益和社会效益。对于企业外部来说，当顾客得知供方按照国际标准实行质量管理，拿到了 ISO 9000 质量管理体系认证证书，并且有认证机构的严格审核和定期监督时，就可以确信该企业是能够稳定地生产合格产品乃至优秀产品的可信赖的企业，从而放心地与企业订立供销合同，这可增加企业的市场占有率。

（2）获得国际贸易"通行证"，消除国际贸易壁垒。许多国家为了保护自身的利益，设置了种种贸易壁垒，包括关税壁垒和非关税壁垒。其中，非关税壁垒主要是技术壁垒，技术壁垒中又主要分为产品质量认证和 ISO 9000 质量管理体系认证壁垒。特别是在"世界贸易组织"内，各成员之间相互取消了关税壁垒，只能设置技术壁垒，所以获得认证是消除贸易壁垒的主要途径。

（3）节省了第二方审核的精力和费用。在现代贸易实践中，第二方审核早就成为惯例，但其存在很大的弊端：一个供方通常要为许多需方供货，第二方审核无疑会给供方带来沉重的负担；另外，需方也需支付相当的费用，同时还要考虑派出或雇佣人员的经验和水平问题，否则花了钱也达不到预期的目的。ISO 9000 认证可以排除这些弊端。因为作为第一方的生产企业申请了第三方的 ISO 9000

认证并获得了认证证书以后，众多第二方就不必要再对第一方进行审核，这样不管是第一方还是第二方都可以节省很多精力或费用。如果企业在获得了 ISO 9000 认证之后，再申请 UL、CE 等产品品质认证，还可以节省认证机构对企业的质量管理体系进行重复认证的开支。

（4）使企业在产品品质竞争中立于不败之地。国际贸易竞争的手段主要是价格竞争和质量竞争。由于低价销售的方法不仅使利润锐减，如果构成倾销还会受到贸易制裁，所以价格竞争越来越不可取。20 世纪 70 年代以来，质量竞争已成为国际贸易竞争的主要手段，不少国家把提高进口商品的质量作为贸易保护的重要措施。实行 ISO 9000 国际标准化的质量管理，企业可以稳定地提高产品质量，在产品质量竞争中立于不败之地。

（5）有效地避免产品责任。各国在执行产品质量法的实践中，由于产品质量投诉越来越多，事故原因越来越复杂，追究责任时也就越来越严格。尤其是近年来，发达国家都在把原有的"过失责任"转变为"严格责任"的法理，对制造商的安全要求提高很多。例如，工人在操作一台机床时受到伤害，按"严格责任"法理，法院不仅要看该机床机件故障之类的质量问题，还要看其有没有安全装置，有没有向操作者发出警告的装置等。法院可以根据上述任何一个问题判定该机床存在缺陷，厂方便要对其后果负责赔偿。但是按照各国产品责任法，如果厂方能够提供 ISO 9000 质量体系认证证书，便可不承担赔偿责任。

（6）有利于国际经济合作和技术交流。按照国际经济合作和技术交流的惯例，合作双方必须在产品（包括服务）质量方面有共同的语言、统一的认识和共同遵守的规范，才能进行合作与交流。ISO 9000 质量体系认证正好为双方合作提供了良好基础，所以有利于双方迅速达成协议。

4.4 质量控制与质量检验

企业要在激烈的市场竞争中生存和发展，仅靠方向性的战略性选择是不够的。任何企业间都存在"产品质量"的竞争，没有过硬的产品质量，企业终将在市场经济的浪潮中消失。而产品质量问题作为最难以控制和最容易发生的问题，往往让供应商苦不堪言。因此，如何有效地进行过程控制是确保产品质量和提高产品质量，促使企业发展、赢得市场、获得利润的核心。

4.4.1 质量控制

1. 质量控制与质量控制方法

为达到质量要求所采取的作业技术和活动为质量控制。这就是说，质量控制是企业为了通过监视质量形成过程，消除质量环上所有阶段引起不合格或不满意效果的因素，以达到质量要求、获取经济效益而采用的各种质量作业技术和活动。

质量控制方法是保证产品质量并使产品质量不断提高的一种质量管理方法。它通过研究、分析产品质量数据，揭示质量差异的规律，找出影响质量差异的原因，采取技术组织措施，消除或控制产生次品或不合格品的因素，最终使产品能够达到人们的预期。质量控制方法是由美国贝尔电话研究所的休哈特在 1924 年首先提出的，后于 1931 年由他与同一研究所的道奇和罗米格两人一起研究并进一步发展。它有三个特点：一是运用数量统计方法；二是着重于对生产全过程中的质量控制；三是广泛运用各种质量数据图。质量控制方法可以使设计、制造和检验三方面的人员在质量管理中得到协调和配合；可以使质量管理从单纯的事后检验发展成为对生产全过程中产品质量的控制；可以观察记录在管理图上的数据，及时分析生产过程中的质量问题，以便迅速采取措施，消除造成质量问题的隐患，使生产处于稳定状态。

运用质量控制方法控制产品质量的全过程分为以下三个步骤：第一，制定质量标准。这是进行质量控制的首要条件。质量标准，一般分为质量基础标准、成品质量标准、工艺质量标准、工艺装备质量标准、零部件质量标准、原材料和毛坯质量标准六类。第二，收集质量数据。这是进行质量控制的基础。任何质量都表现为一定的数量，同时任何质量的特性、差异性都必须用数据来说明。进行质量控制离不开数据，质量数据分为两大类，即计量数据和计件数据。计量数据是可以连续取值的，或者我们可以用测量工具具体测量出来，通常可以获得在小数点以下的数值数据；计件数据则是不能连续取值的，或者我们即使用测量工具也得不到小数点以下的数据，而只能得到0、1、2、3、4……的整数数据。第三，运用质量图表进行质量控制。这是控制生产过程中产品质量变化的有效手段。

2. 七种常用的质量控制方法

（1）关联图法。关联图法是企业用关联图解决那些有着原因与结果、目的与手段等关系复杂而互相纠缠的问题的一种方法。这种方法适用于有几个人的工作场地，经过多次修改绘制关联图，使有关人员澄清思路，认清问题，转换思维，最终找出并解决质量问题。

图4-2所示的各种因素A、B、C、D、E、F、G之间有一定的因果关系。其中因素B受到因素A、C、E的影响，它本身又影响因素F，而因素F又影响着因素C和G……这样，找出因素之间的因果关系，便于我们统观全局、分析研究以及拟定解决问题的措施和计划。

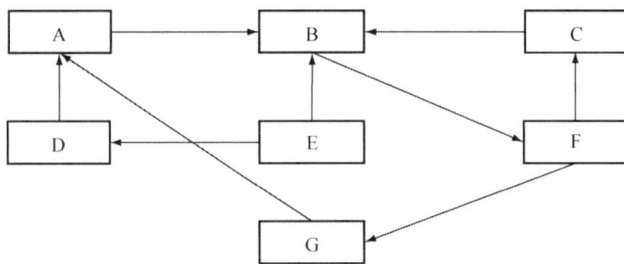

图4-2 关联示意图

（2）KJ法。KJ法是日本川喜二郎提出的。"KJ"是川喜（KAWAJI）英文名字的缩写。KJ法又称亲和法，就是从未知、未经历的领域或将来的问题等杂乱无章的状态中，把与之有关的事实或意见、构思等作为语言资料收集起来，根据亲和性加以整理，绘制成图，然后找出所要解决的问题及各类问题相互关系的一种方法。KJ法通常适用于那些非解决不可，且又允许用一定时间去解决的问题。KJ法一般主要用于制订质量管理方针、计划等。KJ法不同于统计方法，统计方法强调一切用数据说话，而KJ法则主要用事实说话、靠"灵感"发现新思想、解决新问题。KJ法认为，许多新思想、新理论，往往是突然产生的。但应指出，统计方法和KJ法的共同点都是从事实出发，重视根据事实考虑问题。

（3）系统图法。系统图法是指系统地分析、探求实现目标的最好手段的方法。在质量管理中，为了达到某种目的，我们就需要选择和考虑某一种手段；而为了采取这一手段，又需考虑它下一级的相应手段。这样，上一级手段就成了下一级手段的行动目的。如此把要达到的目的和所需要的手段，按照系统来展开，按照顺序来分解，做出图形（见图4-3），可使我们对问题有一个全面的认识。

然后，从图形中找出问题的重点，我们便可找到实现预定目的的最理想途径。它是系统工程理论在质量管理中的一种具体运用。

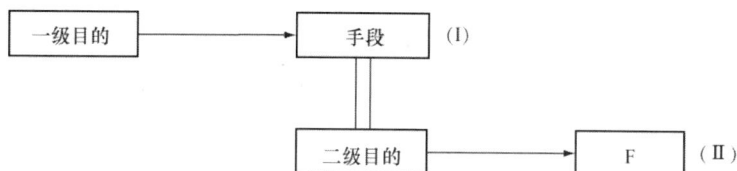
图 4-3　系统图形

（4）矩阵图法。矩阵图法是指借助数学上矩阵的形式，把与问题有对应关系的各个因素，列成一个矩阵图；然后，根据矩阵图的特点进行分析，从中确定关键点（或着眼点）的方法。在许多情况下，矩阵图法可与系统图法联合使用。

（5）矩阵数据分析法。矩阵数据分析法的主体是主成分分析法，利用主成分分析法整理矩阵数据可以从这些原始数据中获得许多有益的矩阵数据。矩阵数据分析法可广泛用于市场调查、由复杂因素组成的工序分析、新产品设计与开发，复杂的质量评价等。矩阵数据分析法是本节介绍的七种方法中唯一利用数据分析的方法，但其结果仍可以用图形表示。大家进行矩阵数据分析可利用现成的计算机程序。因此，只要掌握方法本身及计算机的使用，即使对这一方法的数据基础不熟悉，也可以解决实际问题。

（6）过程决策程序图法。过程决策程序图法（Process Decision Program Chart，PDPC）是在制订达到研制目标的计划阶段，对计划执行过程中可能出现的各种障碍及结果做出预测，并相应地提出多种应变计划的一种方法。

（7）网络图法。网络图法又称矢线图法、计划评审法（PERT）、关键路线法（CPM）。即把推进计划所必需的各项工作，按其时间顺序和从属关系，用网络形式表示为一种矢线图，运用网络图对有关质量问题进行计算、分析与处理的综合方法。在质量管理活动中，我们必须做好日程计划和进度安排管理。网络图法是选择最佳工期和实施有效进度管理的一种极其有效的方法。

4.4.2　质量检验

朱兰认为，"检验就是决定产品是否在下道工序使用时适合要求，或是在出厂检验场合，决定能否向顾客提供"。根据《GB/T1 9001—2016/ISO 9000：2015 质量管理体系基础和术语》的解释，检验是对符合要求的特性的确定。因此，质量检验是采用一定检验测试手段和检查方法，对产品的质量特性进行测定，并把测定结果同规定的质量标准比较，对产品或一批产品做出合格或不合格判断的质量管理方法。它一方面，保证不合格的原材料不投产，不合格的零件不转入下道工序，不合格的产品不出厂；另一方面，收集和积累反映质量状况的数据资料，为测定和分析工序能力、监督工艺过程、改进产品质量提供信息。质量检验的类型如表 4-6 所示。

表 4-6　　　　　　　　　　　　　　质量检验的类型

分类标准	检验方式	检验特点描述
检验数量	全数检验	对全部产品逐个进行检验，判断每个产品是否合格
	抽样检验	按规定的抽样方法和程序，从待检验的一批产品中随机抽取部分产品作为样本进行逐一检验，根据样本的合格情况判定整批待检产品的质量情况

分类标准	检验方式	检验特点描述
质量特性	计数检验	记录不合格数，不记录检测后的具体测量数值，特别是有些质量特性本身很难用数值表示（如食品味道是否可口）
	计量检验	测量和记录质量特性的数值，并根据数值与标准对比，判断是否合格（如产品的尺寸大小）
检验性质	理化检验	借助物理、化学的方法，利用某种测量工具或仪器设备进行检验（如产品强度检验）
	官能检验	根据人的感觉器官对产品质量特性做出评价和判断（如颜色、划痕）
检验类型	进货检验	由检验部门对接收的原材料、零部件等进行入库前的检验
	工序检验	以监督和控制为目的，判断工序或生产过程是否正常
	完工检验	以验收为主要目的，用于半成品或成品的检验
检验地点	固定检验	设定固定的检验站
	流动检验	检验人员到工作区检查
检验人员	自检	由生产工人自己对产品质量特性进行检验
	互检	生产工人之间对产品质量特性进行相互检验
	专检	专职检验人员进行的产品质量特性检验
检验后果	破坏性检验	对产品完整性有一定破坏，使其不再具有原有使用功能
	非破坏性检验	产品经过检验后完整无损，不影响其使用性能
检验目的	验收检验	判断产品是否合格，从而决定是否接收（如原材料进厂检验）
	监督检验	检定生产过程是否处于稳定状态，预防不合格产品的产生

4.5 通信工程项目质量管理

我国通信工程的建设能力在不断提高，中美海底光缆、亚欧海底光缆、青藏铁路线等通信系统的建设足以说明我国通信工程建设能力的提高。通信作为支柱型产业，很大程度上保障了国民经济的快速发展。为了更好迎接5G通信时代，我们需要增强对5G通信工程项目的质量管理。

4.5.1 通信工程项目质量管理的内涵

通信工程项目质量管理，指的是在通信工程项目的实施过程中，对从项目设计、施工再到后期的投入使用以及维护阶段的过程，在遵守国家相关规定的基础上，利用通信工程方面的知识来确保工程质量，使其符合经济上、质量上以及性能上的一系列要求。

质量是确保企业可以长远发展的有效保障，通信工程项目质量管理是通信企业不断发展的重要前提，对广大人民群众的正常通信以及通信企业的健康发展具有十分重要的意义。注重通信工程项目的质量研究，可以确保通信工程项目足以提供便捷、快速的通信服务，提高通信企业的竞争力，促进国民经济的发展。随着市场经济的发展，企业间的竞争也越来越激烈，通信企业也面临着越来越激烈的竞争，通信企业要想在市场中处于不败之地，长远的发展下去，必须要高度重视通信工程项目的质量问题。

4.5.2　通信工程项目质量管理的控制因素

影响通信工程项目质量的因素主要有人、设备、方法、环境等，对这些因素进行控制，是保证通信工程项目顺利实施的关键。

1．人

人作为质量控制主体，在项目施工过程中要根据施工设计目标和质量管理原则，尽量避免产生失误，充分发挥人的主观能动性和积极性。在施工现场，通信企业要加强对施工人员的纪律管理，健全岗位责任制，还要根据施工现场的条件对施工人员进行技术培训，禁止无资质人员进入施工现场。

2．设备

企业要选好设备，根据施工项目的技术和特点选用不同的设备，严把质量关。对通信工程项目来说，通信企业更是应该关注设备条件，严格验证设备的许可证、合格证，避免因为设备问题影响整个工程项目的质量。

3．方法

通信企业要事先制订施工方案，做好施工的组织计划安排，以便在施工过程中灵活应对各种困难和问题，从而确保通信工程项目施工质量，提高施工效益，降低工程项目的成本。

4．环境

通信工程项目涉及范围广、施工时间长，受环境因素影响很大，不同的环境会对工程项目的质量产生不同的影响，因此，做好环境控制是保证施工质量的一个重要条件。通信企业在项目施工过程中，要根据技术环境、工作环境等的特点，采取有效的措施来进行环境因素控制，文明施工，维护施工现场的环境，确保原材料的有序排放，为提高工程项目的质量创造一个良好的基础。

4.5.3　通信工程项目质量管理过程

通信工程项目质量管理不是某一个阶段的事情，要贯穿整个通信工程项目的全过程，包括事前质量管理、事中质量管理以及事后质量管理。

1．事前质量管理

事前质量管理是做好通信工程项目质量管理的前提和基础。通信企业要做好施工设计图纸的审查工作，熟悉设计图纸，对项目施工地点进行考察，分析自然环境、技术条件等，做好施工项目的组织设计工作、预算工作等各种准备工作；做好原材料、设备等的物料准备工作，做好人员的安排工作，制定好施工措施，为通信工程项目质量管理做好准备。做好项目的事前质量管理，通信企业可以将项目施工可能出现的问题在事前解决掉，进而节约成本，减免麻烦。

2．事中质量管理

通信工程项目质量管理的重点在施工过程阶段，在整个项目的施工过程中，要使施工项目按照预先制订的设计方案进行施工，我们应做到施工交接质量有检查、技术措施有交底、工程项目有质量验收，质量处理有档案，关注项目施工中的每一处可能出现质量问题的环节，做好通信工程项目的质量管理和控制；要验收好难工、险工和隐蔽工程的薄弱部分，了解质量进程，控制全程质量状况。

3．事后质量管理

事后质量管理是对通信工程项目完工并投入使用后进行的质量管理。在这一阶段，项目经理要做好质量管理和控制，初步根据项目标准做好各项常规检查，然后全面评定项目质量，最后把详细的竣工材料全部交付验收小组，做好小组验收审查工作。验收合格后，相关责任人也签字确认后，若无任何问题，则与使用单位进行最后的交接。

本章小结

本章首先从学术研究和国际标准的角度界定了质量的概念、质量管理的概念，介绍了质量管理的发展阶段。接着系统阐述了全面质量管理的概念、特点及主要内容，并介绍了六西格玛质量管理方法。然后，梳理 ISO 9000 族标准制定历史，介绍 ISO 9000 族标准的结构和内容。在介绍了质量控制和质量检验的基础上，全面阐释了经典的质量控制七种方法。最后，介绍通信工程项目质量管理的控制因素、过程等。

复习思考题

1．全面质量管理的含义和特点是什么？
2．全面质量管理的主要内容包括哪些？
3．质量管理的原则是什么？
4．什么是质量体系认证？
5．常用的质量控制方法有哪些？

案例分析

宽带预检预修维护模式和应用

随着"宽带中国"战略的部署实施，在发展宽带网络的同时应创新维护模式，注重全面提高宽带网络的运维能力。

目前的宽带故障处理模式存在多方面的局限和问题：一是缺乏对用户终端的远程运维能力：宽带故障处理系统只具备对网络侧相关系统等设备的状态查询、线路测试等监控及测试功能，对于用户使用的宽带终端接入设备缺乏相应的远程监控、远程诊断、业务仿真和排障功能，难以准确定位故障点并排除故障。二是故障维修上门成本高，沟通难度大，宽带接入终端现场维护复杂：故障现场处理手段缺乏，上门的运维人员只能通过电话等和后台人员联系才能获取其他相关系统信息，沟通难度大。为保证宽带网络的良性发展，运营商有必要进行服务意识的转变，从面向技术到面向市场、从面向维护到面向客户，培养主动服务意识，提高用户感知度和宽带网络运行质量。

宽带用户故障预处理流程如图4-4所示，流程描述如下。

① 宽带用户使用业务时出现故障，向运营商报修。

② 运营商宽带故障预处理人员接受用户报障，进行宽带故障预处理。

③ 宽带故障预处理人员通过宽带预检预修系统查询用户维护相关历史档案（如用户宽带终端更换历史记录、用户历史报修故障原因等），以及当前用户相关终端、业务账号状态等信息。

④ 宽带故障预处理人员结合用户提供的故障信息，进行用户故障的初步判断。

⑤ 宽带故障预处理人员进行用户故障远程测试，包括网络设备仿真测试、终端设备及业务仿真测试等。

⑥ 宽带预检预修系统根据故障测试信息定位故障，并告知用户故障定位情况。

⑦ 宽带预检预修系统进行网络设备、终端设备以及业务的修复。

⑧ 宽带故障预处理人员和用户确认故障修复情况，如果排除故障则完成处理，如果故障未能排除需要继续进行定位和上门处理。

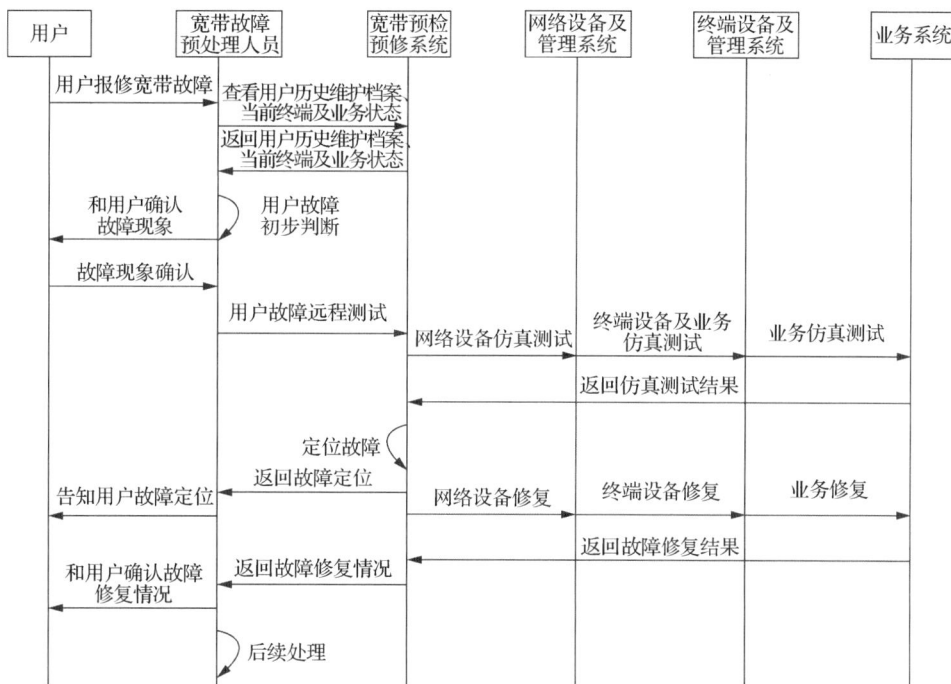

图 4-4　宽带故障预处理流程

宽带用户预检预修的实现基于宽带用户预检预修系统、网络设备及管理系统、终端设备及管理系统、业务系统等终端、网络、业务系统以及流程的现网实施。要将宽带用户的预检预修落到实处，真正提高用户满意度，需要做好以下几个方面的工作。

第一，宽带接入终端能力的实时开放以及数据收集是实现端到端宽带预检预修的重要基础。对宽带接入终端（运营商最靠近用户的终端设备）进行能力开发和数据监控具有以下天然优势：仿真度高，准确性，实时性，规模性。

第二，建立宽带质量预警标准和预测性模型是提高预检预修准确率的核心。预检预修系统收集从网络侧到终端、业务的大量数据，并从海量数据中分析可能的故障终端进行处理。而要准确定位故障，核心在于深入挖掘影响宽带质量的预警信息，构建准确的预测性故障分析模型。

第三，宽带用户预检预修系统的现网部署、宽带预检预修、系统落地，需要在运营商网络中进行部署。系统部署可以采用单独建设或与现有其他现网系统合建两种方式。考虑到尽量减少对现网已经部署系统和流程的影响，为有效加快预检预修系统在现网的部署，优选已经和现网部署系统打通接口的系统合建预检预修系统。

　　为实现预检预修系统的充分应用以及对预检预修处理全流程的有效管控，宽带预检预修系统需要与运营商宽带服务保障系统对接，对于发现的网络质量隐患和预警，能自动派单到责任部门或系统，实现故障的电子化、自动化处理，并记录故障的后续处理及故障排除情况，实现自动化闭环管理。对于超期的故障工单，预检预修系统应有自动提醒机制，提示维护人员及时处理。宽带预检预修系统还需要和宽带故障预处理系统对接，以实时接口、场景式操作提供给宽带故障预处理人员便捷的信息查询、故障定位和处理自动化流程，切实提供给宽带故障预处理人员有效的故障信息及丰富的处理手段。

　　（资料来源：谢明. 宽带预检预修维护模式和应用[J]. 通信企业管理，2016（03）：46-49。）

思考题：

（1）宽带预检预修维护模式是从哪些环节入手提高故障排除服务质量的？

（2）宽带预检预修维护模式在哪些方面体现了全面质量管理的思想？

【学习目标】

- 掌握人力资源的概念和特征。
- 掌握人力资源管理的内容。
- 掌握工作分析的内容和作用。
- 掌握绩效管理的含义和过程。
- 掌握薪酬的内容和影响因素。
- 了解职位薪酬体系的设置方法。
- 了解新时代通信企业人力资源管理面临的挑战。

【开篇案例】

用三个故事谈腾讯如何用产品思维做人力资源

作为以产品起家的互联网公司，腾讯的人力资源管理和其他公司有什么不同？近日，腾讯高级副总裁、人力资源负责人奚丹用三个故事告诉我们腾讯如何用产品思维做人力资源管理。

第一个故事：从安居计划谈如何挖掘用户需求。2012年，人力资源专员（HR）发现毕业后进公司满3年员工的流失率非常高，达到普通员工流失率的3倍。大家都知道，优秀毕业生是腾讯的重要人才来源，会得到非常好的待遇和大投入的培养资源。为了挖掘他们离职的真实原因，HR团队针对核心毕业生做了深入的电话访谈，收集第一手真实的信息，发现这些员工因为在深圳买不起房，很多选择回到家乡或二线城市置业结婚。后来，HR决定推出"安居计划"：公司拿出一笔基金，免息提供给符合条件的员工，帮助员工提早买房。这个计划收效显著，实施几年之后，参与安居计划的员工流失率不到1%。它既对公司留住人才起到重要作用，也为员工带来了实惠。

第二个故事：从企业文化培训谈让用户参与。每个公司都有新员工培训，培训的一个重要任务就是"灌输"公司企业文化。腾讯最早的新员工培训，也是以灌输式的企业文化课程为主。这种方式偏向于单向说教。后来，腾讯做了一个小小的改变，把授课的时间缩短，增加一项课后作业："寻找腾讯达人"。要求新员工在几天时间里任找一位公司老同事访谈，挖掘他们身上最能体现企业文化的故事，回来后分组讨论和分享。这一小小的改变带来了非常大的变化：过去的新员工特别是技术员工比较害羞，只是跟自己团队的成员交流，有了达人访谈之后变得非常主动。在公司电梯里、食堂里羞涩的技术员工都会主动和老同事攀谈，这在让新人了解腾讯老故事的同时，对公司的文化也有了更深的感性认识，同时也使新人与同事们建立了良好的关系。

第三个故事：从绩效体系优化谈灰度试错，敏捷迭代。腾讯早期的绩效考核结果分四档，SABC，S为最优秀，C为最差。当时企业处在快速发展阶段，需要员工更有紧迫感。但随着公司快速发展，很多业务成为行业第一，管理者和HR都希望让考核更有"弹性"。公司将考核结果从四档变成五档，从而肯定大部分员工的表现，只让头部和尾部员工凸显出来，对好的表彰和鼓励，对不好的鞭策甚至淘汰。不过，旧的绩效体系运作十几年，根深蒂固，改变起来有很大困难和风险。因此，HR在改变过程中共进行了三轮灰度迭代。第一轮，先在HR团队中试水，发现问题并修改；第二轮，寻找典型业务部门（3 000人）试水，发现问题后，再次进行修改并优化；第三轮，在全公司推广。经过两轮试水，大家已经大大降低了对新体系的不适应或者排斥。通过灰度迭代，HR缩短了一半完善管理工具的时间。

腾讯人力资源管理的其他理念

选人是HR最重要的前线工作。腾讯的用人哲学是"强将精兵"，控制人员规模基于公司发展做全球优秀人才扫描等。例如，今年启动的全球AI人才mapping，公司派HR参与全球顶尖的AI会议，拜访在AI领域表现较好的学校、研究机构、高科技企业，收集了几千人的信息和几百个华人建立了直接的联系。这种做法便于企业随时招到需要的人才，拓展新的互联网业务。

围绕业务发展培育人才。腾讯有非常完善的培养体系，如领导力培训、专业类型培训、新员工培训等。在促进业务发展方面，培训也起到了很重要的作用。例如，移动互联网大潮来临时，腾讯做了组织架构调整，希望所有事业群都具备比PC时代更强的移动互联网能力。腾讯在当时推出了全员的向移动互联网转型的培训项目，进行了一系列课程开发和案例采集，帮助公司有转型意愿的开发人员快速转型成为移动互联网开发人员，确保公司核心人才的能力发展。

舍得花钱留人。腾讯一直有一个很强的理念，在财务能支撑的前提下，把公司更多钱投资在员工身上。例如，用股票来奖励员工。员工获得股票之后，主人翁意识增强，言行也发生了很多变化。因此，对员工的投资很有价值。

马化腾曾经说过，对腾讯来说，最重要的不是业务和资金，而是人才。用产品思维做HR，背后的理念正是源于把人才视为最重要的财富的初衷，公司要像做产品一样围绕员工的利益和价值持续打磨人力资源体系。赢得员工，才能赢得未来。

（资料来源：根据网络资料改编。）

人力资源是现代企业求得生存、发展并盈利的重要资源。进行人力资源管理是一项复杂的系统工作。成功的企业家都有一个共同的体会，即他们的企业之所以能取得骄人的业绩，最根本的原因是"重才"。所谓重才，就是充分认识人才对企业发展的重要性，善于吸引和保持人才、开发和使用人才、培养和造就人才。

当今，人力资源已成为企业取得和维系竞争优势的关键性资源。但是，企业要将人力资源从潜在的生产力转化为现实的生产力，进而转化为人力资本，就必须加强人力资源管理工作。

5.1 人力资源管理概述

5.1.1 人力资源的概念、特征与构成

1. 人力资源的概念

企业是置身于经济、社会这个大系统中的一个独立系统，人力资源遍布于企业的各个层面。因此，人力资源也应该是具有不同层次并彼此区别的。要做好人力资源管理工作，首先要弄清人力资源的基本概念及企业人力资源的界限、范围。

什么是人力资源？经济学家们从不同的角度给出了不同的定义。

（1）广义的定义。人力资源是指一切具有正常智力的人。

（2）狭义的定义。人力资源是指能够推动国民经济和社会发展的，具有智力劳动和体力劳动能

力的人的总和。

2．人力资源的特征

与其他物质资源相比较，人力资源的基本特征如下。

（1）具有主观能动性。主观能动性是人力资源区别于其他资源最根本的特征。人力资源具有主观能动性，它在经济建设和社会发展中起到了积极的和主导的作用，其他资源则居于被动使用的地位。另外，人力资源还是唯一能起到创造作用的因素。

（2）具有再生性。人力资源在被使用过程中，有一个可持续开发、丰富再生的独特过程，使用过程也是开发过程。人在工作以后，可以通过不断学习更新自己的知识，提高技能；而且，通过工作可以积累经验，充实提高。

（3）具有二重性。人力资源的二重性表现为：一方面拥有人力资源需要投资（这是一个耗费的过程）；另一方面人力资源具有创造物质和精神财富的能力（这是一个产出的过程）。人力资本投资主要由个人和社会双方用于对人力资源教育的投资、卫生健康的投资和人力资源迁移的投资。人力资本投资的程度决定了人力资源质量的高低。

（4）具有时效性。所谓人力资源的时效性，是指它的形成、开发和利用都要受到时间的限制。从个人成长角度来看，人才的培养过程有幼稚期、成长期、成熟期和退化期 4 个阶段。相应的，人才的使用过程则经历培训期、适用期、最佳使用期和淘汰期 4 个阶段。这是由于随着时间的推移，社会在进步，科学技术也在不断地发展，这就使得人的知识或技能相对老化。

（5）具有社会性。每一个民族（团体）都有其自身的文化特征，每一种文化都是一个民族（团体）共同的价值取向，但是这种文化特征是通过人这个载体而表现出来的。由于每个人受自身民族文化和社会环境影响的程度不同，其个人的价值观也不相同，在生产经营活动、人与人交往等的社会性活动中，其行为可能与民族（团体）文化所倡导的行为准则发生矛盾，可能与他人的行为准则发生矛盾，这就要求企业在进行人力资源管理时要注重团队的建设，注重人与人、人与群体、人与社会的关系及利益的协调与整合。

3．人力资源的构成

人力资源由数量和质量两个方面构成。

（1）人力资源数量。人力资源数量又分为绝对数量和相对数量两种。人力资源绝对数量从宏观上看，是指一个国家或地区中具有劳动能力、从事社会劳动的人口总数。它包括以下几个方面。

① 处于劳动年龄之内、正在从事社会劳动的人口，它占据人力资源的大部分，可称为"适龄就业人口"。

② 尚未到达劳动年龄、已经从事社会劳动的人口，即"未成年劳动者"或"未成年就业人口"。

③ 已经超过劳动年龄、继续从事社会劳动的人口，即"老年劳动者"或"老年就业人口"。

以上三部分构成了就业人口的总体。

④ 处于劳动年龄之内、具有劳动能力并要求参加社会劳动的人口，这部分可以被称作"求业人口"或"待业人口"，它与前三部分一起构成经济活动人口。

⑤ 处于劳动年龄之内、正在从事学习的人口，即"就学人口"。

⑥ 处于劳动年龄之内、正在从事家务劳动的人口。

⑦ 处于劳动年龄之内、军队服役的人口。

⑧ 处于劳动年龄之内的其他人口。

前四部分是实现的社会劳动力供给，这是直接的、已经开发的人力资源；后四部分并未构成现实的社会劳动力供给，它们是间接的、尚未开发的、处于潜在形态的人力资源。

所谓人力资源相对数量，即人力资源率，是指人力资源的绝对数量占总人口的比例，是反映经济实力更重要的指标。一个国家或地区的人力资源率越高，表明该国家的经济有某种优势。影响人力资源数量的因素主要有三个：其一，人口总量及其再生产状况。其二，人口的年龄构成。其三，人口迁移。

（2）人力资源的质量。人力资源的质量是人力资源所具有的体质、智力、知识和技能水平，以及劳动者的劳动态度。它一般体现在劳动者的体质水平、文化水平、专业技术水平、劳动的积极性上。它们往往可以用健康卫生指标、教育状况、劳动者的技术等级状况和劳动态度指标来衡量。

与人力资源数量相比较，其质量方面更为重要。人力资源质量的重要性还体现在其内部替代性方面。一般来说，人力资源的质量对数量的替代性较强，而数量对质量的替代性较差，有时甚至不能替代。人力资源开发的目的在于，提高人力资源的质量，使其为社会经济的发展发挥更大的作用。

影响人力资源质量的因素有以下几个：一是遗传和其他先天因素，二是营养因素，三是教育方面的因素。

教育因素和营养因素都是后天因素。教育是人为传授知识、经验的一种社会活动，是一部分人对另一部分人进行多方面影响的过程，这是赋予人力资源质量的一种最重要、最直接的手段，它能使人力资源的智力水平和专业技能水平都得到提高。

5.1.2　企业人力资源管理

1．人力资源管理的含义

人力资源管理，就是运用现代化的科学方法，对与一定物力相结合的人力进行合理的招聘、开发培训、组织和调配，使人尽其才、事得其人、人事相宜，以实现组织目标。

根据定义，我们可以从两个方面来理解人力资源管理。

人力资源的含义与特征

（1）对人力资源外在要素——量的管理。量的管理是指根据人力和物力及其变化，对人力进行恰当的组织和协调，使二者经常保持最佳比例和有机结合，使人和物都充分发挥最佳作用。

（2）对人力资源内在要素——质的管理。所谓质的管理，就是指对人的心理和行为的管理。就人的个体而言，主观能动性是积极性和创造性的基础，而人的思想、心理活动和行为都是人的主观能动性的表现。当在一个群体中时，每一个个体的主观能动性并不一定能使群体功能达到最佳效果。这就需要用到质的管理。对人力资源质的管理主要是指采用现代化的科学方法，对人的思想、心理和行为进行有效的管理，包括对劳动者个体和群体的思想、心理和行为的协调、控制和管理，以利于充分发挥劳动者积极性、主动性和创造性，共同实现组织目标。

2．人力资源管理的特点

现代人力资源管理强调对人力资源的开发和利用，是在人事管理的基础之上发展而来的。除了保留人事管理所做的基本工作（如招聘选拔新员工、管理员工的日常事务）之外，其主要特点就是采取一切方式和方法，吸引、保留、激励和开发组织所需要的人力资源。

（1）现代人力资源管理具有战略性。现代人力资源管理是站在企业发展的宏观层面上的人事管理，所以它具有战略性特点，重视对人的能力、创造力和指挥潜力的开发。

（2）现代人力资源管理重视发挥人力资源的创造性。现代人力资源管理将人力视为一种资本，将员工看成是有价值并且还能创造价值的资源，是动态的、对人力资源进行调节和开发的一种创造性管理。

（3）现代人力资源管理具有科学的管理机制。现代人力资源管理的标志就是建立科学的管理机制，包括合理的薪酬分配制度、竞争上岗和晋升制度、激励约束机制、绩效考核制度、人才流动机制、教育培训机制等。这些科学管理机制的建立，正是为了发挥企业中人的重要性，营造"以人为本"的企业文化，构建事业有成的职业环境，树立正确的企业文化观念。

3．人力资源管理的功能

（1）人力资源的获取。人力资源的获取方式主要包括人力资源规划、招聘与录用。为了实现组织的战略目标，人力资源管理部门要根据组织结构确定职务说明书与员工素质要求，制订与组织目标相适应的人力资源需求与供给计划，并根据人力资源需求与供给计划开展招募、考核、选拔、录用与配置等工作。

（2）人力资源的整合。现代人力资源管理强调个人在组织中的发展，个人的发展势必会引发个人与个人、个人与组织之间的冲突，产生一系列问题，因此如何整合就显得至关重要。整合的主要内容有：①组织同化，即个人价值观趋同于组织理念、个人行为服从于组织规范，使员工与组织认同并产生归属感；②群体中人际关系和谐，组织中人与组织沟通顺畅；③矛盾冲突地区的调解与化解。

（3）人力资源的奖酬。人力资源的奖酬是指就员工对组织所做出的贡献而给予奖酬的过程，是人力资源管理的核心。其主要内容为：根据对员工工作绩效进行考评的结果，公平地向员工提供合理的、与他们各自的贡献相称的工资、奖励和福利。设置这个基本功能的根本目的在于提高员工劳动积极性和劳动生产率，增加组织的绩效。

（4）人力资源的调控。人力资源的调控是指对员工实施合理、公平的动态管理，体现了人力资源管理中的控制与调整职能。它包括：①科学、合理的员工绩效考评与素质评估；②以考绩与评估结果为依据，对员工进行动态管理，如晋升、调动、奖惩、离退、解雇等。

（5）人力资源的开发。人力资源开发就是组织提供给员工的一个教育或学习的计划来帮助员工提高技能，并改变他们的态度和行为。这个过程使个人和组织都得到提升，包括分权、赋予员工挑战性的工作、培训和职业生涯发展等。

5.1.3　人力资源管理工作中的分工

一个组织的人力资源管理工作并非都是由人力资源部门来承担的。事实上，很多人力资源管理工作，如招聘与甄选、培训、职业生涯发展、绩效管理等方面的工作，往往都是人办资源部门与组织中的其他部门合作来完成的，很多人力资源管理的具体工作甚至主要还是由直线经理人员来完成的。

因此，我们需要明确直线职权和职能职权之间的关系。职权是由岗位所赋予的制定决策、下达命令、指挥下属工作以及评估奖惩的一种正式权力。在企业管理中，职权分为直线职权和职能职权。拥有直线职权的经理人是直线经理人，拥有职能职权的经理人是职能经理人。直线经理人有直接下属，有权直接指导其下属工作，并负责完成企业的基本目标。职能经理人没有直接下属，他们只是协助直线经理人。虽然人力资源管理部门负责组织招聘、培训、考核和激励等工作，但事实上，直线经理人对本部门直接负责，部门招聘、培训、考核等工作，都是直线经理人的主要工作内容。表5-1所示为两者的区别。

表 5-1　　　　　　　直线经理与人力资源经理在人力资源管理工作中的分工

职能	直线经理的责任	人力资源经理的责任
获取	提供工作分析、工作说明和最低合格要求的资料，使各部门的人力资源计划与商业银行的战略协调一致；对工作申请人进行面试，综合人力资源部门提供的资料，做最终的录用决定	制订人力资源规划；协助进行工作分析；协助招聘，如准备申请表、初步筛选、组织笔试面试、核查背景情况和推荐资料、组织体检等；记录和保管人事档案
整合	公平对待员工，进行直接沟通、指导和教育；当面解决抱怨和争端，化解矛盾；激励士气，提倡集体协作	设计合理沟通渠道与制度；宣传企业文化；协助改善劳工关系；为员工提供各项咨询服务，提高员工工作生活质量
奖酬	尊重下属员工，公平地对待他们；按劳计酬，按贡献评奖	制定合理的工资、奖金、福利制度；协助执行各类奖酬制度
调控	进行直接的绩效考评；对晋升、调动、奖惩、离退、解雇等做出决定	制定绩效考评制度；协助执行绩效考评；调查员工满意度；落实直线经理的有关决定
开发	科学合理地分配工作、使用人才；申请培训；指导员工设计个人发展计划；给下属员工提供工作反馈；进行工作再设计	制订培训计划，提供培训服务，组织培训活动；为员工职业生涯发展提供建议；对管理人员进行开发和培训

通过以上比较我们可以看出，在人力资源管理工作中，直线经理与人力资源经理是合作互助的关系。事实上，当今时代，员工个人也承担了越来越多的人力资源管理职能，包括参与各种人力资源管理决策，培养人力资源管理技能等。例如，员工可以根据企业的战略目标和职业生涯通道，主动为自己进行职业生涯的规划，主动学习各种知识技能，应对工作中的各种挑战。

5.1.4　人力资源管理的内容

企业人力资源管理主要包括以下核心内容。

1. 人力资源规划

人力资源规划是指预测未来的人力需求，估计外部的人力供应以及了解企业现有的人力资源，制定有关人力资源政策，并确保有足够的人力，使人力供求达到平衡，保证企业目标的实现。人力资源规划包括两个方面：①战略规划，即长期规划和企业战略计划同步产生的人力资源需求规划；②短期和中期规划。这两种规划对于有效地开展人力资源管理的其他活动都是至关重要的。例如，规划可以包括企业在目前和未来需要多少以及何种类型的员工，如何得到这些员工等内容，规划可以被看作影响整个企业人员配备和发展的主要因素。

2. 工作分析

工作分析是人力资源管理工作的基础。工作分析是获得关于一项工作相关信息的过程，这些信息包括需要完成的任务，对完成这些任务的人的要求（如教育背景、经验、性格特点、专业训练等）。因此，工作分析要研究并决定一项工作的特定性质与职责，明确工作的各个细节，使员工深刻理解工作对员工行为方面的要求，以及什么类型的员工适合组织中什么类型的工作，从而为有关的人事决策奠定坚实的基础。

3. 招募与甄选

企业的人力资源需求一旦确定下来，下面就要进行招聘了。招聘过程包括招募、甄选、录用、评估四个阶段。作为一个统一体，这四个阶段是不可分割的，共同承担着获取企业人员的重任。招募是企业为了吸引更多、更好的候选人来应聘而进行的若干活动，它主要包括招聘计划的制订、招聘信息的发布、应聘者申请、应聘者信息录入等；甄选则是商业银行结合自己需要，通过一系列方法，从众多应聘者中挑选出最合适的人来担当某一职位，它包括资格审查、初选、面试、考试、体检、员工甄选等环节；而录用主要涉及员工的初始安置、试用、正式录用等环节；评估则是对招聘活动的效益与录用员工质量的评估。

4. 培训与开发

培训与开发是训练员工的过程。它根据不同员工的技术水平和素质差异来设计并实施培训与开发计划，提高员工的能力素质与绩效，帮助他们胜任现在的工作和将来的职务，有些企业也会采用培训外包的形式进行员工的培训与开发。此外，很多组织制订了职业生涯计划帮助员工的职业发展，增强了员工对于企业的归属感。

5. 绩效管理

绩效管理是指精确定义员工绩效，使用绩效测量手段评估员工绩效，并且将员工的绩效情况反馈给他们，以督促激励员工不断提高绩效。通过这样的方式来定义、测量、监控并予以反馈，企业使绩效评估成为了企业绩效管理过程中至关重要的一个环节。它可以衡量考察员工的贡献，并在此基础上，帮助企业做出晋升、调动、加薪、培训或者解雇的决定。

企业的考核标准必须明确，不同岗位、不同层次要有不同的岗位说明书，考核结果应当全面、真实地反映员工的工作绩效。若企业人事考评透明度不高，对考核结果的相关解释和反馈机制不健全，就无法发挥考核的教育激励作用。此外，绩效考核不能仅仅考核结果，过程同样重要。以结果论英雄的绩效考核会使员工仅仅注重指标的完成，忽略好的结果是否通过正确的过程来达到。

6. 薪酬管理

它是指为员工对企业所做出的贡献给予奖酬的过程，是人力资源管理的激励与凝聚职能，也是人力资源管理的核心。其主要内容为：根据对员工工作绩效进行考评的结果，公平地向员工提供合理的，与他们各自的贡献相称的工资、奖励和福利。设置这项基本功能的根本目的在于增强员工的满意感，提高其工作积极性，增加组织的绩效。公平合理的薪酬制度是使用最广泛的激励制度。薪酬水平的高低不仅决定了企业招聘到的员工的素质和吸引挽留人才的能力，而且对员工的工作满意度有很大的影响。因此，建立一个公平可行的薪酬制度对于人力资源管理至关重要。

5.2 工作分析

5.2.1 工作分析的相关概念

企业的建立会催生一系列工作，这些工作具有特定的任务与职责，并且需要由具备特定素质的人员来承担。基于此，企业要想实现其战略目标，提高其经营管理水平，就必须确定企业内工作的性质、任务和职责是什么，以及哪些类型的人力资源能够胜任这一工作岗位。这一过程就是工作分析。

1. 工作分析的定义

工作分析又称岗位分析、职位分析，是对组织中某个特定工作职务的目的、任务或职责、权力、隶属关系、工作条件、任职资格等相关信息进行收集与分析，以便对该职务的工作做出明确的规定，并确定完成该工作所需要的行为、条件、人员的过程。工作分析的结果是形成工作描述和工作说明书。

工作分析解决的是每项工作中 6W1H 的问题，即：谁来做（Who）、做什么（What）、何时做（When）、在哪儿做（Where）、为何做（Why）、为谁做（Whom）和如何做（How）。

2. 基本术语

"工作"一词常常因它被怎样使用、什么时候使用或由谁来使用而有不同的含义，常常与职位和任务这两个词互换使用。因此，在进行工作分析和工作设计时，我们必须对所遇到的术语进行定义，一一明确它们之间的关系。

（1）工作要素（Job Element）。它是工作中不能再继续分解的最小工作单位，包括涉及非常基本的动作，如触及、抓起、安置或放下一个物体，以及几个基本动作构成的整体，如拾起、运送和安置一个对象。

（2）任务（Task）。任务是指工作活动中为达到某一目的而由相关要素直接组成的集合，是对员工所从事的事情做的具体描述。任务是工作分析的基本单位，并且它常常是对工作职责的进一步分解。任务可以由一个或多个工作要素组成。

（3）职责（Responsibility）。职责是由某人在某一方面承担的一项或多项任务组成的相关任务集合，如打字员的职责包括打字、校对、机器维修等。

（4）职位（Position）。职位也叫岗位，是指由一个人在一定时间和空间里完成的一项或多项相关职责组成的集合。例如，人力资源部经理这一职位所承担的职责有以下几个：员工的招聘录用、员工的培训开发、企业的薪酬管理、员工关系的管理等。

（5）职权（Authority）。职权是指赋予的特定权力，有时特定的职责等同于特定的职权，它常常用"具有批准某某事项的权限"来表达。

（6）工作（Job）。工作是指一组重要责任相似或相同的职位，或有着相同或相似重要责任的一系列职位。职位和工作的区别是，工作可以容纳一个以上的人，而职位不能。

（7）工作族（Occupation）。工作族指企业内部具有非常广泛的相似内容的相关工作群，又称职位族。例如，企业内所有从事销售工作的职位组成销售类工作族，所有从事人力资源管理的职位组成人事工作族。

（8）职业（Profession）。职业是指在不同时间、不同组织内从事的相似工作的总称。工作（或职务）与职业的区别主要在于其范围不同。工作所指的范围较窄，主要是指在组织内的，而职业则是指跨组织的。

5.2.2 工作分析的过程

工作分析是对工作做出全面评价的过程，是一项技术性强、复杂而细致的工作。其工作程序主要包括四个阶段：准备阶段、调查阶段、分析阶段和完成阶段。这四个阶段关系十分密切，它们相互联系、相互影响。

1. 准备阶段

工作分析人员由于在进行分析时要与各工作现场或员工接触，所以应该先行在办公室内研究该工作的书面资料。同时，要协调好与工厂主管人员之间的合作关系，以免产生摩擦或误解。在这一阶段，我们主要解决以下几个问题。

（1）建立工作分析小组。小组通常由分析专家构成。小组成员确定之后，企业赋予他们进行分析活动的权限，保证分析工作顺利进行。

（2）明确工作分析的总目标、总任务。小组成员根据总目标、总任务，对企业现状进行初步了解，掌握各种数据和资料。

（3）明确工作分析的目的。有了明确的目的才能正确确定分析的范围、对象和内容，规定分析的方式、方法，并理清收集的资料、地点和方法。

（4）明确分析对象。为保证分析结果的正确性，小组成员应选择有代表性、典型的工作。

（5）建立良好的工作关系。为了做好工作分析，小组成员还应做好员工的心理准备工作，建立起友好的合作关系。

2. 调查阶段

调查阶段的工作重点是收集信息。

（1）确定收集信息的内容。工作分析中所收集的信息是否全面决定了工作的整体质量，一般情况下要全面了解一个岗位需要收集 9 个方面的信息：①职务基本信息；②工作目标；③工作内容；④工作特征；⑤完成工作所需的设施或设备、工具；⑥任职资格；⑦培训与开发要求；⑧绩效考核标准；⑨法律、法规强制要求的条件。

（2）收集信息常用的方法包括访谈法、问卷法、观察法、工作日志法等。企业在实际开展工作分析的过程中必须考虑收集信息的质量与效率。利用访谈法收集的信息质量最高。问卷法是工作效率最高的收集信息的方法之一，企业利用该方法可以在短时间内获得大量的数据。

（3）开展信息收集工作需要做好以下 3 项工作。

① 工作分析小组负责人必须按照事先的分析计划，全面推进工作计划。

② 直线部门主管要做好协调工作，预先安排好被调查者的工作，全力配合分析小组按照原计划开展工作。

③ 分析小组与直线部门主管密切配合，正确选择调查对象。

3. 分析阶段

分析阶段的主要任务是对有关工作特征和工作人员的调查结果进行深入全面的分析。具体工作如下。

① 仔细审核收集到的各种信息。

② 创造性地分析、发现有关工作和工作人员的关键成分。

③ 归纳、总结进行工作分析所必需的材料和要素。

在工作分析阶段，如发现现有的工作概念、内容、方法已经不尽合理，企业应该改善，或者做部分更换，否则就不能提高工作质量和附加值。企业对各项工作描述的条款可采取"删除—简化—合并—改善—创新"办法进行分析。

4. 完成阶段

完成阶段是工作分析的最后阶段，完成阶段的任务是根据相关规范和信息编制工作描述和工作说明书，具体如下。

① 根据工作分析规范和经过分析处理的信息草拟"工作描述"和"工作说明书"。

② 将草拟的"工作描述"与"工作说明书"与实际工作对比。

③ 根据对比结果决定是否需要进行再次调查研究。

④ 修正"工作描述"与"工作说明书"。

⑤ 若需要修正，可重复②～④的工作。特别重要的岗位的"工作描述"和"工作说明书"应被多次修正。

⑥ 形成最终的"工作描述"和"工作说明书"。

⑦ 将"工作描述"和"工作说明书"应用于实际工作中，并注意收集应用的反馈信息，不断完

善"工作描述"和"工作说明书"。

5.2.3 工作分析的内容

一个企业要有效地进行人力资源管理，一个重要的前提就是要了解各种工作的特点以及能胜任各种工作的人员的特点，对某特定的工作做出明确规定，并确定完成这一工作需要什么样的行为过程。这就是工作分析的主要内容。

我们一般把工作分析的内容分成两部分，即工作描述与工作说明书。

工作分析用于研究某项工作本身到底需要做什么。在工作分析过程中，企业还要考虑从事这项工作的人需要具备什么特点。当然，如果分析的是一项已然存在的工作，应该尽量忘记当前做这项工作的人的特点。工作分析的目的在于确认任何人从事该项工作时的职责是什么，需要完成哪些任务，并明确说明该工作的条件，如上下级报告关系、出差要求等。

1. 工作描述

工作描述（Job Descriptions）具体说明了工作目的与任务、工作内容与特征、工作责任与权力、工作标准与要求、工作时间与地点等问题。由于组织不同，工作描述的内容也不相同。工作描述没有标准的格式，然而规范的工作描述一般应包含以下内容。

（1）职位名称：指组织对从事一定工作活动所规定的职位名称或职位代号，用来对各种工作进行识别、登记、分类以及确定组织内外的各种工作关系。

（2）工作活动和工作程序：包括所要完成的工作任务、工作责任、使用的原材料和机器设备、工作流程、与其他人的正式工作关系、接受监督以及进行监督的性质和内容。

（3）工作条件和物理环境：包括工作地点的温度、光线、湿度、噪声、安全条件、地理位置等。

（4）社会环境：包括工作群体中的人数、各部门之间的关系、工作地点内外的文化设施、风俗等。

（5）聘用条件：包括工时数、工资结构、工资支付、福利待遇、晋升机会、进修机会等。

下面的例子是关于企业销售部经理的工作描述（见表5-2）。

表 5-2　　　　　　　　　　　　　企业销售部经理的工作描述

工作名称：销售经理	部　　门：公司销售部
工作代号：X-1	工作地点：公司总部
在职者：	时　　间：2012 年 3 月

工作活动和工作程序

通过对下级的管理和监督，实施企业产品的销售、计划、组织、指导和控制；指导销售部的各种活动；就全面的销售事务向分管的销售副总汇报；根据对销售区域、销售渠道、销售定额、销售目标的初步认可，协调销售分配功能；批准对销售员的区域分派；评估销售员的业务报告；组织销售员的培训等。审查市场分析，以确定顾客需求、潜在的销售量、折扣率、竞争活动；亲自与大客户保持联系；可与广告机构就广告事宜进行谈判；可根据有关规定建议或实施对本部门员工的奖惩；可以调用小汽车两辆、送货车十辆

工作条件和物理环境

65%以上时间在市内工作，一般不受气候影响；湿度适中，无严重噪声，无个人生命或严重受伤危险，无有毒气体。有外出要求，一年中 30%～35%的工作日出差在外；工作地点：本市

社会环境

有一名副手，销售部工作人员数为 50～60 人，直接上级是销售副总；需要经常交往的部门是生产部、财务部

聘用条件

每周工作 40 小时，法定假休息；基本工资每月 3 500 元，职务津贴 500 元，每年完成任务奖金 10 000 元，超额部分按千分之二提取奖金；本岗位是企业的中层干部岗位，可晋升为销售副总。每月的通信费、因公请客费、出差费按级别标准报销，每三年有一次出国考察机会

2. 工作说明书

工作说明书（Job Specifications），是指企业对从事某项工作人员必须具备的一般要求、生理要求和心理要求的描述，主要包括以下内容。

（1）一般要求：主要包括年龄、性别、学历、工作经验等。

（2）生理要求：主要包括健康状况、力量和体力、运动的灵活性、感觉器官的灵敏度等。

（3）心理要求：主要包括观察能力、集中能力、记忆能力、理解能力、学习能力、创造能力、数学计算能力、语言表达能力、决策能力、性格、气质、态度、事业心、合作性、领导能力等。

下面仍以某企业销售部经理为例编制工作说明书（见表 5-3）。

表 5-3 企业销售部经理的工作说明书

职务名称：销售部经理	年龄：26～35 岁
性别：不限	学历：大学本科以上
工作经验：从事相同或相近产品销售工作四年以上	

生理要求：

无严重疾病；无传染病；能胜任办公室工作，有时需要站立和走动；平时以说、听、看、写为主。

心理要求：

一般智力：A	观察能力：B	记忆能力：B	理解能力：A
学习能力：A	解决问题能力：A	创造能力：A	知识面：A
数学计算能力：A	语言表达能力：A	决策能力：A	

性格：偏外向　　气质：多血质或胆汁质

兴趣爱好：喜欢与人交往，爱好广泛。态度：积极、乐观

事业心：十分强烈　合作性：优秀

领导能力：卓越

心理要求等级划分：

A——全体员工中最优秀的 10%之内。总分为 100 分，即 90 分以上，下类同。

B——70～89 分；

C——30～69 分；

D——10～29 分；

E——9 分以下

其他特点：

有驾驶执照

5.2.4　工作分析的作用

工作分析是人力资源管理非常重要的工作，它被认为是人力资源管理工作者所从事的所有各种活动的基石。人力资源管理的各种计划或方案——人员的甄选与任用、绩效管理、员工培训与开发、工作评价与设计、薪酬管理、职业生涯规划与管理及人力资源规划等均需要通过工作分析获得一些信息。因此，工作分析在人力资源管理中具有十分重要的作用。

工作分析的作用

1. 工作分析为人力资源规划提供了必要的信息

企业通过工作分析可以对内部各个职位的工作量进行科学的分析判断，从而为职位的增减决策提供必要的信息。工作分析对各个职位任职资格的要求也有助于企业进行人力资源的内部供给预测。

2. 工作分析为人员的招聘录用提供了明确的标准

由于工作分析对各个职位的性质、特征以及担任此类职位所必需的任职资格条件做出了详尽的说明

和规划，因此企业在招聘录用过程中就有了明确的标准，避免了盲目性，有利于提高招聘录用的质量。在任意一家招聘网站，单击企业招聘的职位，我们能看到的内容都是工作分析的结果（见阅读材料 5-1）。

阅读材料 5-1

中国移动北京公司 2019 年春季校园招聘

所属公司：中国移动北京公司　　　　所属部门：政企客户部

工作地点：北京市东城区　　　　　　学历：本科及以上

工作类型：产品经理　　　　　　　　发布时间：2018-09-05

工作内容/职位描述：

1. 参与中国移动"大连接"的战略执行，制订物联网产品规划、发展路径，打造高品质的"大连接"产品体系；

2. 致力于产品标准化和个性化的研发，负责物联网产品需求收集、评估和推动开发，并进行需求开发管理；

3. 组织产品功能和流程体验优化，开展物联网产品上线后的生产测试、功能优化，提高产品价值；

4. 协调相关资源，与总部专业公司、公司相关部门做好协同和产品落地工作。

任职资格：

1. 全日制普通高等院校、国家统招大学本科及以上学历，教育部认可的国外院校大学本科及以上应届毕业生；

2. 具有通信、计算机或自动化等相关专业本科以上学历，掌握物联网、移动通信网络等技术知识者优先；

3. 获得国家大学英语CET-4及以上合格证书，如其他语种为相当等级；

4. 在校期间成绩达标，无不良记录；

5. 具备较强的独立解决问题能力及逻辑思维能力，具备较强的学习能力、操作能力，有良好的沟通能力以及协作能力；

6. 认同企业文化；

7. 身心健康。

（资料来源：由网络资料整理而来。）

3. **工作分析为人员培训开发提供了明确的依据**

工作分析对各个职位的工作内容和任职资格都做出了明确的规定，企业可以据此对新员工进行上岗前培训，让他们了解自己的工作；还可以根据员工与职位任职资格要求的差距进行相应的培训，提高员工与职位的匹配度。

4. **工作分析为科学的绩效考核提供了帮助**

通过工作分析，每一职位的工作内容以及所要达到的标准都有了明确的界定，这就为绩效考核提供了明确的标准，减少了评价的主观因素，提高了考核的科学性。

5. **工作分析为制定公平合理的薪酬政策奠定了基础**

按照公平理论的要求，企业在制定薪酬政策时必须保证公平合理，而工作分析则对各个职位承担的责任、从事的活动、资格的要求做出了具体的描述，这样企业就可以根据各个职位在企业内部的重要性给予不同的薪酬，从而确保薪酬的内部公平。

5.3 | 绩效管理

5.3.1 绩效管理概述

1. 绩效的含义和特征

（1）绩效的含义。绩效是指员工的知识、技能、能力等一切综合因素，在一定的环境影响下，通过一系列的行为表现后产生的结果。绩效也是个体或群体工作表现、直接成绩和最终贡献的统一体。绩效包括两个方面的含义：一是指员工个体或群体的工作结果，也就是员工个体或群体所完成工作或履行职务的结果；二是指影响员工个体或群体工作结果的行为、表现及素质等。

从经营管理的层面来看，企业可以将绩效分为组织绩效和个人绩效。组织绩效是企业运营的最终价值；个人绩效是员工对企业的贡献。个人绩效构成组织绩效，组织绩效对员工又有激励作用，两者相辅相成、密不可分。

（2）绩效的特征。

① 多因性。即员工的绩效是受多种因素共同影响的，这些因素既有员工个体的因素，如知识、能力、价值观等，也有企业环境的因素，如制度、工作场所条件等。

② 多维性。即员工的绩效往往体现在多个方面。仅从一个方面去评价员工是不合理的。一般来说，我们可以从工作业绩、工作能力和工作态度 3 个方面来评价员工的绩效

③ 动态性。绩效是会发生变动的，因此我们在评估员工的绩效时，应以发展的眼光看待员工的绩效。

2. 绩效管理

（1）绩效管理的含义。绩效管理是指为了实现企业的发展目标，企业通过有效的绩效计划及辅导，采用科学的方法对员工个人或团队的综合素质和工作业绩进行全面的衡量，分析存在的问题，提出解决方案，调动员工或团队的工作积极性，不断提高工作绩效的一系列管理活动。

（2）绩效管理过程。即通过确定绩效目标、绩效考评、绩效反馈和绩效改进 4 个环节周而复始地不断实现或提升组织或个人目标的过程（见图 5-1）。

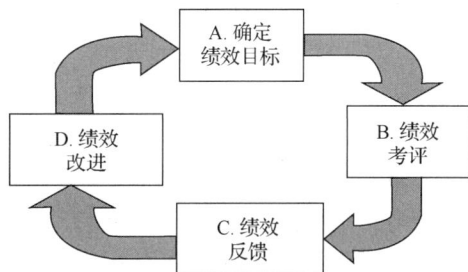

图 5-1　绩效管理过程

A．确定绩效目标。绩效目标是指企业为了实现其战略目标，对企业中各项产业所需完成的具体任务所设定的标准。设定绩效目标时，管理者一般根据企业总体目标或上级部门的目标，围绕本

部门业务重点或职责，制订本部门的工作目标计划，保证部门工作目标与企业的总体目标相一致。在部门内部，管理者根据各个职位应负的责任，将部门目标层层分解到具体的责任人，形成每个岗位的绩效目标。

B．绩效考评。即企业通过系统的方法、原理来评定和测量员工在职务上的工作行为、工作成果以及对企业的贡献或价值。

C．绩效反馈。所谓绩效反馈，主要是指通过评价者与被评价者之间的沟通，评价者就被评价者在评价周期内的绩效情况进行面谈，在肯定成绩的同时，找出工作中的不足并加以改进。

D．绩效改进。这个阶段的主要任务就是制订有针对性的改进计划和策略，不断提高员工的能力。绩效改进是绩效考核的后续应用阶段，是连接绩效考核和下一循环计划目标制定的关键环节。绩效考核的目的不仅是确定员工薪酬、奖惩、晋升或降级的标准，其根本目的是促进员工能力的不断提高以及绩效的持续改进，而达到这一目的的途径就是绩效改进。

5.3.2　绩效目标的确定

绩效目标（Performance Objective/Performance Goal）是指企业为了实现其战略目标，对企业中各项作业所需完成的具体任务所设定的标准。确定绩效目标是绩效管理的起点，同时也是制订绩效计划的首要任务。绩效目标是组织目标与绩效管理实践相联结的纽带，在具体的绩效管理实践中得以实现。绩效目标在绩效管理中也被称为目的或责任，它为绩效评价提供了基本的评价标准和评价依据。制定明确的绩效目标不仅有助于员工理解自己工作的角色、价值和贡献，同时也能激发员工自我管理、自我发展的能力和意识。因此，制定一个明确的、与企业目标相一致的绩效目标是非常重要的。

绩效管理过程

1．绩效目标的来源

绩效目标有三种主要来源：源于企业战略目标或部门目标、源于部门及岗位职责、源于客户的需要。在设定绩效目标时，管理者一般应该根据企业总体战略目标或上级部门的目标，围绕本部门业务重点或职责，结合客户的需要，制订本部门的工作目标计划，保证部门工作目标与企业的总体目标相一致。

2．绩效目标的组成

绩效目标作为绩效管理的基础，主要由绩效内容和绩效标准组成。

（1）绩效内容。绩效内容界定了员工的工作任务，即员工在绩效评价期间应当做什么样的事情，它包括绩效项目和绩效指标两个部分。绩效项目是指绩效的维度，即要从哪些方面来对员工的绩效进行评价，一般企业绩效评价项目包括工作业绩、工作能力和工作态度等。绩效指标则是指绩效项目的具体内容，是对绩效项目的分解和细化。通常企业对工作业绩设定指标时，可从数量、质量、成本和时间四个方面考虑；对于工作能力和工作态度，则因部门或岗位的差异而有所不同。绩效项目分解，细化为绩效指标，有助于保证绩效评价的客观性。

（2）绩效标准。绩效标准是指与其相对应的每个目标任务应达到的基本绩效要求。绩效标准明确了员工的工作要求，即对于绩效内容所界定项目和指标，员工应当怎样来做或做到什么样的程度。绩效标准的确定有助于保证绩效评价的公正性。绩效标准通常是针对特定职务工作而言的。绩效标准反映了职务本身对员工的要求，主要受制于职务标准与职能标准。职务标准与职能标准共同规定了企业对该职务的工作内容、任职者素质等方面的要求。其中，职务标准对应的是在工作中表现出来的工作绩效，这种绩效可能直接反映在工作业绩上，也可能间接反映在工作能力和工作态度上，实际上是一种任职资格，因此，往往用于对员工工作能力和工作潜力的评价，多用在对部门及部门负责人的评价上。绩效目标、绩效内容与绩效标准的关系如图 5-2 所示。

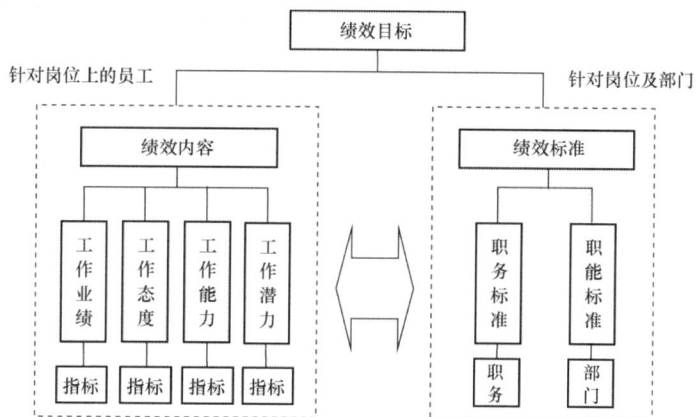

图 5-2　绩效目标与绩效内容和绩效标准的关系

3．确定绩效目标的原则

确定绩效目标有一个重要的 SMART 原则，具体如下。

（1）明确的（Specific），即绩效目标的描述要具体明确，切忌笼统含混；

（2）可衡量的（Measurable），设定的绩效目标应该是可以衡量和评估的，评价的数据或者信息是可以获得的；

（3）可实现的（Attainable），所制定的绩效目标在付出适当的努力后是可以实现的，而不是遥不可及的；

（4）相关的（Relative），绩效目标必须是与具体工作密切相关的；

（5）限时的（Time-bound），企业对绩效目标的实现时间应当有明确的限制。

4．关键绩效指标

关键绩效指标（Key Performance Indicator，KPI）是把企业的战略目标从上至下层层分解为可操作工作目标的工具，是企业绩效管理的基础。KPI 取决于企业的战略目标，是对企业战略目标的进一步细化和发展。KPI 也会随企业战略目标的发展而调整。

最常见的关键绩效指标有三种：一是效益类指标，如资产盈利效率、盈利水平等；二是营运类指标，如部门管理费用控制、市场份额等；三是组织类指标，如满意度水平、服务效率等。

KPI 确立的过程如下。

第一步，确定业务重点。明确企业的战略目标，找出企业的业务重点，然后再找出这些关键业务领域的关键绩效指标（KPI），即企业级 KPI。

第二步，分解出部门级 KPI。各部门的主管需要依据企业级 KPI 对相应部门的 KPI 进行分解，确定相关的要素目标，找出部门级 KPI。

第三步，分解出个人的 KPI。将部门级 KPI 进一步分解为各职位的 KPI，形成个人的 KPI。

第四步，设定评价标准。标准指的是各个指标分别应该达到什么样的水平。

第五步，审核关键绩效指标。跟踪和监控这些关键绩效指标，确保这些关键绩效指标能够全面、客观地反映被评价对象的绩效。

5.3.3 绩效考评

1. 绩效考评的含义

绩效考评也叫业绩考评，是企业人力资源管理的重要内容，即企业通过系统的方法、原理来评定和测量员工在职务上的工作行为、工作成果以及对企业的贡献或价值。考评包括考核和评价两个方面。考核为评价提供事实依据，只有基于客观的考核基础上的评价才是公平合理的；考核的结果也只有通过评价才能得以进一步运用。

绩效考核是指用定性和定量的方法对员工绩效进行客观描述的过程。而绩效评价则是在考核的基础上，根据描述来确定员工绩效的高低，做出评价。

2. 绩效考评的方法

（1）业绩评定表法。所谓业绩评定表法，就是将各种评估因素按照优秀、良好、合格、稍差、不合格（或其他相应等级）进行评定的方法。最后把员工的得分加总，得出最终的绩效分值。其优点在于简便、快捷，易于量化。其缺点在于容易出现主观偏差和趋中误差；等级宽泛，难以把握尺度，大多数人高度集中于某一等级。

（2）交替排序法。交替排序法根据某些工作绩效考评要素将员工们从绩效最好的人到绩效最差的人进行排序。先挑出绩效最好的放在第一位，然后挑出绩效最差的放在最后一位。然后从剩下的人中挑出绩效最好的放在第二位，绩效最差的放在倒数第二位，依次类推。通常由于从员工中挑选出绩效最好和绩效最差的要比对他们的绩效直接进行评价容易得多，因此交替排序法是一种运用得非常普遍的绩效考评方法。当然，这种方法仅能用于人员较少的部门或公司。

（3）硬性分布法。硬性分布法是将限定范围内的员工按照某一概率分布划分到有限数量的几种类型上的一种方法。使用这种方法就意味着要提前确定准备按照一种什么样的比例将被评价者分别分布到每一个工作绩效等级上去。我们通常提到的末位淘汰法，就是一种硬性分布法。

（4）配对比较法。配对比较法是将每一位员工按照所有的评价要素与所有其他员工进行两两比较的方法。如将员工1与员工2、员工3、员工4比较，员工2与员工3、员工4比较等。在比较中获胜次数最多的员工等级最高。

（5）关键事件法。关键事件指那些对部门效益产生重大积极或消极影响的事件。在关键事件法中，考绩者需要将员工在考核期间内所有的关键事件进行书面记录。记录的这些事件应该是有关说明被评价员工令人满意和令人不满意绩效的工作行为。随着时间的推移，记录的事件成为考评绩效和向员工提供反馈的基础。

（6）行为锚定等级评价法。行为锚定等级评价法将关于特别优良或特别劣等绩效的叙述加以等级性量化。这些代表从最劣到最佳典型绩效的、有具体行为描述的锚定说明词，不但使被考评者能较深刻而信服地了解自身的现状，还可使其找到具体的改进目标。需要注意的是，说明词须是行为实例，不是对"优""劣"等行为的评价。其倡导者宣称，它比我们所讨论过的所有其他工作绩效考评工具都具有更好和更公平的评价效果。

（7）目标管理法。目标管理法是指通过使每个员工都为完成组织使命和战略目标而努力来实现组织的有效性。主要包括以下两个方面的重要内容：目标设定和定期考评。目标设定开始于组织的最高层，他们提出组织使命概念和战略目标。然后通过组织层次往下传递至员工个人。个人目标如果完成，则有助于该组织战略目标实现；定期考评就是根据原来设置的绩效标准来评价员工目标完成情况，一般是每年进行一次考评，作为对员工绩效有效性的某种测量。

5.3.4　绩效反馈

1.　绩效反馈的含义

所谓绩效反馈，主要是指通过评价者与被评价者之间的沟通，评价者就被评价者在评价周期内的绩效情况进行面谈，在肯定成绩的同时，找出工作中的不足并加以改进。

绩效反馈的内容概括起来主要有：通报员工当期绩效评价结果、分析员工绩效差距并确定改进措施、沟通协商下一个绩效评价周期的工作任务与目标、确定与任务和目标相匹配的资源配置。

2.　绩效反馈的形式

（1）根据沟通方式分类。根据沟通方式，绩效反馈分为语言沟通、暗示以及奖惩等方式。语言沟通是指评价者将绩效评价结果通过口头或书面语言反馈给被评价者，对其良好的绩效加以肯定，对不好的绩效给予批评。暗示方式是指评价者以间接的形式对被评价者的绩效给予肯定或否定，如通过与下属接近或疏远的方式暗示对下属工作绩效的评价。奖惩方式是指通过货币（如加薪或罚款等）及非货币（如晋升或降级等）形式对被评价者的绩效进行反馈。

（2）根据反馈对象的参与程度分类。根据反馈对象的参与程度，绩效反馈可分为指令式、指导式和授权式。指令式是最传统的反馈方式，大多数管理者习惯使用这种方式。其主要特点是以管理者为中心，员工更多的是倾听和接受；指导式以教和问相结合，这种方式同时以管理者和员工为中心，使管理者与员工之间有较为充分的互动沟通过程；授权式则是以问为主，以教为辅，完全以员工为中心，管理者主要对员工的回答感兴趣，而很少发表自己的观点，而且注重帮助员工独立地找到解决问题的方法。

（3）根据反馈信息的内容分类。根据绩效反馈的内容，把绩效反馈分为负面反馈、中立反馈和正面反馈。负面反馈和中立反馈主要针对错误的行为，而正面反馈则是针对正确行为。

（4）360 度绩效反馈。360 度绩效反馈，就是指帮助一个组织的成员（主要是管理人员）从与自己发生工作关系的所有主体那里获得关于本人绩效信息反馈的过程。360 度绩效反馈如图5-3 所示。

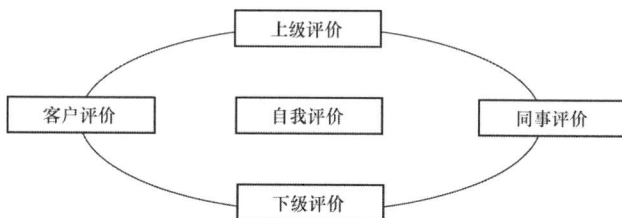

图 5-3　360 度绩效反馈示意图

5.3.5　绩效改进

绩效改进指对于考核中发现的问题，制订绩效改进计划，进行修正。常见的绩效改进方法如下。

（1）列表法。列表法是指将所有可能帮助员工改进绩效的方法列在一张表中，并将其分为下属该做的、主管该做的以及应改善的环境等内容。

美国威斯康星大学推广教育管理学院的诺曼·阿里瑟基于对主管人员成长与发展的广泛研究发现，主管所立的榜样形象是促进下属成长发展最重要的因素，工作之外的活动也是绩效改进计划中的重要内容，最常见的是参加各种活动、读书、积极参与专业组织。

（2）Dayton-Hudson 法。Dayton-Hudson 公司针对个人发展研究出了一套实际的方法，用过此法的公司普遍反映该方法很好。该公司编制了一本名为《个人发展计划》的小册子，供主管参考。编制《个人发展计划》有两个目的：一是帮助下属在现有工作中改进绩效；二是帮助下属发展潜力，经由一系列预先安排的学习阶段，为未来可能的升迁做准备，但其重点仍在改进下属现有的工作绩效上。

这套个人发展计划直接从绩效评价延伸出来。从表 5-4 中可以看出，《发展计划》是专为改进现阶段的工作绩效而设计的，它可以帮助一个人克服缺点并培养优点。表 5-5 所示是准备升迁时所用的表格。Dayton-Hudson 公司所用的《个人发展计划》中包括三个改进绩效的途径：组织外活动、组织内活动和个人自我改进活动（见表 5-6）。

表 5-4　　　　　　　　　　　为改进现有工作绩效所用的个人发展表

应用项目	个人发展计划	达成与否
A. 过去 12 个月未尽的职责或其弱点		
B. 计划培养的个人优点		

表 5-5　　　　　　　　　　　为升迁准备所用的个人发展计划表

理想职位	准备步骤	达成与否
1.		
2.		
3.		
4.		

表 5-6　　　　　　　　　　　个人发展计划改进方案表

改进事项：		
组织外活动	组织内活动	个人自我改进活动

5.4 薪酬管理

5.4.1 薪酬的概念和内容

1. 薪酬的概念

薪酬（Compensation）的概念可以从广义和狭义两个角度来探讨。广义薪酬指企业依据员工对企业所做的贡献付给的相应回报，包括经济性薪酬和非经济性薪酬（见图 5-4），也就是现在强调的全面薪酬的概念。而狭义薪酬指的是其中的经济性薪酬。

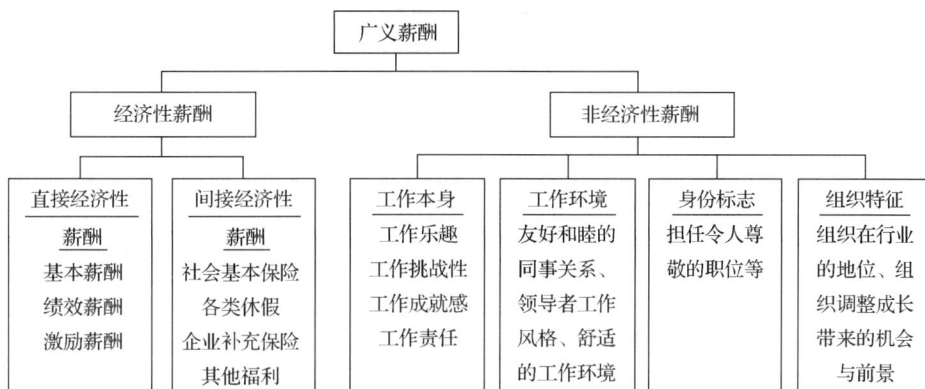

图 5-4　广义薪酬的构成

（1）直接经济性薪酬（Direct Financial Compensation），即直接以现金的形式支付的工资，包括基本薪酬、绩效薪酬、激励薪酬等。

（2）间接经济性薪酬（Indirect Financial Compensation），主要指福利和服务，是企业以间接方式提供的外在的薪酬，与劳动者的能力和绩效没有什么关系，如社会基本保险、各类休假、企业补充保险、其他福利等。

（3）非经济性薪酬（Nonfinancial Compensation），主要指工作本身、工作环境、身份标志、组织特征几个方面带来的心理效应。

鉴于篇幅有限，我们在本书中仅介绍经济性薪酬。

2.　薪酬的内容

（1）基本薪酬。基本薪酬（Basic Pay）也称职位薪酬，是根据员工所在职位或所具备完成工作的技能而向员工支付的稳定性薪酬。它常以货币形式足额、按时支付。企业按员工所在职位支付薪酬，实际上执行的是职位薪酬制度。

（2）绩效薪酬。绩效薪酬（Performance-Based）或称间接经济薪酬，主要针对个人而言，是企业对员工超额完成的工作或针对其突出的工作绩效而支付的一种奖励性薪酬，旨在鼓励员工提高工作效率和工作质量。绩效薪酬与员工的业绩挂钩，通常随着员工的工作业绩变化而调整，可以是短期的，也可以是长期的。常见的绩效薪酬形式有：绩效加薪（Merit Pay）、一次性奖金以及个人特别绩效。

（3）激励薪酬。激励薪酬（Incentive Pay）是企业预先将利益分享方案告知员工或者通过使用股票奖励来激励员工的计划。企业根据员工目标达成情况给予员工激励薪酬。从定义可以看出，激励薪酬对员工具有未来导向性，而绩效薪酬仅仅反映员工已完成的工作情况。

（4）福利。福利（Benefits）是指企业为了保障员工的基本生活而对员工提供经济上的帮助、生活上的便利，以补充员工基本的、经常的、共同的或特殊的生活而采取的福利措施和举办的福利事业的总称。福利分为法定福利和企业自愿福利。法定福利主要包括社会保险、法定假日以及劳动安全三大模块。企业自愿福利是指企业根据自身特点，有目的、有计划、有针对性设计的福利项目。

5.4.2 影响薪酬的因素分析

薪酬水平（Pay Level）是企业与企业之间的一种薪酬比较关系，是一个企业相对于其竞争对手薪酬数额的高低。影响薪酬的主要因素可分为以下三大类。

1. 宏观因素

（1）当地经济发展状况。一般情况下，当地的经济发展处在一个较高水平时，企业员工的薪酬会较高；相反，则员工的薪酬会较低。

（2）生活费用与物价水平。员工的工资水平一般与企业所在的地区生活费用和物价水平成正比。

（3）地区和行业的工资水平。企业如果处于较发达的城市，员工的工资水平就要高些。企业所处行业如果属于"好行业"，如石油化工业等，则员工的工资就会较高；如果属于制造行业，员工工资可能就要低些。

（4）劳动力市场的供求状况。当劳动力市场上供大于求的时候，相应岗位对应的工资降低；反之，当供小于求时，岗位人才稀缺，则工资就会被市场拉高。

（5）宏观调控政策。国家的宏观政策，如税收政策、出口政策、财政政策等，也会在很大程度上影响员工的工资水平。

（6）国家有关法规。国家以法律形式对工资水平进行影响，主要是通过制定最低工资标准来实现的。政府的许多法规政策影响企业的薪酬决定，如对员工最低工资的规定；企业或雇主支付员工工资方式的规定；员工的所得税比例；企业安全卫生的规定；男女同工同酬的规定；女职工的特殊保护；员工的退休、养老、医疗保险等。

2. 企业因素

企业因素决定了企业之间薪酬水平的差异，具体包括以下几个。

（1）企业的薪酬政策。不同企业的薪酬政策都不相同，薪酬政策通常由高层主管组成的人力资源部门予以确定。薪酬政策包括工资等级和工资幅度、加薪基础、晋升、降级、调职、小时工资率、加班、休假、工作时数、付薪的机密性和工作时间等内容。

（2）公平因素。公平是企业薪酬制度的基础，通常员工认为薪酬制度是公平的，才会产生满意感。因此，公平可能是决定工资率最重要的因素，包括外部公平和内部公平。所谓外部公平，就是指企业的薪酬标准或工资水平同其他企业相比要有竞争力，否则难以吸引和留住人才。所谓内部公平，是指与企业内部其他人员相比，企业应让每位员工感到自己获得的薪酬是合理的。

（3）企业的劳动生产率。员工的薪酬水平是由企业的经济效益决定的，企业的劳动生产率就是反映企业综合经济效益的重要指标。由于企业间劳动生产率不同，企业可提取作为工资的数量必然不同，从而员工的工资水平就会不同。

（4）企业的工资支付能力。员工工资对企业来说就是人工成本。如果企业没有工资支付能力、缺少资金，那么也无法支付员工的薪酬。

（5）企业文化。企业的文化与企业的价值观紧密相连，因此影响薪酬制度。例如，有的企业推崇个人英雄主义，因此薪酬差别很大；有些企业提倡集体主义，因此薪酬差别较小；有些企业鼓励冒险，因此工资很高，福利较差；有些则比较保守，因此工资较低，但福利较好。

（6）工会对薪酬的影响。企业中工会的一项主要工作就是保护工人的权益。因此，工会也对企业薪酬产生影响，因为薪酬是工人的主要利益之一。

3. 员工个人因素

员工个人因素决定了在同一企业中员工之间的工资差异，具体包括以五个。

（1）工作绩效。企业通过绩效评价考核员工的业绩，如果员工的评价结果好，则工资提高；如果评价结果差，则工资降低。

（2）岗位（或职务）。不同的岗位有不同的工作内容和工作性质，这使得员工承担的责任、面临的风险、所处的工作环境不同，因此对企业的贡献价值和获得的薪酬就不同。

（3）教育背景、技术和培训水平。员工进入企业时，会有各自不同的技术能力、教育及培训经历，这就决定了不同的人在企业中有不同的发展起点，不同的人有不同的工资水平。

（4）工作条件。工作条件对薪酬水平的影响主要体现在津贴上。不同岗位的工作条件不同，员工承受的工作压力不同，因此员工收入也不同。

（5）年龄与工龄。员工在企业工作的时间越长，表明其在企业的积累劳动越多，对企业的贡献越大、忠诚度越高。工龄工资就是企业对员工长期服务于企业给予的奖励。

5.4.3 薪酬管理目标

薪酬管理是企业根据所有员工提供的劳务对本企业员工报酬的支付标准、发放水平、要素结构进行确定、分配和调整的过程。一般而言，薪酬管理要实现如下目标。

1. 公平性目标

公平性是指员工对于薪酬管理系统以及管理过程的是否公平、公正的看法或感知。公平是薪酬系统的基础，员工只有在认为薪酬系统是公平的前提下，才可能产生认同感和满意度，薪酬的激励作用才可能实现。公平性包括三个方面：外部公平、内部公平和员工个人公平。

（1）外部公平。外部公平强调的是本企业薪酬水平与其他企业薪酬水平相比较时的竞争力，因此也称外部竞争性。企业想要获得有竞争力的优秀人才，必须要有一套对人才有吸引力并在行业中具有竞争力的薪酬系统。除较高的薪资水平和正确的薪酬价值取向外，灵活多元化的薪酬结构也越来越引起人们的兴趣。例如，针对不同类型的员工采取不同的薪酬给付方式、按员工的业绩支付报酬、长期激励性报酬在总报酬中占主要地位等薪酬分配政策都具有一定的竞争力。

（2）内部公平。内部公平是指薪酬政策中的内部一致性，它强调的是在一个企业内部不同的工作之间、技能水平之间的报酬水平应该相互协调。这意味着企业内部报酬水平的相对高低应该以工作内容为基础，或者以工作所需要技能的复杂程度为基础，当然也可以是工作内容或技能要求的某种组合。但是，无论如何，内部一致性强调的重点都是根据各种工作对企业整体目标实现的相对贡献大小来支付报酬。

（3）员工个人公平。员工个人公平即企业中每个员工得到的薪酬与他们各自对组织的贡献相互匹配。

如果员工通过比较后感觉不公平，可能导致以下的结果：第一，员工有可能要求提高自己的报酬水平。这也是为什么很多企业愿意实行秘密给付制度，并要求员工之间不要彼此讨论报酬多少的原因；第二，员工可能会减少自己的投入，降低努力程度，在极端的情况下还可能辞职。美国曾经做过的一项实验表明，当员工的工资水平被削减15%时，员工在企业中的偷窃行为明显增加。而当工资恢复到原来的水平时，员工的偷窃率会相应降低。

2. 有效性目标

有效性目标体现了效率的观念。而效率的保障可以通过两个方面来实现：

（1）提高薪酬支出获得的效益。这就要求企业在薪酬上的每一分投入都是有成效的，而提高投入成效，一方面是通过上述的公平性目标，促使薪酬具有激励性，提高员工和组织的工作绩效。另一方面，要使每一份薪酬投入都是支持企业发展目标与战略的，这就是目前所强调的战略薪酬管理的理念。

（2）控制劳动成本。强调外部竞争力的薪酬政策对企业的目标具有双重影响。一方面，企业必须为员工支付足够高的薪酬，否则无法留住足够数量的合格员工。另一方面，企业支付给员工的报酬是企业所生产的产品或服务的成本的重要组成部分，过高的劳动报酬必然会提高产品在市场上的价格，从而降低企业产品在市场上的竞争力，威胁企业的生存。所以，企业的报酬水平又不能太高。

3. 合法性目标

合法性是指企业的薪酬管理体系和管理过程应当符合国家的相关法律规定。薪酬系统的合法性是必不可少的，合法是建立在遵守国家相关政策、法律法规和企业一系列管理制度基础之上的。从国际通行的情况来看，与薪酬管理有关的法律主要包括最低工资法、同工同酬法或反歧视法等。我国一些法律法规也对企业的薪酬管理和薪酬确定进行了相应的规定。如果企业的薪酬系统与现行的国家政策和法律法规、企业管理制度不相符合，则企业应该迅速地进行改进使其具有合法性。另外，当这些法律法规发生变化时，企业对薪酬制度也应做相应的调整。

5.4.4　职位薪酬体系

在整个薪酬体系中，基本薪酬是最基础的部分，它不仅反映了薪酬与企业以及工作设计之间的关系，而且是可变薪酬甚至是福利的确定基础。企业决定基本薪酬有三种可供选择的标准，即职位、技能和能力。在本书中，我们主要介绍最常用的职位薪酬体系。

员工工资设立的
基本过程

在职位薪酬体系中，基本薪酬是这样确定的：根据员工在生产过程中的不同职位的工作难易、技术业务的复杂程度、责任大小、劳动繁重等条件，对职位价值做出客观的评价，然后再根据这种评价的结果来赋予承担这一职位工作的员工与该职位的价值相当的薪酬。

职位薪酬的确定过程如下。

1. 制定企业的付酬原则与策略

企业付酬的原则与策略是企业文化的一部分，它包括对员工本性的认识，对员工总体价值的评价，对管理骨干及高级专业人才所起作用的估计等企业核心价值观；企业对支付员工福利负有义务，真正实现了按贡献分配才是最大公平道德观。

2. 薪资调查

企业薪酬水平的高低不仅关系到外部竞争力，同时也关系到企业的经济效益。企业通过薪酬调查，就可以了解同行和相关劳动力市场的流行工资率，进而直接用同行的薪酬标准作为给付标准，也可以通过调查确定某些基本工作的给付标准，然后按照相对价值为其他工作确定薪酬，还可以了解同行的相关福利措施。

3. 工作设计与分析

这是薪酬体系建立的依据，这一活动将产生企业组织结构系统图及其中所有岗位的说明与规范等文件。工作分析是企业人力资源管理的基础，也是薪酬管理的重要依据，企业可根据工作分析所标明的工作内容、责任大小、层级关系而确定其岗位薪酬。

4. 职位评价

职位评价又称岗位评价或工作评价，是指在工作分析或职位分析的基础上，采取科学的方法，对企业内部各职位的责任大小、工作强度、工作环境、工作难度、任职条件等因素进行评价，以确定各职位在组织中的相对价值，并据此建立职位价值序列。职位评价的目的在于判定一个职位的相对价值，包括为确定一个职位相对于其他职位的价值所做的正式、系统的比较，并最终确定该职位的工资或薪酬等级。其基本程序是对每一个职位所包含的内容进行相互比较。职位评价方法有很多种，应用比较广泛的是海氏职位评价系统和美世国际职位评估法（见阅读材料 5-2）。

5．薪酬结构设计

所谓薪酬结构，是指企业的组织结构中各岗位的相对价值与对应的实际薪酬间的关系。企业应将所有岗位都按统一的贡献原则定薪，保证企业薪酬体系的内在公平性。在通过职位评价得出职位的相对价值之后，还必须据此转换成实际的薪酬值才行，这就需要进行薪酬结构设计。

6．工资曲线设计

工资曲线是某个企业的工资构成的形象直观的表现形式，能显示企业中各职位的相对价值与其实付工资之间的对应关系。图 5-5 所示就是一个常见的工资曲线图。企业设计工资曲线出于两种目的，其一是开发组织的工资体系，使每个职位的工资都能和该职位的相对价值或职位点值相对应，这在一定意义上体现了企业的管理理念和价值判断。其二检查现行工资率的合理性，以作为调整的依据。

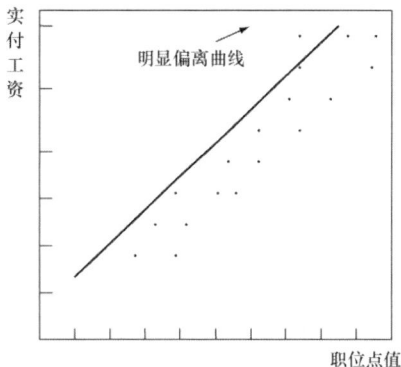

图 5-5　工资曲线图

7．工资等级划分与定薪

通过职位评价确定了每个职位的相对价值后，企业根据所确定的工资曲线，将众多类别的职位工资归并组合，形成若干等级（见图 5-6）。这样做的目的也是简化工资管理工作。因此，企业可能期望将类似职位（如在序列或点值上相近）归入同一个工资等级，这样企业就无须处理几百种工资率，可能只要关注几个工资等级即可。

企业确定工资等级时，要参考市场的最高和最低工资结构线，结合企业的付薪政策，确定自己的工资结构线和工资等级（见图 5-7）。

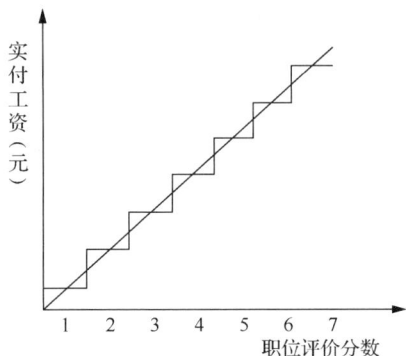

图 5-6　合并后的工资等级

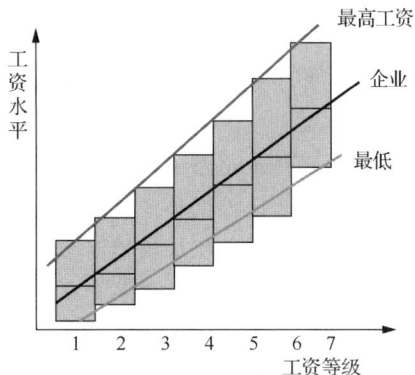

图 5-7　市场最高和最低工资线

8．薪酬体系的运行控制与调整

最后，企业要对所有工资等级的工资率进行调整。这包括调整偏差工资率并设计一套新的工资率系列（Payrate Ranges）。企业薪酬体系一经建立，如何投入正常运作并对其实行有效的控制与管理，使其发挥应有的功能，是一个相当复杂的问题，也是一项长期的工作。

阅读材料 5-2

两种常用的职位评价方法

海氏（HAY）职位评价系统

美国薪酬设计专家艾德华·海于1951年沿着点数法的思路，进一步研究开发出了海氏职位评价系统（又叫"指导图表—形状构成法"）。它有效地解决了不同职能部门不同职务之间相对价值的相互比较和量化的难题，被企业界广泛接受。

海氏评价法实质上是将付酬因素进一步抽象为具有普遍适用性的三大因素，即职能水平、解决问题能力和风险责任，其有三套标尺性评价量表，企业可据此算出各个工作职位的相对价值。

海氏职位评价系统对所评价的岗位按照以上三个要素及相应的标准进行评价打分，得出每个职位的评价分（职位评价分=职能得分+解决问题得分+应负责任得分）。

利用海氏职位评价系统在评价三种主要付酬因素不同的分数时，企业还必须考虑各职位的"形状构成"，以确定该因素的权重，进而计算各职位相对价值的总分，完成职位评价活动。职务的"形状构成"主要取决于职能和解决问题能力两个因素相对于风险责任这一因素影响力的对比与分配。

美世国际职位评估法

职位（岗位）评估是通过"因素提取"并给予评分的职位价值测量工具。早在20世纪七八十年代，职位评估就风靡欧美，成为内部人力资源管理的基础工具。但是当美国逐渐将人力资源管理重点从"职位"转至"绩效"以后，作为总部在美国的全球最大的人力资源管理咨询公司——美世咨询公司却始终没有抛弃这个工具，而是将其进一步开发，使其适合全球性企业，尤其是欧洲和亚洲国家的企业使用。2000年，美世咨询公司兼并了全球另一个专业人力资源管理咨询公司国际资源管理咨询集团（Corporate Resources Group，CRG）后，将其评估工具升级到第三版，成为目前市场上最为简便、适用的评估工具——国际职位评估体系（International Position Evaluation，IPE）。

这个职位评估体系共有4个因素、10个维度、104个级别，总分为1 225分。评估的结果可以分成48个级别。这套评估系统的4个因素是指：影响（Impact）、沟通（Communication）、创新（Innovation）和知识（Knowledge）。

与其他职位评价方法比较，国际职位评估体系的独特之处表现在：考虑了组织规模因素，这一点是其他绝大多数职务计点方法所没有的。即在进行具体职位的评估之前，我们首先要确定企业的规模。在这个特殊的因素中，需要考虑企业的销售额、员工人数和组织类型（制造型、装配型、销售型还是配送型），来放大或缩小组织规模。另外，员工人数也是一个重要的规模因素，借助这个因素进行调整，美世系统可以把不同规模不同类型的企业置于同一个比较平台之上。当然，IPE如此考虑组织规模因素有多大合理性还有待于进一步的讨论。本书认为，与IPE采用的通过组织规模变量来衡量大企业与小企业之间同样职务不同价值差异比较，通过不同价值人才之间的供求比来量化可能更合理。

（资料来源：根据网络资料改编。）

5.4.5 绩效薪酬

1. 个体绩效薪酬

针对个人而言的绩效薪酬，是企业对员工超额完成工作部分或工作绩效突出部分而支付的一种奖励性薪酬。常见的个体绩效薪酬形式有：绩效加薪、一次性奖金以及个人特别绩效奖。

绩效加薪又称绩效工资，是将员工基本薪酬的增加与其在某种绩效评价体系中所获得的评价等级联系起来的一种激励薪酬计划。因此，绩效工资取决于员工的绩效水平，是企业对员工过去工作行为和所取得成绩的认可。需要注意的是，它与其他激励薪酬的最大区别在于绩效工资是在基本工资基础上永久性的增加。

为了避免固定薪酬成本的不断增加，越来越多的企业正在逐渐用一次性奖金取代绩效工资。员工在每年年终时根据本人或公司绩效得到一次性奖金，该奖金不计入基本工资。

个人特别绩效奖也是一次性的奖励，是指企业根据绩效而给予员工的各种荣誉称号、奖励假期以及各种物质奖励等。

基于个人的薪酬通常适用于下列情境：每个员工的贡献能够被准确区分；工作需要很大的自主权、不需要通过合作来获取高绩效以及企业鼓励竞争的时候。

2. 团队绩效薪酬

现实当中很多工作并不是一个人就能够完成的，需要依靠团队来完成，如流水线作业、部门业绩的实现等。团队绩效薪酬是奖励员工的集体绩效，而不是每个员工的个人绩效。

企业一般会采用典型的三步法来建立团队绩效薪酬体系。第一步：将设定的绩效标准作为团队报酬的基础，效率和产品质量的提高或原料与劳动力成本的节约是最普遍的样板性标准；第二步：确定激励性报酬的多少；第三步：确定报酬的支付形式，以及在团队成员之间如何分配。

团队内部的奖金分配有如下三种方式：①成员平均分配奖金。这可以加强成员的合作，但成员认为个人贡献或绩效不同时不适用；②成员根据其对团队绩效的贡献大小得到不同金额的奖金。这种方式可能会导致的一个结果是，一些员工为了增加收入会只重视自己的绩效而不考虑集体绩效。因此，有的企业采取一种折中的办法，即把一部分奖金根据个人绩效来发，剩下的一部分平均分发；③根据每个成员的基本工资占团队所有成员基本工资总数的比例确定其奖金比例。

实践中，也有企业给团队非现金形式的奖励，如集体度假、集体聚餐等。

5.4.6 激励薪酬

激励薪酬是企业预先将利益分享方案告知员工或者通过使用股票奖励来激励员工的计划。企业根据员工目标达成情况给予员工激励薪酬。激励薪酬按时间可分为短期激励薪酬计划和长期激励薪酬计划；而长期激励薪酬又可分为员工激励薪酬计划和高层管理人员激励薪酬计划。

1. 短期激励薪酬计划

（1）收益分享计划。所谓收益分享计划（Gain Sharing Plan），指的是将一个部门或整个企业在一定时期成本的节约或者人工成本的节约与上期进行比较，然后按照某一个事先确定的比例把节约额度在这一部门或整个企业中的全体员工之间进行分配。

其主要优点是：第一，那些从事间接服务的、个人业绩不容易观察的员工可以得到奖励。第二，在工作领域技术改进的同时并不强迫生产效率的提高。不过，生产效率低的员工在工作中有搭便车的现象，会对生产效率高的员工产生消极的影响。一旦达不到目标收益，容易使企业内部员工之间产生矛盾。

（2）利润分享计划。所谓利润分享计划（Profit Sharing Plan），指的是企业将盈利状况的变动作为整个企业的业绩来衡量，将超过目标利润的部分在整个企业的全体员工之间进行分配，使每个员工得到的利润份额相同或与基本工资成比例。

由于利润分享计划将员工利益与企业的发展联系在一起，使员工对企业和企业的利润目标有更高程度的认同，这样员工对企业的发展更关心，并努力工作，提高生产率，减少浪费。同时这个计划使得企业的人工成本具有可变性。如果企业没有利润，那么就不会发生员工激励费用。

不过，利润受外部影响较大，并不仅靠员工的个人努力就能获得。如果出现经济不景气、气候因素、突发性事件等，企业利润水平没有超过预定的目标，那么即使是最优秀的员工也无法得到奖励。此外，利润分享计划让每个员工得到的份额都相同或者与其基础工资成比例，与个人的工作绩效之间可能缺少明确的联系。

2. 长期激励薪酬计划

（1）针对员工的长期激励薪酬计划。针对员工的长期激励薪酬计划主要是员工持股计划。员工持股计划（Employee Stock Ownership Plan，ESOP）指企业内部员工出资认购本企业的部分股权，并委托员工持股会管理运作，员工持股会代表持股员工进入董事会参与表决和分红的一种新型的股权形式。员工持股计划用企业股票来回报员工，可以是完全授予股票，也可以是以低于市场价值的价格授予。员工持股计划有利于改善企业内部的雇佣关系，使员工享受企业长期发展的收益，有助于提高其工作积极性。

（2）针对高层管理人员的长期激励薪酬计划。针对高层管理人员的长期激励计划分为两大类：基于股权的计划和结合现金回报和股权的计划，如表5-7所示。

表5-7　　　　　　　　　　　　高层管理人员的长期激励计划

基于股权的计划
股票期权计划。允许高层管理人员在规定的期限内（可长达10年）以某一优惠的价格获得预定数量的企业股权
股票购买计划。允许高层管理人员在短期内（通常为1个月或2个月）以某一价格选择购买股票，这一价格可以低于或等于公允市场价值（股票购买计划通常适应于企业所有员工）
限制性股票计划。授予高层管理人员股票，这些股票要求很少的个人投资。作为回报，高层管理人员必须为企业服务一定年限（如4年）。如果高层管理人员在规定的最低年限前离开，享有这些股票的权利即丧失
股票奖励计划。为高层管理人员提供免费的企业股票，通常没有附加条件。经常作为退休时只可享受一次的记名奖金
基于定价的股票计划。将股票授予或者以某一规定的价格提供给高层管理人员。不像其他基于股票的计划，当高层管理人员希望赎回时，该股票的价值不是其市场价格，而是根据预定的定价公式计算的价格（通常是账面价值，即资产减去负债除以已发行股票的数量）。当董事会认为企业股票的市场价格受到许多高层管理团队不能控制的因素的影响时，该方案经常被采用
非优先股票计划。该股票的价值比普通股的低，所以高层管理人员在得到股票时所花费的现金更少。不像普通权拥有者，非优先股拥有者只有有限的投票权和分红权。然而，当达到一定的绩效目标后，非优先股可以转换为普通股
跟踪股票期权计划。该类股票与母公司的某一特定部门和事业单位的绩效相联系，而非与整个公司绩效相联系
结合现金回报和股票的计划
股票增值权计划。指企业给予激励对象一种权利：经营者可以在规定时间内获得规定数量的股票股价上涨所带来的收益。因此，虽然企业实际并没有授予股票，但只要股票价格上涨，高层管理人员就会获得回报。高层管理人员不需要投资。该计划可以单独使用，也可以与股票期权结合使用
绩效单位计划。在该计划下，每一股的价值与财务绩效指标（如每股收益）挂钩。例如，每股收益每上涨5个百分点，企业为高层管理人员所拥有股票提供每股1 000美元的奖励。因此，如果每股收益上涨15个百分点，高层管理人员将得到每股3 000美元的奖励。这些奖励可以采用现金或普通股的形式支付
绩效股计划。该计划基于盈利数据使用预定的定价公式为高层管理人员提供大量股票。每股的实际薪酬取决于绩效末期或授予期每股的市场价格
虚拟股票计划。企业以股票价格而非盈利指标变化的一定比例作为支付给高层管理人员的奖金。虚拟股票只是一个记账用的术语，因为高层管理人员并没有得到任何真正的股票。高层管理人员获得大量的虚拟股票后，当实现了企业的绩效目标时，能获得相应的现金奖励。该奖励可以等于虚拟股票的价格或其增值

（资料来源：Gomez-mejia，等. 人力资源管理（第八版）. 刘宁，蒋建武，张正堂，译. 北京：北京大学出版社，2018.）

5.4.7 福利

福利是企业为满足员工的生活需要，在工资收入之外，向员工本人及其家属提供的货币、实物及一些服务。也就是说，福利的形式可以是金钱或实物，也可以是服务机会与特殊权利。

福利按性质分为法定福利和企业补充福利两种类型。法定福利是国家法律法规明确规定的各种福利，企业必须按政府规定的标准执行，如各类社会保险、住房公积金、法定休假等；企业补充福利主要包括补充养老保险、医疗保险、各类员工服务计划及其他补充福利等（见图 5-8）。

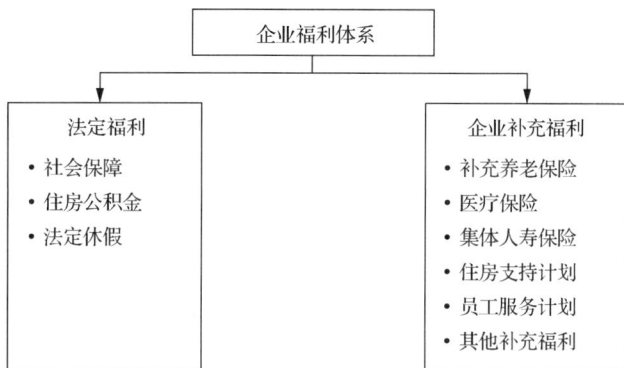

图 5-8　企业福利的构成

1. 法定福利

法定福利是组织依据国家有关法规必须为员工提供的福利，它为员工提供了工作和生活的基本保障。它当员工在遭遇失业、疾病、伤残等特殊困难时给予及时救助，提高了员工防范风险的能力。

社会保障是指企业的社会保险，即通过国家立法形式强制推行的一种社会保障制度。社会保险一般包括养老保险、失业保险、医疗保险、工伤保险、生育保险等。

法定休假包括公休假日、法定休假日和带薪年休假。通过休假，员工可以有一段时间离开繁重的工作，获得身体和心理上的调整，以便更好地投入到工作当中去。

住房公积金指国家机关、国有企业、城镇集体企业、外商投资企业、城镇私营企业及其他城镇企业、事业单位、民办非企业单位、社会团体及其在职员工缴存的长期住房储金。住房公积金由两部分组成，一是员工个人每月按规定从工资中扣缴的部分；二是单位每月按规定为员工个人缴存的部分，这部分是住房实物福利分配向工资货币分配转换的部分。住房公积金是按照"个人存储、单位资助，统一管理，专项使用"的原则建立的一种长期住房储金。

2. 企业补充福利

企业补充福利则是企业为满足员工更高层次需求，提高员工生活水平和生活质量而提供给员工的附加福利，主要包括补充养老保险、医疗保险、集体人寿保险、住房支持计划、员工服务计划和其他补充福利（如交通费、节日津贴和子女教育辅助计划）等。

现在，越来越多的企业开始实施弹性福利计划（Flexible Benefit Plan）（又称自助餐式福利计划），即根据员工的特点和具体需求，列出一些福利项目，在一定的金额限制内，员工按照自己的需求和偏好自由选择和组合。它区别于传统的整齐划一的福利计划，具有很强的灵活性，很受员工的欢迎。

5.5 新时代通信企业人力资源管理面临的挑战

近年来，移动互联网用户爆发式增长，各种物联网、云业务、OTT和流量经营业务的发展，使得传统移动运营商的压力与日俱增。在"降本增效"和"提速降费"的大背景下，运营商若不能有效发挥人力资源优势，将面临较大的收入下降和利润下滑风险。接轨移动互联网时代，盘活人力资源价值、提高全体员工效率，成为通信企业当前的核心工作之一。另外，当前人才的跨界抢夺逐步激烈。在互联网和虚拟运营时代，行业的交错竞争凸显出核心人才的稀缺。尤其最近几年，随着高科技企业的蓬勃发展、虚拟运营商的出现，通信企业吸引和保留优秀人才的难度越来越大，人力资源管理变革势在必行。

1. 重新定义雇佣关系、变革组织结构

通信企业的员工结构相对比较复杂，有正式员工、劳务派遣员工以及大量的劳务外包人员。但在互联网时代，组织将变得更加扁平化、平台化、去中心化。为了提高运行效率，通信企业应大力推动组织变革，减少管理层级，简政放权，加快建立适应互联网化转型的赋能型组织管理模式。

在这种组织结构下，通信企业要从价值贡献的角度来重新定义员工。在强调客户体验的环境下，最接近用户的员工最具发言权。员工不再是打工者，而应是企业的合作伙伴。不管是什么类型的员工，只要能为企业做出贡献，都可以纳入员工管理的范畴。实现决策前移，能快速响应客户需求。在这种结构下，员工的潜能和活力才有可能被充分激发。

在能预见的未来，能成为合作伙伴的人才是资本。这意味着企业要打破僵化的组织结构，让平等替代金字塔式管理，还意味着要自管理、自雇佣，而这也正是合作伙伴与员工的本质区别。

2. 推进HR三支柱转型

在快速变化的市场环境中，为了给各业务部门提供最有力的支持，人力资源部门应从烦琐的事务性工作中解脱出来，腾出更多的精力思考和配合业务部门的需要。因此，人力资源业务伙伴（HR Business Partner，HRBP）应运而生。人力资源专家中心（HR Center of Expertise，HRCOE）作为HR领域的专家，借助其精深的专业技能和对领先实践的掌握，负责设计整个企业的业务导向、创新的HR政策、流程和方案，并为HRBP提供技术支持和服务。与此同时，人力资源共享服务中心（HR Shared Service Center，HRSSC）产生了，将企业各业务单元中所有与人力资源管理有关的基础性行政工作，如员工招聘、薪酬福利核算与发放、社会保险管理等统一处理，是HR标准服务的提供者。

对通信企业而言，人力资源部也应转型成为战略合作伙伴、政策的设计师、产品的营销师、员工的客户经理。通信企业应从传统的人事管理模式转型为HR三支柱管理模式，由HRBP整理业务部门的需求，提出解决方案和整改机制，提交给HRCOE寻求专业技术指导。与此同时，HRBP应与HRSSC合作，推行服务方案，更好地支持业务部门的基础工作。通过转型，通信企业的HR职能可以从服务型转向战略型，从职能驱动转向业务驱动，从同质化服务转向定制化服务，从而提高HR部门的运营效率，为企业战略做出贡献。

3. 开展人才盘点，优化人才配置

人才盘点是指将企业人力资源的现状与人力资源战略需求差距进行比较分析，从而清晰地了解组织中的人力资源状况，确认与组织未来发展的差异度，以便做更清晰有效的人力资源规划。受制于传统业务模式和管理模式，通信企业存在大量"冗余员工"，存量人员结构性矛盾突出。通信企业

作为以数字化、互联网为核心的产业经济企业，一方面，"云、大、物、智、移"等互联网创新人才短缺，员工的互联网化营销能力、业务能力、创新能力、适应能力、转型能力不足；另一方面，随着传统语音和数据业务的萎缩，营销渠道转型、经营模式"O2O"化，运营商中原来从事渠道、终端、直销、客服、维护等基础岗位的员工冗余。人才浪费现象严重、冗员过多、人才闲置、人才配置错位、人才高消费、战略性人才快速流失等问题依然存在。

为了能够快速应对市场变化，提高企业的抗风险能力，通信企业应开展全方位人才盘点，了解人才趋势，洞悉人才变化，解读人才资源现状，大幅增加在新兴领域的人才配置数量、削减传统业务部门人才配置数量。此外，要聚焦核心领域，推动人员转型，提前部署核心人才库，优化人力资本结构，提高人力资源管理效能。

4. 优化人才激励模式

在互联网和虚拟运营时代，核心人才的跨界抢夺变得日益普遍和激烈。通信企业吸引和保留优秀人才的难度越来越大。自国家出台《关于进一步规范中央企业负责人薪酬管理的指导意见》和《中央企业工资总额预算管理暂行办法》等相关制度后，国家进一步强化了对通信企业的收入分配调控。与此同时，随着市场竞争压力的加大，员工工作压力加大，工作量剧增。薪酬上升空间有限和工作压力持续增长的矛盾，成为通信企业人力资源管理最大的挑战。随着通信企业扩张速度放缓，员工的晋升通道逐渐变窄，职业天花板出现。

在这样的背景下，通信企业首先要变革人力资源管理思维，探索多元化人才激励模式。首先，以市场化目标为核心，构建市场化薪酬体系，基于全面薪酬的理念，构建固定与可变薪酬相结合、物质与非物质薪酬相结合、短期和中长期激励相结合的全面薪酬体系，以吸引、保留外部市场化人才；其次，探索实行员工持股激励模式，通过产权制度改革等方式从根本上实现利益分享，进一步建立利益绑定、风险共担的激励约束长效机制，激发核心人员潜力。此外，改变只有晋升、加薪才能激励员工的传统观念，结合新时代员工需求的多元化特征，灵活设计非物质薪酬。例如，给员工更大的话语权，让员工在企业资源分配方向、产品改进方向拥有更大的决策权；让员工拥有更加自由、开放的内部环境；优化组织创新氛围，充分调动员工创新的激情，推动价值创造。

本章小结

人力资源是指能够推动国民经济和社会发展的，具有智力劳动和体力劳动能力的人的总和。人力资源管理包括以下核心内容：人力资源规划、工作分析、招募与甄选、培训与开发、绩效管理和薪酬管理。

工作分析被认为是人力资源管理工作者所从事的所有各种活动的基石，工作分析的结果是形成工作描述和工作说明书。绩效管理过程包括确定绩效目标、绩效考评、绩效反馈和绩效改进四个环节。薪酬从广义上讲包括经济性薪酬和非经济性薪酬。文中介绍了经济性薪酬的四个方面的基本内容，包括职位薪酬、绩效薪酬、激励薪酬和福利。最后讨论了新时代通信企业人力资源管理面临的挑战。

复习思考题

1. 什么是人力资源？其主要特征有哪些？

2．人力资源管理的内容包含哪几个部分？

3．简述工作描述和工作说明书的基本内容。

4．绩效管理过程包括哪几个环节？

5．经济性薪酬包括哪些内容？

6．影响薪酬的主要因素有哪些？

案例分析

中国联通混改员工持股方案落地

2019年2月，中国联通混改的重大制度改革已基本落地，中国联通混合所有制改革的国有资产与非国有资产比例是中国联通（36.67%）、中国人寿（10.22%）、国企结构调整基金（6.11%）总的持股比例为53%，其他的为非国有资本。

2019年2月7日，中国联通董事会已经提前换届，BATJ进入联通董事会人员名单也已经公布。2月11日，中国联通发布了关于限制性股票激励计划及首期授予方案等一系列相关公告，明确了股权激励的规模、7 855人名单、价格以及个人出资资金获取方式。此次中国联通员工股权激励计划落地，对于联通员工来说是核心员工与公司建立更长期利益捆绑的一小步，对于整个国企员工持股来说，则是历史性的一大步。

自19世纪80年代后国企员工持股问题被探索以来，出现了不少问题，如利益输送、内部人控制、国有资产流失等，以至于国企改革大都把员工持股视为禁区，改改停停，直到十八届三中全会后，以及在四中、五中等会议之后，国资委才在2016年8月发布了《关于国有控股混合所有制企业开展员工持股试点的意见》，这标志着国企员工持股在中央层面的制度障碍得以消除。

但是在操作层面，国企对员工持股仍然是慎之又慎，能够真正突破的并不多，如有多位学者研究发现，在员工持股比例上，国资委规定的上限是30%，但是大部分企业都没有突破10%的比例，中国联通的比例也只有2.8%。

《中国联通：限制性股票激励计划（草案）及首期授予方案（草案）摘要公告》指出，中国联通将向核心员工首期授予不超过8.48亿股限制性股票，募集资金不超过约32.13亿元。而员工持股的目标人群为"公司中层管理人员、公司核心管理人才及专业人才"。此外，该公告还明确：本次授予的限制性股票授予后满24个月起为本激励计划的解锁期，在解锁期内，若达到本激励计划规定的解锁条件，激励对象获授的限制性股票分三期解锁。

中国联通借助此次混改，成为第一家在央企集团公司层面全集团实行员工持股的企业，为后续中央层面国企的改制打破了坚冰。之后很多地方省市也出台了国企员工持股的地方规定，如北京、上海等地方。中国联通的价值在于既为央企也为地方国企提供了可资借鉴的模板。

（资料来源：根据网络资料改编。）

思考题：

（1）员工持股制作为长期激励计划的内容，有何优缺点？

（2）如何看待中国联通的员工持股制？

【学习目标】

- 理解企业财务管理的基本概念、内容。
- 掌握企业资金筹集的种类和方式。
- 通过财务报表对企业财务状况进行分析。
- 通过财务指标分析企业经营能力。
- 理解企业收益分配的原则和一般程序。

【开篇案例】

市场对"旷视科技"会有怎样的价值认定呢

旷视科技成立于2011年10月，源于一款《乌鸦来了》的App体感游戏。2016年，旷视科技和蚂蚁金服合作研发支付宝"Smile to Pay"（刷脸技术）。在2018年由中国制造的配备身份验证功能的安卓智能手机中，超过70%的手机使用了旷视科技提供的基于人脸识别的设备解锁解决方案，小米、OPPO、vivo均是其重要客户，支付宝的刷脸技术也由其提供。现在，旷视科技的收入主要来自物联网解决方案。

根据旷视科技公布的年度报表，2016—2018年，旷视科技的营业收入分别为6 780万元、3.132亿元和14.269亿元，3年复合增长率达到358.8%，这些数据显示成长期的旷视科技实现了营业收入的高速增长。不过，旷视科技的亏损也逐年扩大，如2016—2018年的亏损分别为3.428亿元、7.588亿元和33.516亿元。2019年上半年，旷视科技的营业收入为9.49亿元，亏损约为52亿元。2016—2018年，旷视科技的经营现金流分别为-1.13亿元、-1.5亿元和-7.18亿元。旷视科技解释，公司亏损主要是由于优先股的公允价值变动以及持续的研发投资造成的。一家以技术驱动的AI公司需要具有非常强大的研发团队和科研基因，才能第一时间消化和吸收新的科研论文成果，并应用到具体技术领域。"人才"和"技术壁垒"成为旷视科技成长的关键词。在深度学习领域，旷视科技拥有一支由世界级科学家领导的强大研发团队。截至2019年6月30日，旷视科技研发团队由1 400多名计算机科学家、算法工程师及产品开发人员组成，员工在国际信息学奥林匹克竞赛（International Qlympiad in Informatics，IOI）、全国青少年信息学奥林匹克竞赛（National Olympaid in Informatics，NOI）以及国际大学生程序设计竞赛等中获得过40多项世界金牌。"人才"和"技术壁垒"则需要企业每年将超过一半的营业收入投入到研发中。旷视科技2016年的研发费用虽然仅为7 816万元，但同期研发费用率高达115.35%；2017年的研发费用同比增长162.81%，增长至2.05亿元，研发费用率达到65.6%；2018年猛增198.34%，增长至6.12亿元。截至2019年6月，旷视科技的研发费用达到了4.68亿元，研发费用率接近50%。旷视科技大量投资于研发工作，以进一步增强其解决方案，并计划继续大量投资研发及营销工作。其经营活动现金流为负，说明旷视科技经营过程中应收账款过多，现金收入少。这正证明，尚处于高速成长期的旷视科技采取的是市场扩张战略，这个阶段侧重在市场份额的增长上，所以企业需要有较强的融资能力。

2019年8月，起步于2011年的人脸识别独角兽旷视科技，终于发布招股书。40亿美元（约合

285.75亿元人民币）的估值，调整后的净利润仅为3 220万元。市场对于盈利能力不佳但成长性强的旷视科技，究竟会给予怎样的价值认定呢？

（资料来源：根据网络资源改编。）

生产经营活动的实质就是通过各种管理手段，加速物质和资金的运动，取得最好的经济效果。因此，从某种意义上说，企业管理要以财务管理为中心，财务管理要以资金管理为中心。第一，企业的一切生产经营活动，最终都要反映到财务成果上来。第二，财务管理涉及企业产、供、销各个环节，其通过对资金的管理，以达到对企业生产经营活动全过程的管理。第三，财务管理是企业管理的基础，可以为企业的生产管理、经营管理、质量管理、技术管理和设备管理提供准确完整的基础资料，同时也从资金上保证这些管理活动的有效开展。

6.1 企业财务管理

6.1.1 企业财务活动

企业财务管理是指企业在组织财务活动和处理财务活动中所发生的财务关系的一项经济管理活动，是企业管理的一个重要组成部分。随着经济的发展，财务管理在企业管理中的地位和作用也越来越重要，有时甚至成为企业生存和发展的关键所在。企业的财务活动，是以现金收支为主的企业资金收支活动的总称，主要包括以下四个方面。

1. 企业筹资引起的财务活动

在市场经济条件下，企业要从事经营活动，首先必须筹集一定数量的资金，企业通过发行股票、债券、吸引投资、借款等方式筹集资金，表现为企业资金的收入。企业偿还借款、支付利息、支付各种筹资费用，则表现为企业资金的支出。企业筹集资金的基本要求是遵照国家法律和政策的要求，从不同渠道，采用不同方式，按照经济核算的原则筹集资金，从数量上满足生产经营的需要，同时要考虑降低资金成本，减少财务风险，提高筹资效益，以实现财务管理的目标。

资金筹集是企业财务管理中一项最基本的管理内容，而筹资决策又是筹资管理的核心。筹资决策所要解决的问题是筹资渠道、筹资方式、筹资风险和筹资成本等问题，要求确定最佳的资本结构，选择最合适的筹资方式，并在风险和成本之间权衡得失。

筹资决策的内容应包括以下几个方面。

（1）预测企业资金的需要量，估计筹资额度；

（2）规划企业的筹资渠道和资本结构，合理筹集和节约使用资金；

（3）规划企业的筹资方式，使筹集的资金符合实际的需要；

（4）确定企业的资金成本和资金风险，使企业获得最佳收益，并防止因决策失误而造成的损失；

（5）保持一定的举债余地和偿债能力，为企业的稳定和发展创造条件。

2. 企业投资引起的财务活动

企业筹集资金的目的是把资金用于生产经营活动以取得利益，不断增加企业的价值。企业投资包括固定资产投资、证券投资和对其他企业的直接投资。投资管理的基本要求是建立严密的投资管理程序，充分论证投资在技术上的可行性和经济上的合理性。在收益和风险同时存在的条件下，力求做好预测和决策，以减少风险，提高收益。

投资项目的主要内容应该包括以下几个方面。

（1）预测企业投资的规模，使之符合企业需求和偿债能力；

（2）确定企业的投资结构，分散资金投向，提高资产流动性；

（3）分析企业的投资环境，正确选择投资机会和投资对象；

（4）研究企业的投资风险，把风险控制在一定限度内；

（5）评价投资方案的收益和风险，进行不同的投资组合；

（6）选择最佳的投资方案，为实现企业整体目标而服务。

3. 企业经营引起的财务活动

企业在生产经营活动中，会发生一系列的资金收支变化。首先，企业要采购原材料、零部件用于生产，或者采购商品用于销售，同时要支付工资和其他营业费用；其次，企业把产品或商品售出后，会取得收入、收回资金；另外，如果企业现有资金不能满足企业经营的需要，企业还要采取短期筹资的方式来筹集所需要的资金。以上活动都会产生企业资金的收支变化，即属于企业经营而引起的财务活动。

在企业经营活动中，主要涉及流动资产和流动负债的管理问题。流动资金的周转与生产经营周期具有一致性，在一定时期内，资金周转越快，企业就可以利用相同数量的资金生产出更多的产品、销售出更多的商品，从而取得更多的收入，获得更多的利润；资金周转过慢，且没有稳定的流动负债进行补充时，企业的产出和销售会受到影响，严重时还会资金链断裂。因此，如何加速资金周转，提高资金的利用效率，是企业开展经营活动需要重点考虑的问题。

4. 企业收益分配引起的财务活动

企业收益分配引起的财务活动包括企业营业收入管理、利润（收支差额）及其分配管理。其基本的管理要求是认真做好业务预测和财务决策，开拓市场，促进销售，确保欠款回笼；做好利润预测和利润计划，确保利润目标的实现，并合理分配盈利，确保各方面的利益。企业收益的分配，影响企业的长远利益和股东的收益。一方面，企业应通过降低成本、减小风险，增加企业内部的积累，保留更多的盈余进行各种新的投资；另一方面，也要考虑股东的近期利益，发放一定的股利，以调动股东的积极性。

收益分配决策的主要内容应该包括：①分析企业盈利情况和资金变现能力，协调好企业近期利益和长远发展的关系；②研究全网与本企业的生产协作关系，使利润分配贯彻利益兼顾的原则；③确定企业发展基金增长幅度，使利润分配有利于增强企业的发展能力；④筹集股利资金，按期进行利润分配。

财务管理中的筹资决策、投资项目、经营管理和收益分配是互为因果、相互联系的。有了较好的筹资决策，就会有较多的投资机会和较低的投资成本，以及有较多的收益供分配；有较好的投资项目，就会实现较多的利润，提供较多的资金；而有了较好的收益分配决策，就能调动投资各方的积极性，创造更多的筹资途径和投资机会。所以，在进行财务管理时，企业必须把几个方面内容联系起来加以统筹安排。

6.1.2　企业财务关系

企业财务活动实践综合体现了企业与各方面发生的经济关系，这种经济关系也称财务关系。企业必须在严格执行国家法规和制度的前提下处理好各种财务关系，它既要符合国家利益和企业利益，又要保护利益关系人和股东的合法权益，使企业有一个良好的经济环境，以调动各方面的积极因素，促使企业资产不断地增值保值。

1. 企业与投资者之间的财务关系

国有独资企业的投资者是国家授权投资的机构或部门，股份制企业的投资者是各个股东。投资者对企业的净资产拥有所有权，享有法律规定的权益，而企业则拥有包括国家在内的出资者投资形成的全部法人财产权，通过自主经营，努力提高经济效益，实现企业财产的保值与增值，给投资者提供更多的投资收益。

2. 企业与债权人之间的财务关系

即企业因向债权人借入资金，并按借款合同的规定按时支付利息和归还本金而与其形成的经济关系。企业除利用资本金进行生产经营活动以外，通常还需要借入一定数量的资金，以满足生产经营和投资需求，扩大企业规模。企业的债权人是借给企业资金或购买企业债券的金融单位或非金融单位，以及在经济往来中赊欠货物或预付款项给企业的单位或个人。债权人有按约定期限收回债款、取得利息的权利，企业有按期还本付息的义务。

3. 企业与债务人之间的财务关系

即企业因将其资金以购买债券、提供借款或商业信用等形式借出给其他单位而与其形成的经济关系。企业的债务人是在经济往来中应付或预收企业款项的单位或个人。企业有权按期索债，债务人则应按期还款。

4. 企业与被投资单位的财务关系

这主要是指企业因将其筹集资金的一部分以购买股票或者直接投资的形式，向其他企业投资而与其形成的经济关系，企业因此需按约定承担出资义务，参与被投资单位的利润分配。企业同其被投资单位的关系是所有权性质的投资与受资关系。

5. 企业与内部各单位之间的财务关系

企业对内部各部门应健全经济责任制，使内部各单位的责、权、利有机结合起来，形成良好的机制。企业应开展内部经济核算，内部单位相互之间的经济往来要按照等价交换原则计价核算，企业对内部单位的生产经营任务、技术指标的完成情况要客观公正考核评价，按贡献大小进行奖励确保企业经营总目标的实现。

6. 企业与职工之间的财务关系

企业应坚持按劳分配为主体、多种分配方式并存的原则维持与职工之间的财务关系。把按劳分配和按生产要素分配结合起来，坚持效率优先，兼顾公平，有利于优化资源配置，促进企业经济发展。国有独资企业则应制订劳动分配办法并搞好与职工的货币结算；混合制经济成分的企业则应允许和鼓励资本、技术等生产要素参与收益分配。

7. 企业与国家调控、监督部门之间的财务关系

国家财政、税务、物价、金融、审计、工商管理部门是代表国家运用经济、法律、行政手段进行宏观调控或行使检查、监督职能的部门，企业应遵守各项财经法规，按章办理工商登记，依法申报缴纳税金，积极配合物价审计部门实施监督检查，促使企业生产经营健康发展。

6.1.3 财务管理的目标

财务管理的目标是企业进行资金管理所希望实现的结果，是评价企业理财活动合理性的基本标准。财务管理目标制约着财务运行的基本特征和方向，直接反映财务环境的变化，并应根据环境的

变化做适当的调整，是企业财务管理活动中进行财务决策的出发点和目的地。企业应科学设置财务管理目标，优化理财行为，实现财务管理的良性循环。

1. 利润最大化

利润最大化是西方微观经济学的理论基础，经济学界一般都以利润最大化来分析和评价企业的行为和业绩。利润代表企业新创造的财富，利润越多，则企业的财富增加得越多，越接近企业的目标。从会计视角看，利润是企业在一定期间经营收入和经营费用的差额，是按照收入费用配比原则计算的，反映了当期正常经营活动中投入与产出对比的结果。企业追求利润最大化，就必须讲求经济核算，加强管理、改进技术、提高劳动生产力、降低成本，以促进资源的合理配置和经济效益的提高。

2. 股东财富最大化

股东财富最大化是指通过财务上的合理运营，为股东带来最多的财富。在上市公司中，股东财富的多少由其所拥有的股票数量和股票价格来决定。在股票数量一定的前提下，股票价格达到最高时，股东财富也达到最多。因此，股东财富最大化又演变为股票价格最大化，即在资本市场有效假设的基础上，股票价格是衡量股东财富最有力的指标。股东财富的表现形式是未来获得更多的净现金流量，股票价格也是股东未来所获得现金股利和出售股票所获得的资金收入现值，而股票价格一方面取决于企业未来获得现金流量的能力，另一方面取决于现金流入的时间和风险。

两个目标的区别在于：①股东财富最大化目标考虑了现金流量的时间价值和风险因素，股票价格受到企业每股预期收益大小以及收益时间的影响，同时风险高低会对股票价格产生重要的影响；②股东财富最大化反映了资本和收益之间的关系，因为股票价格反映了单位投入资本的市场价格；③股东财富最大化在一定程度上能克服企业追求利润过程中的短期行为，因为股票价格很大程度上取决于企业未来获取现金流量的能力。

虽然随着债权人、员工、供应商、政府等利益相关者在企业生产经营中的影响力越来越大，以及一些损害利益相关者事件的发生，有人提出利益相关者利益最大化的观点，但业界普遍认为：如果利益相关者的利益受到完全保护，免受股东利益盘剥，企业在追求股东财富最大化的过程中所消耗的成本都归结于企业并由其负担，即没有社会成本，则股东财富最大化是财务管理的最佳目标。

6.1.4 财务管理的价值概念

财务管理利用资金、成本、收入等价值指标，来组织企业中价值的形成、实现和分配，并处理这种价值运动中的财务关系。所以，财务管理区别于其他管理之处，在于它是一种价值管理，是对企业生产经营过程中的价值运动所进行的管理工作。

1. 资金的时间价值

资金的时间价值是指资金在运动中由于时间因素所增加的价值。资金时间价值在西方通称为货币的时间价值，一般是指在没有风险和通货膨胀的情况下、今天 1 元钱的价值大于一年以后这1 元的价值。也就是说，资金投入生产经营以后，劳动者会生产出新的产品、创造新的价值，当产品销售后得到的收入大于原来投入的资金额，从而实现资金的增值，而资金总量在每一次周转循环中不断增长，随着时间的推移形成资金时间价值。另外，由于不同的时间，资金的价值并不相等，我们一般要以利率为计算依据，将货币收支换算到相同时间基础上进行比较，衡量其实际价值。综上，资金的时间价值应包括以下三个方面内容：时间价值的真正来源是劳动创造的剩余价值；时间价值在生产经营中产生；时间价值应按照复利方法（第 10 章有详细论述）来计算。从表现形式上看，资金的时间价值表现为两种形式：相对数，即时间价值率，是指扣除风险报酬和通货膨胀贴水后的平均资金利润率或平均报酬率；绝对数，即时间价值增值额，是指资金在生产经营过程中带来的真正增值额，是一定数额资金与事件价值率的乘积。随着财务问题日益复杂，资金的时间价值在存贷管理、养老保险、租赁决策、资产、负债估价以及长期筹资、投资项目等方面的应用在增加。

2. 投资的风险报酬

企业的财务活动都是在有风险的条件下进行的。少冒险、多获利，是人们处理风险的基本原则。在风险不可避免的情况下，投资者由于冒险而进行投资时，必须争取获得超过资金的时间价值以外的额外收益，这种额外收益为投资的风险价值，也称风险报酬。因此，风险和报酬是一种对称关系，人们要求等量风险带来等量报酬，即风险报酬均衡。简单来说，就是高风险高报酬，低风险低报酬。根据风险报酬均衡原则进行财务管理的一般目标是：在一定风险水平下，使收益达到较高的水平；或在收益一定的情况下，将风险维持在较低的水平。为了做好财务工作，财务工作者必须研究风险、计算风险，并设法控制风险，这是财务管理的基本观念和基本原理。离开风险，我们就无法正确评价企业的收益，也无法进行融资和投资的决策。风险能给企业带来收益，也可能给企业带来损失。因此，控制风险便成为财务工作的重点，计算风险也成为经常性的工作。

注意，企业生产经营是有风险的，因此投资者在资金投入时获得因承担风险带来的报酬，同时货币的价值还受到通货膨胀的影响。所以，货币在投入生产经营活动中所产生的增值，不仅包括资金的时间价值，还包括投资风险收益和通货膨胀贴水（通货膨胀后，相同资金的购买力下降，货币贬值）。

6.1.5 "互联网+"时代通信企业财务管理转型

传统的财务管理部门是通信企业后勤服务部门的重要组成部分，其系统工作比较繁复杂乱，而在"互联网+"时代的冲击下，财务管理部门已经由后勤服务部门上升为通信企业的决策部门之一。因此，通信企业应转变财务管理部门职能，进行财务管理模式的创新。

1. 根据"互联网+"时代的指标对企业价值重新进行评估

年底企业利润核算是通信企业传统财务管理部门的重要工作之一，但是在"互联网+"时代下，通信企业若依旧使用创立初期的利润核算方式来核算盈利额会产生比较大的误差。因为经过融资环节后，通信企业财务管理利润的体现需要建立在充分衡量客户基础、产品交易单量及额度等标准之上，通信企业需要根据"互联网+"的相关指标采取适合当前发展的利润核算方式。

2. 引进财务共享服务

在"互联网+"时代，通信企业进行财务管理转型，必须积极引进财务共享服务，这也是财务管理的重要组成部分。引进财务共享服务，通信企业财务管理的硬件设备必须进行及时更新，引进更加方便快捷的软件技术，在硬件指导的基础上和在软件的配合下加快财务管理工作完成的速度，加快通信企业的业务速率，为企业节约更多可用的财务管理人员，让他们能够集中精力和能力处理通信企业更多管理和战略工作，为通信企业财务管理在"互联网+"时代的转型打下基础。

3. 建设专业战略财务部门，统筹财务管理

"互联网+"时代下的财务管理战略工作不同于传统固定组织形式的财务管理工作，制度和政

策的支持是充分发挥财务管理作用的重要保障。通信企业进行转型，首先要从政策、制度上对财务管理工作进行整体的统筹，结合财务管理相关法律、法规及制度，从政策、制度上对通信企业的财务管理工作进行规划，完善财务管理制度，为财务管理规范化的运作打下坚实的基础。此外，还要建立一个专业的、熟悉通信企业业务及盈利模式的、灵活的财务管理部门，以便对企业的财务要求能够及时有效的进行调整，根据通信企业经营战略的整体目标，控制通信企业的每一项战略工作。

4. 发挥财务部门在企业资本运作中的作用

财务部门在通信企业中的资本运作方式主要包括企业的兼并重组、收购上市及剥离分立等。在"互联网+"时代背景下，为了提高通信企业在市场中的竞争力，通信企业必须充分发挥财务部门在企业资本运作中的作用，加强自身的资本运作能力，可以通过"钱生钱"手段增加企业的流通资金。例如，通信企业可以通过筹融资、流动资金盘活、金融工作等方式加强资金投放的速率，盘活内部的流动资金。

5. 提高财务管理工作人员的业务能力

财务管理工作人员的业务能力与财务工作在通信企业息息相关，传统的财务管理理念与技能已经不能满足财务管理工作转型的需要。因此，通信企业需要进一步明确财务管理各个部门及工作人员的相关职责，将责任落实到实处，避免出现"踢皮球"等问题。财务管理工作人员还要挣脱传统财务管理观念和模式的束缚，充分发挥财务管理工作人员的主观能动性，学会根据"互联网+"时代对通信企业提出的新要求，利用一切机会进行创新学习。此外，还可以积极研究和学习财务管理的新理论、方法，与本单位或者其他不同类型企业的财务管理工作人员进行学术和技能上的交流学习，如可以举行财务管理工作交流论坛或者技能竞赛等，在拓展自己眼界的同时，提高自己财务管理的专业知识水平和素养等。

6.2 企业资金筹集

企业资金筹集即企业筹资，是指企业根据生产经营、对外投资以及调整资本结构等需要，通过广泛的筹资渠道，运用一定的筹资方式，有效筹措和集中所需资金的财务活动。

企业筹资

6.2.1 企业资金筹集的种类

1. 按所筹资金的性质分，企业资金筹集分为股权性筹资、债务性筹资与混合性筹资

股权性筹资形成企业的股权资本，或称权益资本，是企业依法取得并长期拥有，可自主调配运用的资本，一般由投入资本、资本公积、盈余公积和未分配利润组成。股权资本所有权归企业所有者，企业对股权资本依法享有经营权。债务性筹资形成企业的债务资本，是企业依法取得并依照约定运用、按期偿还的资本。混合性筹资指兼具股权性筹资和债务性筹资双重属性的长期筹资，主要包括发行优先股和发行可转换债券。优先股本属于企业的股权资本，但通常股利是固定的，具有债权性质；可转换债券在持有者将其转换为发行公司股票之前属于债务性筹资，在持有者将其转换为公司股票后则属于股权性筹资。

2. 按所筹资金的期限分，企业资金筹集分为长期筹资和短期筹资

长期筹资是通过直接吸收投资、发行股票和债券、融资租赁、长期借款等形式筹集用于企业创建固定资产投资等方面的资金，使用期限在一年以上；短期筹金是通过短期借款、商业信用等形式筹集用于企业运营或弥补流动资金不足的资金，使用期限一般在一年以内。一般所说的企业筹资是指长期筹资，短期资金归入运营资金管理。

3. 按资本来源的范围分，企业资金筹集分为内部筹资和外部筹资

内部筹资是指企业在企业内部通过留用利润形成的资本来源，一般无须花费筹资费用，通常由企业可分配利润的规模和利润分配政策决定。外部筹资是指企业在内部筹资不能满足需要时，通过投入资本筹集、发行股票等方式向企业外部筹资形成资本来源，进行外部筹资一般需花费筹资费用。

4. 按是否借助于金融机构分，企业资金筹集分为直接筹资与间接筹资

直接筹资是指企业不借助银行等金融机构，直接与资本所有者协商融资的一种筹资活动。间接筹资是一种传统的筹资类型，指企业借助于银行等金融机构而融通资本的筹资活动，一般银行等金融机构先集聚资本，然后提供给企业。

6.2.2　企业资金的筹集方式

企业为了经营需要和长期发展需要筹集一定的资金。具体而言，企业资金的筹集方式有如下几种：吸收投入资本，发行普通股、长期借款、发行企业债券、融资租赁、发行优先股、发行可转换债券、发行认股权证等。

1. 吸收投入资本

吸收投入资本是指非股份制企业以协议等形式吸收国家、其他企业、个人和外商等的直接投入的资本，形成企业投入资本的一种筹资方式。吸收投入资本不以股票为媒介，是非股份制企业筹集股权资本的一种基本方式。

按照筹资来源，吸收投入资本可分为：①吸收国家投资，国家投资是指有权代表国家投资的政府部门或机构，以国有资产投入；②吸收法人投资，法人投资是指法人单位以其依法可支配的资产投入企业，以参与企业利润分配或控制企业；③吸收社会公众投资，社会公众投资指社会个人或本企业员工以个人合法财产投入公司；④吸收外商直接投资，企业可以通过合资经营或合作经营的方式吸收外商直接投资，即与其他国家的投资者共同投资，创办中外合资经营企业或者中外合作经营企业，共同经营、共担风险、共负盈亏、共享利益。吸收投入资本的形式包括：货币资产，厂房及设备等实物资产，土地使用权，专利、商标等无形资产，特定债券。吸收投入资本一般应遵循如下程序：①定筹资数量；②选择吸收投入资本的渠道；③协商和签署投资协议；④取得所筹集的资金。

吸收的投入资本属于股权性资金，可以提高企业的资信和借款能力；且企业吸收投入资本后不需要归还本金，也没有固定的利息负担，财务风险较低。

2. 发行普通股

股票是股份有限公司签发的证明投资者持有股份的凭证，并据以获取股息和红利的有价证券。股份有限公司将其资本划分成等额的股份，通过定向募集和社会募集方式，向投资者筹集企业资本金。持有股份的投资者即为股东，有权参加股东大会，并具有表决权等。股票有两种，即普通股和优先股。普通股股东所拥有的权利是：经营管理参与权，出席股东大会并行使表决权的权利；股息

红利的分配权；剩余财产的分配权；认购新股优先权，即当公司增发新股时，有优先认购的权利。普通股是股票最基本的形式。

股份有限公司发行股票主要分为设立发行和增资发行。设立发行是指设立股份有限公司时为募集资金而进行的股票发行；增资发行是指股份有限公司在首次发行股票后，为了满足增资需求而再次发行新股票。根据《中华人民共和国公司法》和《中华人民共和国证券法》的相关规定，公司发行股票遵循以下原则：①股票发行必须公开、公平、公正，每股面额相等，同股同权、同股同利；②同次发行的股票，每股认购条件和价格相同；③股票发行价格可以等于或超过票面金额，但不能低于票面金额，即公司可以平价或溢价发行，不能折价发行。

股票属于股权性资金，公司发行普通股能够提高资信和借款能力，同时没有固定利息负担，财务风险较低。另外，发行普通股的资金成本较高，增资发行新股可能会分散公司的控制权，并因为新股对积累盈余的分享，从而降低每股净资产。

3. 长期借款

长期借款是指企业向银行等非金融机构借入的、期限在一年以上的各种借款。根据提供贷款机构的差异，其可以分为政策性银行贷款、商业银行贷款和非银行金融机构贷款，如从信托投资公司取得实物或货币形式的信托投资贷款。按担保差异，其可以分为信用贷款、担保贷款和抵押贷款。信用贷款仅凭借款企业的信用做担保而发放，不需要担保人或抵押品；担保贷款是凭借担保人的担保而发放的贷款，一般担保人的资信较高，如果贷款到期时借款企业不能或不愿偿还贷款，则担保人代为偿还；抵押贷款是以特定的抵押品作为担保而发放的贷款，抵押品必须是能够变现的资产，如房产、机器设备等实物资产，或者是股票、债券等有价证券。如果贷款到期时借款企业不能或不愿偿还贷款，则贷款机构有权处理抵押品。

长期借款是企业的主要筹资方式之一。一方面，长期借款的获得程序较为简单，企业可快速筹资；借款弹性大，企业可以与贷款机构直接磋商借款的时间、金额等；属于间接筹资，利息在税前扣除，因此筹资费用少、成本低；贷款机构不参与企业的管理决策，这有利于保持股东对企业生产经营的决策权。另一方面，长期借款通常有固定的偿付期限和利息负担，因此企业承担的财务风险比较高；借款限制条款比较多；一次筹资数量有限。

4. 发行企业债券

债券是表明债权、债务关系的一种凭证。发行债券是发行人以借贷资金为目的，依照法律规定的程序向投资人要约发行代表一定债权和兑付条件的债券的法律行为。企业债券是企业为筹措资金向投资者出具的按规定利率支付利息，到期偿还本金的债权、债务关系凭证。企业债券持有者为债权人，发行债券的企业为债务人。到目前为止，我国已发行的企业债券大体分为两类，一是中央企业债券（用于国家重点建设项目），如电力债券、通信债券、铁路债券、三峡工程债券及国家投资债券等。二是地方企业债券（用于地方建设项目）。

与其他筹资方式相比，发行债券的资金成本比较低，筹资费用高于长期借款；债券投资者无权参与企业管理决策，因此发行债券有利于保持股东控股权；债券通常向整个社会公开发行，筹资范围广。另外，债券通常有固定的偿付期限和利息负担，企业因此承担的财务风险较高，其发行条件较为严格。

5. 融资租赁

融资租赁指企业需要筹集某项生产设备资金时，向出租人提出租赁申请，而后由出租人按承租人对租赁物件的要求（设备规格技术要求、指定的厂商）购入租赁物件，并租给承租人使用，承租人则分期向出租人支付租金的活动。在租赁期内，出租人享有租赁物的所有权，承租人拥有租赁物的使用权。租赁期满后，租赁物按双方约定的方式被处理。如果租赁期届满，租金支付完毕并且承租人根据融资租赁合同的规定履行完全部义务后，双方对租赁物的归属没有约定的或者约定不明，可以协议补充；不能达成补充协议的，按照合同有关条款或者交易习惯确定，仍然不能确定的，租赁物件所有权归出租人所有。融资租赁包括以下形式：①简单融资租赁；②回租融资租赁；③杠杆融资租赁；④委托融资租赁；⑤项目融资租赁；⑥国际融资转租赁。

与其他筹资方式相比，融资租赁的限制条件较少，集"融资"与"置产"于一体，可以帮企业迅速获得需求匹配的资产，可使承租企业免遭资产陈旧过时贬值风险。另外，融资租赁的总成本比资产价值要高很多，企业需要定期支付租金。

6. 发行优先股

优先股是相对普通股而言的，是较普通股具有某些优先权利，同时也受到一定限制的股票。优先股与普通股具有某些共性，企业运用优先股所筹资本亦属股权资本，它又具有公司债券的某些特征，因此，优先股被视为一种混合性证券。

与普通股相比较，优先股具有如下特点：①优先分配固定的股利；②优先分配企业剩余财产；③优先股股东一般无表决权，通常也无权参与企业的经营管理；④优先股可由企业赎回。

企业发行优先股可以在获取一定资本的前提下防止企业股权分散化，保障企业的原有控制权；可以有效调剂企业现金余缺；可改善企业资本结构，平衡债务资本与股权资本的比例；有利于巩固股权资本的基础，维持乃至增强企业的借款举债能力。另外，发行优先股的制约因素较多，可能为企业带来较重的财务负担。

7. 发行可转换债券

可转换债券简称可转债，是指由企业发行并规定债券持有人在一定期限内按约定的条件可将其转换为普通股的债券。如果债券持有人不想转换，则可以继续持有债券，直到偿还期满时收取本金和利息，或者在流通市场出售变现。如果持有人看好发债企业股票增值潜力，在宽限期之后可以行使转换权，按照预定转换价格将债券转换成为股票，发债企业不得拒绝。从筹资企业的角度看，发行可转换债券具有债务与权益筹资的双重属性，属于一种混合性筹资。

可转换债券利率通常低于普通债券，而将其转换为普通股可以节省企业的股票发行费用，降低资金成本；企业发行可转换债券可以改善企业资本结构，平衡债务资本与股权资本的比例。另外，如果企业生产经营不善导致股价下跌，债券持有人选择到期本息，则企业还债压力较大；如果股价上涨较多，则发行企业可能承担溢价的损失。

8. 发行认股权证

认股权证是由股份有限公司发行的可认购其股票的一种买入期权。它赋予持有者在一定期限内以事先约定的价格购买发行公司一定股份的权利。认股权证本身含有期权条款，其持有者在认购股份之前，对发行公司既不拥有债权也不拥有股权，而只是拥有股票认购权。

认股权证的特点如下：①认股权证不论是单独发行还是附带发行，大多数为发行公司筹取一笔额外的现金，增强公司的资本实力和运营能力；②公司单独发行认股权证有利于将来发售股票，附带发行认股权证可提高其所依附证券发行的效率；③认股权证将有效约束上市公司的败德行为，并激励它们更加努力地提高上市公司的市场价值；④企业通过给予管理者和重要员工一定的认股权证，可以把管理者和员工的利益与公司价值成长紧密联系在一起，建立一个管理者与员工通过提高公司价值再实现自身财富增值的利益驱动机制，有利于推进建立上市公司的股权激励机制。

阅读材料 6-1

"华谊兄弟"的融资战略

华谊兄弟传媒股份有限公司（以下简称华谊兄弟）由王中军、王中磊兄弟于1994年创立，并于2009年在创业板上市。公司利用资本和财务战略，形成了独特的华谊模式，打造了一条成熟的文化产业链。在创业初期以及发展过程中，企业需要募集大量的资金来保证正常运营，这就需要企业根据自身可持续发展的情况来制定合理的融资战略。华谊兄弟采用的融资战略主要如下。

● **私募战略**

华谊兄弟在上市以前进行了四次私募融资。2000年，华谊兄弟与太合集团合作，将企业重组为华谊兄弟太合影视投资有限公司，这次合作后华谊兄弟拥有一半的股权份额。而后华谊兄弟又在下一年从太合集团回购了5%的股份，以超过一半的股份享有了绝对控股权。2004年年底，华谊兄弟与TOM集团合作，募得资金一千万美元，并以三倍的溢价回购了太合集团的剩余股份，之后将企业更名为华谊兄弟传媒集团。之后不久，TOM集团又以约五百万美元购买了华谊兄弟27%的股权以及可换股债券，此债券转股后，TOM在华谊兄弟的股权又会增加。同时风投公司信中利购买了华谊兄弟3%的股权，王中军兄弟俩至此拥有华谊兄弟70%的股权。2005年年底，华谊兄弟回购了TOM集团的一部分股权，之后雅虎公司购买了华谊兄弟15%的股份，王中军、王中磊二人持有的股份增加到77%。2007年，华谊兄弟与分众传媒等企业合作，共募得资金两千万美元。华谊兄弟先后通过多轮私募以及回购的方式从各个企业募得了大量的运营资本，在此过程中，华谊兄弟一直持有企业一半以上股份，这使得华谊兄弟一直有控制权，并且华谊兄弟在选择相关合作对象时并不是盲目选择，而是选择在运营资本方面或拓宽市场方面能给公司带来好处的标的。

● **银行贷款战略**

2006年，华谊兄弟的影片《夜宴》在国外发行，中国信保为其发行风险提供了相关保障，这次合作使得华谊兄弟成功地将电影的发行风险转嫁给了中国信保，开辟了另一个创新之举。同一时期，华谊兄弟以知识产权为抵押向招商银行贷款五千万元，为影片《集结号》的拍摄带来了足够的资金。2008年，华谊兄弟从北京银行成功融得1亿元的贷款，与银行的合作进一步加深。2009年，华谊兄弟又从中国工商银行取得了大量贷款，银行方面也表示将对文化产业的信贷支持范围拓宽。华谊兄弟之所以青睐银行贷款，是因为其通过这种融资途径不仅可以融到较大数目的资金，而且利息也相对较低。同时，还有利于企业提高风险控制意识，促使企业采取严格、科学的财务管理制度，提高资金运作能力，从而使企业管理越来越规范。

● **权益融资战略**

权益融资包括增发新股和削减股利支付比率。华谊兄弟于2009年10月在深圳交易所创业板上市，于当月发行股票4 200万股，共募得资金6.22亿元。这些资金为华谊兄弟的初步发展奠定了坚实的基础。上市后公司每年都降低股利支付率，以更多的留存收益来支持公司发展。

（资料来源：赵自强，任洁. 华谊兄弟财务战略与可持续发展能力分析[J]. 财务与会计，2016（11）：33-35。）

6.3 | 财务报表分析

企业是一个营利性组织，经营则是其盈利的基础或源泉。企业经营过程中的盈利情况如何，支撑企业经营的资产及其运作状况如何，这些资产又是怎样取得和怎样配置的，这些肯定是企业经营者以及与企业有着利益关系的其他利益相关者应当关心的问题。基于对这些问题的回答，人们创造了财务这个信息系统以及财务报表。

6.3.1 财务报表概述

我们借助财务报表可以观察和了解企业财务和非财务的很多情况，财务报表是企业经营和理财等所有方面好坏的晴雨表或指示器。凡是纳入会计系统和财务报表的事项一般均是可以用货币计量的事项，不能用货币计量的事项，如品牌、技术等，不管多么重要都难以由会计这个信息系统提供；凡是纳入会计系统和财务报表的事项，一般都是已经发生的或具有发生真实性的事项，没有实现的事项或经济业务，如签订合同等，不管有多重要也不会在报表上体现出来。因为财务是综合性的，企业内部甚至外部的所有非财务方面的事项，如技术、员工的素质和企业经营者的责任心等，这些非财务事项的发展或演变情况，它们的好坏都会在财务上得到反映。例如，如果企业产品质量出了问题，其结果就会在主营业务收入和利润等财务指标上体现出来；企业产品所处的寿命周期阶段，也会通过主营业务收入的增长状况反映出来。

1. 基本财务报表

企业所处的经济和社会环境是变化的，企业会计所编制的财务报表也是发展变化的。基本财务报表主要包括资产负债表、利润表和现金流量表。

（1）资产负债表。资产负债表由三部分内容组成。第一部分是资产，就是企业所控制的能够给企业带来经济利益的资源，包括流动资产、长期投资、固定资产、无形资产和其他资产。不同的资产有不同的功能与作用，其各自在总资产中的比重状况能够反映企业资产配置结构是否合理有效。第二部分是负债，就是企业承担的能用货币计量的现时债务，偿还该债务预期会导致经济利益流出企业，包括流动负债和长期负债。不同的负债有不同的偿还期限和利息要求，其各自在总负债中的比重可以反映企业债务的结构和风险程度。第三部分是所有者权益，就是企业所有者在企业资产中享有的经济利益，其金额为资产减去负债后的余额，包括实收资本、资本公积金、盈余公积金和未分配利润。所有者对不同部分的要求权有差别，各部分在总权益中的比重状况可以反映企业所有者要求权的结构及特征。以上三个部分的关系是：资产=负债+所有者权益。中国联通资产负债表摘抄如表6-1所示。

表6-1　　　　　　　　　　中国联通资产负债表摘抄

资产负债表　　　　　　　　　　　　　（单位：元）

报表日期	20180930	20180630	20180331	20171231
流动资产合计	89 707 714 130.00	83 651 886 459.00	93 645 157 381.00	76 771 466 124.00
非流动资产合计	460 572 365 424.00	468 893 131 867.00	481 004 427 005.00	496 845 871 676.00
资产总计	550 280 079 554.00	552 545 018 326.00	574 649 584 386.00	573 617 337 800.00
流动负债合计	213 628 999 030.00	219 335 706 739.00	236 039 825 143.00	241 614 197 499.00

续表

报表日期	20180930	20180630	20180331	20171231
非流动负债合计	21 434 831 815.00	21 065 179 331.00	27 666 763 805.00	24 984 777 186.00
负债合计	235 063 830 845.00	240 400 886 070.00	263 706 588 948.00	266 598 974 685.00
所有者权益合计	315 216 248 709.00	312 144 132 256.00	310 924 995 438.00	307 018 363 115.00
负债和所有者权益总计	550 280 079 554.00	552 545 018 326.00	574 649 584 386.00	573 617 337 800.00

（2）利润表。利润表反映企业在一定时期内的经营收入、经营费用和经营效益的总量和结构及其相互关系，由三部分组成。第一部分是收入，就是企业在业务经营、提供劳务和让渡资产使用权等日常活动中所形成的经济利益的总流入，包括主营业务收入和其他业务收入等。收入是企业盈利的基础，同时也是企业持续经营的前提。从各种主营业务收入的对比关系中，我们还可以观察企业的经营结构是否具有合理性、稳定性和可持续性。第二部分是费用，就是企业在业务经营、提供劳务等日常活动中所发生的经济利益的流出，包括主营业务成本、营业费用和税金、管理费用和财务费用等。费用是收入的扣减因素，导致经济利益外流，因此越少越好。对企业来说，保持一个较低的成本费用水平，以及使成本费用的结构更加合理，是盈利的前提。第三部分是净利润。企业主要的经营目标就是盈利，而这个目标的实现程度，需要用利润表中所列净利润的数字反映出来。利润总额（收支差额总额）与净利润（收支差额净额）的关系是：净利润=利润总额-所得税。中国联通的利润表摘抄如表 6-2 所示。

表 6-2　　　　　　　　　　　中国联通利润表摘抄

利润表　　　　　　　　　　　　　　　　（单位：元）

报表日期	20180930	20180630	20180331	20171231
一、营业总收入	219 711 544 759.00	149 105 188 927.00	74 935 058 630.00	274 828 946 271.00
营业收入	219 711 544 759.00	149 105 188 927.00	74 935 058 630.00	274 828 946 271.00
二、营业总成本	207 538 404 401.00	140 590 574 109.00	71 201 386 082.00	271 716 995 686.00
营业成本	160 406 700 911.00	109 126 879 469.00	55 116 324 450.00	206 976 717 931.00
营业税金及附加	1 064 327 679.00	739 143 516.00	308 310 507.00	1 282 026 506.00
销售费用	25 287 696 144.00	16 485 305 511.00	862 339 247.00	34 085 464 556.00
管理费用	17 062 210 829.00	11 659 170 074.00	5 764 261 779.00	21 333 649 695.00
财务费用	106 025 913.00	187 899 063.00	245 302 317.00	4 079 005 515.00
资产减值损失	151 191 454.00	105 728 255.00	1 143 794 559.00	3 960 131 483.00
投资收益	1 977 106 300.00	939 668 762.00	229 501 295.00	1 700 162 042.00
三、营业利润	10 718 050 059.00	7 790 173 174.00	3 843 705 455.00	1 513 207 054.00
加：营业外收入	499 263 396.00	336 814 909.00	154 731 574.00	1 047 053 650.00
减：营业外支出	671 070 270.00	390 074 635.00	20 284 711.00	182 393 888.00
四、利润总额	10 546 243 185.00	7 736 913 448.00	3 978 152 318.00	2 377 866 816.00
减：所得税费用	2 640 031 959.00	1 845 298 060.00	993 252 049.00	693 908 707.00
五、净利润	7 906 211 226.00	5 891 615 388.00	2 984 900 269.00	1 683 958 109.00
归属于母公司所有者的净利润	3 470 031 077.00	2 583 186 430.00	1 302 059 220.00	425 844 645.00
少数股东损益	4 436 180 149.00	3 308 428 958.00	1 682 841 049.00	1 258 113 455.00
六、每股收益				
基本每股收益（元/股）	0.11	0.08	0.04	0.02
七、其他综合收益	（417 518 171.00）	（484 253 282.00）	（158 487 548.00）	（229 986 960.00）
八、综合收益总额	7 488 693 055.00	5 407 362 106.00	2 826 412 721.00	1 453 971 149.00

（3）现金流量表。现金流量表反映企业在一定期间由于经营、投资和理财等原因产生的现金流入、现金流出和现金净流量的总量、构成及相互关系。现金流量表也是由三部分组成的：第一部分是经营活动的现金流量，包括因销售商品和其他营业活动所产生的现金流入量和因购买材料、支付费用、工资和税金等发生的现金流出量。经营活动是企业盈利的源泉；当企业各项活动的稳定性较好时，经营活动产生的现金流入量是否适应经营活动的现金需求，对企业经营活动的正常进行有着直接的影响。第二部分是投资活动的现金流量，包括由于收回投资等原因形成的现金流入量和由于对外投资、对内投资等原因发生的现金流出量。在现金数量一定的情况下，投资的现金净流出越多，就越会影响经营活动的现金需要，在筹资不及时的情况下，就有可能造成经营上的困难甚至中断。第三部分是筹资活动的现金流量，包括用借款、发行债券和股票等方式取得的现金流入量和由于归还借款等原因发生的现金流出量。全部现金净流量=经营活动的现金流量+投资活动的现金流量+筹资活动的现金净流量；或全部现金净流量=全部现金流入量-全部现金流出量。中国联通现金流量表摘抄如表 6-3 所示。

表 6-3 中国联通现金流量表摘抄

现金流量表 （单位：元）

报表日期	20180930	20180630	20180331	20171231
销售商品、提供劳务收到的现金	220 631 273 482.00	149 747 290 357.00	73 921 521 173.00	293 198 161 648.00
收到的税费返还	212 559 563.00	212 559 563.00	0.00	602 261 724.00
收到的其他与经营活动有关的现金	1 862 764 577.00	1 203 169 071.00	514 200 423.00	2 023 296 977.00
经营活动现金流入小计	222 706 597 622.00	151 163 018 991.00	74 435 721 596.00	295 823 720 349.00
购买商品、接受劳务支付的现金	98 371 786 827.00	72 253 269 668.00	36 087 094 121.00	151 122 715 803.00
支付给职工以及为职工支付的现金	29 700 708 067.00	19 248 064 577.00	10 308 463 163.00	41 242 867 787.00
支付的各项税费	7 607 035 167.00	547 842 136.00	1 773 649 190.00	8 156 451 535.00
支付的其他与经营活动有关的现金	3 895 253 355.00	1 829 607 710.00	810 027 459.00	3 966 313 195.00
经营活动现金流出小计	139 574 783 416.00	98 809 354 091.00	48 979 233 933.00	204 488 348 320.00
经营活动产生的现金流量净额	83 131 814 206.00	52 353 664 900.00	25 456 478 663.00	91 335 372 029.00

2. 财务报表附注

基本财务报表是对企业财务状况和经营情况最简明的总结和反映，但基本财务报表不能全面反映企业财务状况和经营成果的情况，特别是不能准确反映企业财务状况和经营情况变化的原因，因此，我们需要对财务报表组成项目的情况及其变动原因等进行必要的说明，于是财务报表附注应运而生。其一般由以下几部分内容组成：①会计政策和会计估计；②会计政策和会计估计的变更；③期后事项、或有事项和承诺；④关联事项说明；⑤重要项目的明细说明。

此外，由于特殊原因引起的非经常性事项，如自然灾害损失、保险赔款等，也要在财务报表的附注中说明。

阅读材料 6-2

戴尔公司轻资产财务战略

戴尔公司是全球领先的IT产品及服务提供商，其产品涉及笔记本电脑、服务器、网络产品、存储器、移动产品、软件等多个领域，业务包括帮助客户建立信息技术及互联网基础架构。戴尔公司自成立以来一直保持着很好的发展趋势，特别是运用轻资产模式之后，为公司创造了更大的价值。

戴尔公司的资产负债表显示，其资产结构呈现典型的"轻资产"特征。

一是现金储备高。与其他资产相比，公司现金储备（现金及现金等价物、短期投资）占总资产的30%以上，并且现金储备呈不断增加的趋势。

二是流动资产占比很高，固定资产占比很低。公司的流动资产平均占总资产的65%以上，并且有不断增加的趋势，但固定资产始终占总资产的10%以下，并且有不断下降的趋势，轻资产特征比较明显。

三是应收账款与存货比例很低。公司应收账款规模占总资产的比重保持在20%以下，随着供应链结构的不断优化，直销模式保持着长久的核心竞争力，因此其保持着很低的存货比例。

四是负债占比较低。公司流动负债占总资产的比重长期在30%左右，并且长期负债在总资产中的占比保持在15%以下。

五是留存收益占比高。公司的留存收益常年占资产的平均比例的60%以上，表现出以内源融资为主的轻资产特征。

- **完善的存货管理体系和极短的存货周期**

戴尔公司的存货管理体系主要有三个作用：第一，精确预测时间。公司利用每台计算机部件上带有的条码，可以随时并且精确监测零部件的情况，从而更加准确地预测零部件到货时间以及产品的完工进度。第二，监测存货速度。公司采用定期和不定期两种方式监测存货周转时间，以更好地安排采购和生产活动。第三，实施客户和供应商两级存货管理，这使公司既满足了客户的需求服务，及时供货，同时又能管理与供应商的合作关系，保障零部件的及时供应，在整体上提高存货周转率。戴尔公司的存货虽然一直在增长，但是增长速度比较缓慢，其中在产品和产成品的增速最为平缓。同时，公司的存货周转天数均保持在10天以下，与竞争对手相比，除苹果公司以外，有着明显的优势。

- **小额的固定资产投资和高额的营运资本储备**

戴尔公司实施外包战略，其固定资产占总资产的比例长期保持在10%以下，流动资产长期占总资产的65%以上。营运资本是企业日常经营活动所垫支的资金，如此充足的营运资本为企业营运建立了坚实的防火墙。净营运资本是企业存货、应收账款等流动资产不足以满足应付账款等流动负债而需要另外筹集的以满足生产经营活动的现金。净营运资本为负，说明企业在生产经营活动中，特别是供应链管理中有"净现金"流入。戴尔公司的净营运资本为负，这是公司应付未付款形成长期的现金沉淀，使其获得了稳定的正"利息收入"，同时也是构成利润总额的重要支撑之一。

- **巨额的现金储备和大量的自由现金流**

戴尔公司作为轻资产公司的典型代表，拥有较高的现金储备和自由现金流，主要用于：利用外包战略，强化供应链管控，降低运营成本；加强供应商、打压竞争对手；越来越多地用于短期投资。

- 以内源融资为主和无现金股利分配战略

戴尔公司多年的有息负债占资产的比例几乎在20%以下，留存收益占总资产的平均比例在60%以上，是典型的以内源融资为主的企业。同时，戴尔公司很少使用现金股利的分配。可见，轻资产公司实施无或者低现金股利分配的战略。

（资料来源：何瑛，胡月. 戴尔公司基于轻资产盈利模式的价值创造与管理分析[J]. 财务与会计，2016（06）：37-40。）

6.3.2 企业财务分析的基本要求

企业财务分析是以企业的财务报告等会计资料为基础，对企业的财务状况和经营成果进行分析和评价的一种方法。财务分析是财务管理的重要方法之一，它是对企业一定期间的财务活动的总结，为企业进行下一步的财务预测和财务决策提供依据。因此，财务分析在企业的财务管理工作中具有重要的作用。

通过财务分析，企业管理人员可以评价企业一定时期的财务状况，揭示企业生产经营活动中存在的问题，总结财务管理工作的经验教训，为企业生产经营决策和财务决策提供重要的依据；可以为投资者、债权人和其他有关部门和人员提供系统的、完整的财务分析资料，便于他们更加深入地了解企业的财务状况、经营成果和现金流量情况，为经济决策提供依据；也可以检查企业内部各职能部门和单位完成财务计划指标的情况，考核各部门和单位的工作业绩，以便揭示管理中存在的问题，总结经验教训，提高管理水平。综合起来，企业进行财务分析的主要目的有以下几个。①评价企业的支付能力。这样可以了解企业资产的流动性、负债水平以及偿还债务的能力，从而评价企业的财务状况和经营风险，为企业经营管理者、投资者和债权人提供财务信息。②评价企业的运营能力。企业运营能力即资产管理水平，直接影响企业的收益，它体现了企业的整体素质。分析企业资产的管理水平、资金周期、现金流量情况等，我们可以了解企业资产的保值和增值情况，为评价企业经营管理水平提供依据。③评价企业的盈利能力。获取利润是企业的主要经营目标之一，它也反映了企业的综合素质。企业要生存和发展，必须争取获得较高的利润，这样才能在竞争中立于不败之地。④评价企业的成长能力。观察企业在一定时期内的经营发展状况。

对企业的财务状况和经营成果的评价与分析，主要是通过财务比率分析指标来实现的。所谓财务比率，是指将财务报表等会计核算资料中各项有关指标进行对比，得出的一系列比率，可以用来说明企业的财务资金运行状况及其财务能力表现。

6.3.3 企业支付能力分析

支付能力是指企业偿还各种到期债务（含本金和利息）的能力。对企业支付能力的分析，可以揭示企业财务风险的大小。企业财务管理人员、企业债权人及投资者都十分重视企业的支付能力分析，以便及时掌握企业偿债能力。

企业财务指标分析

1. 企业的短期支付能力分析

企业的短期支付能力是指企业偿付流动负债的能力。流动负债是指在一年内或超过一年的一个营业周期内需要偿付的债务，这部分负债如果不能及时偿还，会影响企业生产经营活动的正常进行，严重的甚至可能使企业面临破产的危险。通常我们对企业短期支付能力可以通过一系列财务比率来进行分析。

（1）流动比率。流动比率是企业流动资产与流动负债的比率。其计算公式为：

$$流动比率 = \frac{流动资产}{流动负债}$$

流动资产主要包括现金、短期投资、应收及预付款项、存货、待摊费用和一年内到期的长期债券投资等，一般为资产负债表中的期末流动资产总额；流动负债主要包括短期借款、应付及预收款项、各种应交款项、一年内即将到期的长期负债等，通常为资产负债表中的期末流动负债总额。根据国际理财经验，流动比率在 2：1 左右比较合适。实际上，对流动比率的分析应该结合不同的行业特点、企业流动资产结构及各项流动资产的实际变现能力等因素。有的行业流动比率较高，有的行业较低，不可一概而论。

（2）速动比率。在流动资产中，短期有价证券、应收票据、应收账款的变现力均比存货强，存货需经过销售才能转变为现金。如果存货滞销，则其变现就成问题，所以存货是流动资产中流动性相对较差的。一般来说，流动资产扣除存货后的资产为速动资产。速动资产与流动负债的比率为速动比率。其计算公式为：

$$速动比率 = \frac{速动资产}{流动负债} = \frac{流动资产 - 存货}{流动负债}$$

速动比率越高，说明企业的短期支付能力越强。根据国际理财经验，速动比率为 1：1 时比较合适。

2. 企业的长期支付能力分析

企业的长期支付能力是指企业支付长期债务的能力。企业长期债务的支付能力与企业的盈利水平、资金结构有着密切的关系。我们对企业长期支付能力可以通过下列财务比率来进行分析。

（1）资产负债率。资产负债率是企业负债总额与资产总额的比率，也称负债比率或举债经营比率，它反映企业的资产总额中有多少是通过举债而得到的。其计算公式为：

$$资产负债率 = \frac{负债总额}{资产总额}$$

资产负债率反映企业偿还债务的综合能力。从债权人角度来看，他们最关心的是其贷给企业资金的安全性，总是希望企业的负债比率低些。从企业经营者的立场来看，他们既要考虑资金盈利的规模水平，也要顾及企业所承担的负债风险。该比率一般以不超过 50% 为宜。不同的行业、不同类型的企业都是有较大差异的。一般而言，处于高速成长时期的企业，其负债比率可能会高一些，这样企业会得到更多的财务杠杆利益。

（2）利息保障倍数。利息保障倍数也称利息所得倍数，是税前利润加利息费用之和与利息费用的比率。其计算公式为：

$$利息保障倍数 = \frac{税前利润 + 利息费用}{利息费用}$$

公式中的税前利润是指缴纳所得税之前的利润总额，利息费用不仅包括财务费用中的利息费用，还包括计入固定资产成本的资本化利息。利息保障倍数反映了企业的经营所得支付债务利息的能力。如果这个比率太低，则企业难以保证用经营所得来按时按量支付债务利息，这会引起债权人的担心。一般来说，企业的利息保障倍数至少要大于 1，否则就难以偿付债务及利息。长此以往，甚至会破产倒闭。

6.3.4 企业运营能力分析

企业的运营能力反映了企业资金周转状况，我们对此进行分析可以了解企业的营业状况及经营管理水平。资金周转状况好，说明企业的经营管理水平高，资金利用效率高。企业的资金周转状况与供、产、销各个经营环节密切相关。任何一个环节出现问题，都会影响企业的资金正常周转。资金只有顺利地通过各个经营环节，才能完成一次循环。在供、产、销各环节中，营销有着特殊的意义。因为只有业务发展，企业才能实现其价值，收回最初投入的资金，顺利地完成一次资金周转。这样，我们就可以通过业务经营状况与企业资金占用量来分析企业的资金周转状况。

评价企业运营能力的财务比率主要有以下几个。

（1）应收账款周转率。应收账款周转率是企业一定时期的主营业务收入与应收账款平均余额的比率。它反映了企业应收账款的周转速度。其计算公式为：

$$应收账款周转率 = \frac{主营业务收入}{应收账款平均余额}$$

其中，

$$应收账款平均余额 = \frac{期初应收账款 + 期末应收账款}{2}$$

在市场经济体制条件下，商业信用被广泛应用，应收账款成为一项重要的流动资产。应收账款周转率是评价应收账款流动性大小的一个重要财务比率，它反映了企业在一个会计年度内应收账款的周转次数，可以用来分析企业应收账款的变现速度和管理效率。这一比率越高，说明企业应收账款的周转速度越快，坏账损失越少。但是，如果应收账款周转率过高，则说明企业可能奉行了比较严格的信用政策、信用标准和付款条件过于苛刻。这会限制企业业务量的增加，从而会影响企业的盈利水平，这种情况下往往企业的存货周转率偏低。如果企业的应收账款周转率过低，则说明企业催收账款的效率太低，或者信用政策十分宽松，这样会影响企业资金的利用率和正常周转。

我们也可以用应收账款平均收账期来反映应收账款的周转情况。其计算公式为：

$$应收账款平均收账期 = \frac{360}{应收账款周转率} = \frac{应收账款平均余额 \times 360}{主营业务收入}$$

应收账款平均收账期表示应收账款周转一次所需的天数。应收账款平均收账期越短，说明企业的应收账款周转速度越快。

（2）流动资产周转率。流动资产周转率是主营业务收入与流动资产平均余额的比率，它反映的是全部流动资产的利用效率。其计算公式为：

$$流动资产周转率 = \frac{主营业务收入}{流动资产平均余额}$$

其中，

$$流动资产平均余额 = \frac{期初流动资产 + 期末流动资产}{2}$$

流动资产周转率表明在一个会计年度内企业流动资产周转的次数，它反映了流动资产周转的速度。该比率越高，说明企业流动资产的利用效率越好。

（3）固定资产周转率。固定资产周转率也称固定资产利用率，是企业主营业务收入与固定资产平均净值的比率。其计算公式为：

$$固定资产周转率 = \frac{主营业务收入}{固定资产平均净值}$$

其中，　　　　　固定资产的平均净值 $= \dfrac{\text{期初固定资产净值} + \text{期末固定资产净值}}{2}$

这个比率主要用于分析对厂房、设备等固定资产的利用效率。该比率越高，说明企业的固定资产的利用率、管理水平越高。如果固定资产周转率与同行业平均水平相比偏低，说明企业的生产效率较低，这可能会影响企业的盈利能力。

（4）总资产周转率。总资产周转率也称总资产利用率，是企业主营业务收入与资产平均总额的比率。其计算公式为：

$$总资产周转率 = \dfrac{\text{主营业务收入}}{\text{资产平均总额}}$$

其中，　　　　　资产平均总额 $= \dfrac{\text{期初资产总额} + \text{期末资产总额}}{2}$

总资产周转率可用来分析企业全部资产的使用效率。如果这个比率较低，说明企业利用其资产进行经营的效率较差，这会影响企业的盈利能力。企业应该采取措施提高主营业务收入或处置资产，以提高总资产利用率。

6.3.5　企业盈利能力分析

盈利是企业的重要经营目标，是企业生存和发展的物质基础，它不仅关系到企业所有者的利益，也是企业偿还债务的一个重要保障。因此，企业的债权人、所有者以及管理者都十分关心企业的盈利能力。

盈利能力是指企业赚取利润的能力。盈利能力分析是企业财务分析的重要组成部分，也是评价企业经营管理水平的重要依据。这里主要介绍以下几项财务比率。

（1）资产报酬率。资产报酬率也称资产收益率，是企业在一定时期内的税后净利润与资产平均总额的比率。其计算公式为：

$$资产报酬率 = \dfrac{\text{税后净利润}}{\text{资产平均总额}} \times 100\%$$

该比率主要用来衡量企业利用资产获取利润的能力，它反映了企业总资产的利用效率。这一比率越高，说明企业的盈利能力越强。在分析时，我们通常要将其与该企业前期、与同行业平均水平和先进水平进行比较，这样才能判断其变动趋势以及企业在同行业中所处的地位，从而了解企业的资产利用效率，发现经营管理中存在的问题。

（2）收入净利率。收入净利率是企业税后净利润与主营业务收入的比率。其计算公式为：

$$收入净利率 = \dfrac{\text{税后净利润}}{\text{主营业务收入}} \times 100\%$$

收入净利率说明了企业税后净利润占主营业务收入的比例，它可以用来评价企业通过业务经营赚取利润的能力。收入净利率表明企业每百元主营业务收入可实现的净利润是多少。该比率越高，企业通过扩大业务经营范围获取收益的能力越强。该比率受行业特点影响较大，应结合不同行业的具体情况，来比较企业历年来的该比率，从而判断评价其变化趋势。

（3）成本费用净利率。成本费用净利率是企业税后净利润与成本费用总额的比率。它反映企业生产经营过程中发生的耗费与获得的收益之间的关系。其计算公式为：

$$成本费用净利率 = \frac{税后净利润}{成本费用总额} \times 100\%$$

上式中，成本费用是企业为了取得利润而付出的代价，主要包括业务成本、营业费用、营业税金、管理费用、财务费用和所得税等。这一比率越高，说明企业为获取收益而付出的代价越小，企业的盈利能力越强。因此，我们通过这个比率不仅可以评价企业盈利能力的高低，也可以评价企业对成本费用的控制能力和经营管理水平。

（4）每股利润。每股利润也称每股收益或每股盈余，是股份公司税后利润分析的一个重要指标，主要是针对普通股而言的。每股利润等于税后净利润扣除优先股股利后的余额，除以发行在外的普通股平均股数。其计算公式为：

$$每股利润 = \frac{税后净利润 - 优先股股利}{发行在外的普通股平均股数}$$

每股利润是股份公司发行在外的普通股每股所取得的利润，它可以反映股份公司盈利能力的强弱。每股利润越高，说明股份公司的盈利能力越强。

在分析每股利润时，我们还应结合流通在外的股数及其他利润指标来分析公司的盈利能力。

（5）每股净资产。每股净资产也称每股账面价值，是所有者权益总额和发行在外的股票股数的比率。其计算公式为：

$$每股净资产 = \frac{所有者权益总额}{发行在外的股票股数}$$

每股净资产并没有一个确定的标准，但是投资者可以通过比较分析公司历年的每股净资产的变动趋势，来了解公司的发展趋势和盈利能力。

（6）市盈率。市盈率也称价格盈余比率或价格与收益比率，是指普通股每股市价与每股利润的比率。其计算公式为：

$$市盈率 = \frac{每股市价}{每股利润}$$

市盈率是反映股份公司盈利能力的一个重要财务比率，投资者对这个比率十分重视。这一比率是投资者做出投资决策的重要参考因素之一。一般来说，市盈率高，说明投资者对该公司的发展前景看好，愿意出较高的价格购买该公司股票，所以一些成长性较好的高科技公司股票的市盈率通常要高一些。但是也应注意，如果某一种股票的市盈率过高，则也意味着这种股票具有较高的投资风险。

6.3.6　企业成长能力分析

成长能力也称发展能力，是指企业在从事经营活动过程中所表现出来的增长能力，如规模的扩大、盈利的持续增长、市场竞争力的增强等。反映企业发展能力的主要财务比率有销售增长率、资产增长率、股权资本增长率、利润增长率等。

（1）销售增长率。销售增长率是企业本年营业收入增长额与上年营业收入总额的比率。其计算公式为：

$$销售增长率 = \frac{本年营业收入增长额}{上年营业收入总额} \times 100\%$$

本年营业收入增长额是指本年营业收入总额与上年营业收入总额的差额。销售增长率反映了企业营业收入的变化情况，是评价企业成长性与市场竞争力的重要指标。该比率大于零，表示企业本年营业收入增加；反之，表示营业收入减少。该比率越高，说明企业营业收入的成长性越好，企业的成长能力越强。

（2）资产增长率。资产增长率是企业本年总资产增长额与年初资产总额的比率。该比率反映了企业本年度资产规模的增长情况。其计算公式为：

$$资产增长率=\frac{本年总资产增长额}{年初资产总额}\times100\%$$

本年总资产增长额是指本年资产年末余额与年初余额的差额。资产增长率从企业资产规模扩张方面来衡量企业的发展能力。企业资产总量对企业的发展具有重要的影响，一般来说，资产增长率越高，说明企业资产规模增长的速度越快，企业的竞争力会增强。但是，在分析企业资产数量增长的同时，也要注意分析企业资产的质量变化。

（3）股权资本增长率。股权资本增长率也称净资产增长率或资本积累率，是指企业本年股东权益增长额与年初股东权益总额的比率。其计算公式为：

$$股权资本增长率=\frac{本年股东权益增长额}{年初股东权益总额}\times100\%$$

本年股东权益增长额是指本年股东权益年末余额与年初余额的差额。股权资本增长率反映了企业当年股东权益的变化水平，体现了企业资本的积累能力，是评价企业发展潜力的重要财务比率。该比率越高，说明企业资本积累能力越强，企业的成长能力也越好。

在企业不依靠外部筹资，仅通过自身的盈利积累实现增长的情况下，本年股东权益增长额仅来源于企业的留用利润，这种情况下的股权资本增长率被称为可持续增长率。

可持续增长率可以被看作企业的内生性成长能力，它主要取决于两个因素：股东权益报酬率和收益留存率，其计算公式为：

$$可持续增长率=\frac{净利率\times收益留存率}{年初股东权益总额}\times100\%$$

$$=股东权益报酬率\times收益留存率$$

$$=股东权益报酬率\times（1-股利支付率）$$

需要说明的是，股东权益报酬率不是用全年平均股东权益总额，而是用期初股东权益总额计算的。

（4）利润增长率。利润增长率是指企业本年利润总额增长额与上年利润总额的比率。其计算公式为：

$$利润增长率=\frac{本年利润总额增长额}{上年利润总额}\times100\%$$

本年利润总额增长额是指本年利润总额与上年利润总额的差额。利润增长率反映了企业盈利能力的变化，该比率越高，说明企业的成长性越好，发展能力越强。

上述四个财务比率分别从不同的角度反映了企业的成长能力。需要说明的是，在分析企业的成长能力时，仅用一年的财务比率是不能正确评价企业的成长能力的，我们应当计算连续若干年的财务比率，这样才能正确地评价企业成长能力。

阅读材料 6-3

杜邦分析法及其在 A 烟草公司财务管理中的应用

杜邦分析法（DuPont Analysis）是利用企业的偿债能力、营运能力、盈利能力及其相互之间的关系全面评价分析企业财务状况的方法。具体来说，它是一种用来评价企业赢利能力和股东权益回报水平，从财务角度评价企业绩效的一种经典方法。其基本思想是将企业净资产收益率逐级分解为多个财务比率，这样有助于深入分析比较企业经营业绩。这种分析方法最早由美国杜邦公司使用，故名杜邦分析法。

从杜邦模型（见图6-1）中可以看出，股东权益报酬率是一个综合性极强、最有代表性的财务比率，它是杜邦模型的核心；净资产收益率是反映企业盈利能力的一个重要财务比率，它揭示了企业生产经营活动的效率，综合性也极强；从企业的销售方面看，销售净利润率反映了企业净利润与主营业务收入之间的关系；在企业资产方面，我们主要应该分析以下两个方面：分析企业的资产结构是否合理，即流动资产与非流动资产的比例是否合理；结合销售收入，分析企业的资产周转情况。

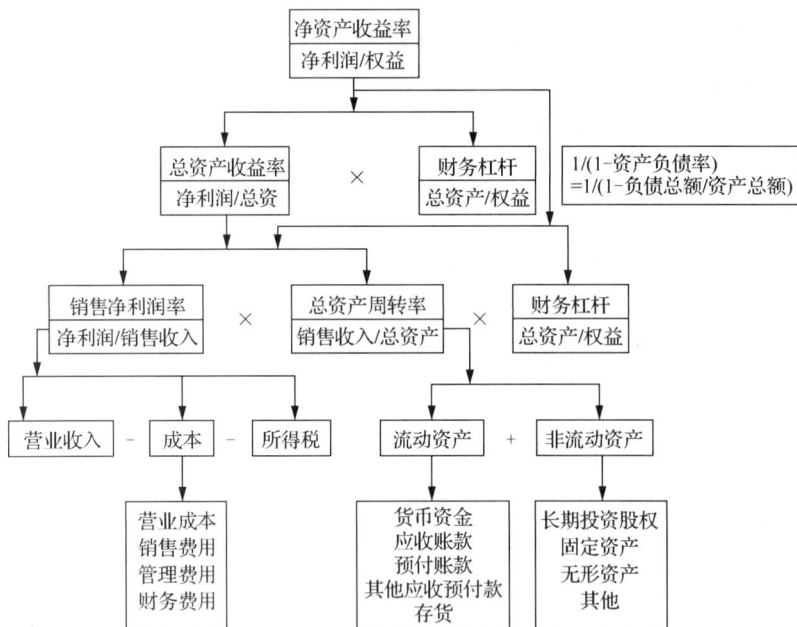

图 6-1　杜邦模型

2017年，A烟草公司总资产周转率为1.66，与去年同期保持平衡。通过进一步分析其资产的内部结构及其相应周转率，可以看到影响的具体因素还是存在很大区别的。A烟草公司2017年流动资产周转率为2.96，比去年同期的2.82增加了0.14次，增幅为4.96%。进一步分析流动资产的内部结构，可以看到A烟草公司2017年存货周转率同比大幅提高，增幅达到37.7%；但应收账款周转率同比却大幅降低，降幅达到51.88%。2017年，A烟草公司非流动资产周转率为3.78，同比下降了0.25，降幅为6.2%，通过进一步分析非流动资产内部结构，可以看到A烟草公司固定资产周转率和无形资产周转率同比都呈下降的趋势。固定资产周转率为5.02，降幅为22.77%；无形资产周转率为52.5，降幅为33.27%，具体数据如表6-4所示。

表 6-4　　　　　　　　　　　具体数据

项目	2016 年	2017 年	增减额	增幅
总资产贡献率（%）	42.15	36.63	-5.52	13.10
销售税利率（%）	25.46	22.06	-3.40	-13.35
销售净利率（%）	9.90	6.77	-3.13	-31.62
总资产周转率（次）	1.66	1.66	0.00	0.00
流动资产周转率（次）	2.82	2.96	0.14	4.96
其中：存货周转率（次）	8.33	11.47	3.14	37.10
应收账款周转率（次）	39.34	18.93	-20.41	-51.88
非流动资产周转率（次）	4.03	3.78	-0.25	-6.20
固定资产周转率（次）	6.50	5.02	-1.48	-22.77
无形资产周转率（次）	78.68	52.5	-26.18	-33.27

　　利用杜邦分析法，我们发现A烟草公司在经营管理方面存在三个方面问题：烟叶收购数量较少，等级结构较低；三项费用总体控制不严；资产周转速度慢，利用效率低，特别是固定资产与无形资产。因此，建议公司加快闲置非流动资产的处置速度，严格非流动资产投资的科学论证工作，提高资产投资水平，加快流动资产的周转速度。具体可以在烟叶应收账款方面，加强同工业企业联系，加快烟叶货款的回笼；在卷烟存货方面，通过定量订货模型进行订货，从而使卷烟库存大幅降低。随着卷烟库存的降低，卷烟采购成本占据的资金、卷烟持有成本也将会大幅降低，这可以降低企业的运作成本，提高企业的利润。

（资料来源：荆新，王化成，刘俊彦. 财务管理学（第8版）[M]. 北京：中国人民大学出版社，2018；

　　　　　罗素珍. 利用杜邦分析法改进企业财务管理——以A烟草公司为例[J]. 商业会计，2018（12）：81-83。）

6.4 | 企业分配管理

　　企业的不同利益主体，如股东、员工、债权人将自己拥有的资源投入企业，从企业生产经营中获得收益。企业分配主要是研究企业的薪息税前利润如何在股东、员工、政府、债权人等相关利益主体之间进行分配。

6.4.1　企业分配的原则

　　任何一种实践活动都必须遵循一定的原则，企业分配也不例外。企业分配原则是企业分配活动中所必须遵循的行为准则，其目的是规范企业分配行为。

1. 发展优先原则

企业分配应有利于提高企业的发展能力。从长期来看，只有企业不断发展，各方面利益才能最终得到满足。为此在进行分配时，企业必须正确处理积累与消费的关系，保证企业的健康成长。在进行分配时，要防止两种错误倾向：一是积累的比例太大，这会使有关利益各方得不到实惠，进而积极性降低，影响企业的长远发展；二是消费比例过大，积累能力削弱，这不利于企业自我发展和提高承担风险的能力，难以使企业在市场竞争中获胜。

2. 注重效率原则

在规范的市场经济条件下，企业将在市场竞争中求生存、求发展，在市场竞争中实现优胜劣汰，这就必然要求企业重视效率，视效率为生命。效率的实质是最大限度地发挥企业潜力，实现各种资源的有效配置，不断提高企业竞争能力。企业在分配中遵循注重效率的原则，主要应处理好以下几个方面：一是要充分调动出资者的积极性，保证其所投资本的贡献会被合理评价，并在企业分配中得到合理的体现；二是要调动企业管理者的积极性，保证其管理才能以及所面临的风险会被合理评估，并在企业分配中得到合理体现；三是调动企业一般职工的积极性，保证其劳动技能能够被合理评估，并在企业分配中得到合理体现。这样，企业能够有效地调动各方面的积极性，从而有利于企业的长期稳定发展。

3. 制度约束原则

企业分配涉及多个利益集团的利益，各方面的利益虽然有统一的一面，但矛盾冲突却时刻存在，这就要求企业在分配时必须遵循相关制度，以便合理地规范各方面的行为。这里所说的制度是广义的制度，它可以包括以下三个层次：一是国家的法律，如公司法、税法等都对企业分配提出了相应的要求；二是政府的各种规定，如企业财务通则、企业财务制度等对企业分配提出了相应的要求；三是内部的各种制度或规定，如企业奖励办法等对企业分配提出了相应的要求。有了制度的约束，企业才能保证分配的合理合法，才能协调好各方面的矛盾，才能保证企业的长期稳定发展。

6.4.2　企业收益分配的一般程序

企业实现的利润总额，要在国家、企业的所有者、企业法人和企业职工之间被分配。收益分配的程序就是按照国家有关法规的规定实现上述分配过程的步骤。根据《中华人民共和国公司法》《企业财务通则》的规定，企业收益分配的程序，除国家另有规定外，具体如下。

1. 依法缴纳企业所得税

企业所得税是国家对企业纯收益征收的一种税，体现了国家与企业的分配关系。缴纳所得税是企业收益分配的第一步，是国家参与企业收益分配的主要形式和手段。

所得税的多少主要取决于纳税人应纳税所得额和税率的高低，其计算公式为：

$$应纳所得税税额=应纳税所得额×所得税税率$$

按现行税法规定，所得税税率为25%。

应纳税所得额的计算方法主要有两种。

（1）直接计算法。直接计算法是指用纳税人每一纳税年度的收入总额减去准予扣除项目后的余额来确定应纳税所得额的一种方法。其计算公式为：

$$应纳税所得额=纳税人的收入总额-准予扣除项目$$

（2）利润总额调整法。利润总额调整法是根据会计算出的利润总额，经过适当调整，来计算应纳税所得额的一种方法。其计算公式为：

应纳税所得额=利润总额+纳税调增项目-纳税调减项目-弥补以前年度的亏损（5 年内）

2. 税后利润分配

企业对实现的利润，缴纳所得税后，一般按如下顺序进行分配。

（1）弥补企业以前年度的亏损。企业以前年度的亏损，如果未能在 5 年内用税前利润补完，就要用税后利润弥补。以前年度亏损未弥补前，企业不能提取公积金和公益金，也不能向投资者分配利润。

（2）提取法定盈余公积金。法定盈余公积金是指按国家法律的规定，从企业利润中提取的公积金。提取法定盈余公积金的目的是防止企业把利润分净吃光，降低企业经营风险，提高企业应付意外事件的能力，保护债权人的利益。按《企业财务通则》的规定，法定盈余公积金要按弥补亏损后的利润的 10%来提取。当累计的法定盈余公积金达到注册资本的 50%时，可不再提取。法定盈余公积金可用于弥补亏损或者转增资本金，但转增资本金后，企业的法定盈余公积金一般不能低于注册资本的 25%。

（3）提取公益金。公益金是企业从税后利润中提取的用于集体福利的资金。在我国，用于职工福利的资金包括两部分：一是从成本中按职工工资总额的 14%提取的职工福利费；二是按税后利润的 5%～10%提取的用于职工集体福利的公益金。

（4）支付优先股股利。优先股股东往往或多或少的放弃了作为股东的共益权，一般情况下不参与企业的经营决策，也不享有公积金权益。作为权利放弃的补偿和平衡，企业必须减免其投资风险。因此，企业对优先股股利的支付应优先于提取任意盈余公积金，这可以防止企业利用提取任意盈余公积金损害优先股股东的权益。

（5）提取任意盈余公积金。任意盈余公积金是由企业董事会从税后利润中提取的公积金。任意盈余公积金的提取不受法律限制，可以多提，也可以少提，还可以不提。任意盈余公积金可以用于弥补亏损、转增资本金、购置固定资产、增补流动资金等。

（6）支付普通股股利。企业还可向投资者分配税后利润。企业能否向投资者分配利润，不仅仅取决于当年是盈利还是亏损，还要看企业是否拥有可供分配的利润。即使在亏损年度，如果企业年初有较多未分配利润，并且已通过合法途径弥补了亏损，仍可向投资者进行利润分配。

企业可供分配的利润是全部分掉，还是提取任意盈余公积金或形成未分配利润留待以后各年分配，应由企业董事会根据企业的具体情况来定。

本章小结

本章介绍了企业财务管理的主要内容，从基本的财务管理含义入手，探讨企业财务活动、财务关系、财务管理目标和财务管理价值概念，还介绍了企业资金筹集的种类和方式。企业财务管理的活动通过企业财务报表得到呈现，财务报表是分析企业财务的基础资料。本章介绍了企业支付能力、运营能力、盈利能力和成长能力分析方法，收益分配管理也是企业财务管理的重要组成内容。

复习思考题

1. 分析企业支付能力的财务比率有哪几个，其计算公式是什么？

2. 什么是企业的财务关系？主要包括哪些关系？

3. 筹资渠道和筹资方式是什么关系？请举例说明企业可以选择的筹资方式有哪些？

4. 某企业的销售收入为800万元，销售成本350万元，销售费用50万元，管理费用35万元，财务费用20万元，营业税金35万元，投资收益7万元，营业外收入5万元，营业外支出3万元，若企业所得税税率为33%，试求企业的税后利润。

案例分析

"大唐"与"烽火"资产重组，成立"中国信科集团"

2016年7月，国务院国有资产监督管理委员会发布公告：武汉邮电科学研究院院长兼党委书记童国华出任电信科学技术研究院有限公司党组书记，正式执掌大唐电信集团（以下简称"大唐"）。

2016年年底，武汉邮电科学研究院有限公司和电信科学技术研究院有限公司两家公司董事长级互访，双方总会计师都出现在访问团中。

2017年11月23日，上市公司烽火通信、光迅科技、长江通信发公告称，公司收到控股股东烽火科技集团有限公司通知，烽火科技集团有限公司（以下简称"烽火"）的控股股东武汉邮电科学研究院有限公司正在与电信科学技术研究院有限公司筹划重组事宜，重组方案尚需获得有关主管部门批准。

2018年1月25日，"2018全球自动驾驶论坛"在武汉光谷举办，会议透露，大唐将与烽火合并，成立中国信息通信科技集团有限公司，总部注册在光谷。

2018年6月27日，国务院国有资产监督管理委员会发布公告，同意武汉邮电科学研究院有限公司（以下简称"武汉邮科院"）与电信科学技术研究院有限公司（以下简称"电信科研院"）实施联合重组。此次重组，将新设中国信息通信科技集团有限公司（以下简称"中国信科集团"），由国务院国有资产监督管理委员会代表国务院履行出资人职责，将武汉邮科院与电信科研院整体无偿划入新公司，成为其全资子公司，不再作为国务院国有资产监督管理委员会履行出资人职责的企业。中国信科集团总部设在湖北武汉，列入中央企业序列。公司注册资本300亿元，资产总额逾800亿元，年销售收入近600亿元（2018年7月20日数据）。公司不断提高以5G为代表的移动通信关键技术和产品创新能力，全力打造具有全球竞争力的世界一流信息通信高科技企业。

武汉邮科院即烽火控股股东，是中国光通信的发源地。作为中国主要的信息通信领域产品和综合解决方案提供商，其已形成覆盖光纤通信、数据通信、无线通信与智能化应用四大产业的发展格局，是集光电器件、光纤光缆、光通信系统和网络于一体的通信高技术企业。其资产及投资情况如图6-2所示。烽火科技集团有限公司控股2家上市公司：烽火通信（600498），占股44.36%（2018年9月30日止）；长江通信（600345），占股28.63%（2018年9月30日止）；武汉光谷烽火科技创业投资有限公司控股1家上市公司：理工光科（300557），占股25.53%（2018年9月30日止）。

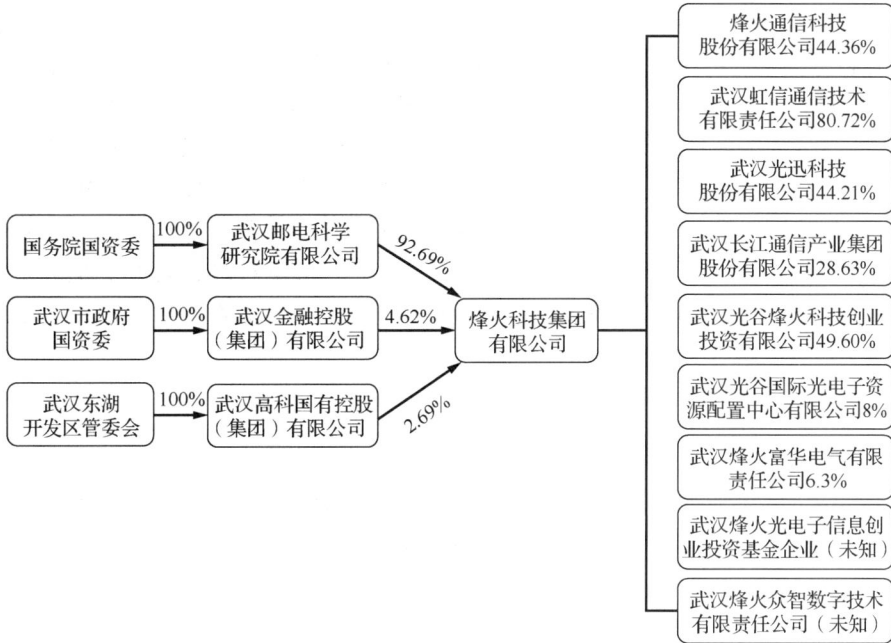

图 6-2　相关占比情况

国务院国资委100%控股电信科学技术研究院有限公司，其资产和投资情况如图6-3所示。电信科研院100%控股大唐电信科技产业控股有限公司，是一家专门从事电子信息系统装备开发、生产和销售的大型高科技中央企业，是我国自主知识产权的第三代移动通信国际标准TD-SCDMA的提出者、核心技术的开发者以及产业化的推动者，是第四代移动通信TD-LTE国际标准的核心基础专利拥有者，在5G领域也有深厚的储备。电信科学技术研究院有限公司控股2家上市公司：高鸿股份（000851），占股12.81%（2018年9月30日止）；*ST大唐（600198），占股17.15%（2018年9月30日止），电信科学技术研究院有限公司全资子公司"大唐电信科技产业控股有限公司"占股*ST大唐（600198）16.79%（2018年9月30日止）。

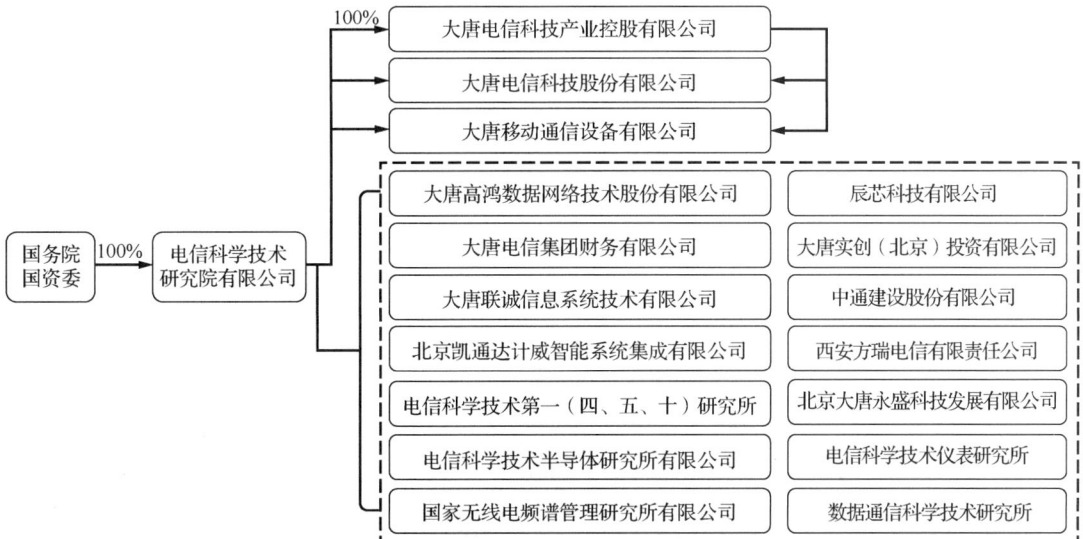

图 6-3　相关占比情况

合并重组前，烽火2017年上半年营收97.21亿元，同比增长26.02%，归属于上市公司股东的净利润4.50亿元；大唐上半年业绩显示，其营业收入为28.58亿元，同比下降11.22亿元，归属于上市公司股东的净利润为-3.22亿元。2019年1月7日，中国信息通信科技集团有限公司（以下简称"中国信科集团"）在位于光谷的烽火科技园举行首次工作大会，中国信科集团党委书记、董事长童国华说，2018年是企业改革发展史上具有重要里程碑意义的一年，集团实现了良好开局，重组效应初步显现。2018年集团实现合同总额、销售总额同比重组前武汉邮科院和电信科研院所两院，分别增长3%和8%，创历史新高；营业总收入同比增长4.9%；实现利润总额扭亏为盈，各项指标均优于重组前，超额完成保值增值任务。其中，烽火合同额、销售额再创历史新高，大唐经营状况明显改善。

（资料来源：根据网络资料改编。）

思考题：

政府资金是企业筹资的重要渠道，中国信息通信科技集团有限公司由国务院国有资产监督管理委员会代表国务院履行出资人职责，这对于改善企业财务表现的意义有哪些？

物资与设备管理 | 第7章

【学习目标】

- 掌握物资管理的概念。
- 了解物资管理的方法。
- 掌握采购的概念和目标。
- 了解库存管理策略。
- 了解设备的选择与评价方法。
- 了解通信工程物资设备管理的基本内容。

【开篇案例】

戴尔公司的"零库存"管理

有专家说:"戴尔的'零库存'是基于供应商'零距离'之上的。"供应商承担了戴尔公司的库存风险,而且还要求戴尔与供应商之间要有及时、频繁的信息沟通与业务协调。戴尔所谓要"摒弃库存"其实是一种导向,绝对的零库存是不存在的。库存问题的实质是:既要千方百计地满足客户的产品需求,同时又要尽可能地保持较低的库存水平。只有在供应链居于领导地位的企业才能做得到,戴尔就是这样的企业。戴尔在库存管理方面具有优势;在与零部件供应商的协作方面,也具有优势。"以信息代替存货",在很多其他企业看来是不可能的,但在戴尔却是实际存在的。

在微利时代,订单与低库存的匹配也是很难的。订单掌握在客户手里,客户能不能产生订单需求,产生的需求能不能为戴尔掌握,这是很难确定的。经常的情况是,戴尔保持着零库存,而客户的订单是波动的,订单的成长性也具有淡季和旺季之分,如在淡季戴尔一个月可能只卖80万台PC,在旺季一个月可能卖200万台。戴尔的库存管理能力必须适应从80万台到200万台的变化。这对讲求零库存的戴尔是一个很大的挑战。订单与低库存相匹配的按需定制方式是戴尔的优势,采用该方式,戴尔需要进行经验的积累和供应商关系的磨合等。成本控制、节约开支等措施是戴尔日常管理的核心,这不能妨碍订单与供应商库存的协调。戴尔是如何做到这种匹配的呢?主要的方法有:一是戴尔的强势影响力,使供应商认同戴尔的潜力,它们会千方百计地满足戴尔的订单变化需求;二是强大的信息沟通机制使戴尔能够通过迅速的沟通来满足配件、软件的需求;三是有力度的流程管理方式,使戴尔能够精确地预估未来的需求变化。

(资料来源:根据网络资料改编。)

物资管理是企业管理的重要组成部分,它是对企业所需的各种物资的计划、采购、验收、保管、投放、回收利用等一系列组织工作的总称。现代企业要使生产不间断地、有节奏地、均衡地进行,需要经常不断地供应生产、建设、科研、维修、技术改造等方面所需的各种物资。显然,有效地进行物资管理工作,将有利于正确地制订物资供应计划、确定物资消耗与使用定额、合理地使用和节约物资,有利于提高物资采购决策的科学性。因此,有效地进行物资管理对于促进企业生产的发展,降低产品成本,加速资金周转,增加企业盈利,具有极其重要的意义。

7.1 | 企业物资管理概述

7.1.1　物资及物资管理的概念

1. 物资与物资管理

物资是物质资料的总称。企业的物资是进行生产的重要物质条件，通常是指企业生产经营过程中所消耗的主要原材料、辅助材料、燃料、动力、配件和工具等属于生产性消费的生产资料。

物资消耗定额和
物资储备定额

物资管理是指企业在生产经营过程中，对需要的物资采购、使用、储备等行为进行计划、组织和控制，主要包括为了完成生产任务所需要消耗的各种原料及辅助材料数量决策，以及满足生产需求前提下对企业进行成本控制所涉及的物资采购数量、储备数量的决策。企业通过对所需物资的有效管理，可以保障产品质量、提高生产效率、降低生产经营成本、加速资金周转、促进企业盈利，提高企业的市场竞争力。特别是在技术快速发展、市场竞争加剧的情况下，在满足客户需求和企业成本控制的平衡中，物资管理起到了关键作用。

2. 物资消耗定额

（1）物资消耗定额的概念。物资消耗定额是指在一定时期内和在一定的生产技术组织条件下，为制造单位产品或完成单位生产任务所必须消耗的物资数量的标准。由于时期的不同以及生产技术条件等的变化，在同一单位或不同单位内，物资消耗定额的水平是不完全相同的。

制订先进合理的物资消耗定额对企业物资管理有着十分重要的作用。物资消耗定额不仅是编制物资供应计划的重要依据，而且是科学地组织物资供应的重要基础，是促进企业控制使用和节约物资的标准和尺度。有了先进合理的物资消耗定额，企业才能严格按生产进度、按质、按量、按时地组织物资供应，并对消耗情况实现控制，从而保证企业生产正常地、均衡地进行。

（2）物资消耗定额构成。

① 主要原材料消耗定额。企业主要原材料消耗是由三部分构成的，即有效性的消耗、工艺性的消耗和非工艺性的消耗。有效性的消耗是指构成产品或零件净重部分的材料消耗，它是保证产品达到规定的功能和技术要求所必需的材料消耗；工艺性消耗是指产品在生产准备过程和加工过程中由于工艺技术等方面的原因而产生的原材料损耗；非工艺性消耗是指由于技术上和非技术上的原因而造成的材料损耗，如废品损失、运输损耗、保管损耗等。

② 辅助材料消耗定额。对于辅助材料消耗定额，企业可根据不同用途，分别采用按单位产品确定、按工作量确定、按设备的开始时间确定、按工种确定、按其和主要原材料消耗定额的比例确定等不同的方法。

③ 工艺用燃料。一般是按新产品（或零件和毛坯）来计算消耗定额，如一吨铸件需要多少焦炭、一吨锻件需要多少煤炭。

④ 动力。指用于生产和管理等方面的电力、蒸汽、压缩空气等。

⑤ 配件。指准备更换设备中已磨损和老化的零件和部件的各种专用备件。

⑥ 工具。指在生产中所消耗的各种刀具、夹具、量具等。

（3）制订物资消耗定额的主要方法。

物资消耗定额通常是按物资用途的类别分别制订的，其制订方法归纳起来主要有三种，即技术计算法、统计分析法和经验估算法。

① 技术计算法。是指根据产品设计和生产工艺等技术资料，在进行工艺计算和技术分析的基础上确定物资消耗定额的方法。此方法精确可靠，但计算的工作量较大，而且要求具备完整的技术文件和资料，所以主要用于产品定性、产量较大、技术资料健全的产品。

② 统计分析法。即根据对物资消耗统计资料的分析研究，并考虑计划期间内生产技术组织条件的变化等因素来制订物资消耗定额的方法。此方法简单，计算工作量小，但可能受重复过去物资消耗不合理等因素的影响，因此准确性和可靠性较差。

③ 经验估算法。即根据定额人员的实际工作经验，并参考有关技术文件和产品实物，考虑计划期内生产技术条件的变化等因素来制订物资消耗的一种方法。这种方法简便易行，但准确性较差，一般只在缺乏必要技术资料的情况下采用。

3. 物资储备定额

（1）物资储备定额的概念。物资储备定额是指企业在一定的生产技术组织条件下，为保证生产顺利进行所需要的、经济合理的物资储备数量的标准。

物资储备定额是企业管理的一项重要的基础工作，是编制物资供应计划和组织采购供应的重要依据，是企业经常监督库存动态，使物资库存经常保持在合理水平上的工具，是核算企业流动资金、确定物资储备仓库面积和储备设施数量及人力的主要依据。

（2）物资储备定额的构成。物资储备定额一般包括经常储备定额和保险储备定额两个部分。某些企业由于物资有季节性，还需要建立季节性储备定额。

① 经常储备定额。它是指企业在前后两批物资进厂之间的供应间隔期内，为保证生产正常进行所必需的、经济合理的储备数量。这个储备数量是有周期性变化的，当前一批物资进厂时，企业的物资储备数量达到最高峰，随着生产的消耗，物资储备逐渐减少，直到后一批物资进厂前，物资储备达到最低值。

② 保险储备定额。它是指企业为防止物资供应发生中断，或来料品种规格不符合需要等而确定的物资储备数量。它是一种保险性质的储备，在正常情况下不动用。企业只有在发生意外情况，如交货拖期、运输延误、到货质量不符合要求等，使经常储备不能满足生产需要时，才可动用，动用后须及时组织进货，以补足定额。对于供应稳定和易于就近采购的物资，一般可不建立这种储备。

③ 季节性储备定额。它是某些企业由于某种物资来源受到季节性的影响，而需要确定的物资储备数量。

（3）经常储备定额的确定。企业确定物资的经常储备定额有供应间隔期法和经济订购批量法两种。

① 供应间隔期法。即以确定物资供应间隔天数（也就是物资的储备天数）和每日平均物资需用量为依据，确定物资经常储备量的方法。其计算公式为：

$$经常储备定额=供应间隔天数×平均每日物资需用量$$

其中，物资的供应间隔天数指的是前后相邻两批物资之间的供应间隔天数。由于物资的供应间隔天数受供应条件、供应距离、运输方式、订购批量以及有关的采购费用和保管费用等诸多因素的影响，企业可根据历年的统计资料加权平均进行确定。平均供应间隔天数的计算公式为：

$$平均供应间隔天数=\frac{\sum（每次入库数量×每次进货间隔天数）}{\sum 每次入库数量}$$

考虑到某些物资在投产前需要经过一定的准备时间，因此在计算经常储备定额时，企业应把这部分准备时间包括在内，即：

经常储备定额=（供应间隔天数+物资使用前准备天数）×平均每日物资需用量

② 经济订购批量法。上述供应间隔期法较多地考虑企业的外部条件，而较少地考虑企业本身的经济效果。经济订购批量法则是侧重从企业本身费用的角度来考虑物资储备的一种方法。

与物资储备有关的费用主要有两类，即订购费用和保管费用。订购费用是指为取得存货所发生的费用，如订货和采购所用的差旅费、行政管理费、验收和搬运费等；保管费用及库存成本，则是指存货存放期间所发生的各项费用，如物资占用资金和利息，仓库和运输工具的维修、折旧费用，物资储备的损耗等。物资的订购费用与订购和采购的次数成正比，而与每次订购的物资数量多少关系不大。而物资的保管费用则与每次订购的数量成正比，而与订购次数无关。在全年物资需用量一定的情况下，每次订购量增加，订购费用则减少，保管费用则增加；反之，每次订购量减少，全年订购次数会增加，保管费用会减少，而订购费用则增加。

保管费用、订购费用和总费用之间的关系如图 7-1 所示。企业采用经济订购批量法，就是求出一个恰当的订购批量，使所需的总费用（订购费用与保管费用之和）为最少。从图 7-1 中可以看出，保管费用随每次订购数量增大而增大，而订购费用则随每次订货数量增大而减少，将两者加起来所形成的总费用曲线之最低点对应的订购数量，即为最经济的订购批量。

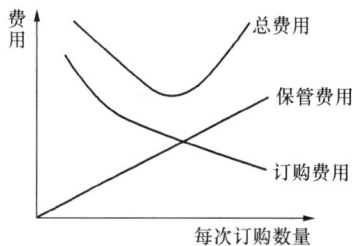

图 7-1　经济订购批量

假定企业的物资订购量固定不变，企业发出订货单后物资可立即到达，企业不允许缺货。我们令 Q 表示企业的物资阶段需求量，q 表示企业每一次的物资订购量，C_r 表示企业每一次的订购费用，C_h 表示企业单位物资的保管费用，则企业整个阶段内的总费用 C 为：

$$C = \frac{Q}{q}C_r + \frac{1}{2}qC_h$$

通过上式不难发现，物资储备总费用随着每一次的物资订购量的变化而变化（见图 7-1），变化曲线的最低点对应的订货量，就是总费用最小的的订货量，通常被称为经济订货量。从上式可得：

$$q^* = \sqrt{\frac{2C_rQ}{C_h}}$$

可以看出，经济订购批量与企业整个阶段的物资需求量及每次的订购费用呈正比关系，与物资保管费用成反比关系。当物资的订购量比经济订购批量减少一半时，物资储备总费用最多只增加25%。若企业物资需求阶段数目为 N，物资订购间隔期为 t^*，则最优物资订购间隔期为：

$$t^* = \frac{qN}{Q} = \sqrt{\frac{2C_rN^2}{QC_h}}$$

【例题 7-1】 某企业物资年需求量为 8 000 千克，一次订购费用为 5 元，单位物资的年保管费用为 0.5 元，则这种物资的经济订购批量为：

$$q^* = \sqrt{\frac{2 \times 5 \times 8\,000}{0.5}} = 400 \ (千克)$$

最优物资采购间隔期为：

$$t^* = \frac{400 \times 12}{8\,000} = 0.6 \ (月)$$

企业采用经济订购批量法制订经常储备定额充分考虑了物资储备的经济效益，它对企业来说是一种较理想的方法。但运用这种方法，需具备一定的条件，即企业要能自行决定订购批量和订购时间，如果订购批量和订购时间主要取决于供货单位和运输条件，则企业只能用供应间隔期法。

（4）保险储备定额的确定。保险储备定额主要取决于保险储备天数和平均每日物资需用量两个因素。

保险储备定额=保险储备天数×平均每日物资需用量

在保险储备天数确定时，若物资消耗规律性较强、临时需要少而到货时间变动大，企业可按上期统计资料中实际到货平均误期天数来确定保险储备定额；也可按临时订购所需天数确定保险储备天数；还可以采用概率方法，根据企业确定的保证供应率要求和过去各供应期需要量率动值，来确定保险储备定额。

企业的物资储备定额，一般是由经常储备定额和保险储备定额两部分组成。因此，在确定经常储备定额和保险储备定额后，即可求出该种物资的最高储备量和最低储备量。

最高储备量=保险储备定额+经常储备定额

最低储备量=保险储备定额

各种储备量之间的关系如图 7-2 所示。

（5）季节性储备定额的确定。季节性储备定额一般是根据季节性储备天数和平均每日需用量来确定的，此外，企业还需要参考历史统计资料，并考虑计划期的具体情况。

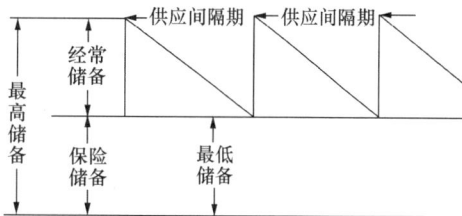

图 7-2 各种储备量之间的关系

季节性储备定额=季节性储备天数×平均每日需用量

7.1.2 企业物资管理计划与方法

1. 物资储备计划

企业制订物资储备计划的目的是确定和提出企业计划期的物资采购量计划。

一般来说，计划年度的物资采购量可用下述公式计算：

某种物资采购量=该种物资的需用量+期末库存量-期初库存量-企业内部可用资源

从上式可以看出，物资储备计划主要包含确定各种物资计划期的需用量、期末库存量以及计划期初库存量等内容。

（1）计划期物资需用量的确定。物资需用量是按照每一类物资，每种具体品种规格分别来计算的。不同用途、不同种类物资的需用量计算方法可能不同。概括起来，可分为直接计算法和间接计算法两种。直接计算法又称定额计算法，它是以物资消耗定额和工作任务的大小为依据来确定物资需用量的一种方法。间接计算法又称比例计算法，它是指当某种物资的消耗定额尚未确定，或暂时无法确定时，按一定的比例系数（如某种物资需用量占主要产品用料的百分比，平均每千元产值的材料消耗等）来估计物资需用量的方法，它可分为动态分析法、类比计算法和经验估计法三种。下式为直接计算法下物资需用量的计算公式：

$$某物资需用量=（计划产量+废品产量）×单位产品消耗定额-计划回用废料数量$$

（2）计划期期末物资库存量、计划期期初物资库存量以及企业内部可用资源的确定。期末物资库存量通常就是储备定额，其计算公式为：

$$期末物资库存量=经常储备定额＋保险储备定额$$

计划期期初库存量计算公式为：

$$计划期期初库存量=编制计划时的实际库存量+期初前的到货量-期初前的耗用量$$

企业内部可用资源指通过改制、代用和综合利用等的物资数量，企业应根据实际情况确定其数值。

2. 物料需求计划（MRP）

物资需求计划（Material Requirement Planning，MRP）根据产品结构各层次物品的从属和数量关系，以每个物品为计划对象，以完工时期为时间基准倒排计划，按提前期长短区别各个物品下达计划时间的先后顺序，是一种工业制造企业内物资计划管理模式。

MRP系统根据总生产进度计划中规定的最终产品的交货日期，规定必须完成各项作业的时间，编制所有较低层次零部件的生产进度计划，对外计划各种零部件的采购时间与数量，对内确定生产部门应进行加工生产的时间和数量。一旦作业不能按计划完成，MRP系统可以对采购和生产进度的时间和数量加以调整。MRP系统可以使企业及时取得生产所需的原材料及零部件，保证按时供应用户所需产品；以尽可能低的库存水平，控制库存成本；计划企业的生产活动与采购活动，使各部门生产的零部件、采购的外购件与装配的要求在时间和数量上精确衔接。

MRP系统如图7-3所示，主要分为输入、计算处理、输出三部分。MRP系统的输入部分主要有三个数据来源，即主生产计划、物料清单和库存记录文件。MRP系统的输出部分根据主生产计划、物料清单和库存信息进行物料需求计划计算后，再通过能力需求计划等系统进行企业资源能力和生产能力平衡，最后输出计划报告。

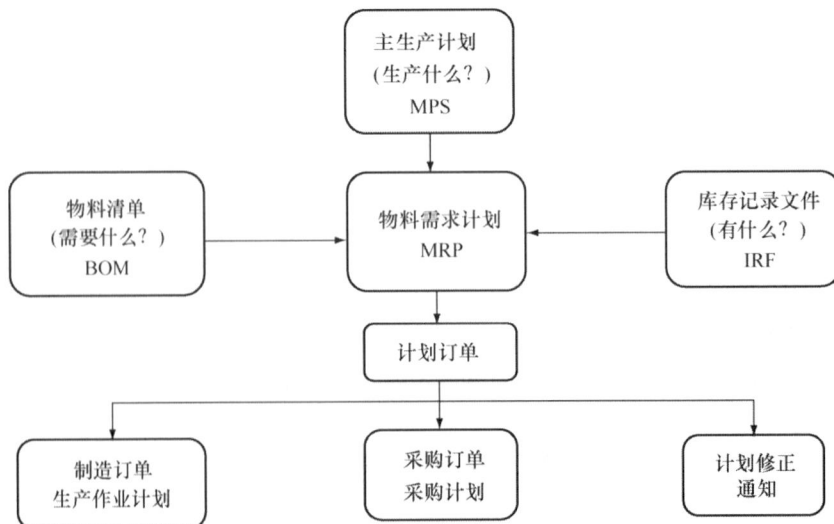

图7-3　MRP系统

3. 制造资源计划（MRP Ⅱ）

20 世纪 60 年代，人们在计算机上实现了自动生成并管理"物料需求计划"，它主要用于库存控制，通过在数周内拟定零件需求的详细报告，以满足生产变化的需求。到了 20 世纪 70 年代，人们把财务子系统和生产子系统结合为一体，采用计划—执行—反馈的管理逻辑，有效地对生产各项资源进行规划和控制。企业是一个有机整体，它的各项活动相互关联、相互依存，应该建立一个统一的系统，使企业有效地运行。但企业内部往往往有很多系统，如生产系统、财务系统、销售系统、供应系统、设备系统、技术系统以及人事系统等。它们各自独立运行，缺乏协调，相互关系并不密切，各个系统在发生联系时，常常互相推诿，甚至互相埋怨。而且，各个部门往往要用到相同类型的数据，并从事很多相同或类似的工作，但往往对于同一对象，各部门的数据不一致，会造成管理上的混乱。这都是由于缺乏一个统一而有效的系统所致。20 世纪 80 年代末，人们将生产活动中的主要环节——销售、财务、成本、工程技术等与闭环 MRP 集成为一个系统，成为管理整个企业的一种综合性的制订计划的工具，有效地利用各种制造资源、控制资金占用、缩短生产周期、降低成本，使企业内各部门的活动协调一致，形成一个整体，各部门享用共同的数据，消除了重复工作和不一致，也使得各部门的关系更加密切，提高了整体效率。

4. 企业资源计划（ERP）

企业资源计划（Enterprise Resource Planning，ERP）是由 MRP、MRP Ⅱ 发展而来的。ERP 的概念最先是由美国著名的咨询公司加特纳公司（Gartner Group Inc.）于 20 世纪 90 年代初提出的。当时，ERP 主要是在功能上对 MRP Ⅱ 有所扩展，在 MRP Ⅱ 的基础上增加了设备管理、质量管理、分销管理、固定资产管理、工资管理和人力资源管理，管理信息的集成度更高。ERP 的基本思想是将企业的制造流程看作一条联结供应商、制造商、分销商和顾客的供应链，强调对供应链的整体管理，使制造过程更有效，使企业流程更加紧密地集成到一起，从而缩短从顾客订货到交货的时间，快速地满足市场需求。ERP 超出了对企业内部制造资源的管理，这是 ERP 对 MRP Ⅱ 最主要的改进。

ERP 系统主要包括生产控制、财务、人力资源、供应链和顾客关系管理五个模块。其中生产控制模块、财务管理模块、人力资源模块在 MRP Ⅱ 中实现。另外两个新增的模块是：①供应链管理模块。即利用因特网将企业的上下游企业进行整合，以中心制造厂商为核心，将产业上游原材料和零配件供应商、产业下游经销商、物流运输商及产品服务商以及往来银行结合为一体，构成一个面向最终顾客的完整电子商务供应链。可以增加预测的准确性；减少库存，提高发货供货能力；减少工作流程周期，提高生产率，降低供应链成本；减少总体采购成本，缩短生产周期，加快市场响应速度，从而提高企业产品的市场竞争力。②顾客关系管理（Customer Relationship Management，CRM）模块。即企业利用相应的信息技术以及互联网技术协调企业与顾客间在销售、营销和服务上的关系，向顾客提供创新式的个性化的顾客服务，通过销售分析，找出最有价值的目标顾客群体，管理销售队伍。

📚 **阅读材料 7-1**

Dymotek 公司卓越的企业资源计划

Dymotek公司成立于1990年，经过近30年的发展，已成为美国定制模具的卓越供应商。2016年，塑料制品行业权威杂志《Plastics News》授予Dymotek公司"Excellence in Customer

Relations Award"；2017年，公司由于其持续、快速增长的业绩而荣获"Processor of the Year Award"。

成立之初，公司只生产一种易于安装的通用塑料管道盖。1997年，公司投资建设了由两台设备支持的专业注塑生产线，以满足快速增长的市场需求。2004年，公司进行了业务调整，专注于提供使用液体硅橡胶喷射注模法生产定制模具和多成分制模，同时公司增加了21 000平方米的空间，其中10 000平方米用于生产制造，11 000平方米用于仓储管理。这一年，Dymotek公司引进IQMS公司的企业资源计划（ERP）系统，对原有分散的业务模块进行了整合优化。

（1）ERP系统实现了业务的集成，帮助Dymotek公司实现业务管理的灵活性，可以为顾客提供实时的订单执行情况信息，具备了生产弹性以满足挑战日益激烈的全球市场中不断变化的需求，实现了一站式无缝衔接。

（2）ERP系统为Dymotek公司提供了精准的产品成本分析。管理者可以快速、准确地对公司生产的任一款产品进行成本和盈利能力的评估，包括实时查询使用的生产设备等固定成本在产品中的分摊比例。

（3）ERP系统可以实现与Dymotek公司客户实时的沟通，为顾客提供可视化的订单追踪服务，提高客户服务水平。例如，客户由于严格的库存控制，需要知道车间每天实际的生产进度。公司每天早晨使用ERP系统，将公司当天的产品在库情况通过E-mail的形式发送给客户，便于客户进行实时销售调整。

（4）IQAlert模块实现日常生产任务自动化排产，将静态数据转化为动态的系统通知。自动排产系统为客户节约了时间、为公司节约了成本，同时，系统通过数据跟踪为公司挖掘任何发展关键机会，使公司从推动式发展转变为拉动式发展。

（5）ECO模块设置了一个控制项目修正、物料清单变更等事项的处理中心，该处理中心按照审批程序将相关文件通过E-mail发送给各环节负责人，通过电子化形式进行审核或批复，提高了部门之间的协作效率，节约了桌面会议的时间。

（6）实时生产管理模块实现公司对机器设备的实时管理，从零部件完成制造、投入看单生产的所有环节的信息公司都能够实时跟踪，同时排产计划和产成品数量也实现自动更新。这个嵌入式解决方案极大促进了生产效率的提高。

（7）系统的资产管理模块支持准时交付，人员培训模块则可以实时跟踪员工的工作技能水平和工作表现。

通过ERP系统，Dymotek公司在三年间业绩增长111%，节约了成本，优化了库存管理，实现了更加高效的排产管理，提高了管理效率、进程能见度和生产效率，实现了卓越的客户服务。

（资料来源：根据网络资源改编。）

7.2 企业采购管理

进行有效采购管理能够保证及时交货，有利于企业产品或服务质量的物料流，保证企业正常运转；有利于促进企业存货投资和损失的最小化，实现企业的持续成本优化；最终提高公司的盈利水平和竞争地位。因此，有必要建立一套完整、可行的采购管理制度，为供应商和需求企业带来收益，促进企业的运作效率和效益大幅度提高。

7.2.1　采购的概念与采购目标

1．采购的概念

采购（Purchasing）是企业在一定条件下从供应商处获取原材料、零部件、产品、服务或其他资源以支持企业生产运营的过程。采购的实质就是采购方与供应方之间通过合作与交易实现资源转移的过程。采购的基本功能就是帮助企业从资源市场获取所需要的各种资源。采购的基本作用就是通过商品交易与等价交换将资源从资源市场的供应商处转移到企业。

采购是一种经济活动，它通过采购获取的资源在企业的生产经营活动中发挥作用而产生经济效益，同时，企业为获取资源需要支付资源的价格、交易成本和运输成本等采购成本。因此，为实现采购活动的经济效益最大化，企业就需要不断降低采购成本，以最少的采购成本去获取最大的采购效益。

2．采购的目标

由于采购关系着企业生产过程是否顺利进行、产品质量是否得到保障、库存数量是否保持适度以及运营成本是否维持最低，因此，采购的目标应包括以下几个。

（1）保证持续供应。在企业生产经营过程中，一旦原材料或零部件缺货，就会造成生产过程的中断，给企业带来预期之外的损失。而生产过程的中断会造成企业运营成本的增加，并有可能进一步导致企业无法按时向顾客交货。因此，采购的根本目标之一就是要确保原材料、零部件和配件的持续供应。

（2）提高采购质量。采购对于企业的产品质量来说至关重要，产品质量主要取决于加工装配过程中所使用的原材料和零部件的质量。如果使用了质量较差的原材料或零部件，那么最终产品就有可能无法满足顾客的质量要求。因此，企业和供应商必须不断致力于提高采购质量。

（3）库存最小化。通常，企业为了避免物料短缺往往会持有大量的原材料和零部件库存，以避免供应中断，但维持大量库存会占用企业的大量资金。因此，采购的目标之一就是在保证持续供应的前提下，使库存最少化。

（4）总成本最小化。对于大多数企业来说，商品和服务采购的支出成本高，而使用可行的采购策略则可以节约大量资金。因此，企业要获取最大的采购效益就必须对采购成本进行严格控制，这不仅需要企业重视如何获得较低的资源价格，还应重视采购的交易成本及物料的运输和使用成本的节约。

要实现上述采购目标，企业就需要与供应商之间由原来的讨价还价这种对抗关系变成互惠互利的合作关系。而建立合作关系则需要将采购能力变成企业的一项关键能力，即企业通过积极寻找更好的原材料和可靠的供应商，与其密切合作并利用供应商的专业知识以提高原材料或零部件质量，并在产品设计和开发活动中引入供应商和采购人员，以提高最终产品质量和顾客满意度，更好地实现企业的生产和营销战略。

7.2.2　采购程序与采购方式

1．采购程序

采购程序会因采购活动是一次性采购还是重复采购，是大额采购还是小额采购等的不同而有所不同。但一般通用的程序包括识别顾客需求、评估潜在供应商、选择供应商、核准采购、执行采购和考核供应商绩效等步骤，如图7-4所示。

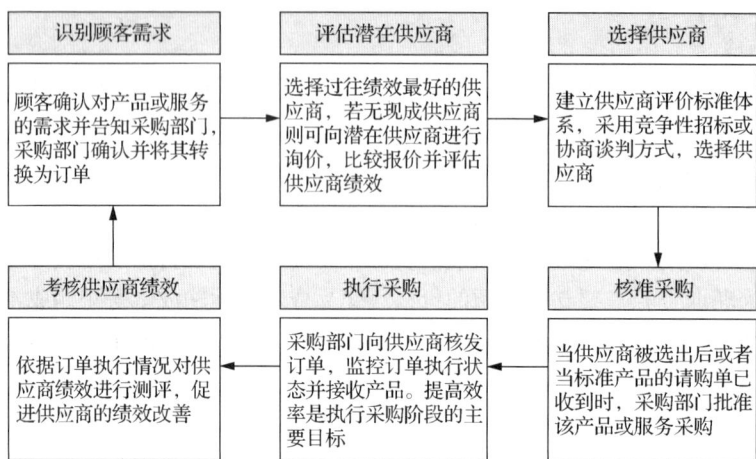

图 7-4 采购程序

（1）识别顾客需求。现代企业根据市场所反映的顾客需求进行产品生产和服务提供，因此，准确识别顾客需求是企业采购管理的依据。顾客需求包括对产品及服务的需求。产品需求可能包括对仪器设备、零部件、原材料或产成品的需求，服务需求包括对计算机程序员、危险品处理人员、承运人或维修服务提供者的需求等。顾客可用工作描述、采购需求申请、顾客订单、常规再订货系统、盘点存货及在新产品开发中所识别的需求等形式，描述其产品需求或服务需求，并告知采购部门，然后采购部门确认并将其转换为订单。

（2）评估潜在供应商。识别了顾客需求，就需要在资料库中检查是否已有被核准过的供应商。若无现成供应商可供选择，企业可向潜在供应商进行询价，比较报价并评估供应商绩效。评估潜在供应商主要包括对供应商的生产能力及过去在产品设计方面的表现的评价，对产品质量的承诺、管理能力及承诺、技术能力、成本节约情况、交付情况及开发生产流程和产品技术的能力的评价。对于重复性订购，一般情况下采购部门可能已同某个供应商就某种确定的产品签订了合同，商议好了交货、定价、交易质量等要求。

（3）选择供应商。企业可用竞争性招标和协商谈判等方法选择供应商。竞争性招标是指买方向其有意进行合作的供应商发出招标邀请。竞争性招标的适用条件如下：采购量达到采用竞标的数量；采购项目规格要求明确，供应商可以精确估计产品的生产成本；有许多合格的供应商希望获得此项业务；买方只向技术合格的供应商发出招标函；供应商拥有合理的时间来评估询价等。当价格是主要的评判标准，并且所需的产品有明确的物料规格要求时，企业可采用竞争性招标法。如果存在重要的非价格因素，可采用协商谈判法选择供应商。协商谈判法的适用条件包括：没有明确的采购规格；采购协议涉及大量绩效因素，如价格、质量、交货、风险共担和产品支持等；需要供应商早期参与新产品开发；供应商无法决定风险和成本或需要很长时期来开发和生产所采购的产品。

（4）核准采购。当供应商被选出或者当标准产品的请购单已收到后，采购部门将批准产品或服务的采购订单或通过物料审核来订购开放式订单中的产品。采购订单中包括数量、物料规格、质量要求、价格、交货日期、交货方式、交货地址、采购订单号、订单到期日等重要信息。

开放式订单是一份有效期为一年的并包括所有重复采购的产品或产品系列的订单。买方在第一次采购中或一次性采购中会使用采购订单，而对于经常订购的生产性产品则以采用开放式订单的形式进行采购。

（5）执行采购。采购部门向供应商核发订单，监控订单执行状态并接收物料。提高效率是本阶段的主要目标。企业可以通过电子方式传送双方采购文件，做好稳定的需求预测，并建立高效的订购系统，从而缩短采购周期，最小化订单跟踪工作。

（6）考核供应商绩效。对供应商的评价和管理是采购活动的关键。企业对供应商绩效进行测评可以依据供应商质量业绩报告进行，其目的是改善供应商的绩效表现。

阅读材料 7-2

波音公司的供应商管理

波音公司是世界上最大的民用飞机制造商，其业务范围包括民用飞机、旋翼飞机、电子和防御系统、导弹、卫星、发射装置，以及先进的信息和通信系统。波音公司供应商遍布世界各地，众多供应商形成了供应商网络。

目前，波音公司一级供应商承担的责任主要包括项目管理、指导综合产品工程和开发、参与开发产品、参与商业管理活动、提出财务管理解决方案，以及与波音公司建立合作的组织结构。二级和三级供应商更注重与其下一级供应商的合作并实现卓越制造。

波音公司对供应商进行绩效评价时采用权重体系，从质量（Q）、交付时间（D）和总体绩效评估等级（GPA）3 个方面进行评价。对供应商的质量评估方法有：①传统方法，考核依据是在 12 个月内供应商被接收的产品的百分比；②价值法，考核依据是 12 个月内接收的不合格产品成本；③指标法，根据波音公司和供应商共同选择的标准进行评估。其交付时间评价是根据消耗定购单（CBO）评估供应商在 12 个月内准时交付产品的百分比来进行的。

对每种业务模式都进行的评价包括研制、生产、支持服务、共享服务。评价分数由最近至少 6 个月波音项目/场所评价情况的平均值来决定。其根据评价结果将供应商绩效等级分为金色（优秀）、银色（良好）、棕色（合格）、黄色（需要改进）、红色（不合格）5 级，如表 7-1 所示。

表 7-1　　　　　　　　　　　　　　　　　　相关规则

等级		水平	标准
金色	优秀	供应商绩效远远超出期望水平	交付时间：在 12 个月内 100%准时交付； 质量：在 12 个月内波音公司 100%接收其产品； 总体绩效评估等级：大于或等于 4.8，没有黄色或红色等级
银色	友好	供应商绩效满足或超出期望	交付时间：在 12 个月内 98%准时交付； 质量：在 12 个月内波音公司 99.8%接收其产品； 总体绩效评估等级：小于 4.8 大于或等于 3.8，没有黄色或红色等级
棕色	合格	供应商绩效满足期望	交付时间：在 12 个月内 96%准时交付； 质量：在 12 个月内波音公司 99.55%接收其产品； 总体绩效评估等级：小于 3.8 大于或等于 2.8，没有黄色或红色等级

续表

等级	水平	标准
黄色	需要改进 供应商绩效需要 改进才能满足期望	交付时间：在 12 个月内 90%准时交付； 质量：在 12 个月内波音公司 98%接收其产品； 总体绩效评估等级：小于 2.8 大于或等于 1
红色	不合格 供应商绩不能满足 期望	交付时间：在 12 个月内准时交付低于 90%； 质量：在 12 个月内波音公司接收其产品少于 98%； 总体绩效评估等级：小于 1

波音公司专家对供应商业务实践进行详细的评估，包括5个方面：①管理——供应商策划、执行和与波音沟通的及时性；②进度——供应商满足进度要求的情况；③技术——工程技术支持，包括产品开发、性能和保障；④成本——成本控制、供应策划和体系支持的有效性；⑤质量——质量大纲的有效性，包括供应商体系和质量保证。

波音公司根据年度预算和业务需求来确定"关键供应商"。波音公司会经常对关键供应商进行评价，在每年的4月和10月，对关键供应商全部的项目/场所管理进行评估，如果需要，评估的次数会更多。BEST是波音公司唯一权威的供应商信息来源，是存储供应商相关数据的重要系统。SPMA报告是波音公司用来评估供应商绩效的标准。内部和外部使用者通过波音公司BEST获取SPMA报告。等级是通过波音公司目前推行的绩效取值表计算12个月的移动平均绩效来评定的。波音公司各网站按月提供供应商绩效数据。这些数据每月10日由BEST发布。每月15日公司在BEST中报道SPMA报告。报告中的绩效数据反映了前1个月的绩效情况（如1月的绩效情况在2月的SPMA报告中反映）。

公司还设立了"波音卓越绩效奖"以表彰绩效最高的供应商。要获得该奖项，应：连续12个月，从10月1日到次年的9月30日，供应商综合绩效等级均为金色或银色；年度合同金额达到或多于100 000美元；12个月中至少10个月有绩效证据。奖励：颁发适合展示的奖品；行业内表彰；在与供应商公司网站相链接的波音公司外部网站上表彰；在每季度的波音内部通信大会上进行"最优等级"表彰；根据绩效水平进行资源选择；有资格参加年度波音供应商评选。

（资料来源：苗宇涛，范艳清，江元英. 波音公司供应商质量管理及可借鉴之处[J]. 质量与可靠性，2015（04）：51-55+58。）

2. 采购方式

企业在明确采购需求后，为切实保证生产运营需要，就必须选择物资的订货和采购策略。在实际工作中，物资采购的具体方式有定期订购和定量订购两种。

（1）定期订购方式。定期订购方式是事先确定订货时间，如每月、每季、每旬采购一次，到达订货日就组织订货，且每次订购数量并不固定的方式。其订货数量可按下列公式计算确定：

订货数量=平均每日需要量×（采购天数+供应间隔天数）+保险储备定额-实际库存-已订未到数量

上式中，采购天数是指从发出订单到货物验收入库为止的时间，供应间隔天数是指两次到货之间的间隔时间，已订未到数量是指已经订货尚未到达而在供应间隔期中可以到货的物资数量。定期订购方式如图7-5所示。

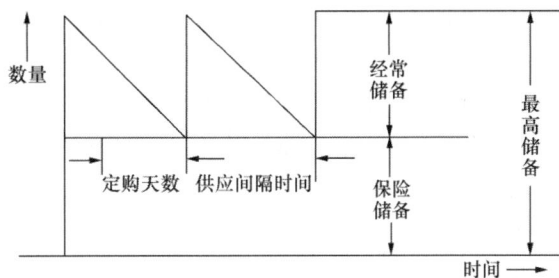

图 7-5　定期订购方式

（2）定量订购方式。定量订购方式是一种不定期订购方式，它要求企业在库存物资由最高储备量降到最低储备量之前的某一储备水平时，就提出订货。订货的数量是一定的，一般以经济订购批量为依据。提出订货时的储备量为订货点。订货点可按下式计算：

订货点=平均每日需要量×订购时间＋保险储备量

定量订购方式如图 7-6 所示。

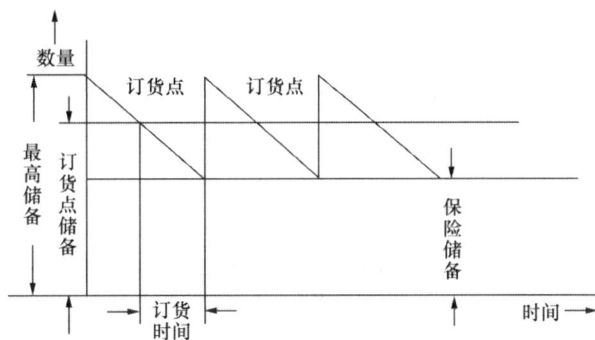

图 7-6　定量订购方式

以上两种订购方式各有其优点。就定量订购方式来说，其优点是：能经常掌握库存动态，及时提出订购要求，不易缺货；保险储备量可减少；每次订购量固定，可采用经济订购批量；盘点和订购手续较简便，便于用电子计算机进行控制。其缺点是：订购时间不定，难以制订周密的采购计划，未能突出重点物资管理；不易及时调整订购数量，不能得到多种物资合并订购的益处。定期订购方式的优缺点恰好与定量订购的相反。

7.2.3　采购的策略

1. 单源采购与多源采购

从供应商选择数量来看，采购分为单源采购和多源采购。单源采购是指采用单一供应商作为原材料、零部件或服务的供应主体。单源供采购可使企业获得采购规模经济效益和运输规模经济效益，但可能面临单一供应商因意外原因中断交货影响企业生产。多源采购能确保供应，降低企业对供应商的依存度，有利于供应商之间进行价格和质量的竞争，但面临多方协调的问题。

2. 本地化采购与全球化采购

从供应商选择范围来看，企业面临着在本地区域选择供应商还是在全球范围内选择供应商的问题。本地化采购有利于缩短交货时间、降低采购总成本，但使企业难以获得最优秀的供应商。全球化采购是指企业充分利用全球资源，将全球看作组成采购零部件、服务以及最终产品的潜在来源，从中寻求制造产品的资源。全球化采购可扩大企业比价范围、降低采购成本，使企业获得更好的产品和技术，但全球化采购周期较长，使企业面临汇率、贸易摩擦等风险。

3. 分散采购与集中采购

集中采购是指企业在核心管理层建立专门的采购机构，统一组织企业所需物料的采购业务。分散采购是指企业下属各单位（如子公司、分公司、车间或分店）为满足自身生产经营需要所实施的采购活动。这种采购方式适用于以下情形：采购主体为二级法人单位、子公司、分厂、车间的企业；申请采购的部门离主厂区或集团供应基地较远，其供应成本低于集中采购成本；采购的物料具有批量小、价值低，市场资源有保证，易于送达的特点；产品开发研制、试验所需要的物料以及采购部门具有相应的采购与检测能力等。

4. 提前采购与即时采购

从采购项目的采购时机来看，采购分为提前采购与即时采购。提前采购是指在产生需求之前就大批量地对物料进行采购，即在需要和使用之前的提前采购。企业进行提前采购的主要原因是，预测到产品价格有上涨的趋势以及预测到供应市场将出现缺货的情况或者供应商为促销其产品提供一次性价格折扣等。即时采购是指当企业生产部门有采购需求时就开始执行采购程序，使物料到达时间恰好是需要使用物料的时间。即时采购有利于消除浪费，实现零库存。

7.3 企业库存管理

为了保证生产经营过程的持续稳定，企业必须有计划有目的地购入、使用和销售存货，而原材料或产品库存在流动资产中占据了相当大的比重。因此，库存管理的完善与否直接关系到企业生产经营的顺利进行，关系到企业资金占用水平和资产运作效率。

7.3.1 库存管理概述

库存管理是指通过对企业生产经营所需的各种货物进行管理和控制，使其储备保持在经济合理的水平以获得库存服务水平与库存成本的优化。库存管理也是执行库存管理政策和管理方法的过程。

1. 库存的概念

库存（Inventory）是指处于储存状态的商品，即某段时间内持有的存货或是作为今后按预定目的使用而处于闲置或非生产状态的物料。在生产制造企业，库存包括原材料、产成品、备件、低值易耗品以及在制品；在商业流通企业，库存一般包括用于销售的商品以及用于管理的低值易耗品。

2. 库存的分类

库存按照不同的分类标准，可分为多种类型。

（1）按生产过程分类。原材料库存，即企业已经购买，但尚未投入生产过程的存货；在制品库存，即经过部分加工，但尚未完成的半成品存货；产成品库存，即已经制造完成并正等待装运发出的存货。

（2）按库存所处状态分类。在库库存，即存储在企业仓库中的存货，这是库存的主要形式；在途库存，即生产地和储存地之间的存货，这些物资或正在运载工具上处于运输状态，或者在中途临时储存地暂时处于待运状态。如果运输距离长，运输速度慢，在途库存量甚至可能超过在库库存量。

（3）按存货目的分类。周转库存，即为满足两次进货期间的市场需求或生产经营需要而储存的货物，其数量受市场平均需求、生产批量、运输中的经济批量、资金和仓储空间、订货周期、货物特征等多种因素的影响；安全库存，即为防止需求波动或订货周期的不确定而储存的货物，其数量与市场需求特性、订货周期的稳定性密切相关；促销库存，在企业促销活动期间，一般销售量会出现一定幅度增长，该库存就是为满足这类预期需求而建立的；投机性库存，即以投机为目的而储存的物资；季节性库存，即为满足具有季节性特征的需要而建立的库存，如夏季防汛产品等。

3．库存的功能

库存的基本功能是满足不同时间产生的顾客需求，具体有以下功能。

（1）平衡供需数量的缓冲功能。如果某种产品的供应数量或供应速率不能满足需求，或者生产过程中后一道工序开始而前一道工序尚未完成时，企业就需要用库存来使供需平衡。

（2）衔接供需时间的存储功能。若原材料已经购入、半成品已经加工出来而尚未使用，或者产品已经制造出来而尚没有订单，这时企业就需要对它们进行存储。

（3）应对随机需求的应变功能。当某种产品的需求或供应具有不确定性时，存储一定数量的产品可以应对这种不确定性。

（4）考虑数量折扣的经济功能。许多供应商会为大批量订货的企业提供一定的价格折扣，这将激励企业大量订货，进而会产生库存。

（5）避免存货短缺的保障功能。企业预测到某种产品出现价格上涨或短缺时，提前采购并存储这种产品，可以避免存货短缺或不足。

7.3.2　库存管理策略与管理模式

1．ABC 分类库存管理策略

企业对于库存管理应该着眼于企业的所有储备货物的库存管理合理化，而不是单一品种储备货物的库存管理合理化，这就需要根据每种储备货物的顾客价值贡献进行分类，并制定分类库存管理策略。

ABC 分类法是常用的库存分类法。这种分类方法将企业的库存按照库存价值分为 A、B 和 C 三类。企业通过分类可以对不同类别的库存制定不同的库存管理策略：对 A 类货物需进行重点管理，可连续进行检查和盘点库存，采用经济批量订货，不许缺货；对 B 类货物需进行次要管理，可按季进行检查和盘点库存，采用经济批量或生产批量订货，允许偶尔缺货；对 C 类货物需进行一般管理，可按年度进行检查和盘点库存，根据实际需求订货，允许合理范围内缺货。采用 ABC 分类法对货物进行分类的步骤如下。

第一步，计算每一种存货的金额。

第二步，按照金额由大到小的排序对其进行排列。

第三步，计算每一种材料金额占库存总金额的比率。

第四步，计算库存金额累计比率。

第五步，分类。累计比率在 0～60%的，为最重要的 A 类材料；累计比率在 60%～85%的，为次重要的 B 类材料；累计比率在 85%～100%的，为不重要的 C 类材料。

2. 库存管理模式

在企业库存管理过程中，上、下游企业之间的信息不对称、产品供应和需求不确定以及库存所有权与管理权分离等原因，会导致企业因无法掌握下游企业的真实需求和上游企业的供货能力而多订多储货物；下游企业的需求波动和上游企业的供货提前期的变化也会导致企业增大订货量。同时，考虑到经济性，销售商接到顾客订单后并不会立即向制造商订货，而是按周期汇总或汇总到一定数量后再向制造商订货。另外，频繁订货也会增加制造商的工作量和成本，这使得销售商按一定数量或周期订货。这样，订货量的层层放大，有可能导致最终制造商所得到的订单需求量是顾客实际需求量的几倍甚至几十倍。

为消除产生这种现象的原因，供应链中上、下游企业之间可以采用供应商管理库存（VMI）、双方联合管理库存（JMI）、第三方管理库存（TPL）和协同计划、预测与补货（CPFR）等库存管理模式。

（1）供应商管理库存。供应商管理库存（Vendor Managed Inventory，VMI）即各节点企业共同帮助供应商制订库存计划，供应商参与管理顾客库存，拥有和管理库存控制权。企业采取 VMI 的模式可以降低库存和成本、改善缺货和服务水平、缩短提前期、提高库存周转率和需求预测精度、实现配送最佳化，但也会加大供应商风险。VMI 适用于没有 IT 系统、能有效管理库存，实力雄厚，有较高直接存储交货水平的企业。

（2）双方联合管理库存。双方联合管理库存（Jointly Managed Inventory，JMI），即产品相关企业共同参与库存计划管理，共同制订统一生产与销售计划，共享库存信息，加强信息交换与协调。这种模式的建立和协调成本较高，建立业务合作联盟较难，需被高度监督。JMI 要求各成员企业间具有良好沟通与信任基础，有联合库存管理中心和良好配送能力。

（3）第三方管理库存。第三方管理库存（Third Party Logistics，TPL），即通过合作，提供专业化服务，为顾客提供以合同为约束，以结盟为基础的个性化、信息化的物流服务，使销售企业和制造企业将有限资源集中于核心业务，利用其专业优势和成本优势提高各环节能力利用率。TPL 模式对第三方依存度高。对企业信息化要求较高。

（4）协同计划、预测与补货。协同计划、预测与补货（Collaborative Planning Forecasting and Replenishment，CPFR）是一种协同式的供应链库存管理模式。激烈的市场竞争和快速多变的市场需求使企业面临不断缩短交货期、提高质量、降低成本和改进服务的压力，迫使供应商、制造商、分销商和零售商走向合作。因此，供应链作为包括供应商、制造商、分销商和零售商的"由物料获取并加工成中间件或成品，再将成品送到用户手中的一些企业和部门构成的网络"，成为学术界和企业界共同关注的热点。CPFR 是指在零售企业与生产企业合作，共同做出商品预测，并在此基础上实行连续补货，同时将原来属于各企业内部事务的计划工作（如生产计划、库存计划、配送计划、销售规划等）也由供应链各企业共同参与完成。

阅读材料 7-3

亚马逊混乱库存管理制度

大多数商家都会将相似的商品存放在一起，即按照商品的属性、特征、定义存放。所以可能所有的书籍被存放在仓库的左边，而所有的玩具则摆放在仓库的右边。全球最大的零售电商亚马逊的仓库采用的是一整套运作功效最大化的"混乱库存管理制度"。所以在亚马逊的仓库中，我们看到各种不同商品都直接相互挨着，如一个货架上摆放着书、玩具、运动产品、电子产品、珠宝首饰、数码相机。

混乱库存管理制度有时也被称为随机存放制度，本质上就是一个存放商品的货架系统。从分区的商品开始：仓库的工作人员把进货运至货架系统，找个空位存放。每个货架和每个商品位都有个独一无二的条形码。工作人员用手持扫描仪扫描货架位和对应商品，然后计算机就会存储下该商品的具体位置。当需要进仓库取货时，计算机会自动输出一组提货单。提货单上会显示距离最近的商品在哪里和最适合提取该商品的员工是谁，精准而高效。员工取下商品时都要再扫描一次，这保证了数据库的即时信息更新。

混乱管理并不是混乱操作，也并非全自动操作，因为全自动操作一个混乱存储系统虽然可行，但成本太高。亚马逊通过一项模拟存储进程的实验发现，雇佣适当的仓库管理员工比全自动化更节省成本。

（1）和传统有序的库存管理制度相比，混乱库存制度相对更灵活方便，能更加迅速的应对各种产品存货变化等突发事件，这样减少了计划的总工作量，因为在混乱库存中，无论各种产品整体数量还是某种商品销售量都不需要做提前计划。

（2）混乱库存制度能更有效的利用存储空间，使仓库只要有空位置马上就被用来安放其他商品。而在固定位置的存储系统中，一些货架位是预留给某种商品的，即便那个商品的实际存货量非常少也得留着，这就产生了空间资源浪费。

（3）混乱库存制度更节省时间，这不仅体现在存货时，在取货时也节省时间。进仓的货物是简单被放置在货架上空余位置的。不管在什么时候有人来取货，计算机都会计算最佳路径并显示在提货单上，这种方法使工作人员的工作距离缩短。

（4）混乱库存制度能大大降低企业用于新员工入职培训上的物力和精力。新员工无须记住仓库的整体布局，或是某些特殊商品特殊的存放位置等，工作起来更简单，同时企业也不用对其进行相应培训。

在具体管理中，所有的商品都必须有专属的条形码且信息要被录入数据库。所有的存储位也在数据库内。计算机内需要有类似仓库地图的导航系统，使其能计算最佳提货路径。要着重指出的是，实现混乱存货管理需要稳定可靠的仓库管理系统。这种存储方式适合日吞吐量大而存货空间有限的配送中心——最典型的就是电商。

（资料来源：根据网络资料改编。）

7.3.3 仓库管理

仓库是存放和保管物资的主要场所，仓库管理是对仓库所保管的各种物资进、出、存的组织、监督、控制与核算。它是企业物资管理的一个重要环节。仓库管理工作的具体内容包括：物资的验收、保管、发放、清仓盘点工作。

1. 物资的验收

物资的验收是对进厂的物资，按照规定的程序和手续，严格地进行检查和验收工作。物资验收主要是从两个方面进行的：一是数量、品种、规格的验收，即检查运到的物资数量、品种、规格是否与运单、发票及合同的规定相符；二是质量的验收，即检查运到的物资在质量方面是否符合规定的标准。对于质量验收，凡是仓库能验收的，由仓库负责；凡是需要技术部门或专门单位检验的，应由技术部门或专门单位负责。物资经检验合理并具有相应的检验合格证明后企业才能点收入库，或送到现场使用。

2. 物资的保管

物资验收入库后，企业就应根据物资的种类，物资的物理性能、化学成分、体积大小、包装情况，分别予以妥善保管。企业开展物资保管工作应做到物资不短缺、不损坏、不同物资品种规格不混合，同时物资的存放要便于发放、检验、盘点和清仓。在物资保管过程中必须建立和健全账卡档案，及时掌握和反映产、需、供、耗、存的情况，充分发挥仓库对企业生产过程中的耳目作用。财会部门和供应部门应与仓库建立定期对账制度，以保证账、卡、物相符。

3. 物资的发放

物资的发放是企业保证生产和节约使用物资的重要环节。仓库要及时、齐备、按质、按量地向用料单位发放物资。在发料中坚持限额发料和先进先出的原则。所谓限额发料，就是依据一定时期的生产任务，按物资消耗定额核算的限额数量，向生产车间、班组等使用部门供应物资的方法；"先进先出"的发料原则就是指企业应按照物资进库时间顺序发放物资，使先进库的物资先发放，后进库的物资后发放，以免物资变质损坏。

4. 清仓盘点

企业仓库物资流动性很大，为了及时掌握物资的变动情况，避免物资的短缺、丢失、超储和积压，保证张、卡、物相符，每一家企业都必须进行经常的和定期的清仓盘点工作。在清仓盘点工作中，如发现盘盈盘亏，必须在分析原因的基础上追究责任，对于清查出来的超储、滞留物资，必须及时处理。

阅读材料 7-4

工业 4.0 技术：京东自动化仓储管理系统

随着中国制造2025和工业4.0概念的深化，生产、装备和物流行业正面临一次全面升级，作为工业4.0三大核心之一的智慧物流也得到了越来越多的关注。数据显示，2009—2017年，全国社会物流总费用在GDP中的占比由18.1%下降至14.6%，但与发达国家物流总费用占GDP约10%的比例相比还有很大差距，提高物流效率，降低成本成为企业的明确追求。

仓储管理是京东的核心竞争力，其物流技术目前已经发展到了以"无人仓"作为载体的全新一代智能技术，其核心特色体现为数据感知、机器人融入和算法指导生产，可以全面改变目前仓储的运行模式，极大提高效率并降低人力消耗。

（1）无人仓之眼——数据感知。由人、设备和流程等元素构成的仓库作业环境会随时随地产生大量的状态信息。过去，京东对这些信息只能通过系统中数据的流转来进行监控，缺乏实时性，也难以对业务流程进行指导。而传感器技术的进步，带来了最新的数据感知技术，让仓库中的各种数据都可以迅速、精准的被获取。京东已经在图像处理、认知感知等领域进行了大量的基础研发，可以迅速将传感器获取的信息转化为有效数据，而这些数据将成为系统感知整个仓库各个环节状态的依据，通过京东仓储管理系统的大数据、人工智能等模块，更好地生成决策指令，指导库内作业单元工作。

（2）无人仓的四肢——机器人。从商品入库、存储到拣货、包装、分拣、装车的环节都无须人力参与，形态各异的机器人成了无人仓的主角，机器人融入正是无人仓的重要特色之一。占据仓库核心位置的立体货架可以充分利用空间，让仓库中的"平房"变成"楼房"，有效利用宝贵的土地面积。在狭窄货架间运转自如的料箱穿梭车（shuttle）是实现高密度存储、高吞吐量料箱进出的关键。它在轨道上高速运行，将料箱精准放入存储位或提取出来，送到传送带上，实现极高的出入库速度。从立体货架取出的料箱会被传送到一个机器手下面进行拣选，迅速把商品置入相应的包装箱内。这种灵巧迅捷的机械手是并联机器人，具备精度高、速度快、动态响应好、工作空间小等特色，能达到3 600次/时的拣选速度。它用令人眼花缭乱的动作迅速进行拣货，保证了整个无人仓生产的高效率。AGV（自动导引小车）可通过地上的二维码定位进行导航，并结合系统的调度，实现了整个仓库的合理安排生产。六轴机器人可实现拆码垛，可在码垛算法的指导下，对每种商品进行个性化码垛。

（3）无人仓的大脑——人工智能算法。除了丰富及时的数据和高效执行的机器人，闪烁着人工智能光芒的核心算法更是京东无人仓的"软实力"所在。例如，在上架环节，算法将根据上架商品的销售情况和物理属性，自动推荐最合适的存储货位；在补货环节，补货算法的设置让商品在拣选区和仓储区的库存量分布达到平衡；在出库环节，定位算法将决定最适合被拣选的货位和库存数量，调度算法将驱动最合适的机器人进行货到"人/机器人"的搬运，以及匹配最合适的工作站进行生产。

（资料来源：根据网络资料改编。）

7.4 企业设备管理

生产设备是生产力的重要组成部分和基本要素之一，是企业从事生产经营的主要物质技术基础，也是社会生产力发展水平、技术发展水平的物质标志。在现代社会化生产的今天，大力加强现有企业的设备管理、更新和技术改造，对于提高生产效率、改善产品质量、促进技术进步、提高企业经济效益，都具有极其重要的意义。

7.4.1 设备管理概述

1. 设备管理的概念

设备管理是指对设备运动全过程的管理，即对设备的选择评价、维护修理、更新改造和报废处理的管理活动。设备运动存在着两种形态：一是设备的物质运动形态，包括设备从研究、设计、制造或从选购进厂、验收、投入生产领域开始，经使用、维修、更新直至报废退出生产领域的过程；二是设备的价值运动形态，包括设备的最初投资、维持费用、折旧、收益以及更改资金的筹集运用等。设备管理应包括对两种形态的管理。对前者的管理为设备的技术管理，对后者的管理为设备的经济管理。企业设备管理是技术和经济管理相结合的全面管理。

2. 企业设备管理的作用

企业要在激烈的市场竞争中求得生存与发展，必须具有良好的装备素质及设备管理水平。具体来说，设备管理具有以下作用。

（1）设备管理是企业正常生产的保障。在企业的生产经营活动中，设备管理的主要任务是为企业提供优良而又经济的技术装备，使企业的生产经营活动建立在最佳的物质技术基础之上，保证生产经营顺利进行，以确保企业提高产品质量，提高生产效率，增加花色品种，降低生产成本，进行安全文明生产，从而使企业获得最高经济效益。

（2）设备管理是企业完成订单的保证。在市场经济条件下，企业往往按合同组织生产，以销定产。合同一经签订，即受到法律保护，无特殊情况不能变更，违约将受到严厉的经济制裁。如果没有较高的设备管理水平和良好的设备运转状态作保证，企业是不可能很好地履行合同规定的。一旦违约，企业就不仅要承受经济上的损失，还往往会失去市场，对企业的发展产生严重的影响。

（3）设备管理是企业提高效益的基础。首先，企业加强设备管理，充分发挥其先进性能，保持高的设备利用率，预防和发现设备故障隐患，将创造出更大的经济效益；对于老设备要通过技术改造和更新，改善和提高装备素质，增强设备性能，延长设备使用寿命，这也可达到提高效益的目的。其次，原材料的消耗大部分是在设备上实现的，设备状态不好会增加原材料消耗；在能源消耗上，设备所占的比重更大。加强设备管理，提高设备运转效率，降低设备能耗是节约能源的重要手段。

3. 设备管理的发展过程

设备管理是随着工业生产的发展，设备现代化水平的不断提高，以及管理科学和技术的发展逐步发展起来的。设备管理的发展过程大致可以分为三个时期。

（1）事后修理时期。在现代化工厂产生初期，设备的修理由操作人员来完成，并实行坏了再修的事后修理方法。随着工业生产的发展，设备结构日趋复杂，修理难度提高，维修费用增加，这使企业中出现了专职维修人员从事设备维修活动，并随之建立起设备维修与管理机构以及相应的制度。

（2）实行预防性的定期维修时期。随着设备现代化水平的提高，科学管理的产生和发展，企业在设备管理中逐步推行与完善了预防性的定期修理制度。目前，主要有两种体系：一是苏联的计划预修制度，二是欧美的预防维修（Preventive Maintenance，PM）制度。日本在 1951 年开始从美国引进预防维修制度。我国从 20 世纪 50 年代开始学习、推行计划预修制度，在总结实践经验的基础上，形成了具有一定特色的计划预修制度和预防维修制度。

（3）设备的综合经营管理时期。设备的综合经营管理是对设备实行全面管理的一种重要方式。它是在维修的基础上适应商品经济的进一步发展，针对使用现代设备所带来的诸如设备故障损失大、环境污染、能源消耗量大、设备的磨损加快等一系列问题，继承了设备工程（Plant Engineering）以及设备综合工程学（Terotechnology）的成果，汲取了现代管理理论，综合了现代科技新成就而逐步发展起来的一种新型的设备管理体系。

7.4.2 设备的选择与评价

1. 设备的选择

设备的选择是企业设备管理的首要环节，不论是新建企业选购设备，还是老企业购置设备，以及从国外引进技术装备，都是十分重要的。企业合理地选择设备，既可满足生产经营的需要，又能降低设备的投资和维持费用，发挥设备的投资效益，创造设备的"先天"优良特性，为提供满足市场需求的产品（或劳务）

设备选择评价计算

奠定坚实的基础。

设备选择必须遵循技术上先进、经济上合理、生产经营上可行的原则。在选择设备时，企业应考虑以下因素。

（1）设备的生产效率。生产效率由设备在单位时间内的产品产量（或工作量）来表示。设备的生产效率主要可通过设备的大型化、高速化与自动化来实现。但是，由于受到投资、市场容量、消费能力、原材料、使用的自然环境、维修力量及管理水平等条件限制，企业在按生产效率选择设备时，要综合考虑技术、经济及市场潜力等因素。

（2）设备的可靠程度。设备的可靠程度是设备的精度、准确度的保持性以及零部件的耐用及安全程度。首先，企业要考虑设备对产品质量的保证程度；其次，要考虑减少设备的故障，提高准确性。

（3）能源和原材料的消耗。消耗一般以设备单位开工时间的能源和原材料消耗量来表示。企业为提高经济效益，应尽量选择节能型设备，绝不能选购耗能高的设备，对已购入的要淘汰或设法改造。

（4）生产安全性和环境保护性。生产安全性和环境保护性是选择设备时不可忽视的因素。企业对于有些难以实现污染控制或控制装置投资太大的设备不宜选用，已应用的也要逐步淘汰。

（5）设备的维修性。维修性直接影响设备的维修工作量和费用。维修性好的设备一般是指：设备结构简单，零部件组合合理；维修时零部件易于接近、可迅速拆卸、易于检查；实现了通用化和标准化，零件互换性强等。同时企业还要考虑设备提供单位的售后服务，如资料、技术的提供时间及可能性。

（6）设备的使用寿命。使用寿命是指设备在使用工程中所表现的自然寿命。设备寿命越长，企业每年分摊的设备折旧费越少，投资效益相对就较高。

（7）设备的成套性。成套性指设备需要配套。设备配套包括单机配套、机组配套和项目配套。企业不仅要拥有设备，而且必须成套，否则不能使设备发挥应有的作用，在经济上就造成浪费和损失。

（8）设备的灵活性。一般来说，灵活性体现为在工作对象固定条件下设备适应于不同的工作环境，在工作对象可变条件下适应于多种不同的加工性能，并向小型化、简易化和廉价化方向发展。

（9）设备投资费用低。我们从经济角度评价设备投资费，需要结合企业资金筹集渠道、方式和资金成本等进行。在满足生产经营的条件下，企业应选择价格较低的设备。同时，要考虑设备使用后所带来的年节约额和投资回收期。

综上所述，企业在选择设备时，要根据生产经营所需，认真分析，综合考虑，以便选择合理的设备。

2．设备的评价

企业在选择设备时，对其进行经济评价是很重要的。经济评价方法有以下几个。

（1）投资回收期法。投资回收期法是根据设备的投资回收年限对设备进行经济评价的方法。计算公式为：

设备投资回收期=设备投资额/采用新设备的年节约额

式中，设备投资额是设备的购置、安装、调试等费用的总和；采用新设备的年节约额包括设备投入使用所带来的劳动效率提高、物资消耗降低等的节约额。在选择设备时，若其他条件相同，则以投资回收期短为选择对象。

（2）费用换算法。设备在购置和使用中的费用有两部分，一是在购置时的最初一次性投资费；二是在使用中每年要支付的维持费。各种费用的支出，均表现为一定的资金运动，均产生资金的时间价值。费用换算法就是考虑资金的时间价值，对设备的投资、维持费进行换算，然后进行经济比较的一种方法。根据换算的方法不同，费用换算法分为年经费法和现值法两种。

① 年经费法。年经费法是将设备最初一次性投资费，依据寿命周期按复利利率进行计算，换算成每年费用支出，再与每年设备维持费相加，求得不同设备的年经费总额，从而比较选择设备，即：

$$年经费总额=年投资费+年维持费$$

式中，年投资费=投资额×资本回收系数。这里，资本回收系数是指设备一次投入（包括利息）每年回收的百分比，可用下式求得：

$$资本回收系数=\frac{i}{[1-(1+i)^{-n}]}$$

式中，i 为年利率；n 为设备寿命周期。

【例题 7-2】有 A、B 两台技术性能相同的设备，它们的一次性投资费分别为 20 000 元和 30 000元，年维持费分别为 4 000 元和 3 000 元，利率为 10%，寿命周期为 10 年，用年经费法进行评价。

按上式求得资本回收系数为 0.162 7。年经费法比较表如表 7-2 所示。

表 7-2　　　　　　　　　　　　　　　年经费法比较表

	A 设备	B 设备
年投资费	20 000 × 0.162 7=3 254	30 000 × 0.162 7=4 881
年维持费	4 000	3 000
年经费总额	7 254	7 881

经过比较，企业应选择 A 设备，因为 A 设备比 B 设备的年经费总额少。

② 现值法。现值法是将设备年维持费通过现值系数换算成相当于最初一次投资费时的数额，再与最初一次投资费用相加，求出设备寿命周期内全部支出的现值进行比较。其计算公式为：

$$全部支出现值=最初一次投资费+年维持费现值$$

式中，年维持费现值总额=年维持费×现值系数。

现值系数是指设备寿命周期内维持费的现值总计与年维持费之比，可按下式计算：

$$现值系数=\frac{(1+i)^n-1}{i(1+i)^n}$$

【例题 7-3】沿用【例题 7-2】中的数据，用现值法进行评价。按上式计算出的现值系数是 6.144 6。现值法比较表如表 7-3 所示。

表 7-3　　　　　　　　　　　　　　　现值法比较表

	A 设备	B 设备
设备最初投资	20 000	30 000
年维持费现值总额	4 000 × 6.144 6=24 578	3 000 × 6.144 6=18 434
全部支出现值	44 578	48 434

结果显示，A 设备优于 B 设备。

📚 **阅读材料 7-5**

AI 设备的应用展望

"物理世界"（以制造业设备所代表）和"数字世界"（由人工智能、传感器等技术代表）的碰撞催生了制造业的巨大的转变。两个世界的融合将为下一轮经济发展注入新的动能。以人工智能为代表的新技术正在对生产流程、生产模式和供应链体系等生产运营过程产生巨大影响。

据埃森哲公司测算，到2035年，人工智能技术的应用将使制造业总增长值（GVA）增长近4万亿美元，年度增长率达到4.4%。作为新的"生产要素"，人工智能对于制造业的影响如下：①机器将部分取代人来工作，实现智能自动化；②人工智能通过增强劳动力技能带来生产效率的提高，以提高人的效率，经过重新培训的员工可以执行更高级的设计、编程和维护任务或创造性的工作；③人工智能与制造业的深度融合不但将加速新产品的开发过程，还将彻底颠覆原有的生产流程，人工智能程序不仅可以自动完成任务，而且还可以实现全新的业务流程。例如，根据客户的个性化需求自定义产品配置。这将是人工智能在制造业领域的最终目标。

斯坦福人工智能实验室主任、前谷歌大脑项目负责人、前百度首席科学家吴恩达（Andrew Ng）认为，目前人工智能可能在制造业的四个领域中得到应用。

第一，制造业的很多细分领域依赖视觉检查。AI设备对样品进行视觉检查的能力正在迅速提高，这使我们能够建立自动视觉检测系统。人工智能能够比较产品和照片，并决定是否通过检查。

第二，优化生产过程。AI通过调节和改进生产过程中的参数，对于制造中使用的很多机器进行参数设置。生产过程中，机器需要进行诸多参数的设置。例如，在注塑中，可能需要控制塑料的温度、冷却时间表、速度等。所有这些参数都可能受到各种外部因素的影响，如外界温度等。通过收集所有这些数据，AI可以改进自动设置和调整机器的参数。

第三，提高新产品制造过程中的设计、制造效率。制造新产品无论在设计还是在生产过程中都是一个迭代的过程，充满了微调。人工智能将能够显著缩短这一过程，提高制造行业的效率。

第四，确定产品质量问题来源。许多产品的制造过程涉及一系列的步骤，因此，如果最终产品没有通过检验，有时我们难以确定问题来源。人工智能、数据科学和数据分析将帮助我们自动识别生产中有问题的步骤。

智能机器人是人工智能应用较为广泛的领域，其关键技术包括视觉、传感、人机交互和机电一体化等。从应用角度分，智能机器人可以分为工业机器人和服务机器人。其中，工业机器人一般包括搬运机器人、码垛机器人、喷涂机器人和协作机器人。服务机器人可以分为行业应用机器人和个人/家用机器人。其中，行业应用机器人包括智能客服、医疗机器人、物流机器人、引领和迎宾机器人等。根据IFR2018年6月最新发布的数据，2017年全球机器人市场规模已达500亿美元，工业机器人总销量达38万台。中国自2013年以后一直是全球最大的工业机器人市场，2017年的工业机器人销量达13.8万台。

在无人机应用方面，商业无人机应用范围非常广泛，可以用于农林植保、物流、安保、巡防等多个领域。例如，在智能电网线路的巡视巡检方面，人们借助智能巡检机器人和无人机可以实现规模化、智能化作业，提高效率和安全性。智能巡检机器人搭载多种检测仪，能够近距离观察设备，运检准确性高。在数据诊断方面，相比人眼和各类手持仪器，机器人巡检更精确，可以全天候全自助工作，大大提高了设备缺陷和故障查找的准确性和及时性。同时，我们可以对机器人巡检的每个点位的历史数据进行趋势分析，提高预警设备潜在的劣化信息，为精准检修策略的制定提供科学依据。无人机搭载高清摄像仪，具有高精度定位和自动检测识别功能，可以飞到几十米高的输电铁塔顶端，利用高清变焦相机对输电设备进行拍照，即便是非常细小的零件发生松脱现象，其也能清晰精准呈现出来。广东电网的资料显示，其广东电网在变电站的机巡年作业量超18万公里，其中无人机巡视作业量占85%，作业量全球第一，综合效率提高了2.6倍。

（资料来源：清华大学中国科技政策研究中心. 中国人工智能发展报告2018[R]. 2018。）

7.4.3　设备的使用和维修

1. 设备的使用

对于设备，一是要充分使用，防止闲置不用；二是要合理使用，禁止滥用和超负荷运转。充分、合理使用设备，可保证设备正常运转，提高利用率，延长使用寿命。实际工作中要实现充分、合理使用设备，应注意以下几点。

设备磨损

（1）针对不同设备的特点，制定相应的规章制度。

（2）合理安排生产任务，提高设备利用率。

（3）配备合格的操作人员，进行爱护设备及操作技术教育。

（4）创造良好的使用环境和条件。

（5）合理规定设备使用的能源、材料及消耗和费用定额。

2. 设备的磨损和故障规律

设备在使用中会产生磨损，出现故障。这时就要进行维修，以及更新和改造。因此，必须研究磨损和故障的规律，以减少磨损和故障造成的损失。

（1）设备的磨损形式。设备的磨损是指设备在使用或闲置过程中所发生的损耗。磨损可分为两种形式、四个类型（见图7-7）。

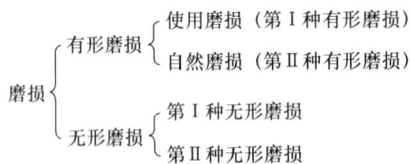

磨损
├ 有形磨损
│   ├ 使用磨损（第Ⅰ种有形磨损）
│   └ 自然磨损（第Ⅱ种有形磨损）
└ 无形磨损
    ├ 第Ⅰ种无形磨损
    └ 第Ⅱ种无形磨损

图 7-7　设备磨损类型

① 有形磨损。有形磨损是指对设备实体的一种磨损，其按产生的原因可分为两种类型。第Ⅰ种有形磨损是使用设备的结果，故又称使用磨损；第Ⅱ种有形磨损是自然力作用的结果，故又称自然磨损。有形磨损的技术后果是导致设备的使用价值降低，甚至完全失去使用价值；经济后果是设备的原始价值逐步下降。它的程度一般用补偿物质磨损所需费用来进行度量。

② 无形磨损。无形磨损是指设备在使用或闲置过程中，由于新技术出现而引起的设备价值的损失。其按原因分为两种。第Ⅰ种无形磨损不改变设备的结构性能，但由于劳动生产率的提高、设备

制造技术的进步、工艺的改善、成本的降低，生产这种设备所需社会必要劳动量减少，这使原有设备价值相应贬值。第Ⅱ种无形磨损是由于新技术的发明和应用，出现了性能更好、效率更高的设备，使原有设备提前淘汰。这种淘汰是对社会生产力发展的反映。

（2）设备综合磨损。设备在使用过程中所受的磨损是综合的，既有有形磨损也有无形磨损。某些方面的技术要求，如高强度、高速度、高负荷技术的发展，必然使设备的有形磨损加剧；同时，某些方面的技术进步提供了更好的耐磨损、耐冲击的新材料，使设备有形磨损减缓但无形磨损加快。磨损可以在价值和实体形态上得到补偿。在价值形态上，有形磨损和无形磨损都引起原始价值的降低，这是共同的。在实体形态上，有形磨损影响使用功能，而无形磨损则不然。

（3）设备磨损的补偿。设备系统各组成单元由于可靠性、性能等方面的差异，其有形磨损是不均匀的，而无形磨损一般都从设备整体的价值浮动上来考察，对设备磨损的补偿是为了恢复或提高设备系统组成单元的功能，但由于损耗的不均匀，各组成单元的磨损必须区别对待。由于磨损形式的差异，补偿方式也就不同。磨损形式和补偿方式之间的关系如图 7-8 所示。一些有形磨损可以消除，如零部件变形可以通过拆卸矫正；而有些有形磨损则不能消除，如材料老化。因此，有形磨损一般通过修理和更新两种方式补偿。无形磨损的补偿方式则为采取措施改善设备技术性能、提高其生产工艺先进性等。在具体选择上，若修理费高于新设备生产价值减去原有设备现在可实现的价值，则以更新方式补偿。

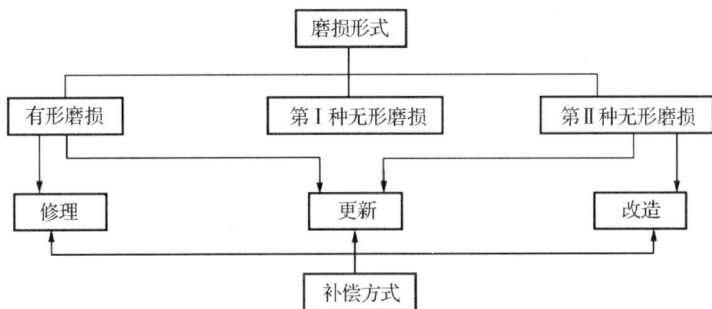

图 7-8　设备磨损及补偿方式

（4）设备故障。设备故障分为突发故障和劣化故障。其中劣化故障的发生有一定的规律性。设备发生故障的时期可划分成初期故障期、偶发故障期和磨损故障期（见图 7-9）。这个图像一个澡盆一样，因而也称"澡盆曲线"。第一个阶段为初期故障期，有较高的故障率，主要由于材料缺陷、制造质量和操作不熟练等原因造成；第二个阶段为偶发故障期，在此时设备已进入正常运转阶段，故障率低而且稳定，故障多因维护不好或操作失误等偶然因素所致；第三个阶段为磨损故障期，此时设备中的许多零部件加速磨损老化，或者已经磨损老化，故障率提高并不断发生。研究故障规律是为了在使用设备中，按其规律加以预防，针对不同时期的问题，采取相应措施，保证设备正常运行。

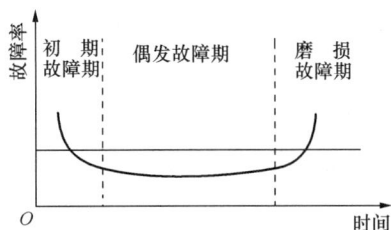

图 7-9　设备故障规律

3. 设备的维护

设备维护也称保养。设备在使用中，由于物质运动产生技术状况不断变化，以及不可避免的非正常现象的出现导致事故随时可能出现。为防患于未然，把事故消灭在发生之前，我们必须采取维护措施。

设备维护一般分为三种类型。

（1）例行保养（也称日常保养）。重点是进行清洗、润滑、坚固易松动的紧固件，检查零部件的状况。由操作工每天进行保养。

（2）一级保养。对设备进行局部解体，清洗检查及定期维护。它以操作工人为主，维修工人为辅。

（3）二级保养。对设备进行全面清洗，部分解体检查和局部修理。通常只需更换和修复少量的易损零部件，局部调整精度。它以维修工人为主，操作工人为辅。

设备保养的主要目的是保持设备整齐、清洁、润滑、安全，保证设备的使用性能和延长修理间隔期，而不是恢复设备的精度。

7.4.4 设备的更新

设备的更新是指以比较经济、完善、先进的设备代替物质上不能使用或经济上不宜继续使用的设备。就实物形态而言，设备更新是用新的设备替代陈旧落后的设备；就价值形态而言，设备更新是对设备在运动中消耗掉的价值的重新补偿。设备更新的目的是提高企业生产的现代化水平，尽快形成新的生产能力，同时也是修理以外的另一种设备综合磨损的补偿方式。同时要注意到，加强设备的维护与修理，只能延长设备的使用寿命、提高设备的生产效率，并不能从根本上解决设备陈旧落后的状况。因此，为了使企业能够在科学技术不断发展的过程中获得先进的、适用的技术设备，保障生产建立在先进物质的基础上，必须及时地、不断地对企业原有设备进行更新改造。

1. 设备更新的原因

设备更新的原因归纳起来有三个：一是有形磨损导致设备功能下降以致丧失；二是无形磨损导致设备功能性弱（加工产品的技术经济性指标落后）和经济性弱（加工成本高、消耗大）；三是企业产品服务方面、市场需求的变化造成原设备不适用。

企业要选择满意的更新方式或方案，必须弄清设备的寿命。设备的寿命是指设备从开始使用到淘汰的整个时间过程，根据研究角度不同，设备寿命可分为自然寿命、技术寿命、经济寿命和折旧寿命四种。

（1）自然寿命。自然寿命指由于有形磨损的原因所决定的寿命，即从设备投入使用开始，磨损老化、损坏直至报废为止经历的时间。维修可延长设备的自然寿命。

（2）技术寿命。技术寿命指由于无形磨损的原因所决定的寿命，即从设备开始使用，直至因技术落后而淘汰所经历的时间。

（3）经济寿命。经济寿命指由设备的维持费决定的寿命。在设备的自然寿命后期，企业要依靠高额的维修费来恢复设备的功能，这在经济上往往是不合理的。这时虽然设备的自然寿命没有结束，但企业也不宜考虑继续使用。

（4）折旧寿命。折旧寿命是指设备从投入使用开始，直到账面价值接近于零为止所经历的时间。折旧寿命取决于折旧额的不同提取方法，加速折旧法所决定的折旧寿命必然短于直线折旧法所决定的折旧寿命。实践中设备的折旧寿命往往由经营者决定，与自然寿命和技术寿命无关。

由此可见，在设备更新、改造时，企业不仅要考虑自然寿命，更应考虑技术寿命和经济寿命，权衡得失，正确决策。

2. 设备更新的经济分析

科学技术的发展，优良设备的不断出现，使原设备技术水平无法与新设备相比，以至于被淘汰。企业对旧设备的淘汰，一方面促进了企业设备进步，另一方面增加了企业设备投资及原设备功能浪费。因此，企业必须从寿命周期费用的角度进行分析，寻找理想的更新时机。在设备更新的经济分析方法中，最常用的是面值法。

面值法是通过对设备逐年使用情况（每年提取的折旧费、维持费）统计分析、计算，得出设备哪一年的平均费用最低，则确定该年为设备的最佳更新周期。

（1）收集资料并加以整理；

（2）根据资料计算年平均费用；

（3）确定设备更新年限。

【例题 7-4】 某企业购置一种小型加工设备，每台 6 000 元，其费用计算表如表 7-4 所示。

表 7-4　　　　　　　　　　小型设备费用计算表

使用年限（年）	1	2	3	4	5	6	7
年维持费累计（元）	1 000	2 200	3 600	5 400	7 700	10 500	13 900
年折旧费累计（元）	3 000	4 500	5 250	5 625	5 800	5 800	5 800
总费用（元）	4 000	6 700	8 850	11 025	13 500	16 300	19 700
年平均费用（元）	4 000	3 350	2 950	2 756	2 700	2 717	2 814

从表 7-4 中可以看出，设备使用 5 年的年平均费用最低，即第 5 年为设备的经济寿命，第 5 年年末为最优更新周期。有时在设备经济寿命尚未结束之前，又出现更为经济的同类设备，此时能否更新，同样可以用面值法确定。

根据上例，若该企业有小型加工设备 3 台，其中一台已用 1 年，其余两台已用 2 年。现有一种中型加工设备，投资费每台 8 000 元，年维持费及年折旧费资料如表 7-5 所示。

表 7-5　　　　　　　　　　中型设备使用资料表

使用年限（年）	1	2	3	4	5	6	7
年维持费（元）	1 200	1 500	1 800	2 400	3 100	4 000	5 000
年折旧费（元）	4 000	2 000	1 000	500	300	300	300
年平均费用（元）	5 200	4 350	3 833	3 600	3 397	3 683	3 438

根据表 7-5 中的资料求得第 5 年的年平均费用最低为 3 397 元（方法同上，略）。

已知中型加工设备的生产效率是小型加工设备的 150%，按同样生产能力计算，中型设备年平均费用为 $\dfrac{3\,397}{150\%} \approx 2\,265$ 元，低于小型设备，现又知 3 台小型设备与 2 台中型设备能力相等，因此企业以 3 台小型设备与 2 台型设备比较，只要计算出 3 台小型设备比 2 台中型设备的年平均费用高，就立即进行更新。

根据表 7-4、表 7-5 分别编制表 7-6 和表 7-7。

表 7-6　　　　　　　　　　　三台小型设备的年平均费用表

再使用年限（年）	两台已使用两年的小型设备年平均费用（元）	一台已使用一年的小型设备年平均费用（元）	小型设备年总费用（元）
1	2 950×2=5 900	3 350	9 250
2	2 756×2=5 512	2 950	8 462
3	2 700×2=5 400	2 750	8 150
4	2 717×2=5 424	2 700	8 124
5	2 814×2=5 628	2 717	8 345

表 7-7　　　　　　　　　　　两台中型设备年平均费用表

再使用年限（年）	1	2	3	4	5	6
年平均费用（元）	10 400	8 700	7 667	7 200	6 793	7 367

通过表 7-6 与表 7-7 比较，在继续使用到第 3 年时，2 台中型设备的年平均费用已开始低于 3 台小型设备的费用。因此，小型设备可再使用 3 年后提前更新。

7.5　通信工程物资设备管理

通信工程是电子工程的重要分支，其物资设备主要涉及信息传输和信号处理等，包括通信线路建设工程、通信管道建设工程、通信传输设备安装工程、通信传输设备安装工程等多种工程项目。物资设备的采购、安装和更换涉及信息传输与信号处理的质量。

7.5.1　通信工程物资管理

通信工程物资采用运营商集中采购的模式，一般有公开招标、邀请招标、竞争性谈判和单一来源四种采购形式。物资管理部门对建设部门和维护部门的物资需求信息进行采集与确认，根据物资的种类、数量、资金规模、技术指标、需求的紧急程度以及客户的要求等因素采用适当的形式进行采购。

通信企业都采用了如电子招投标平台和 ERP 管理系统来规范物资的招投标管理，提高对采购订单、在库物料、物资出入库的管理能力，依据网络建设维护需求编制采购计划，实现减少库存、优化库存的管理目标。网上商城的模式也被引入运营商的物资采购管理系统中。它是一个成本费用类物资采购及零购固定资产类物资的业务管理平台。通信企业通过这种电子商务模式为企业各基层单位提供商品展示、商品比价、预算控制、流程审批、商品订购、订单派送和采购评价等网上服务。内部商城采购过程合规、结果公开，商品可以比价、评价，实现了阳光采购、安全采购。

采购策略为按需采购，即用即采、即采即用、谁采谁优先使用。尽量实现准确采购，避免高库存，减少资金占用。专项库物资采购和通用库物资备货并存，及时保障工程物资需求。采取各个库之间物资适度调拨的方式促进物资周转流通。

物资入库后，物资部负责登记，手工发布库存信息，定期对库存物资进行清查整理。库存物资管理的重点是物资堆放有序、账实相符、存货量压控、长库龄物资量压控。定期对本单位和基层单位的库存管理进行巡视盘点，检查内容包括"账、卡、物、人"四位一体管理规定是否执行到位；了解工程物资、退库物资和运维物资的库存数据与变化；通过对物资的存量分析、属性分析、设备类别分析，全面了解本期库存情况；通过对不同时期的库存数据纵向对比和各个仓库间的库存数据横向比较，发现问题，改进问题。

当建维部门的项目经理按照物资领用流程安排施工单位到仓库领取工程物资后，或者项目经理申请物资供应商直接发货到施工现场后，工程物资便由项目经理和施工单位共同管理。

7.5.2 通信工程设备管理

通信企业的网络设备主要是指企业内用于网络运营、基础支撑和运行管理的有形与无形固定资产。不同的网络设备在整个网络运营过程中发挥不同的作用和功能，因此按各种设备在企业运营过程中的作用，其可以分为生产设备、辅助生产设备、管理和支撑设备。

对于通信企业而言，移动通信网络设备全过程综合管理的主要内容涉及技术、经济和组织三个方面，按其寿命周期，管理过程可分为前期管理和后期管理两大部分，按企业运营中的职能，管理主要可分为规划、建设、维护、运营和报废五个阶段，分别涉及计划、建设、维护、市场和财务等部门。

在通信企业内，设备全过程综合管理的具体内容主要如下。

① 根据技术先进、经济合理、便于维护和有效运营的原则，为企业选择高性价比的建设方案和网络设备；

② 合理有效地控制和管理工程建设的质量、进度、安全及投资成本，如期交付企业符合设计和技术标准、满足企业发展需求的网络设备；

③ 在合理控制维护成本的基础上，强化设备的预检预修、故障抢修、优化改造方面的管理，保证设备始终处于最佳技术状态；

④ 围绕企业经营目标，合理使用和利用网络设备，为企业创造最大的经济效益；

⑤ 针对企业发展、技术进步、安全生产、环保能源等要求，有计划有步骤地进行优化改造、更新大修和报废处置。

通信企业要全面推进对移动通信网络设备寿命周期全过程的综合管理，就要从设备管理的"全过程、全方位和全员参与"着手，建立健全一套适合通信企业持续发展的设备综合管理模式，不断实践、探索，使设备管理更加趋于科学化、合理化、有效化，以达到移动通信网络设备寿命周期内全过程的系统化、全方位的综合化以及全员参与的群众化管理，全面提高企业的综合管理能力和运营实力。

（1）树立科学的设备管理理念，积极推行全过程的系统化管理。强调设备的全过程管理，就是要求设备经营者和管理者要站在企业、全网和全过程的角度，全面关注设备寿命周期内的每一环节，不能单纯只考虑某一阶段或某一方面的经济性、技术性及即时效果。要彻底改变传统的计划只管投资、采购只管购置、工程只管施工、网络只管维护、市场只管使用、财务只管报账的分散式管理模式。规划决策的同时考虑建设和使用，选型采购的同时考虑设备的可靠性和日后的维护成本，设计建设的同时考虑投产后的质量指标，运行维护的同时考虑运营的效果等，从全过程综合考虑以提高设备管理的综合效益。

（2）强化设备管理的体制建设，努力构建全员参与的群众化管理模式。管理体制建设是设备管理的基础，全过程管理的体制应该达到这样一种效果：企业内部的管理和管理资源能够统一组织与协调，各管理和生产部门之间既有明确分工又有紧密联系，管理资源优化配置且实现共享，管理与建设、维护和使用紧密结合，有执行、有管理、有监督、有反馈，所有事件都能够实现全过程的闭环管理，层层有人抓、事事有人管，设备的选定要满足企业经济和市场的需要，设备的运行和使用要经常保持良好的状态，使设备的管理效能得到最大程度的发挥。

（3）健全设备管理的评估体系，实现全方位的综合化管理。设备的后期管理决定了设备的综合利用效率，对延长设备使用寿命、提高设备资源利用率和使用效果也有着极其重要的影响。设备的前期管理与后期管理同等重要。我们在前期管理中既要满足实现企业的发展、经营战略的需要，又要兼顾后期技术、经济和实际的需要，在有效支撑前期管理的同时，做到精心维护、正确使用、及时优化、定期更新，充分提高设备利用率，在设备寿命周期内获取预期投资效益。设备全方位管理强调将技术、经济和组织三个方面内容有机结合，并充分考虑三者的平衡。我们应建立健全一套现代化的设备全过程综合管理评估体系，实时追踪和管理设备每一环节和每一时刻的价值、使用、性能等信息，并对各个方面的信息进行经济、技术的分析和综合评估，将设备寿命周期费用分解到全过程的各个阶段进行追踪分析，以确定合理的建设成本、维修成本。对于涉及多专业、多环节、多单位参与的建设项目，特别要注意全过程的相互协同、衔接的协调，要根据施工现场情况，提前与施工现场管理人员或业主沟通，尽量减少对业主或第三方的影响。对于施工现场进出要求敏感的，可采取约定、集中、定时、限时等方式进行入场设计、施工和调测。全面建立一体化规划、一体化设计、一体化建设、一体化施工、一体化监理、一体化维护、一体化优化的集中扁平化建设维护管理体系。

本章小结

本章系统地对物资管理、采购管理、库存管理和设备管理等问题进行了阐述。首先通过分析物资管理的定义，提出企业的物资管理计划和方法。接着从物资采购的角度介绍采购的概念、程序，采购管理的策略。库存是物资管理的重要方面，本章在介绍库存分类和库存管理办法的基础上，着重讨论了库存数量的控制。通过对设备管理概念的阐述，介绍了设备的选择和评价、设备的使用和维修、设备的更新等问题。最后，介绍了通信工程物资设备管理工作。

复习思考题

1. 物资消耗定额和物资储备定额是由什么构成的？

2. 采购目标有哪些？定期订购和定量订购的区别是什么？

3. 比较各采购策略的优劣。

4. 库存具有哪些功能？

5. 设备磨损对设备更新的影响有哪些？

案例分析

ZARA 快速周转的库存管理

ZARA（飒拉）于1975年成立，是Inditex集团旗下的一个子公司，是全球排名第三、西班牙排名第一的服装商，在87个国家内设立了超过两千家的服装连锁店。

时尚的最大的特点就是多变，当各种时尚元素出现时，ZARA用几天的时间将其融入自己的产品中，设计出款式新潮的服装，然后快速铺货到各门店。ZARA总部有一支400人的团队，由设计专家、市场分拆和采购人员组成，在设计过程中，设计团队会考虑各连锁店的建议并与生产人员一起沟通款式，以保证最新设计的服装能够真实反映消费终端的需求，并在各生产线快速加工制造。

在采购和生产环节，ZARA生产计划和采购人员一同制订原材料采购计划和生产计划，监视库存的变化，分配生产任务和外包任务（50%的产品由自有工厂制造，50%是由400余家外部供应商制造），保证在10~15天内完成订单。为了防止过度依赖某供应商，ZARA的原材料来自260多家供应商，且每家供应商的供应量不超过订购量的4%。ZARA还随时跟踪货源的变化情况，防止生产不足和生产过剩。

在传统的商业模式下，店铺会先进一大批货，放在仓库里面，之后再慢慢销售，从而可能因为滞销而产生库存问题。与传统商业模式相比，ZARA采取单店订货的管理模式，总部根据每个店的销售情况主动配货，每一家店仓库的空间大小取决于每一家店铺经理的管理能力。具体来说，总部可以随时查看每个单店、每款衣服的销售情况和现时库存，结合店铺经理对销售报表的分析进行配货。店铺一周有2次的产品订货，无论是新上架的款式，还是二次补充的款式，所订数量都不会太多。店铺经理的一个职能是要确保产品的流通和流畅性，店铺仓库里面库存的作用是确保放在店铺里面的前沿产品被卖掉之后能迅速补货，店铺仓库里的库存是小量的库存，起补货的作用。店铺经理通过每一天的销售报告分析得知哪一些产品是卖得好的，哪一些产品是卖得不好的，然后对卖得好的产品及时补货，对卖得不好的则少量或不补货，这确保了店铺商品的流动量和将库存的压力减到最低。而位于总部的设计团队能够比较清晰地看到每个单店、每个城市、每个地区需要什么样的款式、颜色、尺码的产品，以及每次补货大概需要补多少数量。这保证了ZARA生产的合理性，使其不会盲目地向店内压货。而一个星期两次订货的频率让店铺经理可以及时发现所订产品是否满足顾客的需求。如果店铺经理订错货导致无法卖出，可通过内部调货系统解决这个问题。

ZARA分布于全世界各地两千多家的服装连锁店遵循零售"勤进快销"原则。一家店铺防止库存问题的最好办法就是勤进快销，尤其是快时尚类型的服装，短时间内销售不掉，不仅占用资金，占用货架，而且极容易过时贬值。因此，ZARA尽量将服装积压风险降到最低。

即便是这样，ZARA也并非是"零库存"，它同样有卖不出去的产品，同样不能百分百确定某款衣服一定能卖得好，于是它采取款多量少的策略，有效分解了库存风险。

（资料来源：根据网络资料改编。）

思考题：

（1）库存数量控制对企业生产运营管理具有哪些影响？

（2）ZARA 实现快速库存管理的要素包括哪些？

市场营销 第8章

【学习目标】

- 理解市场营销中相关术语的概念。
- 理解顾客行为的特点。
- 了解集团客户购买的特征。
- 理解市场细分的变量以及评价市场细分有效性的标准。
- 掌握"4P"市场营销策略组合的内容。
- 了解通信企业市场营销管理的基本内容。

【开篇案例】

小米上市，8年营销策略盘点

2010年，小米刚成立时，不但赶上了智能手机的风口，也赶上了互联网营销的风口。小米把握住了这次机会，使自己成为行业的领跑者。9年的时间，营销在小米的发展过程中发挥着重要的作用，也经历了几次的升级变革，小米一直在调整营销策略来适应品牌不同发展阶段的传播需求。

100个米粉起步的口碑营销。

2010年，小米创立时，可谓是一无所有，没有产品、没有用户、没有知名度。于是，小米选择从顾客入手，去挖掘他们的痛点。最开始做MIUI时，小米首先是搜集网上所有对主流手机和安卓系统不满的信息，进行大数据分析，找出有共性的痛点，根据这些进行改进。在经过很长时间的试运营后，小米发布第一版测试机，但没有钱做推广，小米就将最初100个参与MIUI系统反馈最多的粉丝姓名放在手机启动屏幕上，并且标榜他们为"小米手机的一百个梦想赞助商"。这样做的影响力是巨大的，带动了很多人去帮助传播。

粉丝营销的扩张之路。

小米最被人津津乐道的是其营销方式"饥饿营销"。诸多品牌争相效仿，结果大多数是邯郸学步。为什么会出现这种情况？其实主要是很多人没有明白小米"饥饿营销"的本质。"饥饿营销"的基础是粉丝，而不是用户。小米一直在做的是粉丝营销，但大多数品牌拥有的却是用户。粉丝营销在小米发展过程中发挥了巨大的作用，一批批"因发烧而生"的手机控，纷纷成为小米的粉丝，并自称为"米粉"，米粉们的威力是巨大的。小米在粉丝运营上花费了大量心血，这也直接让其米粉群体日益壮大。

走向大众的泛娱化营销。

小米在2014年成为国内智能手机销量冠军，2015年开始下滑，2016年直接被华为、OPPO、vivo超越，跌至第四名。雷军看到了竞争对手在名人代言和娱乐营销上的疯狂投入及其所带来的显著效果，于是也开始采用名人代言策略。值得一提的是，在这方面，小米还犯过错误，一开始请了吴秀波、刘诗诗、刘昊然三个不同层次的名人代言，本想全面覆盖各个年龄层的消费人群，但最终的效果并不好。

世界知名咨询公司IDC公布的数据显示，2018年，小米手机出货量为5 200万台，位居国内市场第四。

（资料来源：根据网络资料改编。）

市场营销是企业管理的基本职能之一，负责识别、预测和满足顾客的需要，同时为企业创造利润。市场营销正是通过市场来促进交换以满足人类需要和欲望的活动，它渗透在生产和消费领域之中，通过科学、合理的方法和手段促进买方和卖方交易的顺利实现。

8.1 市场营销概述

8.1.1 市场营销的内涵

1. 市场的定义

提到市场，你会想起什么？可能是身边的农贸市场、超市或者是自己长期关注的股票市场、房地产市场等，这些"市场"都是买方和卖方聚集起来进行商品交易的场所。其实，市场中除了有购买能力和购买欲望的现实购买者外，还包括暂时没有购买能力或是暂时没有购买欲望的潜在购买者。后者在一定的条件下，如由于收入提高而具备了购买能力，或是受到宣传介绍的影响而产生购买欲望，就会转变成现实的购买者。所以，市场一般被定义为某种商品所有现实和潜在的买主的总和，而从营销的角度看，市场就是指形形色色的客户群。

2. 市场营销的概念

大家对于市场营销的直接认识可能来自商家们铺天盖地的广告和促销活动。然而，广告和推销只是市场营销的组成部分之一，管理大师彼得·德鲁克（Peter Drucker）甚至认为，"营销的目标是将推销变得多余"。其实，市场营销的概念是随着市场环境以及管理实践的变化而悄然改变的，这从不同时期美国市场营销协会（AMA）对市场营销的定义中可以看出（见表8-1）。

表8-1　　　　　　　　　　　　AMA在各时期对市场营销的定义

时期	市场营销的定义
20世纪60年代	市场营销是引导产品和劳务从生产者流向顾客或用户的一切企业活动
20世纪80年代	市场营销是关于构思、货物和服务的设计、定价、促销及分销的规划与实践过程，目的是创造能实现个人和组织目标的交换。在交换的双方中，如果一方比另一方更主动、更积极地寻求交换，则前者被称为市场营销者，后者被称为潜在顾客。市场营销者是指希望从别人那里取得资源并愿意以某种有价之物作为交换的人。市场营销者可以是卖主，也可以是买主
21世纪初	市场营销是创造、传播、传递和交换对顾客、客户、合作者及整个社会有价值的市场供应物的一种活动、制度和过程

在早期的学术研究与管理实践中，市场营销仅被看作一门研究在流通领域内商品交换和分配的科学；后来，人们开始强调市场营销的目的性，即通过满足顾客的消费需求和消费欲望来达到企业目标；时至今日，顾客和企业通过营销活动共同创造并分享价值已经成为市场营销的重要内涵。例如，菲利普·科特勒（Philip Kotler）就认为市场营销是一个社会过程，在这个过程中，个人和团体可以通过创造、提供和与他人自由交换有价值的产品与服务来获得他们的所需所求。

通过梳理，我们认为，市场营销是在不断变化的市场环境中，为顾客创造价值并建立牢固的顾客关系，进而从顾客那里获得回报，完成企业目标的商务活动过程，具体包括市场调研、选择目标市场、产品开发、产品定价、渠道选择、产品促销、产品储存和运输、产品销售、提供服务等一系列与市场有关的企业经营活动。

3. 市场营销的过程

对于企业来说，市场营销是创造和获取顾客价值的过程。图8-1所示是一个简单的五阶段市场营销过程模型。

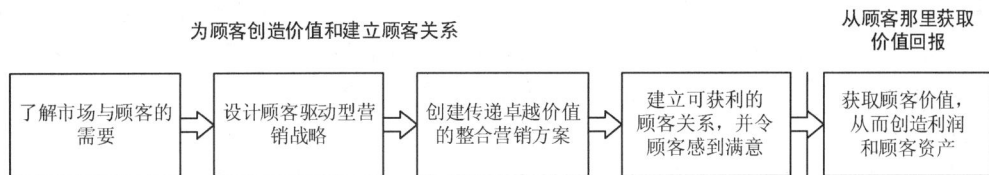

为顾客创造价值和建立顾客关系

从顾客那里获取
价值回报

了解市场与顾客的
需要 → 设计顾客驱动型营
销战略 → 创建传递卓越价值
的整合营销方案 → 建立可获利的
顾客关系，并令
顾客感到满意 → 获取顾客价值，
从而创造利润
和顾客资产

图 8-1　市场营销过程模型

在第一阶段，市场营销人员需要了解顾客的需要及欲望，以及企业运营的市场。

一旦企业完全了解了它的市场和顾客后，就可以进入第二阶段，通过回答"我们将服务哪些顾客（我们的目标市场是什么）"以及"我们将如何最好地服务这些顾客（我们提供什么样的价值）"来设计一个成功的市场营销战略。

在第三阶段，在战略的指导下，企业开发一个由若干营销组合工具组成的整合营销方案，以期能够准确无误地将价值传递给目标顾客。为了传递价值主张，企业首先必须设计生产出满足需求的市场供应物（产品），必须为供应物定价（价格）并确定如何将供应物传递给目标顾客（渠道）。最后，企业必须与目标顾客就供应物进行沟通并使他们相信供应物的优点（促销）。包括上述括号中提到的产品（Product）、价格（Price）、渠道（Place）、促销（Promotion）的营销组合，就是所谓"4P"营销组合。详细内容会在后面的小节进行介绍。

前三个阶段是第四阶段的重要铺垫。在第四个阶段，企业通过创造卓越的顾客感知价值来追求顾客满意甚至顾客忠诚，从而建立可持续的顾客关系，借助互联网、手机以及社交媒体来与顾客保持和加深联系。

在第五阶段，企业可以获得销售额、市场份额以及利润等形式的价值回报。更重要的是，企业通过为顾客提供价值以及与顾客保持联系，获得了满意度高的顾客，他们成为企业的忠诚顾客，开始购买更多的产品或服务，从而成为企业的顾客资产。

从本章的第二小节开始，我们将对本模型的前三个步骤进行重点介绍。在此之前，我们将首先回顾市场营销在几个层面上的演变。

8.1.2　市场营销观念的演变

企业的营销管理旨在设计出可以与目标顾客建立价值共创关系的战略，而企业在营销过程中所秉持的不同观念则会导致不同的战略选择。这些观念包括生产观念、产品观念、推销观念、市场营销观念和社会市场营销观念。

1. 生产观念

生产观念产生于 20 世纪 20 年代前，是企业最古老的营销观念之一。因为当时正处于"卖方市场"条件下，所以它并不是从顾客需求出发，而是从企业生产出发的。其主要表现是"我生产什么就卖什么"。生产观念认为，顾客喜欢那些可以随处买得到且价格低廉的产品，企业应致力于提高生产效率和分销效率，扩大生产规模，降低成本以扩展市场。显然，生产观念是一种重生产、轻市场营销的商业哲学。在资本主义工业化初期以及第二次世界大战末期和战后一段时期内，由于物资短缺，市场产品供不应求，生产观念在企业经营管理中颇为流行。

2. 产品观念

产品观念产生于市场产品供不应求的"卖方市场"形势下。它认为，顾客青睐高质量、多功能和具有某种特色的产品，企业应致力于不断改进产品。持此观念的企业最容易患"营销短视症"，即在市场营销管理中缺乏远见。企业不适当地把注意力放在产品上，而不是放在市场需要上，最容易滋生产品观念，尤其在发明一项新产品时。此时，企业往往只执着于改进自己的产品质量，却没有意识到市场可能已经不再需要类似产品，致使企业经营陷入困境。

3. 推销观念

推销观念（或称销售观念）产生于20世纪20年代末，此时正是西方国家由"卖方市场"向"买方市场"过渡的阶段，它表现为"我卖什么，顾客就买什么"。但是，许多企业家感到，即使有物美价廉的产品，也未必能卖得出去，因为顾客通常表现出一种购买惰性或抗衡心理，如果顺其自然的话，他们一般不会足量购买某一企业的产品。因此，企业要在日益激烈的市场竞争中求得生存和发展，就必须积极推销和大力促销，以刺激顾客大量购买本企业的产品。

推销观念在现代市场经济条件下被大量用于推销那些非渴求物品，即顾客一般不会想到要去购买的产品或服务。许多企业在产品过剩时，也常常奉行推销观念。这种观念虽然比前两种观念进步了一些，开始重视广告术及推销术，但其实质仍然是以生产为中心。

4. 市场营销观念

与以上几种观念不同，市场营销观念是以满足顾客需求为出发点的，即"顾客需要什么，就生产什么"。尽管这种思想由来已久，但其核心原则直到20世纪50年代中期才基本确定。当时社会生产力迅速发展，市场为供过于求的买方市场，同时广大居民个人收入迅速提高，有可能对产品进行选择，企业之间的竞争加剧。许多企业开始认识到，必须转变经营观念，才能求得生存和发展。市场营销观念认为，实现企业各项目标的关键，在于正确确定目标市场的需要和欲望，并且比竞争者更有效地提供目标市场所期望的物品或服务，进而比竞争者更有效地满足目标市场的需要和欲望。

5. 社会市场营销观念

社会市场营销观念是对市场营销观念的修改和补充。它产生于20世纪70年代西方资本主义出现能源短缺、通货膨胀、失业增加、环境污染严重、顾客保护运动盛行的新形势之下。因为市场营销观念回避了顾客的需要，顾客的利益和长期社会福利之间隐含着冲突的现实。社会市场营销观念认为，企业的任务是确定各个目标市场的需要、欲望和利益，并以保护或提高顾客和社会福利的方式，比竞争者更有效、更有力地向目标市场提供能够满足其需要、欲望和利益的物品或服务。社会市场营销观念要求市场营销者在制定市场营销政策时，要统筹兼顾三方面的利益，即企业利润、顾客需要的满足和社会利益。

阅读材料 8-1

从营销 1.0 到营销 4.0

被誉为"现代营销学之父"的菲利浦·科特勒（Philip Kotler）将营销分为营销1.0至营销4.0。

营销1.0就是工业化时代以产品为中心的营销，始于工业革命时期。当时的营销就是把工厂生产的产品全部卖给有支付能力的人。这些产品通常都比较初级，其生产目的就是满足大众市场需求。在这种情况下，企业尽可能地扩大规模、推出标准化产品，不断降低成本以形成低价格来吸引顾客，最典型的例子莫过于当年只有一种颜色的福特T型车——"无论你需要什么颜色的汽车，福特只有黑色的"。

营销2.0是以顾客为导向的营销，其核心技术是信息科技，企业向顾客诉求情感与形象。20

世纪70年代，随着西方发达国家信息技术的逐步普及，产品和服务信息更易为顾客所获得，顾客可以更加方便地对相似的产品进行对比。营销2.0的目标是满足顾客需求并维护顾客权益，企业获得成功的黄金法则就是"客户即上帝"。在这个阶段，企业眼中的市场已经变成有思想和选择能力的聪明顾客，企业需要通过满足顾客特定的需求来吸引他们，如宝洁、联合利华等快速消费品企业开发出几千种不同档次的日化产品来满足不同人的需求。

营销3.0就是合作性、文化性和精神性的营销，也是价值驱动的营销。和以顾客为中心的营销2.0时代一样，营销3.0也致力于满足顾客的需求。但是，营销3.0要求企业必须具备更远大的、服务整个世界的使命、远景和价值观，它们必须努力解决当今社会存在的各种问题。换句话说，营销3.0已经把营销理念提高到了一个关注人类期望、价值和精神的新高度，它认为，顾客是具有独立意识和感情的完整的人，他们的任何需求和希望都不能被忽视。营销3.0把情感营销和人类精神营销很好地结合到了一起。在全球化经济震荡发生时，营销3.0和顾客的生活更加密切相关，这是因为社会、经济和环境变化及其对顾客的影响正在加剧。营销3.0时代的企业努力为应对这些问题的人寻求答案并带来希望，因此它们也就更容易和顾客形成内心共鸣。在营销3.0时代，企业之间靠彼此不同的价值观来区分定位。在经济形势动荡的年代，这种差异化定位方式对企业来说是非常有效的。因此，科特勒也把营销3.0称为"价值观驱动的营销"（Values-driven Marketing）。

营销4.0是对其营销理论的进一步升级，是实现自我价值的营销。在丰饶社会，马斯洛需求中生理、安全、归属、尊重的四层需求相对容易被满足，于是客户的自我实现变成了一个很大的诉求，营销4.0正是要解决这一问题。随着移动互联网及新的传播技术的出现，客户能够更加容易地接触所需的产品和服务，也更加容易和与自己有相同需求的人进行交流，于是出现了社交媒体，出现了客户社群。企业将营销的中心转移到如何与顾客积极互动、尊重顾客作为"主体"的价值观，让顾客更多地参与到营销价值的创造中来。而在顾客与顾客、顾客与企业不断交流的过程中，由于移动互联网、物联网所造成的"连接红利"，大量的顾客行为、轨迹都留有痕迹，产生了大量的行为数据，我们将其称为"顾客比特化"。这些行为数据的背后实际上代表着无数与顾客接触的连接点。如何洞察与满足这些连接点所代表的需求，帮助顾客实现自我价值，就是营销4.0所需要面对和解决的问题，它是以价值观、连接、大数据、社区、新一代分析技术为基础的。

（资料来源：王赛. 营销的进化卷轴——从营销1.0到营销4.0[J]. 新营销，2018（02）：70-73。）

8.1.3　市场营销方式的创新

移动互联网以及社交媒体蓬勃发展、全球化趋势日益强化以及以资源与环境问题为代表的社会责任问题受到广泛关注，被称为改变市场环境的三股重要力量。由于这三股力量的共同作用，学术界和实业界产生了大量新兴的营销理念和手段。它们或是从理念视角对营销管理导向的继承与发展，或是从实践角度以营销管理导向和营销策略组合为依据，提出的可操作性手段，其中较有代表性的有以下几种。

1. 直复营销

直复营销是指不通过营销中间商，利用直接面向顾客的渠道来接触顾客并交付产品和服务。在传统的直复营销模式下，企业主要通过邮件、电话、电视等渠道与顾客接触并销售商品。目前，直复营销已进入数字化阶段，大量企业通过自建网站或既有电商平台（如淘宝、京东等）搭建在线服务渠道，成为"鼠标加水泥"企业，并开始尝试借助智能手机、平板电脑和其他数字设备营造的虚拟空间，利用社交网络和移动媒体来面向顾客直接开展营销活动。对于广大顾客而言，数字直复营销方式进一步打破了时空的限制，更加便利、简单和私密；对于企业而言，数字直复营销则可使其低成本、高效和快速进入市场，可以精准地向小群体或个体顾客提供针对性的服务。

2．可持续营销

可持续营销呼吁企业开展对社会和环境负责任的营销活动，在满足当前顾客和企业的需求的同时，保持或提高后代满足其自身需求的能力。例如，近年来麦当劳公司加强了对能源利用率、可持续性包装、废弃物和绿色餐馆设计的管理。

3．关系营销

关系营销是20世纪90年代以来备受西方企业界关注的一种营销思想和方法，它把营销活动看成是一个企业与顾客、员工、合作伙伴（如渠道商、供应商、分销商、代理商）、利益相关者（如股东、投资人、分析家、政府机构等）及其他公众发生互动作用的过程，其核心是建立、发展、巩固企业与这些个人和组织的良好关系。其关键在于，企业不仅要争取顾客和创造交易，而且更重要的是要和顾客及上述其他群体形成一个长期的、彼此信任的、互利的营销网络，以减少交易的时间和降低交易的成本，促进企业持续发展。例如，安利（Amway）公司采取的"店铺雇佣销售人员"的方式。

4．整合营销

整合营销就是指企业在创造、传播、传递顾客价值的过程中，采用"总体大于部分之和"的理念，将看似独立的广告、直接营销、销售促进、人员推销、包装、事件、赞助和客户服务等营销活动整合成一个营销方案和计划。其强调的是这些营销活动都能够创造、传播和传递价值；营销人员在设计和执行任何一个营销活动时，应当同时考虑其他活动。例如，新产品上市时，企业往往会采取官方发布会、高频度的广告宣传、新品试用体验、正面口碑释放等手段在短时间内建立起产品的差异化特征。

5．数字和社交媒体营销

移动互联网的蓬勃发展正在深刻地影响我们的生活方式。截至2018年6月，我国网民规模为8.02亿人，其中手机网民达到7.88亿人，即时通信用户为7.56亿人，网络购物用户为5.69亿人，手机网络购物用户为5.57亿人。这样的发展势头使得市场营销者开始使用数字营销工具（如网站、社交媒体、手机App和广告、在线视频、电子邮件、博客等数字平台），让顾客通过他们的各种智能终端（包括计算机、智能手机、平板电脑、互联网电视等）随时随地互动交流。大多数企业都开始尝试使用网站、微博、微信公众号、视频网站上的病毒式广告、多媒体邮件以及手机App来接触顾客，试图解决他们的问题，为他们提供帮助。

6．浸入式营销

浸入式营销强调在形成品牌对话、品牌体验和品牌社区时培养直接、持续的顾客参与。其本质是一种吸引式营销，即创造可以让顾客参与的市场供应物和信息，而不是去打扰他们。通俗地说，就是在一个预先设定的营销空间内，通过对营销对象给予适当的暗示和引导，令他们进入特定的故事情境中，使他们可以在空间内自由活动，以获得更强的临场感与参与感，从而达到营销目的。例如，支付宝在春节时推出的"集五福"活动，以及部分商家推出的手机小游戏等，都是增强顾客参与感和卷入度的浸入式营销尝试。

7．顾客生成内容营销

以任何形式在网络上发表的由顾客创作的文字、图片及音频和视频等内容被称为"顾客生成内容"。这类内容广泛存在于博客、视频分享网站、社交网络等数字平台上，通过因为受邀请或完全自主发表的顾客生成内容，顾客可能对自己或他们的品牌体验的形成过程施加更多的影响，至少它突破了传统以社会关系口耳相传的口碑营销在时空上的限制。另外，一些企业也可以通过发起顾客生成内容营销，从顾客那里更及时、更广泛地获得他们对于新产品的看法。

8. 大数据营销

电子商务和互联网的快速崛起一方面为信息交流和商品交换提供了便利，另一方面也在网络空间中积累了海量的非结构化数据。企业采用适当的技术对这些数据进行采集，依托大数据技术的分析与预测能力，能够使广告更加精准有效，给企业带来更高的投资回报率。大数据营销的核心在于让广告在合适的时间，通过合适的载体，以合适的方式，投给合适的人。如"网易云音乐"通过为每位顾客度身定做的"年度听歌报告"，建立了音乐平台与顾客的情感共鸣，增强了顾客黏性与活跃度。

此外，使命感营销、内部营销、绩效营销、饥饿营销、病毒营销、体验营销等都是值得关注的营销方式。

8.1.4　市场营销策略组合

在市场营销观念的指引下，企业往往通过配套使用营销策略组合，以期在市场上产生预期的效果。营销策略组合一般包含了企业用以影响顾客需求的所有因素。下面介绍两种较为常见的营销策略组合。

市场营销策略组合

1. 4P 营销策略组合

4P 营销策略组合是麦卡锡（E. J. McCarthy）在 20 世纪 50 年代末提出的，他认为，企业应该从四个维度（英文首字母均为"P"）制定市场竞争策略，即产品（Product）：指企业提供给目标市场的产品和服务的组合，包括产品种类、质量、设计、特色、品牌、包装、规格、服务、保修、退货等；价格（Price）：指顾客为获得产品所需支付的钱，包括标价、折扣、补贴、付款时限、信用条款；渠道（Place）：指企业将产品提供给目标顾客的活动，包括覆盖范围、分类、地理位置、仓储、运输；促销（Promotion）：指宣传产品的优点并说服目标顾客购买的活动。包括销售促进、广告、销售人员、公共关系、直销。

4P 营销策略组合的出现使市场营销理论有了体系感，也使现象和理论简单化，给大家提供了一个设计整合营销方案时的有效框架，从而促进了市场营销理论的普及和应用。从管理导向上看，4P 营销策略组合体现的是由上而下的运行原则，重视企业和产品导向。尽管 4P 营销策略组合自诞生之日起因为没有直接表现某些重要的营销活动而受人诟病，但实践中，4P 营销策略组合也被称为"4P 营销理论"，应用非常广泛。

2. 4C 营销策略组合

由于 4P 营销策略组合是站在企业（卖方）的角度看营销的，在注重顾客价值和顾客关系的时代，各界开始觉得从顾客（买方）角度看营销也十分必要。在这种背景下，劳特朋（R.F. Lauteborn）于 20 世纪 80 年代提出了"4C"营销策略组合。他认为企业的营销活动应当围绕以下 4 个方面展开。

- 顾客（Consumer）：企业需要了解顾客的需求。
- 成本（Cost）：首先了解顾客为满足需要与欲求愿意付出多少钱（成本），而不是先给产品定价，即想向顾客要钱。
- 便利（Convenience）：企业需要考虑如何方便顾客使用。
- 沟通（Communication）：企业需要以顾客为中心实施营销沟通。

4C 营销策略组合以顾客需求为导向，在此营销策略组合中，竞争者已将注意力从对手身上转移到了顾客身上，从而间接地避免了面对面竞争，同时也有效地促进了市场向深度和广度的发展。

正因为市场营销在广度、复杂性和丰富性上的不断拓展，部分学者开始尝试对 4P 营销策略组合进行补充和更新，如菲利普科·特勒提出的包含人员（People）、流程（Processes）、方案（Programs）、绩效（Performance）的新 4P 营销策略组合以及由谢思（J. Sheth）和西索迪亚（R. Sisodia）提出的包含可接受性（Acceptability）、支付能力（Affordability）、可达性（Accessibility）和知晓度（Awareness）的 4A 营销策略组合。

8.2 购买行为分析

了解市场和顾客需求是开展有效的营销活动的第一步，而顾客又是市场中的关键元素。因此，为了对顾客施加影响，企业必须了解顾客的思维方式与购买行为。本节将从终端顾客的购买行为入手，再着眼于集团市场的购买行为，重点关注它们的需求特征、影响因素以及决策过程。

8.2.1 顾客市场购买行为

顾客市场又称消费品市场或生活资料市场，是指个人或家庭为满足生活需求而购买（租用）商品与服务的市场。企业要想理解顾客的购买行为，制定具有针对性的营销策略，就必须从把握顾客需求入手。

1. 顾客需求的主要特征

（1）多样性。顾客需求的多样性，不仅体现在每一个顾客的需求是多种多样的，还体现在拥有同一需求的顾客所追求的满足方式也可能不同，因为年龄、性别、职业、收入水平、生活习惯、文化程度、个性特点等的差异，顾客对不同的产品甚至同一种产品的消费需求相差很大。例如，大家在日常交流中所使用的通信工具和手段可能完全不同；即便是同一型号手机的用户，其对该款手机中不同应用和功能的使用范围及频率也不尽相同。

（2）层次性。人们的需求是有层次的，先满足低层次的需求，再满足高层次的需求。层次的划分方式有多种。例如，生存需求、发展需求和享受需求是一种划分方式；马斯洛的需求五层次论也是一种划分方式。马斯洛认为，人的需求有五个层次，即生理需求、安全需求、社会需求、受尊重需求、自我实现需求。这五个需求是依次递进的，当低层次的需求满足后，人会产生高层次的需求。根据需求的层次性特征，消费需求也呈现层次性的特点，一种需求得到满足后，人们更高一层的需求随之产生。例如，理性的顾客往往会在自己对食物、衣着、住房、日用必需品等的需求得到满足的基础上，再考虑教育、文化、娱乐等方面的需求。

（3）发展性。消费需求具有发展变化的特征。随着社会经济的发展，人们的收入和生活水平在不断提高，消费需求也必然随之产生变化。这种变化主要表现在对产品由追求数量上的满足到追求质量上的满足，由比较单一的需求到多种需求，由低层次需求向高层次需求发展等。例如，现在越来越多的家庭对于日常饮食的需求从"吃饱"转向"吃好"。

（4）时代性。消费需求的发展变化体现出时代特征，顾客的需求受时代精神、风尚及环境的影响，在不同时代有所不同。时代性反映到日常生活中就是消费时尚和消费流行。例如，随着移动互联网的普及，在逐渐成为市场消费主力的"80 后"和"90 后"的引领下，消费需求逐渐从刚需大家电到品质生活小家电，且人们在居住、健康、文化、娱乐等领域不断有新的需求出现。

（5）伸缩性。消费需求具有一定的伸缩性，因为需求的实现受到支付能力及产品的供求、服务、促销、价格及环境等因素的制约。一般认为，基本的日常消费品需求的伸缩性比较差，而中高档商品、耐用消费品、穿着用品和装饰品的需求伸缩性较强。

（6）可诱导性。顾客的购买行为往往是非专家型的，具有一定的盲目性和感情冲动性。因此，消费需求是可以诱导的。广告宣传、现场展示、柜台咨询及促销服务等都可以影响顾客的购买意向。特别是对技术含量较高的新产品，顾客自主选择的能力较弱，营销人员应在维护顾客利益的前提下，通过行之有效的推销，启发、诱导和刺激顾客的消费需求，促使其将潜在需求变为现实需求，采取购买行动，如通过专家讲座及现场演示等手段有效引起顾客对防盗锁等安防产品的需求等。

（7）连带性。由于某些产品在使用上具有一定的联系性，所以顾客的消费需求具有连带性的特点。这种连带性至少表现在三个方面：其一是一种需求的实现，会引发另一种需求的产生，如手机用户总会觉得电池待机时间太短，往往要购买充电宝；其二是一方需求的实现，会导致另一方需求的产生，如甲方给乙方打电话，乙方就可能在适当的时候给甲方回电话等；其三是顾客对同一种产品的需求具有连环效应，以微信等即时通信工具为例，用户越少，联络的频率就越低，该工具的使用价值就越小，相反，用户越多，联络越频繁，该工具的使用价值就越大，而且对未使用该工具的用户的影响就越大。在这种连环效应的影响下，该即时通信工具的用户增长会呈现一种加速度状态。

（8）替代性。由于某些产品之间具有可替代性，所以顾客的消费需求也具有替代性的特点。这种替代性至少表现在三个方面：其一是一种产品需求量的增加，会导致另一种产品需求量的减少，如近年来随着共享经济的发展，网约车的发展影响了普通巡游出租车的客流量；其二是顾客的需求可以通过不同的方式来实现，如在顾客"最后一公里"的出行需求方面，共享单车可以形成对普通家用自行车以及公交车的替代；其三是不同企业间产品的互相替代，如不同单车品牌间的替代等。

2. 影响顾客购买行为的主要因素

研究顾客市场的核心是研究其购买行为，即研究消费主体通过支出（包括货币或信用）而获得所需产品时的选择过程。这个过程受到许多因素的影响，这些因素主要包括社会文化因素、经济因素、个人因素和心理因素。

（1）社会文化因素。文化是一个人产生需求和行为的最基本的动因。因此，顾客的购买行为会受到文化因素的影响。例如，在我国"尊老爱幼"理念的影响下，为少年儿童和长辈进行的消费，是家庭消费的重要组成部分。此外，每个文化都包含更小范围的亚文化，即因具有共同经历而持有相同价值体系的群体，如目前盛行于青年群体中的以"二次元"为代表的"御宅亚文化"，这个群体中的人更乐于通过直播及弹幕进行实时互动；各种知名网络 IP 的周边产品也大受青年人欢迎，这都显示出文化对于顾客购买行为的影响。

在社会层面上，顾客的行为会受到小团体、家庭以及社会角色和社会地位等的影响，例如，来自亲朋好友的评价和推荐可能更为可信；大家通常会根据不同场合的不同角色来选择相应的装扮。

（2）经济因素。经济因素是影响顾客购买行为的直接因素，它主要包括顾客的收入、产品的价格及效用等。顾客总是追求以尽可能少的支出（包括货币或信用）获取最大的商品效用。

（3）个人因素。顾客的购买行为受到个人特质的影响，如职业、人生阶段、经济状况、生活方式、个性与自我概念等。例如，某些金融机构会根据客户所处的不同人生阶段设计不同的理财产品。

（4）心理因素。顾客的购买行为主要受以下四种心理因素的影响：动机、感知、学习、信念和态度。

3. 顾客购买决策过程

顾客在购买某一商品时，均会有一个决策过程。只是因所购产品类型、购买者类型的不同，购买决策过程有所区别，但典型的购买决策过程一般包括以下几个环节。

消费者购买决策过程

（1）认识需求。认识需求是顾客购买决策过程的起点。当顾客在现实生活中通过内部（如口渴）或外部刺激（如广告）感觉到或意识到其实际情况与他的企求之间有一定的差距，并产生了要解决这一问题的要求时，便开始了购买决策。

（2）收集信息。顾客产生了购买动机之后，便会开始进行与购买动机相关联的活动。如果他想买的物品就在附近，他便会实施购买活动，从而满足需求。当想买的物品不易买到，或者说需求不能马上得到满足时，他便会把这种需求存入记忆中，并注意收集与需求密切相关的信息，以便进行决策。

顾客获取信息的渠道主要有：个人渠道（如亲朋好友）；商业渠道（如广告、销售人员、网站、展览等）；公共渠道（各类媒体、搜索引擎等）；经验渠道（测试和试用产品）。

（3）选择判断。当顾客从不同的渠道获得有关信息后，便会依据自己的判别标准对可供选择的品牌进行分析和比较，并对各种品牌的产品做出评价，最后决定购买。顾客对可选择的产品的评价主要从以下几个方面进行：分析产品属性；建立属性等级；确定品牌信念；形成"理想产品"；做出最后评价。

（4）购买决策。真正影响顾客将购买意向转为购买行动的因素还有以下两个。

他人的态度。顾客的购买意图会因他人的态度而增强或减弱。他人态度对消费意图影响的强度，取决于他人态度的强弱及其与顾客的关系。一般来说，他人的态度越强、与顾客的关系越密切，其影响就越大。

意外的情况。顾客购买意向的形成总是与预期收入、预期价格和期望从产品中得到的好处等因素密切相关。但是当他采取购买行动时，若发生一些意外的情况，如因失业而减少收入、因产品涨价而无力购买，或者有其他更需要购买的东西等，他将会改变或放弃原有的购买意图。

（5）购买后行为。产品在被购买之后，就进入了买后阶段，此时市场营销人员的工作并没有结束。顾客购买商品后，通过自己的使用和他人的评价，会对自己购买的商品产生某种程度的满意或不满意感。若产品的实际性能达不到预期，顾客就会感到不满意；如果刚好符合，顾客就会感到满意；如果超出预期，顾客就会感到十分满意。因此，企业需要帮助顾客建立其关于产品的合理预期，才能确保顾客的满意度。

8.2.2 集团客户市场购买行为

集团客户是指个人顾客之外的组织，主要包括机关事业单位、企业等。它们购买产品的目的是履行职责、提高工作效率或是提高生产效率、促进销售及提供服务。集团客户的购买行为与个人顾客有很多相同之处，因此许多个人顾客购买行为的分析方法和结论与集团客户的都是一样的。但二者的购买行为有明显的不同之处，所以我们有必要对集团客户购买行为进行分析研究。

1. 集团客户的需求特点与购买行为特点

（1）集团客户对产品的需求量大、购买规模大且使用频繁。个人顾客一次一般只购买一部手机，而集团客户动辄购买几十部手机。而且集团客户对产品的使用频率比个人顾客要高得多。

（2）集团客户对产品的需求缺乏弹性。由于集团客户购买产品主要是用于满足其工作及生产经营活动的需要，而只要其日常工作和生产经营活动正常进行，其对某种产品的需求量便会维持在一个相对稳定的水平。因此在一定时期内，集团客户往往和供应商建立起稳定的需求与供给关系，而且集团客户对产品的需求受价格变动的影响比起个人顾客来说要小得多。

（3）集团客户购买行为多属于理智性购买行为。集团客户购买产品往往要预先制订计划，了解有关信息，做好充分准备。特别是需求量较大的集团客户，往往配备了专门的采购部门，其冲动消费的概率会低于个人顾客。

（4）参加购买决策的人数较多，决策慎重。通常集团客户购买行为决策很少由单独一个人做出，特别是大宗产品的购买行为决策，往往不仅是集团内部决策，还要征求上级主管部门的意见，甚至请有关专家和工程技术人员论证。购买人员只是执行购买决策。在进行大批量采购或关键产品的采购时，许多集团客户会在购买前进行一系列的咨询、调查、比较，甚至请有关专家和技术人员设计几种方案供其选择，最后做出购买决策。

（5）集团客户根据自身需要，购买不同的产品。集团客户间的需求差别很大。企业应善于分析集团客户的需求特征，有针对性地推销产品和组织营销活动。

（6）集团客户对产品往往具有引申需求，对新业务特别是技术型新业务的需求较大。例如，政府开展电子政务、企业开展电子商务、医院开展远程医疗业务、学校开展远程教育等都对数据通信有很大的需求。而且随着业务范围的扩大以及技术的发展，对于既有系统的更新和二次开发的需求会周期性地出现。

2. 影响集团客户购买行为的主要因素

与个人顾客购买行为一样，集团客户的购买行为也同样会受到各种因素的影响，主要包括环境因素、组织因素、人际因素和个人因素。

（1）环境因素。环境因素是指集团客户的外部环境因素。集团客户常受社会政治、经济、法律、竞争等各种环境因素的影响和制约，如国家的产业政策、行业管制、经济形势以及竞争对手的经营战略等。企业营销者要密切关注这些环境因素的变化，力争将挑战变成机遇。

（2）组织因素。组织因素是指集团客户本身的因素，如该集团的任务目标、政策、工作程序和组织结构等。企业营销者要分析组织因素对其购买行为的影响，了解在决定购买的过程中有哪些参与最后的决策等。只有对这些情况心中有数，才能使自己的营销有的放矢。

（3）人际因素。人际因素是指集团客户内部有关部门和人员的权力、地位和影响等。这些因素对企业的购买决策产生重要影响。市场营销人员必须了解用户做出购买决策的主要人员、他们的决策方式和评价标准、决策中心成员间相互影响的程度等。

（4）个人因素。集团客户的购买行为虽为理性活动，但参与采购决策的仍然是一个具体的人，而每个参与决策的人都有自己的动机、感觉和偏好。他们在做出决定和采取行动时，都不可避免地受其年龄、收入、教育程度、职位和个人特性以及对风险态度的影响。

3. 集团客户的购买决策过程

集团客户的购买行为和个人顾客的购买行为一样，也有决策过程。一般情况下，集团客户的购买决策过程主要有以下环节。

（1）提出需要。提出需要是集团客户购买决策过程的起点。需要既可由内部的刺激引起，也可由外部的刺激引起。内部的刺激，如企业决定生产新产品或经营新业务而需要某种产品；或因发现过去使用的产品不能满足需要，而更换产品供应者。外部刺激，如企业的产品广告、营销人员的上门推销等，使集团客户的有关人员发现了性能更好、价格更低、服务更完善的产品，促使其提出购买需求。

（2）确定需要。确定需要指确定所需产品的品种、数量和规格。简单的购买需要由使用人员直接确定；而复杂的购买需要，则需由集团内部的使用者和工程技术人员共同确定。

（3）市场调查。一旦需求趋于明朗，集团客户会通过市场调查来收集、整理、分析市场信息，了解所需产品的供应、价格、质量、服务，物色服务周到、产品质量高、功能强、声誉好的供应商。

（4）制定方案。在市场调查和信息分析的基础上，制定购买的具体方案。

（5）综合评估。综合评估是指对已形成的购买方案从可行性、投入产出比、是否满足需求等多方面进行综合评估。

（6）购买决策。在综合评估的基础上，做出购买决定。

（7）绩效评价。在产品购进后，集团客户还要对其购买决策、产品供应商的履约情况、售后服务及所购产品的使用情况进行评价，并根据评价结果，验证购买决策的正确性和决定今后是否继续购买该供应商的产品。为此，企业的营销人员在产品销售出去以后，要加强追踪调查和售后服务，以赢得购买者的信任，保持长久的供求关系。

8.3 顾客驱动型营销战略

由于顾客需求的多样性、变动性以及企业资源的有限性，任何一家企业都不可能满足所有顾客的所有需要和欲望。因此，企业在进行市场营销时，必须从顾客出发，进行市场分析，选择目标市场，做出市场定位，并结合目标市场的特点和结构制定有针对性的市场营销战略。

8.3.1 市场细分

1. 市场细分的概念

市场细分是美国市场营销学家温德尔·斯密于 20 世纪 50 年代中期首先提出的。市场细分指营销者根据顾客之间需求的差异性，把一个整体市场划分为若干顾客群（子市场）的市场分类过程。在这里，每一个顾客群就是一个细分市场，每一个细分市场都是由具有类似需求倾向的顾客构成的群体。因此，不同细分市场的顾客对同一产品的需要与欲望存在着明显的差异；而同一细分市场的顾客，他们的需要和欲望极为相似。

市场细分

2. 主要细分变量

一般可以按照以下四类变量细分市场。

（1）地理变量。即按顾客所处的地理位置、自然环境来细分市场，如根据国家、地区、城市规模、气候、人口密度、地形地貌等方面的差异将整体市场分为不同的小市场。地理变量之所以作为市场细分的标准，是因为处在不同地理环境下的顾客对于相同产品往往有不同的需求与偏好，他们对企业采取的营销策略与措施会有不同的反应，如我国南北方居民在饮食偏好上的差异性就值得全国性餐饮企业仔细考虑。

（2）人口变量。即以人口统计变量，如年龄和生命周期、性别、家庭规模、生活阶段、收入、世代、职业、教育程度、国籍等为基础细分市场。顾客需求、偏好与人口统计变量有着很密切的关系，如性别细分经常被用于服装、化妆品等市场；汽车、奢侈品等市场则长期使用收入作为细分市场的依据。每一个年代的人都深受他们成长的时代环境的影响，例如在我国，"80后"在消费时追求高品质、便利、高效，体现出较强的品牌意识与品牌忠诚；"90后"则追求独特化与风格化，而且乐于在社交圈获取或分享相关购物体验信息；"00后"往往沉浸在独特的"二次元"世界，他们的消费围绕着兴趣展开，他们更喜欢小众品牌、独特功能和有特色的渠道，"粉丝经济"的特征较为明显。

（3）心理变量。即根据顾客所处的社会阶层、生活方式、个性特点等心理因素细分市场。处于同一阶层的顾客具有类似的价值观、兴趣爱好和行为方式，不同阶层的顾客则在上述方面存在较大的差异。生活方式是指一个人在生活中所表现出来的活动、兴趣和看法的整个模式。通俗地讲，生活方式是指一个人怎样生活。人们追求的生活方式各不相同，有的追求新潮、时髦，有的追求恬静、简朴，有的追求刺激、冒险，有的追求稳定、安逸。追求现代、激进生活方式的人与维护传统、保守生活方式的人，在产品及服务的需求特点、方式等方面，对新产品、新品牌、新式样的兴趣，以及对时间、金钱的看法，有着很大的差异。个性是指一个人比较稳定的心理倾向与心理特征，它会导致一个人对其所处环境做出相对一致和持续不断的反应。

（4）行为变量。即根据顾客对产品的了解程度、态度、使用情况及反应等划分消费群体。许多人认为，行为变量能更直接地反映顾客的需求差异，因此是市场细分的最佳变量。行为变量主要包括购买时机、追求利益、使用数量、品牌忠诚度等。以追求利益变量为例，购买自行车的顾客追求的利益可能不同，如从竞技比赛、运动性能，到健身、日常代步等。自行车企业可以根据不同的利益诉求设计不同的自行车产品。再以品牌忠诚度为例，对于苹果公司的产品，一部分顾客的忠诚度不高，他们需要详细了解感兴趣的产品的性能后才会做出购买的决定，而另一部分可以被称为"果粉"的高忠诚度顾客，他们只需了解到这是苹果公司的最新产品，就肯为此买单，并不断向身边的亲友推荐。苹果公司可以根据这两类顾客不同的关注点和行为特征，分别设计营销方案。

3. 市场细分有效性的判别标准

虽然根据以上细分变量，营销者可以划分出若干细分市场，但并非所有的细分市场都是有意义的。例如，手机用户可以分为染发和非染发两类，但染发与否对用户挑选手机的影响微乎其微，这时，市场细分的效果就无法显现。进行有效的市场细分应该遵循以下几个判别标准。

（1）可衡量性。市场细分的可衡量性是指细分的市场是可以识别和测量的，即细分出来的市场不仅范围明确，而且其容量大小也能大致判断。

（2）可进入性。市场细分的可进入性是指细分出来的市场应是企业营销活动能够抵达的，即企业通过努力能够使产品进入并对顾客施加影响的市场。一方面，有关产品的信息能够通过一定的媒体顺利传递给该市场的大多数顾客；另一方面，企业在一定时期内有可能将产品通过一定的分销渠道运送到该市场。

（3）可盈利性。市场细分的可盈利性原则是指细分出来的市场，其容量或规模要大到足以使企业获利。在进行市场细分时，企业必须考虑细分市场上顾客的数量，以及他们的购买能力和购买产品的频率。如果细分市场的规模过小，市场容量太小，细分工作烦琐，成本耗费大，获利小，就不值得去细分。

（4）对营销策略反应的差异性。对营销策略反应的差异性是指各细分市场的顾客对同一市场营销组合方案会有差异性反应，或者说对营销组合方案的变动，不同细分市场会有不同的反应。如果不同细分市场的顾客对产品的需求差异不大，行为上的同质性远大于其异质性，此时企业就不必费力对市场进行细分。另外，对于细分出来的市场，企业应当分别制订独立的营销方案。如果无法制订这样的方案，或其中某几个细分市场对是否采用不同的营销方案不会有大的差异性反应，便不必进行市场细分。

8.3.2　目标市场选择

现代市场经济条件下，任何产品的市场都有许多顾客群，他们各有不同的需要，而且分散在不同的地区。因此一般来说，企业不可能很好地满足所有的顾客群的不同需要。为了提高经营效益，企业必须在对整体市场进行细分之后，对各细分市场进行评估，然后根据细分市场的市场潜力、竞争状况、本企业的任务目标和资源条件等多种因素决定把哪一个或哪几个细分市场作为目标市场，为之提供服务。

不同的企业，选择目标市场的范围是不一样的。有的企业目标市场比较少，集中于少量细分市场；而有的企业则面对为数众多的顾客，甚至所有的顾客。企业选择的目标市场类型不同，所采取的目标市场营销策略必然有所不同。目标市场营销策略有三种，即无差异市场营销策略、差异性市场营销策略和集中性市场营销策略。

（1）无差异市场营销策略。无差异市场营销策略是指企业将产品的整个市场视为一个目标市场，用单一的营销策略开拓市场，即用一种产品和一套营销方案吸引尽可能多的顾客。无差异市场营销策略只考虑顾客或用户在需求上的共同点，而不关心他们在需求上的差异性。

（2）差异性市场营销策略。差异性市场营销策略要求企业将整体市场划分为若干细分市场，针对每一细分市场制订一套独立的营销方案。企业的产品如果同时在几个子市场都占有优势，则顾客对企业会有强烈的信任感，进而会重复购买。

（3）集中性市场营销策略。集中性市场营销策略要求企业集中力量进入一个或少数几个细分市场，实行专业化生产和销售。实行这一策略，企业不是追求在一个大市场角逐，而是力求在一个或几个子市场中占有较大份额。

8.3.3　市场定位

通过市场细分和目标市场选择，企业可以找到关于"我们服务哪些顾客"这个问题的答案；在此基础上，企业还需要明确提出自己能够为这些顾客提供的价值，即回答"我们能为这些顾客提供什么"这一问题。我们往往会通过市场定位来寻找这个问题的答案。

1. 市场定位的内涵

市场定位是企业根据目标市场上同类产品的竞争状况，针对顾客对该类产品某些特征或属性的重视程度，为本企业产品塑造强有力的、与众不同的鲜明个性，并将其形象生动地传递给顾客，求得顾客认同。市场定位的结果是要成功地创造出以顾客为中心的不同于其他企业的价值主张，给出目标顾客购买本企业产品的有说服力的理由。

常见的获取差异化价值主张的途径包括：产品差异化、服务差异化、渠道差异化、品牌形象差异化、标识差异化等。

2. 市场定位的类型

（1）避强定位。这是一种避开强有力的竞争对手的市场定位方式。企业不与竞争对手直接对抗，而是将自己置于某个市场"空隙"，发展目前市场上没有的特色产品、可拓展的市场领域。

（2）迎头定位。这是一种与在市场上居支配地位的竞争对手"对着干"的定位方式，即企业选择与竞争对手重合的市场位置，争取同样的目标顾客，彼此在产品、价格、分销、供给等方面少有差别。

（3）重新定位。重新定位通常是指对那些销路少、市场反应差的产品进行二次定位。初次定位后，随着时间的推移，新的竞争者进入市场，选择与本企业相近的市场位置，致使本企业原来的市场占有率下降；或者由于顾客需求偏好发生转移，原来喜欢本企业产品的人转而喜欢其他企业的产品，因此市场对本企业产品的需求减少。在这些情况下，企业就需要对其产品进行重新定位。

8.4 市场营销策略组合

在介绍了顾客驱动型的营销战略的基础上，本节聚焦于如何创建一个卓越的传递价值的市场营销方案。即企业如何在选定的目标市场中，综合考虑环境、能力、竞争状况，对企业自身可以控制的因素加以最佳组合和运用，以完成企业的目标与任务。

8.4.1 产品策略：创造顾客价值

1. 产品的内涵

（1）产品的概念。市场营销学认为，所谓产品，是指企业提供给市场，用于满足人们某种欲望和需要的任何事物，包括实物、服务、场所、组织、思想、主意等。产品不仅包括传统的有形实物产品，还包括无形的服务。

产品与品牌战略

（2）产品的层级。对于顾客来说，产品是一个复杂的能够满足其需求的集合。所以，产品规划和设计人员需要从三个层级考虑产品（见图 8-2）。每个层级都会对顾客价值产生影响。

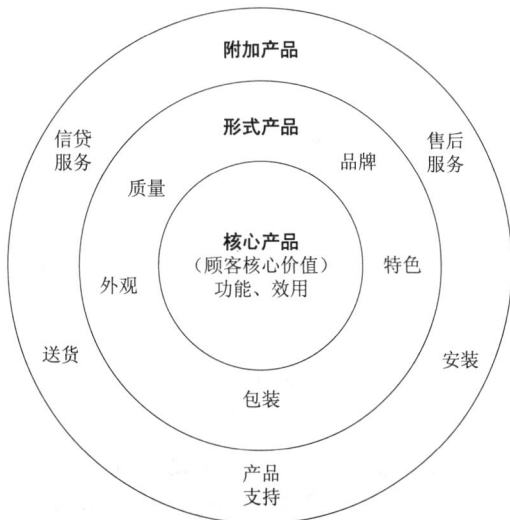

图 8-2 产品的三个层级

① 核心产品。营销人员必须首先界定顾客需要解决的问题，即顾客希望通过产品获取的核心价值，表现为产品能被顾客感知的功能和效用。例如，购买手机的顾客购买的不仅仅是一部手机，而是轻松的娱乐服务、较高的工作效率、便捷的沟通方式，是了解外界的一个窗口。

② 形式产品。形式产品是核心产品借以实现的形式，即向市场提供的实际产品或服务。营销人员需要将产品的质量、外观、特色、品牌和包装等进行完美的融合，以求更完美地满足顾客需要。

③ 附加产品。附加产品又称延伸产品，是指伴随着形式产品提供给顾客的各种附加利益的总和，包括提供信贷、送货、安装、售后服务等。这是实现顾客体验最优化的重要环节之一。

2. 品牌战略

（1）品牌的内涵。品牌是一个产品牌子的简称，是指用来识别一个或一群出售者的产品或劳务的名称、术语、标记、符号、图案或其组合，使企业的产品或劳务与其他竞争者相区别。品牌是一个集合概念，包括品牌名称、品牌标志、商标等。所有品牌名称、品牌标志、商标都可以成为品牌或品牌的一部分。

品牌名称是指品牌中可以用语言称呼的部分。一个理想的品牌名称应当能够展示产品的利益和质量（如宜家、淘宝）；易读、好认、好记（如奔驰）；与众不同；具有行业拓展性；易于翻译成不同的语言；能够注册受到法律保护。品牌标志是品牌中可以被辨认，但无法用语言表达的部分，包括符号、图案、颜色或其他特殊的设计等，如阿迪达斯经典的三叶草标志、耐克的钩形标志等。商标是指经有关部门确认，受法律保护并为企业专用的品牌或品牌的一部分。

对于企业而言，品牌是形式产品的重要组成部分，是企业的强大资产，代表着顾客对产品及其性能的认知和感受。所以企业必须对品牌进行开发与管理。

（2）品牌定位。品牌定位与市场定位类似，品牌定位需要明确品牌独特的性能属性、给顾客带来的利益，甚至是希望传达给顾客的信念或价值。例如，虽然同是宝洁旗下的洗发水品牌，但是海飞丝和飘柔就有着不同的品牌定位，前者以"有效去除头屑"为品牌定位，后者则主打"洗发护发二合一"。

（3）品牌策略。品牌策略包括品牌归属策略和品牌开发策略。

品牌归属策略是指企业在品牌归属上可以选择用自己的品牌来销售产品（如三星）；还可以将产品出售给分销商，用分销商的自有品牌进行销售（如沃尔玛会使用自有品牌"惠宜"销售上游供应商的部分商品）；也可以采用合作品牌的方式推出产品（如上海通用、一汽大众等）。企业究竟使用哪一种品牌策略，必须权衡利弊，然后才能做出决策。

品牌开发策略包括如下几种。

① 产品线延伸策略。产品线延伸是指企业将品牌名称延伸使用到已有产品品类新的款式、颜色、尺码或口味上，采用这种策略，企业可以以低成本、低风险的方式引入新产品。但是过度的延伸会让顾客产生困惑。例如，康师傅品牌下口味多样的方便面，可能导致顾客的选择困难，而且还容易产生新产品是抢夺了自己已有产品的市场还是抢夺了竞争对手的市场份额的疑惑，当然，最佳状态无疑是后者。

② 品牌延伸策略。品牌延伸是指企业利用其成功品牌名称的声誉来推出新产品或改良产品。采用这种策略，企业可以节省宣传介绍新产品的费用，利用已取得成功的品牌，使新产品迅速、顺利地进入市场。但是，如果新产品失败，则该品牌的声誉会受到影响。

③ 多品牌策略。多品牌是指同一企业在同一产品上设立两个或两个以上相互竞争的品牌。例如，宝洁旗下拥有海飞丝、潘婷、飘柔、沙宣等多个个人洗护用品品牌，其竞争对手联合利华旗下则拥有力士、夏士莲、多芬等品牌。虽然同一企业各个品牌间的竞争会导致某些品牌的销量下降，但几

个品牌的总销量却比原来一个品牌时多。

④ 新品牌策略。如果企业认为目前的品牌的影响力不断衰减,或者当企业进入一个全新的市场,而已有品牌都不合适时,就会需要一个新的品牌。例如,格力这样一个以生产空调为主业的企业在进入冰箱和电饭煲市场时,就分别启用了"晶弘"和"大松"这两个新品牌。新品牌与多品牌的特点类似,太多的品牌会稀释企业的资源,尤其是在大众消费品这种产品统一性相对较高的领域。目前,宝洁、卡夫、雀巢都开始逐渐淘汰一些发展不佳的品牌,以集中企业资源打造强势品牌。

阅读材料 8-2

沃达丰全面更新品牌战略定位

英国移动通信巨头沃达丰公司日前宣布改变品牌战略定位,在36个国家和地区更新品牌形象。10月6日,沃达丰推出新的Logo和公司口号。新的Logo更加突出了沃达丰自1998年启用的"单引号"Logo。新的"单引号"Logo由原来的3D版改为更简洁的2D版。新的口号"未来激动人心,准备好了吗"取代了沃达丰在2009年推出的"赐予你力量"。为此,沃达丰组织了公司33年历史中最大的一次广告活动,以提高用户对品牌的认识。此次沃达丰改变品牌战略定位的主打电视广告讲述了人类之间的互动如何随着时间的推移而不断变化。正如这个时长60秒的广告所要表达的,"我们的新品牌定位旨在体现沃达丰的使命和宗旨,以帮助我们的客户和社区适应与繁荣,因为这些显著的新趋势重塑了世界"。这是一次强调"未来"的变革。在进行品牌改革之前,沃达丰还委托咨询公司对可能改变家庭、工作、生活的十大新兴趋势进行了调查。

(资料来源:根据网络资源改编。)

3. 产品生命周期战略

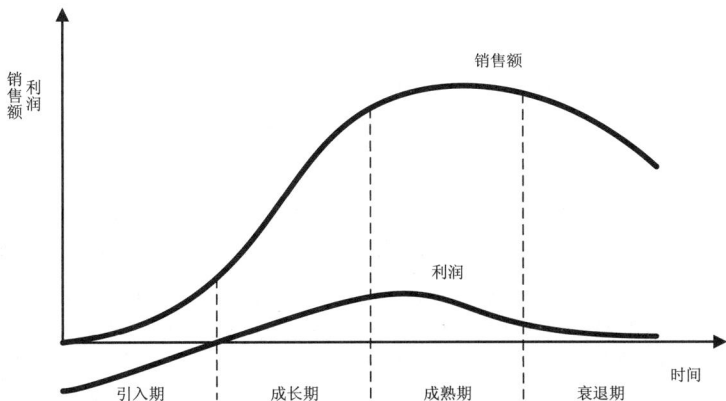

任何产品的生命力都是有限的,它在市场上的销售情况及获利能力会随着时间的推移而变化,这些变化会给企业带来不同的挑战、机会和问题,这种变化的规律正像人和其他生物的生命一样,从诞生、成长、成熟,最终将走向衰亡。市场营销学把产品从进入市场到最后被市场淘汰的全过程称为产品生命周期。

产品生命周期战略

图 8-3 所示为在一个产品生命周期中市场销售额与利润的变化情况。产品生命周期一般可分为四个阶段:引入期、成长期、成熟期、衰退期。产品生命周期的不同阶段有不同的特点,企业应有针对性地采取不同的营销策略。

图 8-3　产品生命周期曲线

（1）引入期的特点与策略。新产品进入引入期之前，需要经历开发、研制、试销等过程。引入期的主要特点是：顾客对产品不甚了解，不愿意放弃或改变自己以往的消费行为。产品销售量少，广告费用和其他营销费用开支较大，产品的技术、性能还不完善，制造成本较高，利润常常很低甚至为负值。在这一阶段，促销活动的主要目的是建立完善的分销渠道，介绍产品，吸引顾客试用。

引入期的营销策略应重点突出"快"字，企业应把销售力量直接投向最有可能的购买者，使产品尽快地为市场所接受，缩短产品的市场投放时间。引入期产品的市场营销策略有四种：一是快速掠取策略，即以高价格和高促销费用推出新产品，迅速占领市场；二是缓慢掠取策略，即以高价格低促销费用将新产品投入市场；三是快速渗透策略，即以低价格高促销费用推出新产品；四是缓慢渗透策略，即以低价格和低促销费用推出新产品。具体选择哪一种策略，要根据品牌的知名度和产品的定位来确定。

（2）成长期的特点与策略。经过引入期，顾客对产品已经熟悉，消费习惯逐渐形成，购买量迅速增长，这时产品进入成长期。成长期的主要特点是：销售量迅速增加；大规模的生产和丰厚的利润机会，吸引大批竞争者加入，这导致市场竞争加剧，仿制企业增加；产品已定型，技术工艺和关键设备均比较成熟；建立了比较理想的营销渠道；市场价格趋于下降；企业的促销费用水平基本稳定或略有提高，但占销售额的比例下降，由此企业利润将逐步抵达最高峰。

在产品的成长期，企业营销策略的重点是突出"长"字。企业应尽可能地延长产品的成长期。具体来说，可以采取以下营销策略：一是不断提高产品质量，努力发展产品的新款式、新型号，增加产品的新用途；二是在价格决策上，应选择适当的时机调整价格，以争取更多的顾客；三是在渠道选择方面，巩固原有渠道，增加新的销售渠道，并注重销售服务；四是加强促销环节，树立强有力的产品形象。促销的重点应从提高产品知名度向树立产品形象、建立品牌偏好、争取新的顾客方面转移。

（3）成熟期的特点与策略。产品经过成长期之后，销售量的增长速度会慢下来，利润开始缓慢下降，这表明产品已开始走向成熟期。菲利普·科特勒根据成熟期产品销售量的变化情况，把成熟期分为三个阶段：第一阶段为增长成熟期，此阶段销售额仍然增长，但增长速度开始下降，虽然有少数后续购买者继续进入市场，但绝大多数购买属于原有顾客的重复购买；第二阶段为稳定成熟期，此时市场饱和，销售增长率基本不变；第三阶段为衰退成熟期，此时销售增长率呈负增长，销售量开始下降，原有用户的兴趣已开始转向其他产品和替代品。

对于成熟期的产品，企业只能采取主动出击的策略，使成熟期延长，或使产品生命周期出现再循环。因此，企业的营销策略重点应突出一个"改"字，积极进行改进和创新，即进行市场改进、产品改进和市场营销组合改进。

（4）衰退期的特点与策略。如果出现销售额快速下降，利润很少甚至为负，并持续较长的时间，就可以认为产品已进入生命周期的衰退期。衰退期的主要特点是：顾客购买量大幅减少，产品大量积压；价格下跌，利润很少甚至亏损；竞争者相继退出市场。

面对处于衰退期的产品，企业需要认真进行分析研究，选择性地采取以下策略：一是维持策略，即继续维护原有的细分市场，沿用过去的营销策略组合，把销售量维持在一个低水平上，直到这种产品完全退出市场为止；二是收缩策略，即把企业的资源集中使用在最有利的细分市场和销售渠道上；三是放弃策略，即停止经营处于衰退期的产品，努力发掘新的市场机会，将资源转向新的经营项目。

产品的生命周期理论为企业提供了一个用于描述产品和市场如何运转的框架，企业可以针对产品所处的不同阶段采取相应的措施进行有效管理。只要策略得当，如开发新用途、寻找新市场等，往往可以挽救那些处于衰退期的产品，使其重新回到生命周期的引入期，甚至可以跨越障碍，推动新产品直接进入成长期。

值得注意的是，并不是所有产品都会经历产品生命周期的所有阶段。部分产品在引入期后因不适应市场需要便很快消亡了，而有些产品却拥有非常长久的成熟期，如可口可乐，以及在我国被冠以"中华老字号"称号的企业所生产的产品。企业必须不断创新，否则产品随时会被迫退出市场。

8.4.2 价格策略：理解并获取顾客价值

1. 价格的内涵

广义上的价格是顾客为了从消费一件商品（或服务）的过程中获益而放弃的价值的总和；从狭义上来讲就是顾客购买一件商品（或服务）所需要付出的费用。从古至今，价格一直是影响顾客选择的重要因素。价格也是营销组合中唯一直接产生收益的因素，且是最灵活多变的一个。企业对价格策略的一点点改动就有可能为企业带来较多的利润收入，所以价格也是一个重要的竞争要素。

2. 一般产品定价策略

（1）基于顾客价值定价。顾客拥有对于产品价格是否合适的最终判断权，因此，企业在定价时必须从顾客价值入手。基于顾客价值定价就是以顾客感知为定价的核心。企业需要先了解顾客觉得购买该产品会获得多少价值，然后设定一个正好与之相符的价格，因此企业不能在完成产品设计和营销计划之后再确定价格；价格应该是在营销计划确定之前，随着营销组合的其他因素不断变化的。

（2）基于成本定价。产品成本是企业制定定价策略时考虑的重要因素之一，如果说顾客对价值的感知为产品提供了价格上限的参考，那么产品成本则为其设置了下限。基于成本定价就是以产品在生产、分销和营销等环节的成本为基础，加上企业所应得到的那部分利润，来确定产品价格。

（3）基于竞争定价。顾客在进行选择时，往往会根据相似产品的市场价格来判断产品的价值。所以，企业在制定价格时，往往需要考虑竞争对手的产品价格。基于竞争定价就是以竞争对手的策略、成本、价格及产量为参考的定价策略。采用这种定价策略时需要注意的是，无论价格高低，企业都必须确保在该价格水平下顾客得到的价值能够最大化。

3. 新产品定价策略

新产品定价的难点在于企业无法确定顾客对于新产品价值的判断。常见的新产品定价策略包括市场撇脂定价策略和市场渗透定价策略。

（1）市场撇脂定价（Marketing-Skimming Pricing）策略。即为新产品制定较高的价格，以期在短期内获取厚利，尽快收回投资。这一定价策略就像从牛奶中撇取其中所含的奶油一样，取其精华，所以被称为"撇脂定价"策略。一般而言，企业在产品质量和产品形象较好，竞争者较难提供相似产品致使价格下降时，比较适合采用市场撇脂定价策略。

（2）市场渗透定价（Marketing-Penetration Pricing）策略。这是与撇脂定价相反的一种定价策略，即为新产品制定一个较低的价格，以期吸引大量的购买者，提高市场占有率。一般而言，在该市场对价格的敏感度较高，企业的生产和分销成本会随着销量的增加而降低，而且低价能够维持企业的竞争力的情况下，企业比较适合采用市场渗透定价策略。

4. 价格调整策略

当顾客和市场环境发生变化时，企业往往通过调整价格来应对。常用的价格调整策略有以下几种。

（1）折扣和补贴定价。折扣（Discount）是指对基本价格做出一定的让步，直接或间接降低价格，以争取顾客，提高销量。折扣的形式如下。

① 现金折扣。对在规定的时间内提前付款或用现金付款者所给予的一种直接降价的价格折扣。

② 数量折扣。因大量购买商品或服务而获得的折扣。

③ 功能折扣。企业会向执行销售、仓储、记账等功能的渠道成员提供一定比例的折扣。

④ 季节折扣。在淡季购买产品或服务时获得的折扣。

补贴（Allowance）是企业为了吸引销售商或顾客参与到某些活动中而提供额外金额，从而达到降价效果的降价形式。例如，购置新能源汽车时，顾客可以获得来自政府的购车补贴。

（2）分段定价。分段定价（Segmented Pricing）是指企业根据顾客、产品、地区的不同属性而非成本的不同来制定不同的价格。常见的分段定价方式包括顾客分段定价、地点分段定价、时间分段定价等。例如，某些场所对老年人和学生实行优惠价格就是顾客分段定价的表现；演唱会中，不同区域的票价不同是地点分段定价的一种；电影院中白天和午夜场的价格相对较为优惠，则是时间分段定价的实例。值得注意的是，分段定价应该反映顾客感知价值的真实差异，让支付更高价格的顾客获得更高的价值，但同时也需注意维持支付低价顾客的体验，避免怠慢和歧视。

（3）心理定价。各种产品都能满足顾客某一方面的需求，其价值与顾客的心理感受有着很大的关系。这就为心理定价策略的运用提供了基础，使得企业在定价时可以利用顾客的心理因素来制定价格，以满足顾客生理的和心理的、物质的和精神的多方面需求，通过顾客对企业产品的偏爱或忠诚，促进市场销售，获得最大效益。常用的心理定价策略如下。

① 参考定价。顾客会在心中为产品设定一个参考价格。参考价格可能是通过考察目前的价格、回忆过去的价格或评估市场环境来确定的。企业可以利用这一特点来设定产品价格。例如，企业往往通过在标价牌上同时给出原价和折扣价的方式，来给顾客营造降价幅度较大的直观感受；还可以通过推出更多昂贵的产品来与原有的定价不高的产品形成对比，从而突出原有产品的优势，促进销售。

② 整数定价。对于那些无法明确显示其内在质量的商品，顾客往往通过其价格的高低来判断其质量的好坏。但是在整数定价策略下，价格高并不是绝对的高，企业只是凭借整数价格来给顾客造成高价的印象。整数定价常常以偶数特别是"0"作尾数。

③ 尾数定价。它又称"奇数定价""非整数定价"，指企业利用顾客求廉的心理，制定非整数价格，而且常常以奇数作尾数，尽可能在价格上不进位，如将价格确定为 2.97 元，而不是 3 元。这可以在直观上给顾客一种便宜的感觉，从而激起顾客的购买欲望，促进产品销售量的增加。

④ 招徕定价。招徕定价是指将某几种商品的价格定得非常高或非常低，在引起顾客的好奇心理和观望行为之后，带动其他商品的销售。企业在运用招徕定价策略时多是将少数产品的价格定得较低，在吸引顾客购买"便宜货"的同时，使其购买其他价格比较正常的商品。将某种产品的价格定得较低，甚至亏本销售，而将其相关产品的价格定得较高，也属于对招徕定价策略的一种运用。

除以上介绍的定价策略之外，企业还会根据市场所属国家、区域的不同来调整价格，最显著的例子就是某些化妆品和奢侈品在我国和原产国间的价格差异较大。企业也可以根据购买渠道的不同来制定差异化的价格，如我们常见的在线下单优惠等。

8.4.3 营销渠道策略：传递顾客价值

企业在生产商品或提供服务并将其成功交付给顾客的过程中，不仅需要与顾客建立联系，还要与企业供应链上主要的供应商和经销商等建立联系，与大家共同组成一个价值交付网络，相互合作，提高系统绩效，共同完成传递顾客价值的任务。其中处于上游的供应商为企业提供生产经营所需的原材料、零部件、信息、资金和专业知识；而位于下游的批发商和零售商直接面对顾客，是企业和顾客之间的重要纽带，所以为营销人员所关注。

1. 营销渠道的内涵

（1）营销渠道的概念。营销渠道是帮助最终顾客获得可使用或消费的产品或服务的一组相互依存的组织或个人，是产品或服务在生产环节后开始到被最终顾客购买并消费为止所经历的一系列途径。

（2）营销渠道的层级结构。企业可以采取不同的方式设计自己的营销渠道，将产品和服务交付给顾客。企业下游的合作伙伴都位于一个渠道层级上，在营销渠道中发挥不同的作用。我们通常以中间商（即批发商、零售商等的统称）的数量来代表营销渠道的长度。图 8-4 所示为几种不同长度的营销渠道层级结构。

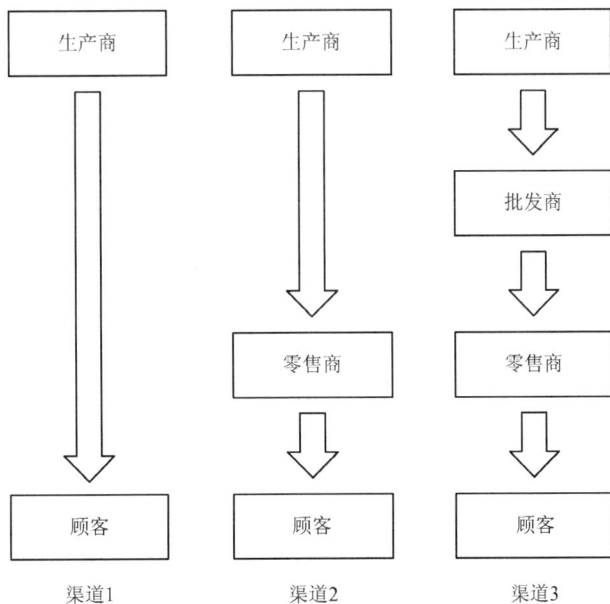

图 8-4 营销渠道的层级结构

如图 8-4 所示，渠道 1 被称为直复营销渠道，其特点是没有中间商参与其中，公司直接将产品销售给顾客，如安利公司直接通过销售团队上门或在网上销售产品。其他渠道由于至少有一个中间商参与其中，所以被称为非直复营销渠道。从生产商的角度看，渠道中的成员都有独特的作用，营销渠道的层级越多，企业对渠道的控制权就越小，渠道的复杂性也就越高。渠道中所有组织或个人通过实体商品流、商品所有权流、资金流、信息流、推广促销流等进行连接，形成网络。纵横交织的各种"流"也是使渠道具有复杂性的原因之一。

2. 营销渠道整合

如图 8-4 所示，传统营销渠道往往由一个或多个独立生产商、批发商和零售商组成，缺乏统一的领导，没有哪一个成员能够控制另一个成员，由于各方都以追求自身利润最大化为目标，因此渠道的整体利益往往会被忽视，进而造成整体绩效不佳。因此，为了渠道的整体绩效，企业有必要对渠道进行整合，经过整合的营销渠道往往表现为以下三种形式。

（1）垂直营销系统（Vertical Marketing System）。它是由生产商、批发商和零售商组成的统一系统。在该系统中，一个渠道成员拥有对其他成员的所有权，或者能够通过契约关系对其他成员施加影响力，从而促进渠道成员间的合作。形式上，垂直营销系统可以由生产商、批发商或零售商主导。

（2）水平营销系统（Horizontal Marketing System）。它是由两个或两个以上同一级别的企业联合起来，寻求营销机会的形式。这种形式的优势在于可以整合营销资源，降低风险。

（3）多渠道分销系统（Multichannel Marketing System）。如今，市场环境的变化以及移动互联技术的发展，为企业拓展营销渠道提供了可能性。越来越多的企业开始尝试采用实体店、线上旗舰店、社交媒体微店共同营销的模式。当企业同时采用两个或两个以上营销渠道以到达终端消费市场时，多渠道营销系统便产生了。

图 8-5 所示为一个多渠道分销系统。生产商在通过销售团队、直营店以及目前常见的线上分销渠道向细分市场交付产品的同时，还可以通过其他传统的渠道向市场交付产品或服务。目前，随着电子商务和移动互联网的蓬勃发展，大多数企业都开始通过这种多渠道分销系统分销产品。相应地，顾客几乎可以通过线上与线下等多种渠道购买到生活中所需要的多种商品。例如，苏宁通过线下直营实体店、大型超市内的苏宁易购门店、苏宁易购网站、官方 App 等多种渠道分销商品。

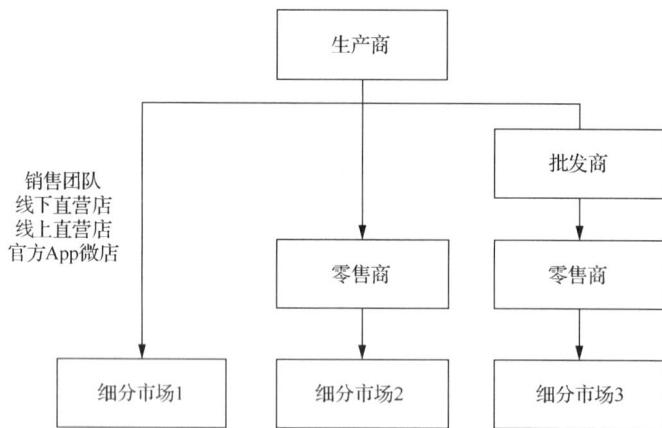

图 8-5　多渠道分销系统

3. 营销渠道冲突

理想情况下，渠道成员的成功来自于渠道整体的成功，所以渠道成员间应当通力合作。但是，由于单个成员的视野往往较为有限，出于追求自身短期利益最大化的需要，渠道成员往往会在目标、任务和奖励方面产生分歧，从而产生渠道冲突（Channel Conflict）。常见的渠道冲突包括以下三种。

（1）水平冲突。水平冲突指发生在同一层级的冲突。例如，某些销售商可能会抱怨同一地区的其他供应商定价太低，从而夺走了自己的市场份额，这也是促使多数企业采取全国统一零售价模式的原因之一。

（2）垂直冲突。垂直冲突指发生在同一渠道内不同层级企业间的冲突。例如，国美曾经由于主动降低卖场内格力空调的销售价格，被格力认为破坏了其全国统一价格体系，进而与格力之间产生的渠道冲突。

（3）多渠道冲突。多渠道冲突指同一企业不同渠道服务于同一目标市场时所产生的冲突。这种冲突正广泛存在于线上线下双渠道销售的企业中。以服装行业为例，线上渠道相对优惠的价格和便利的购物体验，使为数不少的线下实体店逐渐成为顾客线上购物的试衣间和体验店，这导致线下实体店经营者付出了高额的促销费用而无法获得相应的回报。

近年来，电子商务及移动互联网的蓬勃发展为产品生产商或服务提供商直接接触顾客提供了便利。这也引发了营销渠道的"去中介化"现象。该现象是指当产品生产商或服务提供商剔除中间商而直接接触顾客，或采用新型中间商取代批发商、零售商、代理商、经纪商等传统中间商。目前，去中介化现象已经在诸多行业中出现。例如，顾客乐于通过互联网获得新闻资讯，这对纸质报刊相关渠道商的生存产生了影响；在线超市对沃尔玛等传统零售巨头的影响等。

出于保持竞争力的需要，产品生产商或服务提供商会在对既有渠道持续整合的基础上不断开辟新渠道。渠道整合和新渠道的开辟都有可能带来渠道冲突。企业会寻找办法在各种渠道间找到平衡点，让线上渠道和线下渠道达到相辅相成的效果。例如，部分公司采取的线上线下统一零售价、不同渠道产品实行品类差异化以及"线上下单、线下门店自提"模式等，都是有益的尝试。

4. 营销渠道的设计与管理

为了提高营销渠道的整体绩效，企业必须对渠道进行合理设计，并持续实施有效管理。

（1）渠道设计决策。渠道设计决策包含以下关键问题。

① 分析顾客需求：渠道设计必须以发现目标顾客的需求为起点。了解顾客对购买地点、购买方式、交付时间等的具体期望。

② 设立渠道目标：企业的渠道目标会受到预先设定的顾客服务目标；自身性质、产品特性以及所处的营销环境；竞争对手的情况；还有经济、法规环境的影响。

③ 确定主要备选渠道：这一过程的主要决策依据是中间商的类型、数量以及渠道成员所需要担负的具体责任。

④ 评估主要渠道：主要从经济性（预期销售额、成本、盈利能力）、可控性（对中间商的控制能力）、适应性（渠道对环境变化的适应）三方面进行综合评价。其中，渠道的长期适应性的权重应当高于可控性和适应性。

此外，由于各国往往拥有自己独特的分销系统，因而面向国际市场的企业还必须进行国际分销渠道的设计。

（2）渠道管理决策。企业对营销渠道进行有效管理需要选择、管理与激励每个渠道成员并适时对它们进行评估。

① 选择渠道成员。从业时间、产品线、财务状况、业绩情况、合作历史以及市场声誉都是企业在确定渠道成员时的重要参考因素

② 管理和激励渠道成员。企业可以通过合作伙伴管理系统和供应链管理系统来协调渠道成员之间的合作关系。

③ 评估渠道成员。企业应当定期检查渠道成员在各方面的表现，包括销售额、平均库存水平、

送货时效、特殊情况处理、培训项目以及客户服务水平等。

阅读材料 8-3

武汉电信政企线上营销渠道的发展

截至2017年年初，武汉政企移动市场行业客户约2 600家，其中规模客户约600家，V网存量用户量高达32万，客户群体十分庞大。而武汉电信仅有约500名直销经理，无法完全覆盖用户群。营销活动实施时，面对如此庞大的客户群体，直销经理一般采用统谈统签的方式，营销手段单一，且相关服务也无法落实到每一位客户身上，用户感知度较低。在营销活动实施后，直销经理也没有足够的时间和精力处理客户的售后问题，更无法进行持续营销，非常容易造成客户的流失。

随着互联网技术的进步，互联网营销成为很多企业的选择。互联网具有覆盖范围广、宣传不受时空限制的特点，可以有效弥补线下宣传覆盖范围有限、人员成本较高的不足。基于此，2015年9月，武汉电信政企线上渠道拓展项目正式被提上议程。截至2017年年初，该项目已历经如下四个阶段。

2015年9月至10月，政企客户部基于武汉电信官方微信建立线上政企专区，并在政企专区内加载流量红包、政企客户手机团购以及携号转网等业务。流量红包活动参与人数达8.5万，吸引了大量的粉丝。

2015年10月至2016年4月，为了提高粉丝活跃度和用户留存率，政企客户部不断在线上推出新的促销活动，同时将政企行业应用产品等加载到政企专区中，督促客户经理线下引导客户进入线上专区选购商品。

2016年1月，政企客户经理平台正式上线，这是一个为客户经理提供线上业务支撑以及奖励核发的平台，一经推出即吸引了政企产品线上的分销经理（1 000余人）加入进来。客户经理与客户的互动以及政企专区与客户的互动带来了很高的粉丝留存率与转化率。

2016年5月至2017年年初，为提高与用户的互动率，政企客户部申请微信服务号"武汉电信VIP 俱乐部"为行业客户提供更为便捷的营销服务。同时，政企客户部认识到单一的营销渠道难以满足政企客户的需求，线上工作组开始接洽湖北省电子渠道运营中心，通过其与更多的电子渠道取得联系，先后在"扫码随销平台""天猫""聚优惠""欢go厅"等电子渠道中上线相关产品，从而使得政企业务得到更加全面的发展。

（资料来源：朱庭俊. 武汉电信政企线上营销模型实践[J]. 通信企业管理，2017（03）：49-51。）

8.4.4 促销策略：整合传播顾客价值

到目前为止，关于传递卓越价值的整合营销方案，我们已经了解了如何开发和管理产品、制订有吸引力的价格，并采取合适的方式将他们交付给顾客，本小节将介绍企业如何借助"4P"营销策略组合中的"促销"向顾客传播价值。

促销策略

1. 促销的含义

促销是指企业将其产品及相关有说服力的信息告知目标顾客，为说服目标顾客采取购买行为而进行的市场营销活动。促销是一种说服性沟通活动。所谓说服性沟通，是指沟通者有意识地传播有说服力的信息，使特定的沟通对象唤起沟通者预期的意念，从而有效地影响沟通对象的行为与态度。促销在把产品及相关信息传递给目标顾客的同时，试图唤起特定目标顾客的意念（营销者预期的），使之形成对产品的正面反应，促销活动的目的在于影响目标顾客的行为与态度。

2. 促销组合

促销组合也叫营销传播组合，它包括特定的广告、人员推销、销售促进、公共关系、直复和数字营销工具，企业使用这些工具来引导传播顾客价值和建立顾客关系。需要注意的是，企业进行营销传播时不限于以上特定的促销工具，本章之前提及的产品设计与包装、价格、渠道商等都在向顾客传递信息。移动互联网的普及使顾客拥有了更强的信息获取能力，使顾客之间的联系变得更加便利；随着大众市场的碎片化，营销人员也开始尝试从大众营销转向微观市场的顾客；在移动互联网背景下，新的信息传播终端（如智能手机、平板电脑、互联网电视等）和应用程序（如社交媒体、在线社区、App 等）的快速发展在为营销活动提供了巨大机会，也为新形势下的促销活动带来了挑战。为了应对这些挑战，越来越多的企业在进行促销策略的设计时，开始进行营销传播渠道的整合，试图使各种促销组合传达一致、清晰、令人信服的企业和品牌信息。

（1）基本策略。有两种基本的促销策略供营销人员选择。

① 推式策略（Push Strategy）：指通过营销渠道把产品"推"向终端顾客。企业将营销活动指向渠道成员，引导他们向终端客户分销产品。这是多数企业采取的促销策略。例如，我们每天能够从多种渠道收到由零售商推送的某些品牌的促销信息。

② 拉式策略（Pull Strategy）：企业直接将营销活动指向顾客，引导他们从营销渠道中购买产品。例如，格力直接向顾客推送促销信息，引导顾客去苏宁、国美等零售商处完成购买。在这种策略的作用下，顾客需求通过渠道"拉动"产品销售量增长。

企业会根据产品类型和市场的特征来决定采取哪种策略，如 B2C 公司会更多地采用拉式策略，而 B2B 公司则倾向于采用推式策略，以便把更多资金投给其他促销工具。

（2）广告策略。广义的广告指一切利用媒体向公众传递信息的活动，狭义的广告专指由明确的广告主（发布者），以公开付费的方式，对观念、产品或服务进行非人员展示和促销。广告能够快速将信息传递给地理上分散的海量购买者。大范围的广告还会对广告主的产品的流行性和成功起到积极作用。但是其缺点在于，广告往往较为昂贵，广告缺乏像销售人员那样的直接说服力，而且属于单向传播性质，顾客没必要进行关注和回应。

广告策略主要包含两方面内容，即创建广告信息和选择广告媒体。

① 创建广告信息：最理想的广告信息能引起人们的注意，提起人们的兴趣，唤起人们的欲望，导致人们采取购买行动。有效的信息是实现企业广告活动的目的和获得广告成功的关键。企业创建广告信息时可以采取的策略有：不打扰顾客；融合娱乐元素；强调产品的核心理念；选择合适的方式、风格、语调和用词；适当融入顾客在社交媒体上生成的数字内容等。

② 选择广告媒体：选择的主要步骤包括确定范围、频率、影响和参与方式等；选择主要媒体类型；选择具体媒体；确定时间安排等。

（3）人员推销策略。人员推销是指企业派出销售队伍直接向潜在顾客进行展示介绍，达到销售和建立顾客关系的目的。人员推销对于构建顾客的偏好、信念和行为较为有效。销售人员可以根据互动情况做出实时调整。人员推销还可以塑造多种顾客关系，如从简单的销售关系发展为个人友谊。但是，成功的销售团队的塑造往往需要更长的时间和资金成本。通常情况下，人员推销一般包括以下七个相互关联又有一定独立性的工作程序。

① 寻找顾客。人员推销的第一步就是找到产品的潜在顾客，并对选择出来的潜在顾客进行需求、购买条件、购买权力和信用的资格审查，以提高今后推销工作的效率。

② 推销准备。推销人员寻找到潜在顾客后，要进一步针对对方的具体情况收集有关资料和信息情报，并制订推销计划和方案。有效的推销计划和方案必须符合每一顾客的背景、购买兴趣和购买决策。

③ 推销接近。推销人员与顾客约见，拜访顾客，进行初步接触。在此阶段，推销人员要选择最佳的接近方式与访问时间，创造接近机会，给顾客留下良好的第一印象，并验证准备阶段所得到的资料和情报，为洽谈做好准备。

④ 推销说明。推销人员在此阶段的主要工作是传递信息，对本企业、产品、交易条件，服务与保障等进行介绍和说明，使对方对此次交易有全方位的了解，唤起对方的兴趣和需求。

⑤ 排除推销障碍。推销历来不是一帆风顺的，顾客会站在自己的角度对其使用的产品提出一些问题、要求，甚至相反的意见。此时，推销人员应善于倾听顾客的反对意见，并采取各种方法和技巧化解顾客的反对意见，排除障碍。

⑥ 达成交易。推销人员随时观察顾客的反应，抓住有利时机，或者提出选择性决策，或者提出建议性决策，或者进行适当让步，做好鼓动工作，以促使顾客做出购买决策，签约成交。

⑦ 事后跟踪服务。如果推销人员希望顾客满意并重复购买，那么提供事后跟踪服务就必不可少。推销人员应认真执行合同条款，做好顾客回访和其他后续服务工作，听取顾客的意见，对他们的要求与希望尽力予以满足，以促使顾客产生对企业有利的后续购买行为。对一些重要的顾客，推销人员要特别注意与之建立长期合作的关系，帮助顾客解决问题，建立和发展个人之间的友谊，以便进行关系营销。在当今市场多变、竞争激烈、顾客忠诚度日益下降的情况下，关系营销尤为重要，在这方面推销人员将扮演重要角色。

（4）销售促进策略。销售促进指企业运用各种短期诱因，鼓励购买或销售企业产品或服务。优惠券、竞赛、折扣、赠品等往往都有强大的购买激励作用，能在短期内促进销售。但销售促进的效果往往是短期的，如果需要塑造顾客的长期品牌偏好，建立顾客关系，企业还需要将其与其他工具相互配合才能达到效果。

不同的销售促进工具可以用来实现不同的目标，而且各种新工具也不断地被发展出来。企业在选择销售促进工具时，必须充分考虑市场类型、销售促进目标、竞争情况以及每一种销售促进工具的成本、效益等各种因素。下面我们仅从以下三个角度进行分析。

① 顾客销售促进。企业在某些时期，会为了一定的需要而对顾客或用户开展一些销售促进活动，其促销的工具主要有赠送样品、折价券和消费卡、附赠物品、特价销售、消费信贷、现场示范、产品展销和有奖销售等。

② 贸易销售促进。企业为取得批发商和零售商的合作，可以运用价格折扣、补贴（如广告补贴、陈列补贴）、退货保证、免费物品（为达到特定购买要求的中间商提供一定数量的免费产品或特殊广告制品）、推销佣金等销售促进工具。

③ 业务销售促进。主要指通过贸易展会和员工或中间商销售竞赛的形式来促进销售。

（5）公共关系策略。公共关系是指以非付款方式通过第三方在各类媒体上发表有关企业、产品的有利报道、展示或表演，并及时处理和阻止不利的谣言、报道和事件，以刺激人们对产品及服务的需求。公共关系的优势在于新闻报道、专题等的公共属性使得其比单纯的广告、人员推销及销售促进更为可信。虽然公共关系可以美化企业和产品形象，但如果营销人员处理不当，其也可能成为伤害企业和产品形象的双刃剑。常用的公共关系工具如下。

① 新闻：企业可以寻找或创建有利于企业、产品或人员的新闻，新闻既可以自然发生，也可以引导媒体注意那些可能会引发新闻的事件或活动。

② 特殊事件：如新闻发布会、演讲会、开幕式、路演以及其他各种项目，其目的在于引起目标公众的兴趣。

③ 书面材料：包括年报、手册、文章和企业新闻及杂志。

④ 形象设计：标志、名片、建筑外形、员工制服、企业器材的外观与涂装等。

⑤ 视听资料：宣传片、在线视频等。

⑥ 公益活动：企业还可以通过向公益活动提供资助来塑造声誉和品牌形象。

（6）直复和数字营销策略。直复和数字营销策略是指直接吸引精心定位的目标顾客和顾客社群，以获得快速的反应和建立持久的顾客关系。互联网、移动终端以及社交媒体的特性，使信息传播的针对性、及时性、个性化、互动性都得到了提高。企业能够将个性化信息实时推送给特定的目标顾客群体，并能够通过与顾客的实时互动做出反应，因此比较适合开展针对性营销活动并建立一对一的顾客关系。

为了适应数字化的购买环境，营销人员应该学会使用各种在线和社交媒体技术与平台来捕捉机会，提供信息，与顾客保持联络，并进行初步的销售展示。但是，由于技术条件的限制，在大额交易接近完成时，仍然需要采用传统的面对面交流形式。

8.5 通信企业的市场营销管理

8.5.1　我国通信市场的基本特点

随着信息技术的不断发展，通信网络和业务更新迭代，用户通信水平和便利性得到了极大提高。

1. 通信网络建设方面

目前我国已拥有全球最大 4G 网络并向纵深覆盖，人口密度较大的农村地区均已实现较好覆盖，网络能力提高拉动了 4G 用户规模快速扩大。截至 2018 年 12 月月底，4G 用户总数达到 11.7 亿户，低于国际领先的日本（近 110%）和韩国（99%）等国家和地区，仍有发展空间。在大力发展 4G 的同时，我国积极推进 5G 标准研究和技术试验，构建了全球最大 5G 试验外场，并完成第三阶段试验，初步具有全球领先优势。

宽带网络建设方面：光纤化进程基本完成。固定宽带接入用户普及水平已接近国际领先水平。光纤到户网络的部署为宽带用户接入速率持续提高提供了保障，随着光纤网络覆盖到位以及"提速降费"深入推进，主流宽带接入速率正在迈向 100Mbit/s 时代。千兆网络将成为未来固定宽带网络新的发展目标。

2. 通信业务更新方面

目前，移动数据及互联网业务量在通信业务总量中的占比达到 86%，是提高电信业务总量的主要动力。这得益于移动电话用户普及率的进一步提高；移动互联网应用形态进一步丰富，在社交、娱乐、购物等基础需求之外，与线下生活结合更为密切的服务类应用增长迅猛；小程序、短视频、视频直播等应用延长了用户使用手机时间，手机游戏、生活服务和移动购物等成为用户日常活动，生鲜送达、订餐订票等线下流量反哺线上趋势明显，这些因素共同促使移动互联网接入流量消费保持高速增长。

另外，以云计算、物联网、企业服务等为代表的新兴业务快速增长成为仅次于移动数据业务的第二引擎。基础电信企业基于网络接入和平台管理能力，依托物联网产业联盟和专业化运营机构，大力推进物联网在各领域的应用创新和产品推广。IPTV、车载智能终端、医疗健康服务、智能城市建设等垂直领域需求不断释放。

8.5.2　通信企业的市场营销策略

1. 产品策略

移动互联网时代的到来，促使企业在产品及品牌策略上寻求转变。

在传统业务方面，通信运营商一方面将其产品由包含语音、短信较多的语音套餐向包含流量较多的流量套餐转变，并推出多种套餐规格满足用户的个性化需求；另一方面开始尝试和互联网公司合作，如腾讯和联通合作推出腾讯大王卡，给用户带来了较好的体验，实现了双方的共赢。

在融合业务方面，基础电信企业依托其供应链优势、网络接入及平台管理能力，开始推广"终端+网络流量+内容"的产品策略。例如，多数通信运营商将手机、宽带、IPTV产品进行捆绑销售；还有运营商开始尝试独立进行互联网数字内容的提供、运营和服务，如中国移动就通过旗下的"咪咕"品牌，以较为优惠的方式向其用户提供音乐、视频、阅读、游戏、动漫等数字内容。但从总体上看，运营商仍需要通过不断的竞品分析完善产品的内容和功能。

2. 价格策略

价格是广大客户关注的一个关键因素之一。在取消国内流量漫游资费，下调国际漫游流量资费，推出大流量资费套餐等优惠政策的宏观背景下，通信运营商的价格策略应当向理性回归，面向具体消费场景（如校园、家庭、工作、娱乐），结合用户画像，制定定制化与多样化相结合的价格体系，避免非理性的价格战。

3. 渠道策略

据调查统计，消费市场中有70%的顾客是多渠道顾客，且这些顾客的购买量比单一渠道顾客的购买量多出30%。基于移动互联网的协同营销能够有效实现精准营销和二次营销，减少顾客购买成本，为企业节约运营成本，实现服务差异化。目前，通信运营商一方面开始提供线上平台和协同工具，解决生产效率问题和客户接触问题，实现销售服务模式的创新。例如，电子渠道的线上支付功能，可以实现现场工单收费的即时核销和工单的现场报竣，解决大量的资金清点、交接、人员重复往返等问题。另一方面，开始注意节假日等重大营销事件的协同。主要的协同内容体现在产品的协同（含促销政策、营销方案等）以及渠道的协同（引流方案等）。

4. 促销策略

在促销组合的运用方面，通信运营商等通信企业除适当的降价优惠等销售促进手段之外，在广告内容的设计方面要充分考虑不同顾客的风格偏好，如商务人士适合庄重严肃的风格，学生则喜爱青春活力的风格；此外，由于移动互联网的发展使微信、微博等媒介的重要性日益提高，因此，在借助这些媒体进行促销活动时，要充分考虑实时性与个性化的要求。

8.5.3 通信企业的市场营销创新

1. 大数据在通信企业营销中的应用

通信行业是典型的数据密集型行业，在运营过程中产生了海量的数据，但缺少高效、精确、科学的数据分析方法，以发现其中的商业信息和潜在规律。大数据技术的发展为其提供了可能。

国外通信运营商较早将大数据技术应用于营销互动中：如美国 T-mobiles 公司借助大数据平台，通过集成数据综合分析客户流失的原因，根据分析结果优化网络布局，为客户提供更好的服务，在一个季度内将流失率减半；韩国 SK telecom 公司通过大数据分析客户的使用行为，在客户做出决定之前推出符合客户兴趣的业务防止用户流失；美国 AT&T 公司将记录客户在 Wi-Fi 网络中的地理位置、网络浏览历史记录以及使用的应用等数据销售给商家，当客户距离商家很近时，就有可能收到该商家提供的电子优惠券。

目前国内通信运营商也开始尝试依托大数据深度挖掘客户的各类信息，包括基础信息，用户年龄、性别、籍贯、套餐、网龄、到期时间等；消费信息，话单、流量、终端、活跃度、消费溢出情况等；应用信息，常用网站/App、搜索热词、视频/游戏偏好、联系人圈子、Wi-Fi 下挂终端数量和类型等。通过对基础信息、消费信息和应用信息的整合，以及不同种类信息比对关联识别客户需求，并进一步建立多种客户社会属性标签，丰富底层客户身份、特征描述数据，初步判定家庭成员和社交圈等关系，建立家庭圈标签。通过采用大量的挖掘分析方法，探寻数据规则，交互式分析获取明细数据，建立用户行为模型，基于此实现精准营销。

2. 人工智能在通信企业营销中的应用

目前，人工智能已经成为新一代信息技术的主要发展方向。通信企业已开始利用人工智能开展多维度市场营销。基于对客户需求的精准把握，细化渠道承载、资费设计、传播推广、营销管理的颗粒度，开展个性化、场景化营销，包括基于超级细分的个体营销、基于关键时刻的适时营销、基于客户接触的交互营销等。Orange、德国电信、韩国 SK telecom 等公司开发了基于人工智能的语音助手平台，沃达丰基于人工智能的客服机器人可以通过手机 App 帮助客户处理手机维修和订单追踪等客服问题，提升网络客服体验。通信运营商利用人工智能技术，分析移动网络的使用情况，预测潜在的问题区域，同时帮助其获得客户服务体验的实时数据，有助于发现提升用户体验的新手段。

在国内，中国移动则推出了人工智能平台——"九天"。该平台面向通信运营商的智慧连接、智慧运营、智慧服务场景，提供深度学习平台等基础服务，智能语音、自然语言理解、人脸图像等核心能力，以及智能客服、智慧网络、智能营销机器人等应用产品，并聚焦垂直行业，提供场景驱动的端到端 AI 应用解决方案及实施保障。

本章小结

市场是某种商品的所有现实和潜在买主的总和。市场营销是在不断变化的市场环境中，为顾客创造价值并建立牢固的顾客关系，进而从顾客那里获得回报，实现企业目标的商务活动过程，包括市场调研、选择目标市场、产品开发、产品定价、渠道选择、产品促销、产品储存和运输、产品销售、提供服务等一系列与市场有关的企业经营活动。

在营销活动的第一阶段，市场营销人员需要通过分析顾客（包括个人顾客和集团客户）需求的特点、影响购买行为的主要因素以及具体的决策过程，来了解顾客的需要及欲望，以及企业运营的市场。

一旦企业完全了解了它的市场和顾客后，就可以进入第二阶段，通过市场细分、选择目标市场以及市场定位三个步骤，来寻找"我们服务哪些顾客？"以及"如何为他们服务"这两个问题的答案，从而设计一个顾客驱动的市场营销战略。在第三阶段，企业在战略的指导下，开发一个由若干营销组合工具组成的整合营销方案，以期能够准确无误地将价值传递给目标顾客。为了传递价值主张，企业首先必须设计生产出满足需求的市场供应物（产品），必须为供应物定价（价格）并确定如何将供应物传递给目标顾客（渠道）。最后，企业必须与目标顾客就供应物进行沟通并且使他们相信供应物的优点（促销）。前三个阶段是第四阶段的重要铺垫，在第四阶段，企业通过创造卓越的顾客感知价值追求顾客满意甚至顾客忠诚，从而建立可持续的顾客关系，借助互联网、手机以及社交媒体来与顾客保持和加深联系。如此，企业才能通过营销活动从顾客处获得价值，从而完成经营目标。

复习思考题

1. 如何理解市场和市场营销的概念？
2. 市场营销观念的演变经历了哪几个阶段？
3. 顾客需求的特点有哪些？哪些因素影响顾客购买行为？
4. 企业可以依据哪些变量进行市场细分？有效的市场细分应符合哪些标准？
5. 整合的市场营销策略应该包含哪些方面？
6. 产品生命周期各阶段的特点及其策略有哪些？

案例分析

咪咕：开启全场景品牌沉浸全新时代

摆脱电信运营商思维惯性，在互联网领域创出一片天地，咪咕做到了。起初，在所有旁观者眼中，运营商开展互联网的内容运营简直是"无花无酒锄作田"，即便含着金钥匙出生，寄望于跳出国企体制机制限制，咪咕的发展却一直受到质疑。

而拿下世界杯转播权后，它让不看好者顿时哑口无言。事实证明，自中国移动实施"大连接"战略以来，咪咕一直引领新业务市场，在流量红利逐渐消失的大背景下，强化了内容运营，打造出了多款拳头产品。

在中国移动"大连接"战略布局中，专业公司是"做优连接服务"和"做强连接服务"的主力。其中，咪咕公司负责音乐、视频、阅读、游戏、动漫五大数字内容的运营工作，深耕网络视听领域已有4年之久。2018年，咪咕提出以"大视频"为核心，整合资源服务视频业务，以便实现单点突破。

5月22日，咪咕成为2018央视世界杯直播新媒体及电信传输指定官方合作伙伴，给电信运营商转型以及数字化发展提供了教科书级别的示范，打破了"堂吉诃德式"印象，既仰望星空，更脚踏实地。每天1亿人次通过咪咕视频观看比赛，总计有43亿人次通过咪咕视频观看比赛，决赛当天，观赛人次数突破了2亿大关，这些数字足以证明咪咕在视频业务方面的成功，而咪咕旗下其他产品也围绕世界杯展开了全矩阵联动。

当然，中国移动在背后可谓做足了支撑工作——调集31家省公司，与咪咕公司形成协同机制，集中推动咪咕视频业务增长。尝到甜头就得乘胜追击，当认准体育赛事IP运营已成为行业探索"视听+"内容跨界融合发展路径的全新尝试时，还未等4年一次的狂欢落幕，咪咕又与苏宁牵手，启动"451计划"，继续布局体育产业。但业内专家认为，其危机意识不能丢，因为长期占据头部阵营，分属BAT阵营的爱奇艺、优酷、腾讯视频三大视频平台，纷纷布局体育赛事市场，成为了咪咕视频在前进路上不得不面对的劲敌。

除了核心业务外，咪咕阅读也在智能阅读体验方面不断突破，2018年与科大讯飞深度合作，推出了下一代的数字内容消费产品——咪咕灵犀和莫比斯耳机，将海量内容资源与最先进的AI技术深度整合；咪咕音乐则一直为广大音乐人提供平台和市场化发展的道路。

不过，与互联网公司相比，运营商的后向经营能力是劣势。业内专家认为，未来咪咕应该着重改善客户体验，提高品牌知名度，待业务量达到一定规模后，再通过人才引进、产业合作等方式进行逐步改善。

如今，随着智能手机和海量内容的出现，人们的专注时间已缩短到不足8秒钟，在这个信息碎片化的时代，如何解决企业品牌营销所面临的全新挑战呢？咪咕认为，依托中国移动9亿客户规模优势和咪咕的海量内容资源进行探索、实践和推广，全场景品牌沉浸营销理念是最优解。

与卖内容、卖流量的传统平台不同，咪咕公司可以通过贯穿线上线下的内容定制、IP合作、三屏互动、线下活动为品牌提供更多全场景沉浸体验，让用户体验品牌与众不同的价值主张。除此之外，咪咕公司还有其他平台无可比拟的特色形态优势，真正实现品牌全方位传播体验，形成全场景品牌沉浸。

业内专家认为，以直播、电竞为突破口，咪咕正在全力探索5G技术、网络建设与数字化内容的结合，以确保咪咕未来有机会能站在新媒体第一梯队，而5G优先发展的业务场景，恰与新媒体的内容领域相吻合。在俄罗斯世界杯上，基于5G技术，咪咕对4K高清、多视角直播、AI技术的应用，也被看作其对5G商用时代大直播格局的全力备战。

面向未来，咪咕公司将致力于构建大连接、泛娱乐的生态格局，依托中国移动客户规模优势和咪咕系全媒体资源优势，通过丰富的场景入口、海量的用户数据和多元化的媒介资源，开启全场景品牌沉浸全新时代，向产业链的各个维度进行拓展，共同推动数字化从个人向企业、向实业不断扩张，打造和推动支撑产业数字化发展的基础设施建设。

（资料来源：蒋雅丽. 咪咕：开启全场景品牌沉浸全新时代[J]. 通信世界，2018（32）：38。）

思考题：

（1）从营销的角度看，咪咕公司在视频业务方面取得成功的原因是什么？

（2）咪咕公司CEO刘昕认为，所谓品牌沉浸，是指"在顾客出现的所有场景中，给他们带去的具有凝聚力、将顾客全方位包围的体验。通过品牌营造的体验，而非产品，让顾客持续关注品牌，加深对品牌和产品的认知，给顾客留下难忘的记忆"，基于这种理念，面对市场上的竞争对手，咪咕公司在视频和阅读领域有哪些可行的营销策略？

第9章 企业服务管理

【学习目标】
- 掌握服务的定义与服务特性。
- 掌握服务接触与三元组合的内容。
- 掌握服务利润链思想。
- 了解服务质量差距模型。
- 了解新服务开发流程。
- 了解通信企业的服务创新。

【开篇案例】

服务质量是导致电信企业客户流失的主要原因

近年来,许多电信企业的收入正在不断下降。通常来说,电信企业必须让客户满意才能保持其竞争力和收入。电信咨询公司Analysys Mason对1 600家企业进行了调查,对产品价格、客户服务、网络覆盖、数据速度等项目进行了量化打分,结果显示,电信企业每提高10分,就可以减少1.6%的客户流失。

从以往经验来看,价格是中小企业购买移动服务的主要关注点。但是分析表明,对于所有产品和细分市场,价格不是导致客户流失的唯一因素,并且价格以外的因素更重要。因此,不仅仅是价格,通过服务质量等其他因素,电信企业也可以与竞争对手区别开来。

在澳大利亚、马来西亚等国家,老牌电信企业的企业客户市场份额非常高,但企业客户的预期流失率也最高。这表明在这些市场中,新兴的竞争对手正在蚕食老牌电信企业的客户份额。相反的例子是法国,电信企业Orange的市场份额很高,但其企业客户的预期流失率较低。分析表明,Orange正是以高质量的服务来保持其市场份额的。

通常来说,企业客户往往会对他们获得的服务感到不满。他们对这些服务的满意度水平与企业是否打算放弃电信企业之间有明确的关联。研究表明,中小企业对电信服务的满意度比大企业低。数据显示,固定和移动业务的满意度,会随着企业规模的增长而增加,这表明现有的电信企业大多在中小企业市场服务不到位。如果要在这些市场的竞争中取胜,电信企业就需要提高传统联网服务的质量,提高客户满意度。根据调查,对传统服务感到满意的中小企业,更可能从其电信企业那里购买其他服务。

我国的电信企业如何才能提高自身的服务质量呢?

(资料来源:根据网络资料改编。)

9.1 服务管理概述

9.1.1 服务的定义和服务过程矩阵

美国哈佛大学教授贝尔把人类社会发展的历史分为三个阶段。第一个阶段为前工业社会(或称农业社会），在此阶段，人们依赖于自然界提供的原料和人的体力，经济主要由农业、矿业、渔业和林业部门构成。第二阶段为工业社会，在此阶段，人们对自然界的依赖减少，用能源代替体力，依靠技术和机器从事大规模的商品生产。经济主要由制造业、交通运输业和商业等部门构成。第三阶段为后工业社会，在此阶段，人们依赖信息，致力于发展服务业。自从工业革命以来，伴随着全国通信、商业及技术的发展，全球出现了劳动力从农业和制造业向服务业转化的现象。这是经济由前工业社会走向工业社会以及后工业社会的必然发展过程，同时服务业在国民经济中的地位也变得越来越重要。

1. 服务的定义

教师、快递员、演员、零售商贩、程序员、银行柜员、出租车司机都是我们熟悉的从事服务工作的人，那么究竟什么是服务呢？我们可以找到许多关于服务的定义，它们都包含一个共同的方面，就是强调服务的无形性及生产和消费的同时进行。以下列举几个服务定义。

（1）服务是行动、流程和绩效。

（2）服务是具有或多或少无形性特征的一项活动或一系列活动，它大多数时候是发生在顾客和服务员、物质资源或商品以及服务供应商系统之间的交互活动，它为顾客提出的问题提供解决方案。

（3）服务是包括所有的产出不是实物产品的经济活动，它通常在生产的同时进行消费，并且以某种形式提供附加价值（如便利性、娱乐性、时效性、舒适或健康），它特别强调与顾客相关的无形性。

（4）服务是由一方提供给另一方的经济活动，可换取买方的钱、时间和努力。顾客期望从获得的商品、劳动力、专业技术、设备、网络和系统中得到价值，但他们通常不拥有任何物质要素的所有权。

上述大部分对服务的定义都提到了服务无形性与产品有形性的对比，即前者的不可触知性和后者的可触知性的特点。

本书给出的服务的含义如下：服务是个人或社会组织为顾客直接或凭借某种工具、设备、设施和媒体等所做的工作或进行的一种经济活动，是向顾客个人或企业提供的，旨在满足对方某种特定需求的过程。这种过程是在顾客与员工、有形资源的互动作用中进行的，这些有形资源（有形产品或有形系统）是作为顾客问题的解决方案而提供给顾客的。

2. 服务过程矩阵

要更深入地理解服务的概念，就需要明白服务本质上是一个过程，服务是在互动过程中进行的。根据交互及定制化程度、劳力密集化程度两个纬度，罗杰·施米诺设计了一个服务过程矩阵，如图9-1所示。

如图9-1所示，垂直纬度是劳动力密集化程度，即劳动力与资本成本的比率。因此，资本密集型服务，如航空公司和医院，它们在设备设施上的投资大大高于在劳动力上的支出；劳动力密集型服务，如学校和法律服务，主要依托的是教师、律师的知识和经验，对劳动力的消耗高于其资本需求。水平纬度衡量与客户之间的交互作用及定制化程度。若服务是标准化而不是定制化的，顾客与服务提供者之间就不需要多少交互。例如，顾客在肯德基就餐，吃的都是制成品，定制程度低，与服务提供者之间发生的交互较少。相反，医生与病人之间必须在诊断与治疗阶段充分交互才有可能取得令人满意的结果，因为每个病人的病情都存在着差异性，因此病人也希望自己的治疗方案具有较强的针对性。

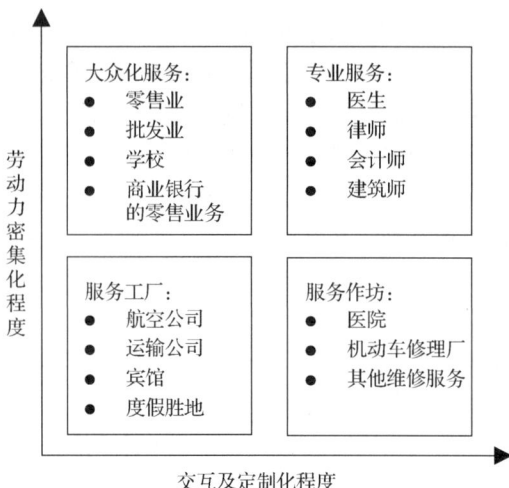

图 9-1　服务过程矩阵

9.1.2　服务特性

对服务业来说，投入是顾客本身，资源是服务管理者可以调动的辅助物品、劳动力、资本，服务系统的运转依赖于系统与作为服务过程参与者的顾客的交互，各要素之间相互联系，体现了服务的许多特性。

1. 无形性

无形性是服务最重要的特性。贝特松（Bateson）对服务的无形性定义如下：摸不着；不容易在头脑中成形。对一个产品，购买者可以在购买之前去触摸感受，去研究分析，而对服务却难以做到，如报名参加一个新开的考研培训课程，在事前很难预测培训效果如何。对顾客来说，服务的购买风险比产品大。

服务的管理特性

2. 异质性

服务的无形性和顾客参与服务传递系统相结合就导致了提供给各个顾客的服务都可能不相同。服务的异质性表现在以下四个方面。第一，服务不是一个单一整体，而是相关服务要素的集合。服务的某一部分不好，顾客就认为整个服务不好；同一种核心服务，其周边服务不同，也会形成不同的服务特色。第二，服务者具有多样性。服务往往是人与人之间的互动，服务者不可能被训练成像机器人那样做标准动作而没有变化。而从顾客的角度说，如果他两次受到不同的服务，或看到另一个人受到比他好的服务，都会留下不好的印象。第三，顾客具有多样性。即使是接受同一种服务，不同顾客的不同个性也会导致不同的服务结果。第四，服务的同一组成部分，在不同情况下对不同顾客的重要性可能不同。

3. 生产与消费同时进行

服务的另一重要特性是生产和消费同时进行。手机企业制造了一部手机，可以在一个月之后销售出去，有形产品的生产与消费是分隔开的，但服务必须在生产的同时进行消费。例如，顾客要到理发店才能理发，理发师给顾客理发时顾客必须在场，这使得服务中包含了大量的人力成本。为了解决这个问题，服务供应商可以利用适当的技术设计服务过程，取代人的服务，但是与顾客互动仍然是服务的一个关键特征。例如，可以使用自动柜员机（ATM）替代银行职员，使用自动售货机替代柜台售货员，使用自动语音系统取代人工服务，但是这些方式有可能降低顾客的好感，尤其是自

动语音系统。

4. 顾客参与服务过程

在制造业中，生产过程与产品的使用过程是分离的，顾客看不到生产的进行过程。而在服务生产过程中恰好相反，顾客是参与其中的，整个生产过程呈现在顾客面前。因此，其质量控制方法与制造业的完全不同。制造业可在产品出厂前对质量进行多次检查和控制，防止不良品送达顾客手中，而服务业则不可能这样做。因此，在服务生产过程中，服务企业必须设法做到在提供服务的同时确保服务质量。加强员工培训可以提高其工作责任心和服务技能，这对于保证服务质量是非常重要的。

5. 易逝性

因为服务不能贮存，这导致服务也不能依靠存货来缓冲或适应需求的变化。在制造业中，生产设备可以按最有效的稳定的产出水平运转，产品库存把生产系统与顾客需求分离开。而服务是开放系统，要受到传递系统中的需求变化的全面影响。在制造过程中，存货甚至可以分离生产工序，对服务业来说，这种分离主要是通过顾客等候实现的。相对应地，库存控制是生产制造业的关键环节，"排队问题"是服务业的重要问题之一，其中，服务能力的选择、设施的使用率、对空余时间的利用等都会影响排队。表 9-1 所示是消除服务易逝性的措施。

表 9-1　　　　　　　　　　　　消除服务易逝性的措施

策略	具体措施
稳定需求	• 采取预约的方式
	• 采取价格诱惑的方式（不同时段的折扣优惠）
	• 高峰期间的反营销
调整服务能力	• 高峰期间雇用临时工
	• 根据需要错峰安排工作班次
	• 增加顾客自我服务能力
让顾客等待	• 改善等待环境（如海底捞的等待服务）

6. 场所的选择取决于顾客

在制造业中，产品从制造商转移到批发商，再到零售商。但在服务业中，要开始一项服务，顾客和提供者必须亲自见面。这时可能是顾客前往服务地点，也可能是服务人员前往顾客所在地，或者通过电话、互联网的方式进行服务。因此，对于顾客前往服务地点的情况，路程时间和费用成为服务场所选择的关键因素，服务中心一般都趋向于设置在离潜在顾客近的地方。对于服务人员前往顾客所在地的，路线、分派和日程安排则显得尤其重要。

7. 劳动力密集

在大多数服务组织中，劳动力是决定组织效益的关键资源，在服务业中，工作活动通常指向人而不是指向物，服务中顾客与员工之间的交互为员工获得更为全面的工作经验提供了可能，有助于员工服务技能和服务质量的提高。

8. 衡量产出困难

通过计算服务顾客的数量并不能全面准确地反映所提供服务的质量，某些非营利性质的组织，如学校、医院，是不能使用单一的指标（如利润率）来评估业绩的，因此服务测评并不简单。

9. 不牵涉所有权转移

产品被销售后一般会发生产品的所有权转移,但是某些服务被销售后却并不牵涉所有权的转移。例如,乘坐飞机从一个地方到另一个地方,当达到目的地后,顾客所拥有的只是手中的机票和登机牌。又如,顾客从银行取一笔钱,在交易完成后,顾客的手中拥有了一定数目的货币,这好像是产生了所有权转移,但事实上,银行是无法创造所有权的,这个所有权一直为顾客所有。银行所做的不过是在一定的时间里帮助顾客照看这笔钱,并利用它为自己赚取一定的利息。

9.1.3 服务管理的含义

基于服务业的蓬勃发展和制造业在制造技术、产品功能及产品方面的趋同,市场竞争已进入了服务竞争的时代。面临服务竞争的各类企业,必须通过了解和管理顾客关系中的服务要素来获得持久的竞争优势。这就使企业迫切需要一系列理论、方法作为服务竞争的指导原则。由于建立在物质产品生产基础上的"科学管理"理论和方法在服务竞争中的有效性受到限制,所以企业必须探索适合服务特性的新的理论和方法。"服务管理"应运而生。

1. 服务管理的定义

围绕服务、顾客或服务提供者等不同的中心,服务管理有不同的定义。

如果以服务为中心,服务管理可被视为谈判、服务协议的表述与拟订、责权的分配与制衡,以及服务供求双方就能够支持顾客业务流程的服务和服务级别而相互评论的过程。一份服务协议可以被视为供应商和顾客间的一份合同,记录业务流程、辅助服务、服务的技术参数、可接受及不可接受的服务级别、供应商和顾客的责任以及在特定情况下需要采取的行动。可见,服务管理还可以被视为识别、界定、商谈、认同、实现、监测、报告以及管理顾客服务级别的过程,服务管理文件则记录这些过程的目标。

如果以顾客为中心,服务管理可被视为确立、测量并确保服务目标实现的过程,是提交始终能满足顾客要求的服务过程。服务管理包含对顾客预期的界定、满足和对业务协议的不断完善。服务管理帮助企业确保在成功服务方面实现它们的核心目标。

如果以服务提供者为中心,服务管理可被视为一个人和系统的集合。它使企业确保商定的服务级别能被达到,必需的资源能被有效提供。人和系统间存在关联,而系统又可进一步被区分成技术和过程。在服务提供者看来,服务管理是一套严谨而又积极的方法论体系,确保所需级别的服务能按照业务的优先顺序、以合理的成本提交给顾客。

2. 服务管理的特征

总体来说,服务管理的特征包括顾客导向、长期导向、关注内部开发与强化等。

（1）顾客导向。服务管理将企业的外部效率置于重要地位,强调顾客如何看待核心产品和企业总的表现,而不是企业的内部效率、规模经济和成本降低。服务管理认为,竞争优势和利润是通过市场导向实现的,降低顾客流失率对利润的影响大于成本降低对利润的影响。服务管理重视顾客满意度和改善顾客感知质量,认为顾客忠诚是成功服务管理的标志。强调顾客关注,认为质量是顾客评价的,需要研究顾客感知质量。

（2）长期导向。长期导向与企业界的发展趋势吻合。很多产业中都出现了大量的长期伙伴关系。基于这一层面,服务营销可以被看作是一种长期投资而不是短期费用。

（3）关注内部开发与强化。服务管理关注员工的发展和员工对企业目标和战略的投入。员工的满意度和忠诚度是企业提供高效稳定服务的基础,也是顾客对服务满意的前提,因此,加强企业内部员工的开发,是服务管理的重要内容,是实现企业战略目标的先决条件。

9.2 | 服务接触

9.2.1 服务接触与三元组合

1. 服务接触

服务提供者和顾客之间发生交互接触的时刻，往往决定了顾客头脑中对服务质量优劣评价，我们称之为服务接触，也称关键时刻（真实瞬间）（Moment of Truth）。

从顾客的角度来看，一项服务在服务接触中能够给其带来最生动的印象。这种短暂的接触往往发生在顾客评估服务的一瞬间，同时也形成了顾客对服务质量好坏的评价。例如，旅客在一家饭店所经历的服务接触包括登记住宿、由服务人员引导至房间、就餐、要求提供唤醒服务和结账等。旅客订机票时所经历的服务接触，包括网上预订机票、取票、行李托运、安全检查，以及在乘机飞行中的服务体验。这一系列的事件连接起来就是一系列的服务接触，顾客通过这些服务接触，最终决定了饭店和该航空公司在顾客心目中信誉的好坏，如图 9-2 所示。

图 9-2 饭店服务和乘机飞行服务的系列服务接触

有些服务的服务接触很少，有些服务的服务接触则很多。表 9-2 所示是高接触程度和低接触程度服务的差异。据迪士尼公司估计，到其主题公园游玩的每位游客平均要经历 74 种不同的服务接触，而其中任何一次不愉快的接触都可能导致游客对其整体做出否定的评价。对服务而言，在比较靠前的服务接触时发生的错误和问题尤为严重，因为在最初接触中的失败很可能导致顾客对随之而来的各次接触均给出否定的意见。

表 9-2　　　　　　　　　　　　高接触程度和低接触程度服务的差异

高接触程度服务	低接触程度服务
用于顾客需求多变或不确定的情况	用于不需要面对面接触的场合
要求员工机灵、漂亮，乐意和顾客接触（微笑服务）	要求员工具有技术技能，能够高效处理日常事务，以及产品和流程的标准化
要求员工必须对发生在高峰期的需求立即做出反应	要求在平均需求水平下工作，平稳度过需求高峰和低谷
一般要求更高的价格，更多地定制不同性质的服务	标准化的服务

2. 服务三元组合

服务接触一定是要涉及服务过程中人的要素，而人的要素可以归结为：服务组织、与顾客接触的员工、顾客。这三者构成了服务接触中的三元组合。

服务的独有特征之一是顾客主动参与服务生产过程。服务的每一个关键时刻都涉及顾客和服务提供者之间的交互作用，双方在服务组织设计的环境中扮演不同的角色。图 9-3 所示为服务接触三元组合，反映了三个要素之间的关系，并提出了冲突的可能来源。

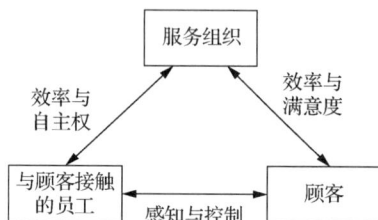

图 9-3   服务接触三元组合

大部分服务组织都是追求利润的，其管理人员要求尽可能地提高服务传递的效率。而非营利组织往往要求在一定预算内实现最佳的服务传递效果。为了控制服务传递过程，管理人员常常会利用规定或程序来限制顾客接触人员服务时的自主权和判断。这些规定和程序同时限制了为顾客提供的服务的多样性，导致服务缺乏针对性，最终影响顾客服务满意度。此外，员工和顾客都试图对交互过程实施可感知的控制，员工希望通过控制顾客的行为使其工作易于管理和轻松，顾客希望通过控制服务接触的进程来获得更多的收益。

理想的情况是，服务接触的三要素协同合作从而创造更多的利益。然而，真实的情况往往不是那么尽善尽美，常常是其中一个要素为了自身的利益试图控制整个服务接触的过程。以下就是一方支配服务接触的情况分析。

（1）服务组织支配的服务接触。从提高效率或者实施成本领先战略的角度考虑，服务组织通过建立一系列严格的操作规程使服务系统标准化，结果严重限制了员工与顾客接触时所拥有的自主权。顾客只能从仅有的几种标准化的服务中进行选择，而不能享受个性化的服务。例如，肯德基、麦当劳等企业，通过一套结构化组织体系对服务接触实施了成功的控制。然而，这使得员工必须严格执行标准化规定，降低了追求个性化的顾客的满意度。

（2）员工支配的服务接触。通常来说，员工大都希望通过降低服务接触的范围来减少压力，此时员工拥有很大的自主权。服务组织采用分权的组织结构，对员工进行授权，员工可以根据实际情况采取即时的措施，尤其是在面对突发事情时。在这样的模式下，员工具有很高的满意度和归属感。

（3）顾客支配的服务接触。极端的标准化服务和定制服务体现了顾客对服务接触的控制。对于标准化服务来说，自助服务是使顾客可以完全控制服务接触，此时顾客会采取自我服务的形式，员工和服务组织则完全以顾客为导向，积极发现顾客的需求，并不断开发顾客需要的服务，使顾客得到优质服务。例如，在吃自助餐时，顾客不需要与服务员过多接触，顾客负责选菜、取菜，员工只需要及时补充菜品和做好清理工作，这种高效的服务方式在无须提供过多接触服务的情况下就能够使顾客感到非常满意。然而，对于很多需要面对面接触的个性化服务，如家装等，是无法采用这种模式的。

综上所述，一个良好的服务接触应该保证三方的平衡：员工得到合适培训并被赋予合适的权力，同时顾客得到有效的沟通，服务组织兼顾经济性和服务效率。要实现这些企业就必须做好服务管理。单纯地借鉴优秀服务企业的制度并不一定能保证我们的服务企业能实现三方平衡的服务接触，因为服务管理是一套复杂的系统化理论体系。

9.2.2   服务补救

众所周知，没有毫无缺陷的服务系统，并且顾客的需求是多样的，因此没有一家企业能保证顾客 100%满意。关键问题是，服务失败并不意味着企业完全使顾客不满意。当服务失败时，顾客对企业的信心需要企业采取措施来弥补，即进行服务补救，有效的服务补救可以使企业重获顾客满意。

所谓服务补救，就是服务企业在对顾客提供服务出现失败和错误的情况下，对顾客的不满和抱怨当即做出的补救性反应。其目的是弥补过错，挽回顾客，重新使顾客满意和忠诚。当企业提供了令顾客不满的服务后，这种不满能给顾客留下很深的记忆，但企业随即进行的服务补救会给顾客更深的印象。

企业可以采取行动使顾客在一定程度上感觉好一些，但也可能使事情变得更糟。关于服务补救有一个悖论：成功的服务补救可能产生比第一次就正确服务还要好的效果。为了更好地挽留顾客，服务人员必须了解到顾客接受服务补救的条件和方式。服务补救绝对是经济划算的。因为根据测算，减少 5%的顾客流失率就能增加 25%～95%的利润，因为顾客的增加会随着时间的推移为企业带来越来越多的利润。

1. 服务补救策略

现在很多企业已经意识到服务补救的重要性，可是怎样做好服务补救呢？一般来说，失败的服务补救和不采取任何补救措施是同样糟糕的，有时甚至会产生更坏的影响。企业若想挽回在服务提供方面已经失望的顾客，可以采用以下几种补救策略：道歉、紧急复原、移情、象征性赎罪和动态追踪访问。值得注意的是，每一个补救策略都是在上一个补救策略的基础上递进实施的。

（1）道歉。向顾客道歉是服务补救的开始，当企业意识到顾客不满时，就应该向其道歉。道歉在一定程度上意味着承认错误，道歉的举动虽然很小，但会让顾客深切地感受到他们对于企业的重要性，这为企业重新赢得顾客的好感做好了铺垫。

（2）紧急复原。紧急复原是道歉的自然延伸，也是那些不满意的顾客所期望的。顾客在对服务不满后，会希望企业做一些事情以消除引起不满的根源。紧急不仅说明企业采取行动迅速，也表明了企业对顾客的重视和对自身错误的深刻认识及企业自身的纠错能力很强。复原就意味着企业为纠正错误而做的努力。当一个企业采取紧急复原策略的时候，它就向顾客表明了企业是很重视顾客的抱怨的。如果一个企业对顾客的不满或抱怨视而不见或反应迟钝，或无法向顾客表明它在对此采取一些行动，那么顾客就会感到企业并不重视他们的感受，顾客也就会和其他不满顾客一起成为企业的流失顾客。

（3）移情。当完成紧急复原的工作以后，企业就应开始实施移情策略，这也是成功的服务补救所不可缺少的。企业要对愤怒的顾客表示理解，同时对因企业的服务未能满足顾客的要求而给他们带来的损失感同深受。但是要注意的是，移情不仅仅是简单地承认失败（这项工作可以由道歉来完成），移情要做的更重要的是努力地去理解为什么顾客会对企业失望，找出失望的具体原因，如果企业能够站在顾客的角度，就能很好地理解顾客的失望。移情的回报是令顾客意识到企业实际上是很关心他们的困境的，而且也在积极采取措施来减少损失。

（4）象征性赎罪。对顾客表示理解和同情是很重要的，但是这时顾客仍未得到补偿。所以，在移情之后企业还要以一种有形的方式来对顾客进行一定程度的补偿。企业可以把送礼物当作象征性赎罪的形式。礼物可以赠券或其他的形式来赠予。之所以叫象征性赎罪，是因为企业提供给顾客的不是服务的替代品，而只是告诉顾客企业愿意为他们的失望负责，愿意为因为服务的不周对顾客造成的损失做出一定的补偿。

（5）动态追踪访问。在补救措施落实后，企业还要进一步跟踪其挽回顾客好感的补救策略是否有效。通过对象征性赎罪进行动态追逐访问，企业可以分析出所采取的措施是否得到了顾客的认可，是否在一定程度上缓解了顾客的不满情绪，如果访问的结果表明企业的补救策略并没有达到预期的目标，那么企业在服务补救程序中就要加入新的策略。

动态追踪访问有多种形式，具体由服务的类型和服务补救的情景而定。它可以是象征性赎罪以后的电话回访或者是一封信或电子邮件，还可以是服务结束后对顾客的口头询问等。这样做的目的就是确定企业的努力是否得到了顾客的认可，顾客的不满或抱怨是不是有所扭转。而且，动态追踪访问使企业获得了一次对补救计划进行自我评估的机会，并可以找出哪些环节需要进一步的改进。

当然以上这5种补救策略不是每一次都要全部用到的。有时，顾客只是对一些小问题感到失望，这时企业也许只要成功地运用2~3个补救策略，就能做好补救工作了。如果顾客对企业有很多不满，那么企业就可能要综合使用5种补救策略，才能使顾客满意。但是不管是哪种情况，企业都要让顾客意识到企业对他们关心的问题是很重视的。

2. 服务补救的结果

服务补救会产生两类结果：可估量结果和行为结果。其中，服务补救的可估量结果是顾客感知质量和顾客满意，服务补救的行为结果是口碑意图和重购意图。

（1）顾客感知质量。瑞典著名服务市场营销学专家克·格鲁诺斯提出了"顾客感知服务质量"，认为顾客对服务质量的评价过程实际上就是将其在接受服务过程中的实际感觉与他接受服务之前的心理预期进行比较的结果。一次服务补救后，顾客会对服务补救产生感知质量。

（2）顾客满意。满意的顾客有一场与消费有关的快乐经历。顾客将心中的期望与服务实际完成情况相比较从而得出对服务的评价，在服务补救过程中也是如此，成功的服务补救会使顾客满意。

（3）口碑意图。口碑交流被认为是服务提供者与顾客交流的普遍重要的一环。大多数不满的顾客会把不满隐瞒不说，但优质的服务补救会带来好的口碑效应。

（4）重购意图。顾客的长期价值已受到服务提供者的关注，评估顾客的忠诚度和保持的可能性是用他们的重购意图来衡量的。成功的服务补救可以使顾客对服务产生重构意图。

阅读材料 9-1

电信运营企业的服务补救管理

自1998年开始，我国进行了大刀阔斧的电信业改革，逐渐形成了电信运营企业"相互竞争、共同发展"的基本格局。随着对外资进入电信运营行业的限制解冻，电信运营企业改善服务质量，提高客户感知度、客户满意度和忠诚度，变得越来越重要。但电信服务产品具有的无形性、不可储存性、生产和销售的同步性以及服务质量评价的主观性等特点，又决定了电信运营企业不可能做到服务 "零缺陷"，产生服务失败不可避免。为减少服务失败导致的客户流失和利润下降，电信运营企业应建立服务补救管理系统。

现在很多电信运营企业正在通过系统升级、流程再造、加强员工培训、建立科学的考核评价机制等多种手段实现服务"零缺陷"，但因为客户期望值的提高和服务失败的普遍存在，客户对企业的投诉和抱怨并没有消失，甚至没有减少，随着客户规模的扩大，抱怨和投诉也越来越多。因此，服务补救越来越得到企业的重视。企业希望通过服务补救来减少服务失败所带来的负面影响，避免企业的形象受到破坏。

企业进行服务补救管理工作最直接的入手点是处理客户投诉和抱怨。在一项对某电信运营企业客户的调查发现向企业提出投诉和抱怨的客户对投诉处理的满意度高达92%，而全网客户对投诉处理的满意度仅为51%。对同一家企业的同一个服务项目进行调查，结果竟然有这么大的差距，这是为什么呢？研究发现，电信运营企业的客户规模非常庞大，通常每个月向企业进行投诉或抱怨的客户的比例不足千分之一，对于这部分已经投诉的客户来说，他们反映的问题大都得到了比较有效地处理。而通常来说，每100个不满意的客户当中，只有4个人向企业进行投诉，另外96个人不会投诉，而恰恰就是这些产生了不满又没有向企业投诉的客户对投诉处理调查给出了较低的评价。客户产生了不满，又没有向企业反映，其原因是多方面的，有的是因为客户认为反映了也没有用，有的是因为不知道投诉渠道是什么，还有的是因为客户怕麻烦。不管是出于什么原因，向企业进行投诉的客户实际上直接进入了企业的服务补救管理系统。而没有进入服务补救管理系统的客户的满意度则会低得多。

因此，要达到良好的服务效果和顾客满意，服务企业不仅要运用好各种服务补救策略，更需要积极地去发现哪些顾客需要进行服务补救。

（资料来源：根据网络资料改编。）

9.2.3　服务利润链

1. 服务利润链模型

20世纪80年代以后，美国哈佛大学商学院、凡德彼尔特大学等院校的学者和专家在服务领域的研究日趋深入。汉斯凯特（Heskett，1994）在有关研究中，探讨了影响利润的变量及其相互关系，基于服务接触的三元组合，建立了"服务利润链"式结构，形象而具体地将变量之间的关系表示出来。

服务利润链

20世纪70年代和80年代，不管是制造企业还是服务企业，几乎把精力都集中在设定利润目标和市场份额方面。进入20世纪90年代，随着服务经济的迅猛发展，企业，特别是服务企业管理的重心不在于利润和市场份额的确定，而在于如何全面满足企业内部一线员工和企业外部顾客的需求：向人员和技术投资，以支持一线员工；致力于人员招募和培训实践的创新；对企业内每个层次上的人员，要把报酬激励和个人绩效紧密联系起来。服务经济的新时代要求企业具有创新性的绩效和利润的测量技术，这种技术应该能够测试包括内部员工的满意度、忠诚度、产品价值和所提供的服务价值等因素对企业的重要程度。一个忠诚顾客对企业的终身价值是巨大的，特别是当把一个忠诚顾客对其他顾客的引导分析效用也考虑在内时就更是如此。几十年来，欧美众多成功的服务企业的管理实践体现了以上的思想，也呈现了一条以企业第一线员人和顾客为中心的服务利润链。这些企业正是通过对服务利润链的建立、分析和不断改进，实现了对企业资源的最有效投资和利用，获得了员工和顾客对企业的忠诚和满意。

服务利润链（见图9-4）是建立了企业、员工、顾客、利润之间关系的链。服务利润链理论认为，利润、增长、顾客忠诚度、顾客满意度、顾客获得的产品以及服务的价值、员工的能力、满意度、忠诚度、劳动生产率之间存在直接的、牢固的关系。其逻辑内涵为：企业盈利能力的提高主要来自顾客忠诚度的提高；顾客忠诚是由顾客满意决定的，顾客满意则是由顾客从企业所获得的价值大小决定的；顾客所认同的价值大小最终要靠工作富有效率且对企业忠诚的员工来创造，而员工对企业的忠诚又取决于其对企业是否满意；员工满意与否主要取决于企业内部是否给予了高质量的内部服务和使员工能够向顾客提供有价值服务的企业政策。要使这些逻辑成立，即要使这一正相关的链条能够联动起来，企业需要把握以下两点：一是让外部服务为顾客创造高的顾客让渡价值；二是通过高质量的内部服务为一线员工（内部顾客）创造高的内部顾客让渡价值。对于服务业来说，后者更为关键。顾客让渡价值是指顾客总价值与顾客总成本之间的差额。顾客总价值是顾客在购买产品或服务时得到的利益总和。顾客总成本是顾客为此付出的货币、时间、体力等成本总和。内部顾客让渡价值则是员工总价值与员工总成本之间的差额，即员工获得的职位、报酬、尊重等价值与其付出的时间、体力、脑力等成本的差额。

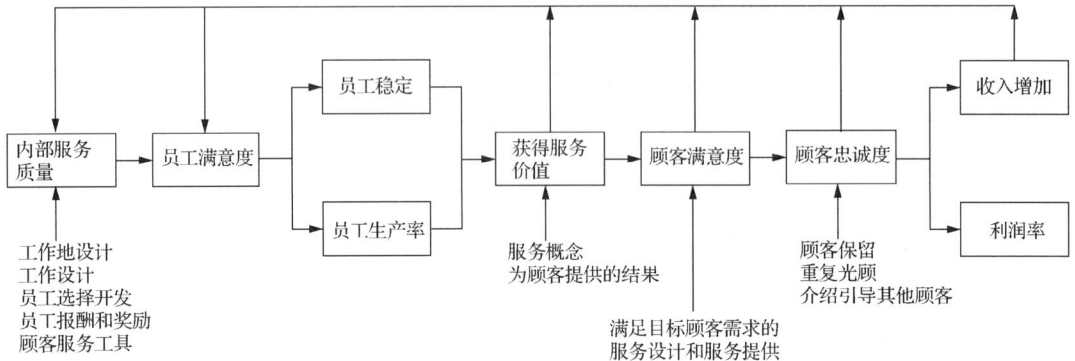

图 9-4　服务利润链

2. 服务利润链运行机制

在服务运营中，服务利润链机制发端于内部服务质量，按照员工满意度、员工忠诚度、员工生产率、外部服务价值、顾客满意度、顾客忠诚度的次序，最终体现在企业的收益率和成长性上，并受到绩效反馈补偿的影响。

（1）顾客忠诚与企业利润率和成长的关系。20 世纪 90 年代以来，许多服务企业，特别是计算机软件企业和银行，逐渐把顾客的忠诚度作为企业追求的第一目标，并制定了各种顾客忠诚度的测量指标，如顾客保持率、顾客光顾次数、顾客满意水平等，并以此为标准开展与同行业对手的竞争。有关研究数据表明，顾客忠诚度每提高 5%，企业的利润可以提高 25%～85%，当顾客的忠诚度提高一倍时，企业的市场份额可以提高一倍。人们常把因顾客的忠诚度而增加的市场份额称为市场的质量份额。在实际工作中，企业要对顾客的忠诚进行有效的定义，把介绍引导其他顾客的效益包括在内，测量忠诚顾客对利润率的影响，必须合理控制对现存顾客的直接投资占企业商业开发和内部激励支出的比例，及时对顾客流失原因进行调查。

（2）顾客满意度与顾客忠诚度。顾客的忠诚度来源于顾客的满意度，管理好顾客满意这个环节至关重要又很有难度。企业要重视对顾客满意度的量化工作，客观、协调一致和定期收集顾客满意度数据，建立倾听顾客对企业反馈的多渠道系统。随着信息技术的发展，可以建立主动收集顾客反馈意见的平台，及时解决顾客问题。

（3）外部服务价值。以价值为导向是现代顾客的一个特点，价值对顾客来讲不仅是成本，还是顾客所享受的一切结果的多元体现。服务价值是随着每个顾客的期望水平不同而变化的。一般来讲，企业大都用顾客所表述的对产品和服务高度或低度满意的原因来测量服务价值的高低。因此，企业要增加服务系统的开放性，不仅要使一线服务人员接近顾客，更要让企业的各个管理层次都尽量直接接触顾客。同时，有效利用所获得的顾客对服务感知价值的相关信息，在服务企业内通过信息分程传送、信息共享等手段进行服务，才能设计出让顾客满意的服务标准。

（4）服务人员的生产率。制造企业在传统上以产出数量和投入数量之比来表示企业的生产率，而在当今许多的服务企业中，服务员工的生产能力不仅以其服务产出数量来表示，还要把其所提供服务的质量包括在内，质量以顾客满意度来测量。

（5）内部员工的忠诚度和满意度。服务企业的特点是其生产率与其服务员工的稳定性密切相关，内部员工的忠诚度主要以员工是否愿意长期为企业效力表现出来。因此，转换工作或跳槽人数是衡量内部员工忠诚的一个重要指标，因为员工跳槽最本质的后果是企业生产率和顾客满意度的降低，直接影响内部员工忠诚度的是员工的满意度。同时，服务生产过程的顾客参与性、当场消费性和相互影响性等特点，使顾客满意度也成了服务人员对企业和岗位忠诚的影响因素。

（6）企业内部的服务质量。企业内部的服务质量一般用企业员工对他们工作、企业的感觉来衡量，一般包括工作本身、培训、报酬、提升的公平性、在尊重和个人尊严方面所受到的待遇、团队工作、企业对员工生活福利的关心程度。传统上人们认为服务生产是劳动密集型的，但随着科学技术，特别是信息技术的发展，服务生产也越来越需要强有力的硬件投资。此外，企业应创造性地选择信息技术，提高企业内部服务质量、加强内部服务生产率。同时，企业领导人对内部服务质量起着决定性作用，高层领导把大量时间和精力花在对内部员工的选择、培训、认同和关心上，在认真倾听外部顾客和内部员工意见的同时，投身于服务工作、场地、过程的设计和改进。

9.3 服务质量管理

9.3.1 服务质量概述

1. 服务质量的概念

服务质量（Service Quality）是指服务能够满足规定和潜在需求的特征和特性的总和，反映服务工作能够满足被服务者需求的程度，是企业为使目标顾客满意而提供的最低服务水平，也是企业保持这一预定服务水平的连贯性程度。在服务过程中，顾客与服务人员要发生接触。顾客对服务质量的满意度可以被定义为：对接受服务的感知与对服务期望的对比。当感知超出期望时，顾客表示惊讶和高兴。当没有达到期望时，服务注定不可接受。当期望与感知一致时，质量是令人满意的。服务期望受到口碑、个人需要和过去经历的影响。图 9-5 所示是预期服务质量与感知服务质量的差别。

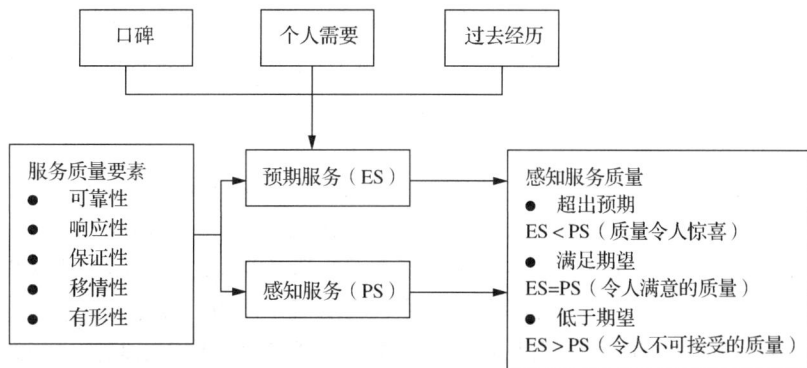

图 9-5　预期服务质量与感知服务质量的差别

2. 服务质量要素

影响服务质量的五大要素主要包括可靠性、响应性、保证性、移情性和有形性。

（1）可靠性。可靠性是可靠的、准确地履行服务承诺的能力。可靠的服务行动是顾客所希望的，它意味着服务以相同的方式、无差错地准时完成。可靠性实际上是要求企业避免在服务过程中出现差错，因为差错给企业带来的不仅是直接意义上的经济损失，而且可能使企业失去很多潜在顾客。

服务质量要素

（2）响应性。响应性是指帮助顾客并迅速提供服务的愿望。让顾客等待，特别是无原因的等待，会为质量感知带来不必要的消极影响。出现服务失败时，迅速解决问题会给质量感知带来积极的影响。对于顾客的各种要求，企业能否给予及时的满足将表明企业的服务导向，即是否把顾客的利益放在第一位。同时，服务传递的效率还从一个侧面反映了企业的服务质量。研究表明，在服务传递过程中，顾客等候服务的时间是关系到顾客的感觉、顾客印象、服务企业形象以及顾客满意度的重要因素。所以，尽量缩短顾客等候时间，提高服务传递效率将大大提高企业的服务质量。

（3）保证性。保证性是完成服务的能力和态度的一种体现。例如，在服务中对顾客的礼貌和尊敬、与顾客有效的沟通、将顾客最关心的事放在心上等表现都可以让顾客感受到服务人员有能力、有意愿完成好这份工作。它能增强顾客对企业服务质量的信心和安全感。当顾客同一位友好、和善并且学识渊博的服务人员打交道时，他会认为自己找对了服务组织，从而获得信心和安全感。

（4）移情性。移情性是设身处地地为顾客着想和对顾客给予特别的关注。移情性能够使企业拥有接近顾客的能力且能有效理解顾客需求。

（5）有形性。有形性是指有形的设施、设备、人员等。有形的环境条件是服务人员对顾客进行更细致的照顾和关心的有形表现。对这方面的评价可延伸至其他正在接受服务的顾客的行为。

顾客从五个方面将预期的服务和接收到的服务相比较，最终形成自己对服务质量的判断，期望和感知之间的差距是服务质量的量度。

9.3.2　服务质量差距模型

1. 服务质量差距模型

先进的服务企业会经常通过顾客反馈来测量服务期望与服务感知之间的差距。服务质量差距模型是 20 世纪 80 年代中期到 90 年代初，美国营销学家帕拉休拉曼（Parasuraman）等人提出的，服务质量差距模型（见图 9-6）是分析服务质量问题的工具。

如图 9-6 所示，服务质量差距模型说明了服务质量是如何形成的。模型的上半部涉及与顾客有关的现象。期望的服务是由顾客的以往服务体验、个人需求以及口碑沟通因素决定的，另外，也受到企业营销宣传活动的影响。而顾客实际接受的服务，在模型中被称为体验的服务，它是一系列内部决策和内部活动的结果。这个模型为企业说明了在分析服务质量时必须考虑哪些步骤，进而帮企业查出服务质量问题的根源。服务质量差距模型中一共有五个差距，被称为质量差距。质量差距是由质量管理前后不一致造成的。差距分析可以作为复杂的服务过程控制的起点，为改善服务质量提供依据。因此，近 20 年来，服务质量差距研究便成了学者们关注的焦点。自从提出服务质量差距模型至今，该模型在服务质量研究领域不断地被完善和扩展。

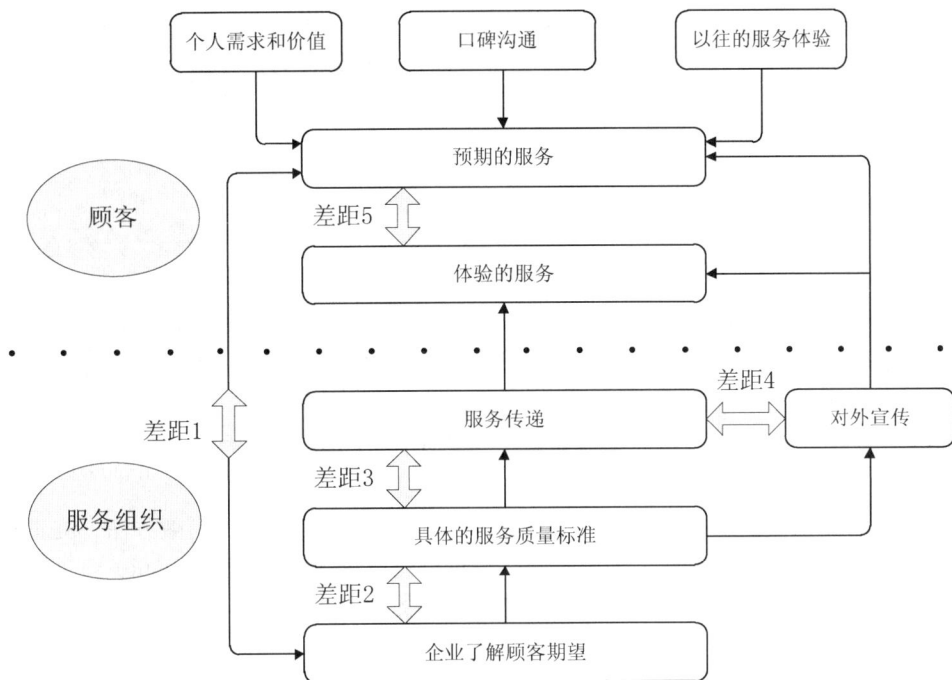

图 9-6　服务质量差距模型

（资料来源：Parasuraman A, Zeithaml V A, Berry L L. A conceptual model of service quality and its implications for future research[J]. Journal of Marketing, 1985, 49(4)：41-50。）

2. 服务质量差距分析

对五个差距以及它们造成的结果和产生原因的分述如下。

（1）差距 1：质量感知差距。该差距是指顾客期望与管理者对这些期望的感知之间的差距。导致这一差距的原因是，管理者对顾客如何形成他们的期望缺乏了解。顾客期望的形成来源于广告、过去的经历、个人需要和朋友介绍等。缩小这一差距的方法包括：加强市场调查、增进管理者和一线员工间的交流、减少管理层次、缩短与顾客的距离等。

（2）差距 2：质量标准差距。该差距是指服务提供者所制定的服务标准与管理层认知的顾客服务预期不一致而产生的差距，也就是说，管理层没有构造一个能满足顾客期望的服务质量指标并将这些指标转化到工作计划书中。一般来说差距 2 是因为管理者缺乏对服务质量的重视，认为满足顾客期望是无法实现所造成的，可以通过设定清晰明确的服务目标和建立标准化的服务传递工作来弥补这一差距。

（3）差距 3：服务传递差距。该差距是指服务人员在服务生产与传递过程中，没有按照企业所设定的标准来进行，导致没有达到管理制订的要求所产生的差距。当服务体系严重依赖于服务人员的表现时，控制和缩小服务传递差距就变得尤为重要。当一个服务若包含顾客在场时就必须立刻执行和交付的情况，往往会特别难以保证其质量，而这偏偏是许多服务行业的常见情况。

（4）差距 4：市场沟通差距。该差距是指服务企业在市场宣传中所做出的承诺与企业自身实际提供的服务不一致。由于服务期望来自于媒体广告和与组织的各种交互过程，对外沟通中可能提出过度的承诺，而又没有与一线的服务人员很好地沟通，就会导致出现这种差距。

（5）差距 5：顾客差距。服务质量差距模型的核心是顾客差距，也就是顾客期望与顾客感知的服务之间的差距。期望的服务是顾客在一次服务体验中的参考，感知的服务是对服务的实际反映。因此，企业进行服务质量管理的关键在于弥补顾客所期望服务与所感知服务之间的差距，以使他们满意并与企业建立长期的关系。为了缩小这个重要的顾客差距，模型提出了另外 4 个需要缩小的差距。

9.3.3　测量服务质量

1．SERVQUAL 评价法

由于服务具有有形产品所不具有的特性，如无形性、异质性、易逝性等，其生产和消费相伴发生，因此其质量的测量比有形产品复杂得多。与具有物理特性的、客观可测的物质产品不同（如装配一辆汽车），服务质量包括许多心理因素（如饭店的气氛）。另外，服务质量的影响不仅限于直接的接触，如医疗服务对人的未来生活质量会产生影响，因此测量服务质量是一件困难的事。

SERVQUAL 评价法是以服务质量差距模型为基础调查顾客满意程度的有效方法。SERVQUAL 为英文"Service Quality"（服务质量）的简写，是依据全面质量管理（Total Quality Management，TQM）理论在服务行业中提出的一种新的服务质量评价方法，其理论核心是服务质量差距模型。服务质量测量模型为：

SERVQUAL 分数=实际感受分数-期望分数

SERVQUAL 按照服务质量五个要素细分为 22 个具体项目，如表 9-3 所示，然后通过问卷调查、顾客打分等方法得出服务质量的分数。

表 9-3　　　　　　　　　　　　　　　　SERVQUAL 量表

要素	项目
有形性	1．有现代化的服务设施 2．服务设施具有吸引力 3．员工外表整洁 4．企业设施与其所提供的服务相匹配
可靠性	5．企业向顾客承诺的事情能及时地完成 6．顾客遇到困难时，企业能表示关心并提供帮助 7．企业是可靠的 8．能准确地提供所承诺的服务 9．正确记录相关的服务
响应性	10．不能指望员工告诉顾客提供服务的准确时间 11．期望员工提供及时的服务是不现实的 12．员工并不总是愿意帮助顾客 13．员工因为太忙以至于无法立即提供服务，满足顾客需求
保证性	14．员工是值得信赖的 15．在从事交易时顾客会感到放心 16．员工是有礼貌的 17．员工可以从企业得到适当的支持，以提供更好的服务

续表

要素	项目
移情性	18. 企业不会针对不同的顾客提供个别的服务
	19. 员工不会给予顾客个别的关怀
	20. 不能期望员工了解顾客的需求
	21. 企业没有优先考虑顾客的利益
	22. 企业提供服务的时间不能符合所有顾客的需求

（资料来源：Parasuraman，A，Zeithaml，V A，Berry，L L. Executive Summaries：SERVQUAL：A Multiple-Item Scale for Measuring Consumer Perceptions of Service Quality[J]. Journal of Retailing，1988，64(1)，5–6.）

注：1. 问卷采用 7 分制，其中 7 分表示完全同意，1 分表示完全不同意。问卷中的问题随机排列。

2. 表示对这些问题的评分是反向的，在数据分析前应被转换为正向得分。

SERVQUAL 评价法已被管理者和学者广泛接受和采用，随着研究的深入，帕拉休拉曼（Parasuraman）等人也在不断修正该评价法。1990 年，他们提出了"修正的期望评估"，把顾客期望较为明确地定义在卓越质量水平，在问卷调查中，要求回答者更集中于"提供卓越服务的公司"和某一特征是否对于卓越服务是"重要的"等。

总之，SERVQUAL 评价法提供了较为科学、实用的服务质量评估方法，但也存在一些不足，在今后的研究发展中仍需不断完善、发展。例如，很多研究表明，服务质量的 5 个要素对于某些服务企业可能是有意义的，但对于另外一些服务企业可能意义并不大。SERVQUAL 评价法所选择的 22 个项目也存在着同样的问题。因此，应用 SERVQUAL 评价法必须十分慎重，对于究竟选择哪些指标要根据具体情况来加以确定，因为服务内容、市场和文化环境存在着差异。在有些情况下，可能要增加或减少一些指标以满足不同的要求。

2. 服务质量范围

由于测量对象的复杂性，我们通常不可能对测量对象的所有方面进行全面测量，因此，可以利用 SERVQUAL 评价法对以下 4 个方面的服务质量进行测量，因为这 4 个方面质量的高低基本上能反映整体服务质量的优劣。

（1）服务过程。服务过程是指将服务传递给顾客的方式，它是由一系列的关键事件构成的。在服务过程中，基本的原理是要保持活动的逻辑顺序和对服务资源的协调利用。过程对顾客感知服务质量起到了很重要的作用。自动取款机是否易于使用，管理咨询服务是否易于获得，以及饭店服务员、银行职员、旅行社职员、公交车驾驶员、维修人员的行为、外貌和工作、言行方式，都会对顾客服务印象的形成产生影响。

（2）服务结构。对服务企业而言，服务包含有形设施和组织设计是否完备，有形设施的外观是否与所提供的服务类型相匹配等问题。不过，有形设施和辅助设备只是服务结构的一部分，人员资格和组织设计也是重要的服务结构因素。例如，在以小组为单位的医疗过程中，现场化验室和 X 光设备可以提高药物治疗的质量。更重要的是，组织可以促进相关医生之间的交流。以小组为单位的医疗过程使医生间相互监督并产生压力，能够提高全体医疗人员的服务质量。

（3）服务结果。服务结果是指顾客在服务过程结束后的所得。例如，乘客被航空公司从一个地方运到另外一个地方，客户从银行得到一笔贷款。服务质量测量要反映最终的服务结果。顾客是否满意？顾客抱怨率是否提高？我们通过跟踪一些指标（如抱怨数量），就可以监视服务结果质量的变化。例如，医院通过与行业平均水平的对比来监控医院的工作，使用外科手术感染率来评定医院，医院又可用不同级指标来评定各个科室和医生。

（4）服务影响。服务影响是指服务过程结束后服务对客户短期或长期的影响。例如，社区居民夜间在街道散步是否有安全感？这些民意测验的结果可以作为衡量当地治安工作的依据。

因此，服务质量范围包括过程、结构、结果和影响。对范围的测量的含义是对每一个范围根据可靠性、保证性、响应性、移情性、有形性的标准制订调查问卷，依据 SERVQUAL 评价法，找到到底是范围中的哪一方面存在问题，从而有针对性地提出改进措施，提高服务质量。

9.3.4　改善服务质量

企业对服务质量的规定和执行始终贯穿于整个服务传递系统的设计与运作过程，而不是仅仅依赖事后的检查和控制，因此，服务过程、服务设施、服务装备与工作设计等都将体现服务水平的高低。而且，顾客对服务质量的评价是一种感知认可的过程，他们往往习惯根据服务传递系统中服务人员的表现及其与顾客的互动关系来进行评价，因此，人的因素对于服务质量的提高至关重要。在改善服务质量方面，企业应根据服务的特性，真正地理解顾客眼中的服务质量，有效地激励员工并采取相应措施制定服务质量标准和服务系统，使企业的服务质量得到改善。

1. 控制服务差距，改善服务质量

（1）控制质量感知差距。通过市场调查数据收集、市场调查结果分析，以及管理者直接接触顾客等手段努力缩小质量感知差距。同时，和顾客直接接触的服务人员应将所感知的情况传达给管理者，管理者则应鼓励服务人员和自己进行面对面的沟通以解决问题。

（2）控制质量标准差距。正确认识顾客期望的可行性，在确定顾客的需求和期望重点之后设置正确的服务目标，并根据企业的特点制定服务质量标准，对重复性的、非技术性的服务实行标准化管理。

（3）控制服务传递差距。加强员工培训，提高服务人员的业务水平，加强服务人员之间的协作能力，在服务组织内部建立有效的监督控制体系，同时企业应及时反馈员工相应的情况，并针对服务中的共性问题给员工提出解决问题的指导意见。

（4）控制市场沟通差距。加强企业内横向信息流动，提高部门之间、人员之间的相互协作能力，从而实现企业的全局目标，避免对企业所提供服务的夸大宣传，避免顾客产生过高的期望。

2. 加强员工培训，提高服务水平

由于服务人员与顾客直接接触，所以服务质量很大程度是依赖于服务人员的表现的。如何使服务人员表现出积极的态度呢？企业可以通过调整员工招聘、培训、工作安排和职业发展等方面的管理规章来达到这个目的。为了防止服务人员出现自满情绪，企业需要制订持续的质量改进计划。这些计划的重点在于预防质量降低，明确个人对质量负责。企业如果具有多个营业网点机构，会面临着如何在所有机构之间保持一致的服务的问题，所以重视集中培训、灌输统一的标准、制定统一的职业发展路线和奖励政策是必须的。具体来说，可采用的手段包括如下内容。①促进个人发展。通过编制程序化的指导手册，使新的管理人员获得技能和知识，保证以一致的方式传授工作技能。②管理者培训。为来自不同分公司的各级管理人员开办形式多样的管理专题研讨班。③人力资源规划。确定未来将担任公司关键职位的人员，列出未晋升名单，晋升的关键依据是管理人员的工作绩效。④绩效标准。编制一套小册子指导服务业和顾客之间的服务，对服务完成的工作量和质量给予相应的奖惩措施。⑤职业进步。包含增进职业技能和责任的职位阶梯的工作发展计划，赋予员工和企业共同成长的机会。⑥意见检查。由经过训练的人员每年对每个单位各层级进行意见调查，并在会上讨论结果。⑦公平待遇。为每个员工提供一本手册，规定对员工的期望和义务，帮助员工解决困难，提供正式的咨询程序和渠道。⑧利润分享。企业的成功主要应归功于员工，他们应该得到超过工资的回报。

3. 建立完备的服务质量改进机制

（1）管理者认同。首先将质量改进的想法与服务组织的最高管理层成员讨论，获得他们的同意和支持，确保全员参与。

（2）质量改进团队。从每个部门选出一个代表组成团队，执行质量改进计划，保证企业中各部门都参与。

（3）质量检测。建立一套可行的质量测量方法，审查企业的质量现状。

（4）质量成本评估。为避免任何计算的偏差，确定质量成本，包括诸如诉讼、返工等项目，为企业指明可以通过改进活动带来更多利润的点。

（5）质量意识。使用小册子、电影和张贴广告等方式，向主管和员工宣传不良服务质量会导致的后果，帮助其建立对服务质量的正确态度。

（6）纠偏行动。鼓励当场发现问题并解决问题。

（7）建立零缺陷计划。选择人员调研其他优秀企业的零缺陷服务项目，总结并向所有员工传达。

（8）主管培训。在各层次管理人员中进行普及教育，使他们能够向下属解释计划。

（9）目标设定。鼓励员工用自己的方式思考，为自己和组织设立改进目标。

（10）消除导致错误的原因。要求服务人员在只有一页的表格上描述他们在工作中所犯的错误及原因，要求相应部门对问题做出迅速反应。

（11）赞誉。制订奖励计划，奖励达到目标的员工。

（12）质量委员会。设立质量委员会，定期召集相关人员讨论改进计划方案。

（13）重复。一个典型的计划周期应超过一年，不论企业员工增减与否，计划应具有持续执行的效力。

4. 做出服务保证，提高顾客满意度

服务保证有五个特征：①无条件，顾客满意是无条件的；②容易理解和沟通，顾客能够简单明确知道他们能从保证中得到什么；③有意义，对顾客而言，在金钱上和服务效果上的保证是重要的；④容易实行，不因为实施保证而要求顾客填写表格或写信；⑤时效性，服务保障最好能够当场解决问题。具体来说，服务保证对于提高服务质量主要有以下意义。

（1）关注顾客。服务保证使企业关注顾客需求。

（2）设立明确的标准。服务保证为企业设定了明确的目标。

（3）保证的反馈。接受保证的顾客可以为评估质量提供有价值的信息，不满意顾客的抱怨会被反馈给管理者。

（4）促进对服务传递系统的理解。在做出保证之前，管理者必须确定他们系统中的可能失败的地方。

（5）使顾客忠诚。服务保证降低了顾客风险，使顾客期望更加明确，留住了因不满意而欲转向竞争对手的顾客，巩固了市场占有率。

9.4 新服务开发

9.4.1 新服务开发概述

随着经济的全球化和国际化，面对更为复杂的顾客需求和更为激烈的市场竞争环境，企业越加认识到仅依赖于过去的成功很难生存，必须不断创新，创造新思想和新产品，其生存与获利日益依赖于快速创新的能力以及创新的成功率，服务创新是企业竞争力的核心，而新服务开发是服务创新的重要组成部分。新服务是指以前不为顾客所用的一种服务，它源自新增加的服务提交、服务递送过程的根本变化或对现有服务形式和递送过程的新的改进，而这种改进对顾客而言将带来一种新的服务体验。新服务在开发过程中会受到新服务自身性质、新服务开发的组织内部影响以及服务组织外部影响三个层面因素的影响。

1. 新服务自身性质

新服务自身性质对开发过程的影响包括两个方面：一是服务自身特性的影响；二是新服务自身的质量和创新的影响。所以，需要考虑的影响因素主要有服务的无形性、生产与消费的不可分离性、异质性、易逝性和质量与创新五个。

（1）服务无形性对新服务开发的影响。无形性是服务的关键特性，这种特性决定了顾客在购买前很难体验和评价新服务产品。如果企业不能在新服务提交时成功地将其与竞争对手的服务产品相区别，潜在购买者通常难以比较竞争性服务产品间的优劣。

（2）服务生产与消费的不可分离性对新服务开发的影响。服务具有生产与消费不可分离的特性，这就决定了顾客对服务是否满意不仅与服务的结果有关，也与服务的生产、递送和消费过程有关。所以新服务开发既需要市场定制也需要运营定制。如果企业要开发有效的新服务并对顾客的需求和期望做出响应，不同的特定功能就必须包括在新服务的概念、设计、开发和投放等开发过程中。

（3）服务异质性对新服务开发的影响。服务具有异质性，每次服务的生产和消费过程以及不同顾客对服务的体验都可能会发生变化。这一特性对新服务开发的影响可从两个角度来理解：一方面异质性具有负面效应，因此，企业进行新服务开发就更多的要考虑提交更标准化的服务，以减少顾客体验服务的不确定性；另一方面，异质性具有正面效应，因此，企业要成功开发新服务就更要强调顾客和服务供应商间固有的异质性，让顾客在异质化的服务中体验新服务的独特优势。

（4）服务易逝性对新服务开发的影响。服务具有易逝性，不持久也不能被储存，但是令人满意的或不满意的顾客体验却会被储存，这就要求企业进行新服务开发应聚焦于创造优质难忘的顾客体验。因此，在服务开发过程中，企业要基于顾客服务评价制定统一的服务标准，并对员工进行持续的培训，避免顾客因有不满意服务体验对企业造成负面影响。

（5）质量与创新对新服务开发的影响。服务自身的特性也使得顾客所接收和感知的服务质量成为企业不得不面对的重要问题。顾客会关注服务质量，但又不能很容易的评价是否新服务能够提供他们预期的结果。因此，成功的新服务开发要求企业辨识购买者对于服务质量和服务设计特征的体验与评价，企业需要帮助顾客评估新服务质量。企业进行新服务开发更应多考虑根本性创新的问题，因为通常是企业的声誉而不是服务本身决定了顾客对服务的购买态度，而树立良好的企业形象需要时间，所以企业要将新服务开发的目标定为获得创新声誉，这才是新服务开发的正确途径。

2. 新服务开发组织内部因素

新服务开发组织内部对新服务开发产生影响的因素具体可分为资源配置、规范的新服务开发过程、项目融合、内部营销、技术支持和新服务开发文化六个。

（1）资源配置。适当的资源配置是新服务开发成功的重要影响因素，企业不仅在新服务开发阶段要有足够的资源支持，在新服务的设计和市场投放阶段也要有足够的时间和财力以及人力。

（2）规范的新服务开发过程。新服务开发的成功需要规范的、细致精确的开发过程的支持。规范的新服务开发过程对新服务开发的影响主要表现在市场调研、预评估与项目测试、财务分析与项目评价以及市场投放计划等方面。

（3）项目融合。项目融合就是新服务开发项目与企业资源、技术、战略以及现有组织结构间的适应。

（4）内部营销。内部营销是关于对内部服务提供人员培训的一部分内容。企业开发新服务开发对服务提供人员来说意味着要承载更大量的信息，这样提供优质服务的人员必须充分理解新服务及其支撑体系以及竞争对手的详细资料。

（5）技术支持。技术可以在很多方面支撑新服务开发。它可以成为辅助企业开发新服务的支撑体系。

（6）新服务开发文化。新服务开发文化体现了有创新愿望的服务组织的价值和利益。

3. 新服务开发组织外部因素

新服务开发服务组织外部对新服务开发的影响因素具体可分为顾客、供应商、竞争对手、代理商和公共部门五个。

（1）顾客。顾客是信息及新服务概念的来源，且能参与到新服务的开发过程中，对开发的顺利进行有重要影响。顾客参与新服务开发可更好的理解开发项目。企业可以在顾客体验服务时与顾客保持沟通，或通过其他方式帮助顾客理解新服务，从而帮助顾客提高评价能力。此外，企业也可以从顾客处获得即时的信息反馈，使企业能够快速纠正潜在的设计和递送问题。

（2）供应商。新服务开发企业在与供应商间的相互作用关系中，能为开发过程带来利益。供应商尤其是知识供应商是新服务开发概念的重要来源，它们可以为服务组织提供大量的创新思想，并帮助企业进行具体实施。此外，技术供应商在新服务开发过程中也可能成为重要的合作者。概括地说，在新服务开发过程中，供应商能为开发企业提供大量的无形资源，如技能、信息、知识和经验。

（3）竞争对手。由于新服务是十分容易被模仿，所以很多企业不采取进攻性的创新战略，在新服务开发过程中，企业常将竞争对手看作是可以提供有价值信息或知识的主体，认为他们能够提供技术、经验以及关系的信息。

（4）代理商。如果新服务需要通过代理商被销售给顾客，那么在新服务的设计与开发中代理商应参与。因为代理商不是服务人员，所以服务异质性的问题会表现得更明显，那么企业在开发新服务时就要尽可能使代理商更容易传送和理解，以避免代理商对新服务不认同，加强他们对新服务的理解，提高新服务的传送质量，尽量消除服务异质性的负面影响。

（5）公共部门。一方面公共部门通过外购成为主要的服务需求者；另一方面公共部门对管制的放松使得很多服务产业中出现了新的市场。此外，公共部门还会对企业施加一定的管制，这可能引发很多新服务的出现。

9.4.2 新服务开发流程

开发新服务是一个循环过程，需要经历若干周期，每个周期包含 4 个阶段，主要分为设计阶段、分析阶段、开发阶段和最终的市场投放阶段。同时，企业在新服务开发过程中要完成图 9-4 中的 13 个任务。人员、系统、技术是服务概念的组成元素，团队、工具、组织环境是新服务开发的使能器。新服务开发过程周期模型如图 9-7 所示。

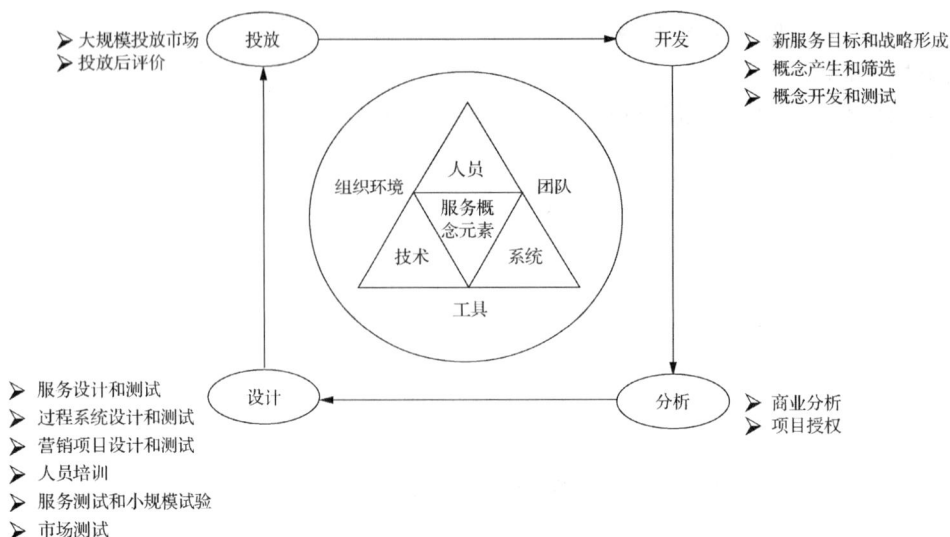

图 9-7　新服务开发过程周期模型

1. 设计阶段

设计阶段主要涉及的是新服务思想的产生、评价和展示，也就是新服务概念的创造。这一阶段的主要内容包括以下几个方面：对相关市场和竞争者的持续评价，是企业在新服务概念创造阶段需要关注的一个问题；设计阶段也涉及新服务提交目标的问题；最后是某些初步的概念测试，如获得正式或非正式的顾客反馈或员工对新服务概念的评论。

2. 分析阶段

分析阶段是企业严谨地评估新服务概念潜在的战略、财务和市场绩效的过程。在此阶段，企业要进行正式的商务分析，如果新服务开发概念看上去可行，那么企业管理层才可能会批准一个正式的新服务开发项目。

3. 开发阶段

开发阶段包括许多重要活动，这些活动对于将最初的新服务开发概念转变为可行的、可销售的新服务提交是十分必要的。企业在此阶段需要凝练服务递送过程中所需的服务开发程序以及支持服务开发程序的体系和结构，进行服务定制和市场测试，准备新服务递送和支撑的人力和管理体系。

4. 市场投放阶段

市场投放阶段是将新服务提交到市场的过程。企业在这一阶段要进行适当的广告或其他正式的宣传实践活动以及顾客培训，要集中营销数据和顾客反馈等信息，这样可以确保新服务能达到顾客的需求期望并揭示服务过程或体系中所存在的不可预料的失误。

新服务开发完成，企业还需要对开发过程和结果进行必要的绩效测量，检验开发结果，具体测量内容如表 9-4 所示。

表 9-4　　　　　　　　　　　　　　　　　新服务开发绩效检测

过程绩效	结果绩效
财务测量	成本标准
• 实现较高的整体收益	• 服务平均开发成本
• 实质性降低企业成本	• 单项服务开发成本
• 实际成本低于预期	• 开发新服务所用成本占营业额比重
• 提高成本使用效率	

续表

过程绩效	结果绩效
竞争力测量 • 超额实现市场份额目标 • 超额实现销量/顾客使用水平高 • 超额实现销量/顾客增长目标 • 占有较高的市场份额 • 为企业形象/声誉带来积极影响 • 有利于企业构建或保持竞争优势 • 提高其他业务销量	效果 • 每年开发新服务的数量 • 新服务开发成功率
质量测量 • 服务产出优于竞争对手 • 服务体验优于竞争对手 • 有不同于竞争对手的独特优势 • 非常可靠 • 可向大量客户同时提供服务	速度 • 从新服务概念形成到新服务投放市场的间隔时间 • 从外界引入新服务概念所需的时间 • 从新服务概念形成、新服务样品制成到新服务投放市场的间隔时间

资料来源：李雷，赵先德，杨怀珍. 国外新服务开发研究现状述评与趋势展望[J]. 外国经济与管理. 2012（34）1：36-45.

9.5 通信企业的服务管理

9.5.1 通信企业服务现状

对于通信企业来说，服务管理是至关重要的。我国的通信企业包括邮政和电信通信企业。邮政企业作为社会经济生活中重要的服务企业，其服务质量直接影响着自身的生存和发展，可以说，服务质量就是邮政企业生存和发展的生命线。而三大电信服务企业（通信运营商）主要有：电信、移动以及联通。这三大通信运营商通过多年的发展，已经取得了良好的发展成绩，但传统业务增长不力日益明显。近些年来，我国各地区运营商大力节约建设成本、增加客户，以提高核心竞争力。无论是电信，还是移动或者联通，其内部服务观念都是不同的。

1. 邮政服务存在短板

当前我国邮政业保持高位运行，行业发展内外部环境变化带来的不确定性明显增多，对标高质量发展要求、现代邮政业的服务目标和世界领先的邮政服务水平还存在一些短板弱项。

2. 通信企业低端服务业务多，高端服务业务少

通信企业整体呈现高端业务少、低端业务多的态势。TIS（网络建设）板块下的传统通信设计、传统网络维护、常规物流配送、坐席呼叫、印刷等低端业务收入占据通信企业收入的85%以上，而自主产品研发、TIS 板块网络业务规划咨询、物资检测等高端业务发展十分缓慢。现阶段，通信企业服务模式不完善导致企业增长力不足，这使得企业在市场竞争越发激烈的背景下势必会陷入发展危机中。

3. 业务分包管控不足，产品服务质量不高

通信企业从降低发展成本、控制员工队伍、维护市场份额等方面入手，将低端服务业务以分包业务方式分包给外协分包商，减少了项目成本，完善了成本结构。但需要注意的是，在分包业务中，难以控制项目的发展进程，同时品牌声誉也可能受影响。尤其传统通信企业十分欠缺分包管控能力，这降低了项目交付能力，影响了产品整体服务质量，难以得到客户的认可。长久下去，企业势必会丢失市场份额，因此如何加强管理分包商，这是通信企业转变服务模式首要考虑的问题。

4．服务业务模式过于滞后

我国通信企业多数都为国有企业，多年来形成的企业文化思想导致整个通信企业缺乏服务意识，员工危机意识不强。所以，在市场竞争越来越激烈的情况下，员工营销意识淡薄，营销人员对市场信息敏锐度不高，就成了阻碍通信企业发展的重要原因。

9.5.2　通信企业的服务创新

1．创新服务品牌，长久的留住客户

移动互联网改变了人们的日常生活方式，这使得传统的通信企业业务模式已经不能适应现代化需求，也不能帮助人们有效体验通信企业产品。所以，满足客户需求绝对是通信企业服务模式创新的重点。精准地寻找客户，之后通过实时沟通和共享，掌握与客户交流的良好渠道，让客户成为主导者，这是"互联网+"背景下通信企业急需要做的事情。可见，在通信企业经营管理中，满足用户需求是首要任务，也是业务模式创新必须要面对的问题，通常体现在控制客户品牌经营与客户服务方面。

（1）在"互联网+"背景下，通信企业需要以客户价值为主，通过细分客户和需求来提供针对性服务，有针对性的服务能为通信企业带来内部品牌效益，进而吸引客户，并长久的留住客户。

（2）通信企业在全业务运营过程中，在获取客户时，也让客户看到了企业创新的意识。在延伸品牌下，可结合不同业务类型构建相应的子品牌，以此来创新服务品牌，实现互联网时代下通信企业服务分析的创新。同时，通信企业更加注重广大用户传播的精准性、交互性，在细分客户时，需要以更强的互动体验、更短的营销途径来带动服务模式的变革。

2．创新服务运营模式，充分利用内部资源

通信企业之前的服务模式以单纯供给为主，从服务提供者角色入手，并未深入了解通信市场与服务对象。在"互联网+"背景下，企业需要充分利用内部资源，有效配置客户、资本以及网络等资源，在运营中做好扩展业务、规划网络、资本运营等工作，在提高业务能力的同时创新产品，以满足客户多样化要求。此外，通信企业在产业链关键环节中，还需要通过创新服务模式来吸引和留住客户，以获取更多的效益。

3．创新销售渠道，提供差异化服务

在创新通信企业业务模式中，创新渠道十分关键。企业在目标顾客消费、设计渠道、顾客购买等环节，都需要创新渠道组合，并优化消费流程，提高销售效率。在创新业务产品后，通信企业应构建目标市场，绑定新业务产品关系，设计好销售途径。切实结合现有条件与客户的接触点，结合不同的目标客户，选择一种或者多种方式。同时，也可以传统媒体以及现代媒体吸引客户主动体验。其实无论客户选择哪种途径体验新业务，企业都需要遵循"客户满意度第一，新业务推销第二"的服务原则，在传递新产品信息时，免费让用户体验新业务，进而选择使用。此外，在创新销售渠道时还需要建设扁平化渠道并重新定位渠道功能，具体如下。

（1）建设扁平化销售渠道。这里提及的"扁平化"指的是缩短渠道长度，进而以最快的时间将产品送达客户手中，提高客户的满意度。而想要实现"扁平化"通信企业，就需要构建直销体系，摒弃传统业务模式中的代理商。

（2）重新定位渠道功能。每一种渠道都有其自身的功能定位，随着逐渐开展全业务运营，通信企业应提供差异化、针对性服务，满足各阶层客户的多样化需求。

本章小结

对于通信企业来说，服务管理是至关重要的。服务管理是一种涉及服务的经营管理、生产运作、组织理论和人力资源管理、质量管理学等学科领域的管理活动。服务管理所要研究的是如何在服务竞争环境中对企业进行管理并取得成功。服务接触是影响顾客服务感知的直接来源。服务质量很大程度上取决于客户感知，服务质量要素主要包括可靠性、响应性、保证性、移情性和有形性。随着经济的全球化和国际化，面对更为复杂的顾客需求和更为激烈的市场竞争环境，企业必须不断创新，创造新思想和新产品，做好新服务的开发与设计工作。最后，本章还介绍了通信企业服务管理的现状和服务创新的内容。

复习思考题

1. 服务的特性包括哪些？
2. 什么是服务管理？
3. 服务接触三元组合是什么，其相互关系是什么？
4. 服务利润链包括哪些内容？
5. 服务质量要素包括哪些？

案例分析

中国移动 5G 新服务助力大学迎新

2019年8月，在北京邮电大学2019级本科迎新之际，中国移动助力北京邮电大学搭建了基于"和识"人脸识别技术的智能迎新系统，以支撑北京邮电大学的迎新工作，带给北京邮电大学师生全感知、全连接、全智能的迎新新体验，让北京邮电大学新生轻松融入新的学习环境。

全新的迎新服务系统，由中移物联网有限公司、北京移动携手搭建，通过"和识"人证对比功能，新生报到当天仅凭"刷脸"即可完成全部报到流程。这些操作降低了报到难度，提高了报到效率，让过去报到排队拥挤的场景成为历史。

"和识"迎新管理系统与学校收费系统、招生系统、教务系统、学工系统、数据中心等系统平台完成对接，实现信息互通和数据统计。同时，中国移动在迎新现场还搭建了VR视频直播设备，对现场进行全方面实时报道，学生家长可借助直播现场实时关注迎新情况等。中国移动基于"5G+AI"打造的机器人"小和"，通过唱歌曲、摆姿势、握手、跳舞、答疑解惑等不同方式与学生及家长进行互动，为北京邮电大学迎新带来了更多的欢乐。

　　中移物联网有限公司集成电路创新中心副总经理樊科表示，中国移动作为5G产业的领导者，致力于将5G赋能到各个垂直行业。中国移动积极布局智慧校园产业，联合推进物联网/云计算/人工智能等5G创新技术，践行《教育信息化2.0行动计划》，推动服务创新。此次与北京邮电大学的合作中，刷脸服务仅是北京邮电大学智慧校园建设中的一小部分工作。后续，中国移动将与北京邮电大学在校园基础设施物联网化、校园AI智能系统、校园管理效能提高等方面展开更加深入的合作。

　　（资料来源：根据网络资料改编。）

　　思考题：

　　中国移动为什么要进行服务创新？案例中中国移动的服务创新体现在哪些方面？

【学习目标】

- 了解技术经济分析的对象和基本原理。
- 理解资金时间价值的含义。
- 掌握资金等值计算的方法。
- 掌握确定性评价的指标和方法。
- 掌握互斥方案经济评价的方法。
- 掌握盈亏平衡分析方法。
- 了解公共项目可行性与费用效益分析方法。
- 了解通信企业建设项目技术经济分析的重要指标。

【开篇案例】

经济可行性尚缺，亚行专家认为机器人替代劳动力的可能性并不高

越来越多的人担心机器人和人工智能等新技术的崛起，会导致大规模的劳动力被替代，造成大规模失业。但亚洲开发银行的研究表明，我们有充足的理由对亚洲创造就业的前景保持乐观。亚洲开发银行副首席经济学家兼经济研究与区域合作局副局长庄巨忠指出，用不同方法估算的机器人替代劳动力的可能性结果会有很大不同，如果用更加充分的数据资料去研究，其实机器人替代劳动力的可能性并不是很高。

"新技术通常只替代一个职业的部分工作，而非全部。"庄巨忠指出，"每一个职业可以区分为重复劳动和不重复劳动，脑力劳动和体力劳动。根据现在的研究，重复的体力劳动被机器替代的可能性最高达到70%～80%，重复的脑力劳动被替代的可能性也达到60%～70%。但非重复的体力劳动和脑力劳动被机器替代的可能性都比较低"。

"同时，技术可行性并不能保证经济可行性。"庄巨忠对第一财经记者谈道，"技术可行性不考虑成本和收益，但经济可行性就是如何保证在经济上是最有效的。特别是发展中国家工资水平低，尽管技术上可行，但实际上不一定人力会被替代。例如，它们用机器人成本非常高，而他们的劳动力成本很便宜，如果两者的产出是一样的，那么它们还是会选择用劳动力。发达国家也存在这个问题，当然发达国家的技术可行性与经济可行性的差距相对小一些，因为它们工资高。再则，收入和需求的增长会创造就业，新技术也会创造新职业和新行业。"

上海交通大学安泰经济与管理学院副教授黄少卿也认为："没必要过多考虑技术进步一定会对就业带来持续的影响，技术进步并不是脱离人类的需求而独立发展的。例如，自动化导致某个产业的数量急剧增加，结果是价格降得很厉害，但需求并没有大的增加。这样的话，行业的自动化水平进一步提高的经济可行性就变得不高，它一定会在某一个时间点或水平线上停下来。"

（资料来源：根据网络资料改编，2018。）

技术经济分析是应用经济学的一个分支，是一门工程技术学与经济学、管理学相互交叉渗透的学科。技术经济分析是应用理论经济学基本原理，研究工程技术领域经济问题和经济规律、研究技

术进步与经济增长之间的相互关系、研究技术领域内资源的最优配置和寻求技术与经济最佳结合的科学。技术经济分析已成为一门十分重要的、为科学决策提供理论依据的方法论科学。

10.1 技术经济分析概述

10.1.1 技术经济分析的对象与内容

在技术经济学发展的过程中，技术经济分析的研究对象和内容不断丰富。在此过程中，学界先后形成了以下一些具有代表性的观点。

（1）效果论：侧重于对工程技术活动、各种技术方案、技术政策、技术措施的经济效果进行分析和评价。

（2）关系论：探明技术与经济的相互关系以达到两者最佳配备。

（3）因素论：研究技术因素与经济因素的内在联系，进而找出最优组合方案。

（4）问题论：分析对象与内容是生产、建设领域的各种技术经济问题。

（5）结合论：强调应该在重视技术规律和经济规律应用的前提下研究技术与经济结合的规律。

（6）增长论：研究如何有效地利用技术资源促进经济增长。

（7）系统论：分析对象是"技术—经济—生态—社会—价值（文化）"系统的要素、结构、运行、功能及其规律。

将以上各家观点进行总结归纳，可以发现技术经济分析的研究对象大致可以分为以下三个。

（1）技术活动的经济效果。通俗地讲，就是分析在各种技术的使用过程中如何以最小的投入取得最大的产出。在技术经济分析中，投入与产出一般被归结为以货币计量的费用和效益。所以该方面的研究侧重于分析技术应用过程中费用与效益间的关系。

技术活动的经济效果应该包含技术项目实施前和项目实施后两个方面。在技术方案实施前，我们通过对各种可能方案的分析、比较、完善，选择最佳的技术方案，保证决策建立在科学分析之上，以减少失误。例如，项目的可行性研究就是在技术方案实施前，在调查研究的基础上，通过对技术方案的市场分析、技术分析、经济效益分析，对技术可行性和经济合理性进行的综合评价。在技术方案实施后，通过实际调查分析，得到方案实施后的技术经济效果，为技术方案的更好实施提供建议。

技术活动经济效果研究的应用领域比较广泛，除了应用于投资项目的选择与实施等领域，还运用于企业设备更新、原料及工艺选择等领域。

（2）技术活动与经济活动的相互关系。技术和经济是人类社会发展不可或缺的两个方面，二者是相互促进、相互制约的关系：一方面，发展经济必须依靠一定的技术手段，人类社会发展史上的三次科技革命及其对社会经济的影响已经充分说明了技术的进步是推动经济发展的强大动力；另一方面，技术总是在一定的经济条件下产生和发展的，技术的进步会受到经济条件的制约，只有经济发展到一定的水平，相应的技术才有条件被广泛应用和进一步发展。例如，正是在移动互联网、大数据、超级计算、传感网、脑科学等新理论、新技术以及经济社会发展强烈需求的共同驱动下，人工智能才能够加速发展，呈现深度学习、跨界融合、人机协同、群智开放、自主操控等新特征。

（3）技术活动的经济规律。科学技术是第一生产力，技术创新是促进经济增长的根本动力。所谓技术创新，是指新产品的设计与生产、新技术的应用、开辟原材料的新的供应来源、开辟新市场和实现企业的新组织形式，技术经济分析需要研究技术创新过程中的经济规律，从而推动技术进步，促进企业发展和国家经济的增长。

需要说明的是，正是由于技术活动与经济活动之间的互动关系，技术活动本身会遵循一定的客观规律（包括经济规律），而技术活动演变的同时又会对经济活动产生冲击和影响。例如，在产业层面，技术进步会促进产业升级，而技术进步和扩散本身也会通过产业升级来实现；在企业层面，企业技术创新能带动企业发展，而技术的周期更替又是通过企业的创新、模仿等行为完成的。因此上述（2）、（3）两类研究对象有时很难截然区分开。此外，还可以将研究对象按照微观（企业、项目层面）、中观（产业、地区层面）和宏观（国家层面）三个层次进行划分。

技术经济分析的特点是：第一，技术经济分析不研究技术本身，而是研究技术与经济的相互关系，研究技术应用的经济效果；第二，技术经济分析不是笼统地研究经济效果，也不是研究影响经济效果的一切因素，而是研究所采用的技术方案的经济效果；第三，进行技术经济分析，我们要为达到同一目标拟定多个行为方案，这样才存在比较的基础。

通过以上特点可以清楚地看出，在技术与经济这对矛盾统一体中，经济是处于支配地位的，对社会经济活动进行技术经济分析，应以经济作为出发点和归宿点。

阅读材料 10-1

纳米材料的应用前景分析

纳米材料是指在三维空间中至少有一维处于纳米尺度范围（1～100nm）或由它们作为基本单元构成的材料，大约相当于10～100个原子紧密排列在一起的尺度。

在充满生机的21世纪，信息、生物技术、能源、环境、先进制造技术和国防的高速发展必然对材料提出新的需求，元件的小型化、智能化、高集成、高密度存储和超快传输等对材料的尺寸要求越来越高；航空航天、新型军事装备及先进制造技术等对材料性能要求越来越高。新材料的创新，以及在此基础上诱发的新技术、新产品创新是未来10年对社会发展、经济振兴、国力增强最有影响力的战略研究领域。

从全球范围来看，纳米粉体材料中的纳米碳酸钙、纳米氧化锌、纳米氧化硅等几个产品已形成一定的市场规模；纳米粉体应用广泛的纳米陶瓷材料、纳米纺织材料、纳米改性涂料等材料也已开发成功，并初步实现了产业化生产；纳米粉体颗粒在医疗诊断制剂、微电子领域的应用正加紧由实验研究成果向产品产业化生产方向转移。受益于纳米技术的不断革新，生产工艺的逐渐完善，纳米材料的生产成本不断降低，新的应用领域不断开拓，2017年，全球纳米材料的市场规模超过了897亿美元。纳米材料主要被应用于电子电气、健康与个人护理、能源储存设备、交通、包装等领域。环境保护是当今的生态环境首要课题，天然纳米材料——膨润土在环境保护中的应用在国外相当广泛。膨润土可作为有害物质吸附剂，浑浊水的澄清剂，放射性废料和有毒物料的密封剂，被污染水的防水剂、污水处理剂、洗涤助剂等。在我国，纳米净化剂、纳米助燃剂、纳米固硫剂、用于水处理的纳米絮凝剂等新型产品相继开发成功，在这些产品的基础上，一些新型纳米产业相继发展。

目前纳米材料技术开发和产品销售速度有所减缓。同时由于可能对人类健康和环境存在潜在负面影响，这一产业或许将放慢发展速度。但未来纳米材料市场规模将十分可观。

（资料来源：根据网络资料改编。）

10.1.2 技术经济分析的核心要素

技术经济分析的过程就是分析围绕某一目标进行的各种技术活动因资金的投入所取得的经济效果和经济效益。因此，我们有必要首先明确经济效果与经济效益的区别与联系。

1. 经济效果

经济效果是指人们在实践活动中，特别是在生产活动中技术项目新的成果与新消耗劳动量（包括劳动占用）的比值，通常也称作产出与投入的比值。

人们从事一切经济活动（包括生产领域或非生产领域）都是一种有意识、有目的的经济行为，都是为了满足生产和生活上或其他方面的需要。要想满足这种需要，总是要耗费一定的资源，付出一定的劳动代价，所以就存在着经济效果的大小问题。由于经济活动的效果存在于生产领域和非生产领域之中，其中对物质生产领域的经济效果问题的研究是最基本、最重要的部分。对于在非生产领域中的经济活动，也要研究其经济效果，如教育经济效果、军事经济效果等。各领域技术活动所投入的劳动消耗与所取得的劳动结果之比为技术经济效果。

（1）劳动耗费。进行某种实践活动，主要是经济活动，都要投入一定的生产要素，这种投入就构成了耗费。

劳动耗费应包括劳动直接消耗和劳动占用两大部分。劳动直接消耗是指各种各样的费用或消耗，如工程建设中的资金支出、人力的消耗、物资的消耗、燃料动力的消耗、自然资源的消耗等，总称为活劳动和物化劳动消耗。因为资金是物资的代表，而物资是物化劳动的结晶，至于自然资源的开发和利用，也要以个人劳动的支出为媒介，所以劳动的直接消耗是技术活动中最根本的消耗。

广义的劳动消耗还应包括劳动力的占用、资金的占用、物资和资源的占用，这些劳动力和物化劳动的数量通常在技术方案实施以前的某个时期（建设期）就被陆续占用，直到投产运行及报废并退出企业活动为止。所以劳动占用量和劳动消耗量是两个不同的概念，它们之间不能直接相加减，必须通过占用效果系数的换算，才能对劳动耗费进行计量，但不管是劳动力还是资源的占用都是为了保证生产中的消耗并且它总是在生产中不断地转化为消耗。从这个意义上说，劳动占用的实质最终归结为消耗，为了把劳动的直接消耗和劳动占用加以区别，我们又把二者统称为劳动耗费。

（2）使用价值。生产的目的是满足社会的需要。通过生产中的消耗，劳动者所创造的是用于满足社会需要的产品或者劳务，所以劳动者在经济活动中创造的是社会需要的使用价值和有益效用。

在技术经济分析中，对于任何一个技术方案，有用的效果常常表现为满足某一需要的有用物，而有用物就具有使用价值，它有直接效果和间接效果，而效果本身又可以通过质量和数量来描述。质量是衡量使用价值本质的东西，而数量可判定使用价值的大小。任何两个方案比较，都是在确定质量的前提下进行数量方面的比较，如果创造的使用价值比劳动耗费大得多，经济效果就好；如果劳动耗费大于创造的使用价值，经济效果就差或没有效果，甚至有负效果。

（3）经济效果考核的思路与表达形式。从经济效果的科学定义出发，进行经济效果考核的思路有以下两个。

一是在既定的目标或既定的任务条件下，如何充分而合理地利用和节约有限的时间、人力、物力、财力，用最小的耗费完成期望目标或任务；

二是在有限的时间、人力、物力、财力的条件下，如何充分而合理地对其加以节约和利用，使它发挥最大的效能，以便满足既定目标和任务的要求。

经济效果可用以下公式表示：

$$E=\frac{V}{C}$$

式中：E 为技术方案的综合经济效果；

　　　V 为技术方案的社会使用价值或有用成果；

　　　C 为技术方案的社会劳动消耗。

从统计学的意义上说，经济效果是一个相对指标，如企业财务上经常运用的资金利润率、业务量增长与固定资产增长的比例等，这种指标可以是实物形的，也可以是价值形的，也可以无量纲。

2. 经济效益

经济效益是指在经济上有效益，即在生产、交换、分配和消费等经济活动过程中产生的有益的效果。它是一个量的概念，应该用量的大小来表示其得益的程度，如果没有得益，反而亏损，所产生的便是负经济效益。从定义可知，经济效益是所得与所耗之差，用公式表示为：

经济效益=所得-所耗

这里所讲的经济效益是从技术经济学的角度来研究的，主要指在运用生产力的有关要素中所采取的技术实践得到的经济效益。最常见的企业经济效益指标是利润，利润等于总收入减总成本。

在实际工作中，当考察一项具体的技术实践经济效益时，我们必须注意其是否符合国家的方针政策，因为经济效益同样存在生产关系方面的问题。例如，某个技术方案对一个部门的经济效益来讲是好的，但对国民经济总体或从全社会来看不一定那么好。所以，对某些项目作技术经济分析时，需要考察其社会经济效益。

10.1.3　技术经济分析的基本原理

技术经济分析的目的在于做出决策，完善的决策由两部分内容组成：提供某种特定目标所要求的所有可供选择的行动路线；从所有备选方案中选定一种最好的行动路线。

备选方案指为实现特定目标所涉及的具体技术手段。各种行为方案均涉及每项技术手段的实际技术条件、对环境的适应能力、能实现的功能及经济性等。

任何一种技术方案都会涉及投入和产出问题。因此，进行技术经济分析就是要分析围绕某一目标进行的各种技术活动因资金的投入所取得的经济效果和经济效益。因此，技术经济分析评价应遵循以下原则。

一是国民经济总的社会劳动消耗量最小的原则。企业评价投资方案的经济效果时，不能只从自身的局部利益出发，而应从整个国民经济的利益出发，以国民经济总的社会劳动消耗量最小为原则考虑技术方案的取舍。

二是从政治、社会、经济、技术、国防、生态环境以及资源等方面综合衡量的原则。企业必须根据这几个方面的标准对每一个方案进行综合的衡量和分析，选出一个最合适的方案。

需要注意的是，技术方案的经济效果和经济效益不仅在综合衡量和评价技术方案的时候非常必要，而且当不同的技术方案都能满足其他各方面的要求和标准时，经济效果和经济效益在方案取舍中起决定作用。所以，经济原则是技术方案评价和选择的主要原则。

企业进行技术经济分析，必须使各个备选方案具有经济比较的基础，也就是说方案之间要具有可比性。在进行各方案比较时，必须具备四个可比条件，即需要的可比性、消耗费用的可比性、价格的可比性和时间的可比性。

1. 满足需要的可比性

任何技术方案的目的都是满足一定的需要，但需要的对象是多样的。因此从技术经济观点来看，一种方案若要与另一种方案进行比较的话，则它们应能满足相应的社会需要，否则就无法进行比较。例如，铜和铝具有不同的金属特性，可以满足不同的材料需要，两者不可比。但是，当被制成铜导线和铝导线时，为了满足传输电能这一共同需要，两者是可比的。

一般来说，一切技术方案都是以其产品的数量、品种和质量等技术经济指标来满足社会需要的，我们在对满足相同需要的不同技术方案进行比较时，首先要令不同方案的产品数量、品种、质量等指标具有可比条件。

当对不同方案的产量进行比较时，应注意不同方案的产品产量是否可比，不应以额定产量为标准，而应以它的净产量为标准。

额定产量与净产量之间存在的数量差距可用下列公式表示：

$$\Delta G = Gb - G = K_1 Gb$$

或

$$Gb = G + \Delta G = K_2 G$$

式中：G 表示满足社会实际需要的产量（净产量）；

Gb 表示技术方案的额定产量（毛产量）；

ΔG 表示产品在生产流通过程中的减少量（损耗量）；

K_1 表示在生产流通过程中产量的不足系数；

K_2 表示在生产流通过程中产量的附加系数。

根据产量的可比条件，当对各种技术方案进行比较时，我们应该使各方案的 G 值相同，而不是 Gb 值相同。当然在有些技术方案中 G 值和 Gb 值是一致的，$\Delta G=0$，则就不必再对额定产量进行校正了。

2. 消耗费用的可比性

投入和产出是构成经济效果的两个方面，我们在考核经济效果时应从满足需要和资源消耗两方面进行。因此在方案比较时，还要注意在满足消耗费用方面的可比条件。

由于不同技术方案的技术特性和经济特性不同，因此在分析不同技术方案的消耗费用时，不能只考虑方案涉及的个别部门、个别环节的消耗，必须从全社会和国民经济整体出发，从全部消耗观点即系统的观点，出发来进行综合的考虑。例如，比较相同净产量的火电站和水电站两方案的消耗费用时，水电站因不需要消耗燃料，运行管理比较简单，生产管理人员少，因此维持使用的直接消耗费用就少。但在投资建设时，其建设工程量、占用土地资源量和投资费用都比火电站大。为了这两个技术方案能够具备在消耗费用方面的可比条件，在进行方案评价时，我们既要考虑两技术方案每年生产运行的消耗费用，也要考虑水电站、火电站由于占用投资、劳动力和资源所引起的其他部门的每年消耗费用。

为了使技术方案具有消耗方面的可比条件，应从社会总消耗的角度来计算，并且在计算时采取统一的计算原则和方法。若在计算甲方案时采用某一原则和方法，而计算乙方案时又采取另一原则和方法，则从技术经济观点来看，这两个方案显然是不可比的。消耗费用的可比性是方案比较中一个不可缺少的条件。

3. 价格的可比性

在计算比较方案的经济效果时，无论是对投入物还是产出物都必须使用价格指标。价格指标可从两个方面影响技术经济分析工作的正确性：一是价格水平本身是否合理；二是所选用的价格是否恰当（如采用国内市场价格、国际市场价格还是其他理论价格）。

例如，在进行企业评价时，可以选择相同时期的国内市场价格作为比较的基础；在进行项目的国民经济评价时，则应选择影子价格作为比较的基础。

4. 时间的可比性

技术方案的经济效果除了有数量的概念外，还具有时间的概念。例如，有两个技术方案，它们的产品产量、质量、投资、成本等都相同，但在时间上有差别。一个投产早、一个投产晚；或者一个投资早、一个投资晚，这样这两个方案的经济效果就不会相同。如此在进行比较前，我们就必须考虑时间因素。对不同技术方案在进行经济比较的时候，必须考虑它们由于在人力、物力和资源的投入以及发挥效益的时间不同，给整个国民经济所带来的影响。

根据技术方案经济衡量标准的要求，我们在对不同技术方案进行经济比较时应用相等的计算期作为比较基础，不能对甲方案计算它在 5 年期间内的经济效果，而对乙方案计算它在 10 年期间内的经济效果，然后对两个方案进行经济比较，这显然在时间上是不可比的。

10.1.4　技术经济分析的基本程序

技术经济分析的基本程序如下。

（1）发现和确定问题并提出总目标。要评价经济活动的效果需要有明确的任务和目标。要使目标建立在合理的基础之上，需要照顾到以下几对关系：近期和远期、局部和全局、宏观和微观。解决目标问题非常关键，目标错了将导致全盘失败。

（2）建立各种可行的技术方案。为了完成确定的目标任务，我们应提出各种可行的方案。这就要求我们在获得信息的情况下，进行经济预测，这是建立方案的必要条件。在建立方案时，既不能把实际可能的技术方案漏掉，也不能把不切实际的方案罗列其中，否则会使方案在比较时缺乏真实性。

（3）分析所拟的各种技术方案在技术经济方面内部和外部的利弊关系及其各种影响因素。

（4）建立各种技术方案的经济指标与其他各种参数之间的函数关系，列出相应的经济公式或方程，建立数学模型。

（5）求解数学模型。

（6）对各种可能的技术方案进行综合的经济评价。通过定性和定量的计算、分析、论证和评价，选出在经济上最合理的技术方案。

10.2 现金流量及其等值计算

10.2.1　现金流量的概念

任何一个长期投资方案的实施，都会牵涉到在未来一定时期内的现金流出与流入数量，即现金流量。一个项目完成投产后，它每年的现金净流量就是该项投资所引起的未来每年现金流入量超过其每年现金流出量的净额。

项目的现金流入量主要包括：

（1）固定资产投资项目建成投产后每年的营业收入；

（2）固定资产报废时的残值收入或变价收入；

（3）固定资产使用期满时收回原来投放的流动资金。

项目的现金流出量包括：

（1）固定资产的投资，包括购入或建造费用、运输费用和安装费用等；

（2）固定资产修理及维护等费用；

（3）所需的变动成本；

（4）各种利息、税金等。

现金净流量的计算公式为：

$$NCF_t = (CI - CO)_t$$

式中：NCF_t 为第 t 期净现金流量；

CI 为现金流入量；

CO 为现金流出量。

为了正确地评价各投资方案的经济效益，我们必须对投资方案的现金流量进行科学预测。

10.2.2　现金流量图

现金流量图（Cash-flow Diagrams）是一种能够通过在时间坐标图中标识各种现金流入、流出和相应时点的对应关系，从而反映经济系统现金流量随时间变化的图。它有助于人们确定现金流量发生的时点及其大小，便于技术经济分析。图 10-1 所示就是现金流量图的一个实例。

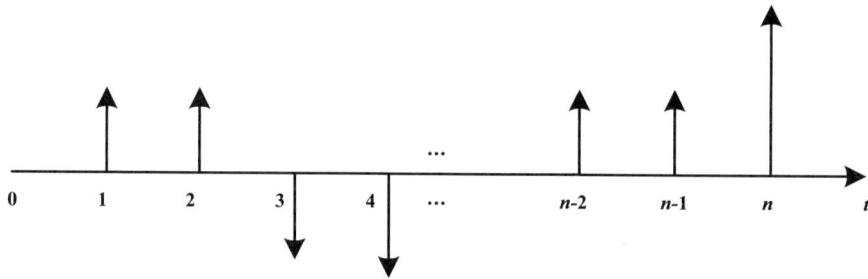

图 10-1　现金流量图

绘制现金流量图需要注意现金流量三要素，即流量大小、流向和发生时点，其基本规则如下。

（1）以横轴标度时间，向右侧延伸表示时间的延续，轴上每一个刻度代表一个时间周期，通常指年，也可以指季度、月份等。坐标轴下方的 0 表示时间序列的起点，n 表示时间序列的终点。

（2）垂直于时间坐标轴的带箭头线段表示不同时点的现金流量大小及流向。一般在时间轴上方的线段表示现金流入，下方的则表示现金流出。

（3）带箭头线段的长短一般用来体现现金流量的数值差异，必要时可在线段的上方或下方注明具体数值。

（4）线段与时间轴的交点就是现金流量发生的时点。

（5）时间序列中某一时期的期末即为下一期的期初。

（6）现金的流入和流出是针对特定的系统而言的。同一笔资金对于交易中的一方来说是流入，对于另一方来说则是流出。

10.2.3　资金的时间价值

1.　资金时间价值的内涵

任何项目的进行和技术方案的实施都是一个时间的延续过程。这一过程会产生具有时间先后顺序的现金流量序列，这个序列体现了企业投入资金和获取收益的过程。若要客观地评价项目或技术方案的经济效果，我们不仅要考虑现金的流入和流出量，还需要考虑现金流入或流出的时间。时间的因素对于技术经济分析有着重要的意义。

资金的时间价值

一般认为，不同时间付出或得到同样数额的资金在价值上是不等的：当前能够支配的资金，即使不考虑通货膨胀因素，也比未来可获得的等量资金更有价值，因为当前能够支配的资金可以立即用来投入生产流通环节，从而创造收益，而未来的资金则无法用于当前投资，无法立即产生收益。不同时间点的等额资金在价值上的差别体现的就是资金的时间价值。

对于资金的时间价值，我们可以从以下两个方面来理解：首先，投资者可以将一定量的资金投入生产流通领域来获得利润，此时资金经历一定时间实现了增值。其次，资金的时间价值可以被看作是人们为了使用"资金"这一稀缺资源而付出的机会成本。例如，资金的借贷双方需要商定利息，对于借方来说，利息是占用资金所要付出的代价，而对于贷方而言，利息是暂时让渡资金使用权所得的报偿，是放弃近期消费所得的补偿。

2.　利息与利率

正如上文所述，利息是占用资金所要付出的代价（或暂时放弃使用资金所获得的补偿）。一个大家熟悉的场景是：如果将一笔资金存入银行，这笔资金就被称为本金，经过一段时间后，储户可在本金之外再获得一笔利息。此时利息是衡量借贷资本时间价值的绝对尺度。而利率是一个计息周期内所得的利息额与借贷本金之比，它是衡量借贷资本时间价值的相对尺度，利率越大，则资金增值速度越快。

3.　单利与复利

利息的计算方法有单利和复利两种。

（1）单利。单利指在任意一个计息周期内只按最初存入的本金计算利息，对获得的利息不进行计息。其计算公式为：

$$I = n \cdot i \cdot P$$

式中，I 为利息（元）；

P 为本金（元）；

n 为计息周期数；

i 为周期利率（%）。

设到 n 期终了的本利和为 F，则有：

$$F = P + I = P + n \cdot i \cdot P$$

可以看出，单利反映的是简单再生产过程，每个周期都以相同的规模重复。

（2）复利。复利是指每一个计息周期都以前一个计息周期的本利和作为其计息的基数。即民间所称的"利滚利"或"驴打滚"。复利的本利和的计算公式：

$$F=P \cdot (1+i)^n$$

从图 10-2 中可以看出，随着时间的推移，复利和单利的差异将越来越大。

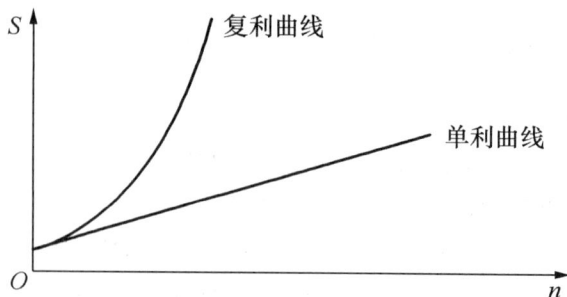

图 10-2　资金随时间的变化规律曲线

从资金运动客观过程来看，在借贷活动中，如果不将前一周期的利息并入本金作为下期生息的基数，显然损害了债权人的利益。因为产生的利息也同样借给了债务人使用，不付息就成了债务人对利息这部分资金无偿占用，这显然不合理。复利反映的是一个扩大再生产的过程。在进行投资的经济效果分析时，为便于不同方案的比较，我们较多采用的是复利计息。

10.2.4　资金等值计算

1. 资金等值的概念

资金时间价值的存在，使不同时间点上发生的现金流量无法直接加以比较。我们需要通过一系列的换算，让这些现金流量处于同一时间点，然后进行对比，才能更真实地反映项目或技术方案的情况。换算是通过资金等值计算来完成的。所谓资金等值，是指在考虑了资金时间价值因素后，不同时间点上数额不等的资金在一定利率条件下具有相等的价值。在资金的等值计算中，必须明确三种典型的现金流量，即现值、终值和等额年金。

现值（P）是指按规定利率计算的未来一定量资金的现在价值，或者从时间上指发生在零年（现在）的价值，如期初投资、存款本金等。

终值（F）又称期值，指按照规定利率计算的现在一定本金在未来某一时间应取得的本利和（利率通常用 i 表示），或者从时间上指项目服务期终了时（n 年）的价值。例如，存款中的本利和、固定资产净残值以及期末回收的流动资金等。

等额年金（A）指按照规定利率计算的，现值（或期值）拉平到各年中去的价值。等额年金在项目服务期内连续、等额发生在各期期末，如年折旧费、年经营成本、年收入等。

2. 资金等值计算公式

我们通过资金等值计算，可以将不同时点的现金流量换算到同一时点上。资金等值计算公式和复利计算公式在形式上是相同的。主要计算公式如下。

（1）一次支付的情形。一次支付又称整付，指所分析系统的现金流量无论是流入还是流出，均在一个时点上一次发生。一次支付的等值计算公式如下。

① 一次支付终值公式（已知 P，求 F）

$$F=P \cdot (1+i)^n=P \cdot (F/P, i, n)$$

式中，（F/P，i，n）为一次支付终值系数（也称复利终值系数），计算 F 是一个利息累计的过程，如一次性偿还贷款等。

【例题 10-1】 某公司购买设备从银行贷款 1 000 万元，年利率为 7%，且按复利计息，5 年后一次结清，则第 5 年年末应还本利和为多少？

解：F=1 000×（1+0.07）^{5}=1 402.6（万元）

② 一次支付现值公式（已知 F，求 P）

$$P=\frac{F}{(1+i)^n}=F \cdot (P/F，i，n)$$

式中，（P/F，i，n）为一次支付现值系数（也称贴现系数），计算 P 是一个利息扣除的过程。

【例题 10-2】 在银行利率为 7%，且按复利计息的情况下，某公司为在 5 年后获得 1 000 万元存款，现在应存入银行多少现金？

解：$P=\dfrac{1\,000}{(1+0.07)^5}$=712.99（万元）

（2）等额分付的情形。等额分付是一种多次支付，多次支付是指现金流入和流出发生在多个时点。现金流数额可以不等也可以相等。若现金流是连续且等额的，则被称为等额序列现金流。这种情形又可以称为等额分付。等额分付讨论的是等额年金（A）与其他两种现金流量之间的换算，所以有如下四个计算公式。

① 等额分付终值公式（已知 A，求 F）

$$F=A \cdot \frac{(1+i)^n-1}{i}=A \cdot (F/A，i，n)$$

式中，（F/A，i，n）为等额分付终值系数（也称年金终值系数），F 就是每一期 A 的本利和之累计，所以计算 F 是一个利息累计的过程，如日常存款时的零存整取。

【例题 10-3】 某大学生在 4 年学习期间，每年年初从银行贷款 2 000 元用来支付学费，若按年利率 6%计复利，第 4 年年末一次应归还的全部本息是多少？

需要注意的是，本题中每年一次的贷款发生在每年的年初，而等额年金是发生在每一年的年末的，所以在套用公式之前必须将发生在年初的贷款金额换算成每年年末的金额。

解：F=2 000×（1+0.06）×$\dfrac{(1+0.06)^4-1}{0.06}$=9 274（元）

② 等额分付偿债基金公式（已知 F，求 A）

$$A=F \cdot \frac{i}{(1+i)^n-1}=F \cdot (A/F，i，n)$$

式中，（A/F，i，n）为等额分付偿债基金系数，如有人为在期末还债 F，当银行存款利率为 i 时，每年年末存款 A，就能如期还债。

【例题 10-4】 在银行利率为 7%，且按复利计息的情况下，某公司为在 5 年后获得 1 000 万元存款，应当在每年年底向银行存入多少现金？

解：A=1 000×$\dfrac{0.07}{(1+0.07)^5-1}$=173.89（万元）

③ 等额分付现值公式（已知 A，求 P）

$$P = A \cdot \frac{(1+i)^n - 1}{i(1+i)^n} = A \cdot (P/A, \ i, \ n)$$

式中，$(P/A, i, n)$ 为等额分付现值系数（也称年金现值系数）。

【例题 10-5】 某设备寿命 10 年，每年净收益 2 万元，复利利率 10%，公司恰好在寿命周期内把期初设备投资全部收回，请问该设备期初投资为多少？

解：$P = 2 \times \dfrac{(1+0.1)^{10} - 1}{0.1 \times (1+0.1)^{10}} = 12.289$（万元）

④ 等额分付资金回收公式（已知 P，求 A）

$$A = P \cdot \frac{i(1+i)^n}{(1+i)^n - 1} = P \cdot (A/P, \ i, \ n)$$

式中，$(A/P, i, n)$ 为等额分付资金回收系数（也称资金还原系数），类似于分期付款。

【例题 10-6】 一套运输设备价值 30 万元，公司希望在 5 年内等额收回全部投资，若利率为 8%，且按复利计算，请问公司每年应至少回收多少？

解：$A = 30 \times \dfrac{0.1 \times (1+0.1)^5}{(1+0.1)^5 - 1} = 7.913\ 9$（万元）

为了便于理解，我们将以上公式进行了汇总，具体如表 10-1 所示。

表 10-1　　　　　　　　　　常用资金等值公式

类别		已知	求解	公式	系数名称及符号
一次支付	终值公式	现值 P	期值 F	$F = P \cdot (1+i)^n$	一次支付终值系数 $(F/P, i, n)$
	现值公式	期值 F	现值 P	$P = \dfrac{F}{(1+i)^n}$	一次支付现值系数 $(P/F, i, n)$
等额分付	终值公式	年值 A	期值 F	$F = A \cdot \dfrac{(1+i)^n - 1}{i}$	等额分付终值系数 $(F/A, i, n)$
	偿债基金公式	期值 F	年值 A	$A = F \cdot \dfrac{i}{(1+i)^n - 1}$	等额分付偿债基金系数 $(A/F, i, n)$
	现值公式	年值 A	现值 P	$P = A \cdot \dfrac{(1+i)^n - 1}{i(1+i)^n}$	等额分付现值系数 $(P/A, i, n)$
	资金回收公式	现值 P	年值 A	$A = P \cdot \dfrac{i(1+i)^n}{(1+i)^n - 1}$	等额分付资金回收系数 $(A/P, i, n)$

阅读材料 10-2

还款方式怎么选

房屋贷款是最普遍的贷款产品之一。然而，许多人并不是十分了解，不同的偿还方式对总偿还金额以及本人理财的影响。因为贷款金额庞大（数十万到上百万元人民币），偿还方式与偿还过程中所付的利息（贷款成本）息息相关。很多人在还房贷上会纠结该选"等额本息"还是"等额本金"。

一般情况下，我们房贷每月还款一次，每月归还的贷款中同时包含了利息部分和本金部分。无论是"等额本息"还是"等额本金"，每个月的利息的计算方式是完全一样的（每月偿还的利息=目前欠银行的剩余本金×每个月的利率），不同的是本金部分。

等额本息为最常见的偿还方式。在还款期内，借款人每月以相等的金额偿还贷款本息。而等额本金是银行推荐的另一种还款方式。每月偿还同等数额的本金和剩余贷款在该月所产生的利息。每月偿还的金额并不固定。一开始很高，但越来越低。

所以假设我们贷款300万元，分30年还，以贷款基准利率4.9%来进行计算。单单从数学角度来看，等额本金较于等额本息还款少了50多万元，但是这是否就意味着等额本金就一定更好呢？

究竟采用哪种还款方式，专家建议还是要根据个人的实际情况来定。"等额本息还款法"每月的还款金额数是一样的，对于参加工作不久的年轻人来说，选择"等额本息还款法"比较好，可以减少前期的还款压力。对于已经有经济实力的中年人来说，采用"等额本金还款法"比较理想。在收入高峰期多还款，就能减少今后的还款压力，并通过提前还款等手段来减少利息支出。另外，等额本息还款法操作起来比较简单，每月金额固定，不用再算来算去。总而言之，等额本息还款法适用于现期收入少，负担人口少，预期收入将稳定增加的借款人，如部分年轻人，而等额本金还款法则适合有一定积蓄，但家庭负担将日益加重的借款人，如中老年人。

10.3 确定性评价的指标与方法

10.3.1 评价指标的设置原则

为了实现某一技术过程，达到预期的目标，可能有许多备选方案，要选择经济效益好的合理方案，需要借助于一定判据进行度量，这种判据就是指标与指标体系。要设置好指标与指标体系，使判据科学合理，必须遵循以下原则。

（1）科学性原则。指标的设置必须同技术经济范畴的科学含义相一致；指标的数量应取决于实际经济部门的需要和理论研究的完善程度；指标的概念要科学，含义要确切，计算范围要明确，计算方法要简明。

（2）实用性原则。指标与指标体系应适应社会经济发展水平、计划水平、统计水平、管理水平的要求，要切实可行，要尽可能地与统计口径、会计核算的指标相一致。

（3）可比性原则。我们设计指标和指标体系时要使统计数据可比，要注意将不可比的因素转化为可比因素，并尽可能地与国内外同行业的指标相一致，以便找出差距，正确决策。

10.3.2 常用评价指标

1. 投资回收期

所谓投资回收期，是指用技术方案每年的净收益（净现金流量、利润）抵偿全部投资所需要的时间。其表达式为：

$$K=\sum_{t=1}^{N}\frac{(CI-CO)_t}{(1+i_0)^t}$$

式中：K 为投资额；

$(CI-CO)_t$ 为第 t 年净收益；

N 为投资回收期；

i_0 为基准折现率。

用上式计算投资回收期，还可以写成：

$$N=累计净现金流量出现正值的年份-1+\frac{|上年累计净现金流量|}{当年净现金流量}$$

这种方法的适用条件是：如果方案的投资回收期 N 小于等于标准投资回收期 N_b，则认为方案可行；相反，如果方案的投资回收期 N 大于标准投资回收期 N_b，则方案不可行。

【例题 10-7】 某项目的现金流量如表 10-2 所示（设最低报酬率为 8%），N_b=10 年。

表 10-2　　　　　　　　　　　　　　　某项目的现金流量　　　　　　　　　　　　　　单位：万元

年份	0	1	2	3	4	5	6	7	8	9
现金流入量				396	450	500	500	500	500	500
现金流出量	1 000			200	200	200	200	200	200	200
净现金流量	-1 000	0	0	196	250	300	300	300	300	300
累计净现金流量	-1 000	-1 000	-1 000	-804	-554	-254	46	346	646	946
贴现系数	1.000	0.925 9	0.857 3	0.793 8	0.735	0.680 6	0.630 2	0.583 5	0.540 3	0.500 2
贴现净现金流量	-1 000	0	0	155.58	183.75	204.18	189.06	175.06	162.09	150.06
累计贴现净现金流量	-1 000	-1 000	-1 000	-844.42	-660.67	-456.49	-267.43	-92.37	69.72	219.78

$$N（静态）=累计净现金流量出现正值的年份-1+\frac{|上年累计净现金流量|}{当年净现金流量}$$

$$=6-1+\frac{|-254|}{300}$$

$$=5.85（年）$$

$$N（动态）=累计贴现净现金流量出现正值的年份-1+\frac{|上年累计贴现净现金流量|}{当年贴现净现金流量}$$

$$=8-1+\frac{|-92.37|}{162.09}$$

$$=7.57（年）$$

`由此不难看出，该指标只能判断方案可行与否。如果就某一建设项目所拟定的两个及以上的技术方案都存在 $N \leq N_b$，那我们能不能利用投资回收期指标在以上方案中选择一个最优方案？回答是否定的。原因很简单，该指标不适用于选优。

2. 追加投资回收期

所谓追加投资回收期，是指在产出（收入）相同的前提下，用投资大的方案所节约的年运营成本回收超额投资所需要的时间。其数学表达式如下：

$$N' = \frac{K_1 - K_2}{C_2 - C_1}$$

式中：N'为追加投资回收期；

K_1、K_2 为方案 1、方案 2 的投资额；

C_1、C_2 为方案 1、方案 2 的年运营成本。

该指标的适用条件是：如果 $K_1 > K_2$、$C_2 > C_1$，当 $N' < N_b$ 时，投资大的方案优，选择方案 1；当 $N' > N_b$ 时，投资小的方案优，选择方案 2。

【例题 10-8】 某企业现有两个备选的投资方案，方案 I 的投资额为 720 万元，年经营费用为 120 万元；方案的 II 投资额为 600 万元，年经营费用为 150 万元，标准投资回收期为 5 年，试计算追加投资回收期并选择最优方案。

解：$N' = \frac{K_1 - K_2}{C_2 - C_1} = \frac{720 - 600}{150 - 120} = \frac{120}{30} = 4$

$\therefore N' < N_B = 5$

$\therefore$ 投资大的方案较优，选择方案 I。

3. 净现值（NPV）

所谓净现值，是指工程方案在使用年限内按基准收益率计算的净现金流量的现值总和，也可表示为使用期内逐年收益现值之总和。计算公式为：

$$NPV = \sum_{t=0}^{n} \frac{(CI - CO)_t}{(1 + i_0)^t}$$

式中：i_0 为基准收益率；

n 为方案的服务期限；

$(CI - CO)_t$ 为第 t 年的净收益。

若方案的投资是一次性的，即在零年全部投入，则上述公式可简化为：

$$NPV = -K + \sum_{t=0}^{n} \frac{(CI - CO)_t}{(1 + i_0)^t}$$

式中：K 为初始投资额。

利用该指标进行单方案评价时，若 $NPV > 0$，则表示项目的收益率不仅可以达到基准收益率的水平，而且还有盈余；若有 $NPV = 0$，则表示方案的收益率正好等于基准收益率；若 $NPV < 0$，则说明方案的收益率达不到基准收益率的水平。因此，只有 $NPV \geq 0$ 时，方案才可行。需要注意的是，该指标一般只用来判断方案的可行与否，不能进行方案之间的比较选优。

4. 净现值指数（NPVI）

净现值指数，是指在技术方案的服务期内单位投资现值产生的净现值。计算公式如下：

$$NPVI = \frac{NPV}{P(K)}$$

式中：$P(K)$ 为投资的现值和。

该指标克服了不同方案投资规模的差异，所以可用来进行方案之间的比较选优。一般净现值指数较大的方案为优选方案。净现值指数（NPVI）和净现值（NPV）通常配合使用。

5. 内部收益率（IRR）

内部收益率也称内部报酬率，是指在方案的服务期内，使方案的贴现净现金流量的累计值为零的折现率。即：

$$-K + \sum_{t=1}^{n} \frac{(CI - CO)_t}{(1+i^*)^t} = 0$$

式中：i^* 为内部收益率。

由公式可知，一个工程项目的净现值与所选折现率密切相关，净现值数值随折现率的增大而减小。也可以说，使项目在计算期内净现值为零（即总收益现值与总费用现值相等）时的折现率为该方案的内部收益率。

对于独立方案来说，当技术方案要求的内部收益率大于等于基准收益率 i^* 时，则该方案在经济上可行；反之，i^* 小于 i_0 时，则方案不可行。

在实际操作中，往往采用近似方法来求内部收益率，公式如下：

$$i^* = i_1 + NPV_1 \frac{(i_2 - i_1)}{(NPV_1 + |NPV_2|)}$$

式中：i^* 为内部收益率；

NPV_1 为采用低折现率 i_1 时的净现值；

NPV_2 为采用高折现率 i_2 时的净现值。

10.3.3 多方案经济评价的方法

1. 备选投资方案的关系类型

企业在对项目投资方案进行经济评价时，通常会遇到以下两种情况：其一是单方案评价，即投资项目只有一种技术方案或独立的项目方案可供选择和评价；其二是多方案评价，即投资项目同时有几种可供选择的技术方案。对于单方案，一般通过净现值、净现值指数、内部收益率等评价指标就可以做出评价。但是在实际经营过程中，企业往往会面临从多个备选方案中选择技术先进、经济合理、社会效益好的最优方案的难题。

多方案的动态评价方法的选择与各备选方案之间的相互关系的类型有关。备选方案之间的相互关系可以分为如下三种类型。

（1）独立方案。独立方案是指各个方案之间互不干扰、经济上互不相关的方案组。方案组中任一方案的采用与否都不影响其他方案是否采用的决策。因此，某个方案是否被选择，仅取决于该方案自身的经济性。我们对其进行评价实质是看方案是否达到或超过了预定的评价标准和水平。所以我们可以把这类方案看作单一方案的特例，通过检验它们的净现值、内部收益率等指标是否能够达到标准即可做出决策。

（2）互斥方案。互斥方案是指相互之间存在着互相排斥关系的方案。在对多个互斥方案进行选择时，我们最多只能选择其一。例如，在企业项目招标过程中，一般情况下，招标企业只能依据相关评价标准选择一家投标单位达成协议，而不可能同时和两家或两家以上达成协议。互斥方案的比较评价是技术经济分析工作的重要组成部分。

（3）相关方案。相关方案包括：①现金流量相关方案：即现金流量相互影响的方案组成的方案组；②资源有限相关方案：即有资源约束条件，如受资金、劳动、材料、设备及其他资源拥有量的限制，只能从中选择一部分方案实施的方案组；③混合相关方案：即既有互补方案，又有替代方案，既有互斥又有独立的方案组。我们在对相关方案进行经济评价时，需要认真研究各个方案的相互关系，最终选择的不是单个方案，而应该是最佳的方案组合。

因此，在开展多方案经济评价之前，我们需要确定备选方案间的关系属于哪种类型，不同的关系类型往往对应着不同的评价方法、选择和判断尺度等。下面将重点介绍互斥方案的经济评价。

2. 互斥方案的经济评价

我们在对互斥方案进行经济评价时，必须令各个备选方案具备可比性（详见 10.1.3 节）。互斥方案的经济评价包含两个方面，首先是考察各个方案自身的经济效果，即用经济效果评价指标检验自身的经济性，即"绝对（经济）效果检验"，对通过"绝对（经济）效果检验"的方案再进行"相对（经济）效果检验"，确定哪个备选方案相对最优。以上两个方面在互斥方案的经济评价中目的不同，缺一不可。

（1）寿命周期相同的互斥方案的动态评价。动态评价强调利用资金等值计算公式将不同时间点的现金流量换算成统一时点的价值，从而消除方案在时间上的不可比性，并能反映方案在未来时期的发展变化情况。可以采用的评价指标有净现值、净年值、增量内部收益率等，这里我们以净现值为例，详细介绍评价步骤。

【例题 10-9】 经预测，某投资项目有两个拟定方案，资料如表 10-3 所示，由于条件限制，企业只能从其中选择一个进行投资，试用净现值（NPV）指标选择最佳方案（利率 i=8%）。

表 10-3　　　　　　　　　　两方案的现金流量

方案	初始投资（万元）	年净收益（万元）	寿命（年）
I	900	200	6
II	1 350	300	6

解：首先计算两个方案的 NPV，在计算 NPV 时，采用等额分付资金回收系数（$A/P, i, n$）进行换算，具体过程和计算结果如下：

NPV_1= -900+200（P/A, 8%, 6）=24.576

NPV_2= -1 350+300（P/A, 8%, 6）=36.864

由于方案 II 的 NPV>0 且数值比方案 I 大，所以经绝对（经济）效果检验和相对（经济）效果检验后，企业应该选择方案 II 进行投资。

（2）寿命周期不同的互斥方案的评价。在实际中，企业面临的备选方案的寿命周期往往是不同的，这时必须对计算期进行假设，通过保证其可比性来得到可靠的结论。

【**例题 10-10**】 经预测，某投资项目有两个拟定方案，资料如表 10-4 所示，两方案均无残值，基准收益率 i=8%。试选择最优方案。

表 10-4 两方案的现金流量

方案	初始投资（万元）	年经营成本（万元）	寿命（年）
I	800	600	5
II	1 500	500	10

首先分别计算两方案的年经费，其现金流量图（见图 10-3）及计算如下：

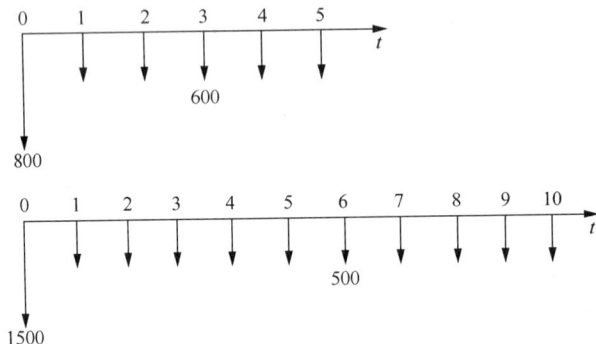

图 10-3 现金流量图（1）

两方案的年经费：

$$AC_1=800\times（A/P，8\%，5）+600=800（万元）$$
$$AC_2=1\ 500\times（A/P，8\%，10）+500=724（万元）$$

方案 II 较方案 I 节约：

$$AC_1-AC_2=76（万元）$$

但是，此节约额只是前 5 年的，后 5 年只有方案 II，如图 10-4 所示。

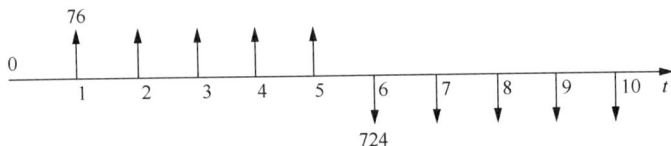

图 10-4 现金流量图（2）

根据这样的结果是难以做出判断的，这就是计算周期不同带来的比较分析的困难。所以，为了在计算周期相同的情况进行比较，我们可选择以下两种方法。

① 最小公倍数法。最小公倍数法又称方案重复法，是以各备选方案寿命周期的最小公倍数作为计算周期，并假设各个方案均在共同的计算周期内重复进行，即各方案在其计算周期结束后，均可以按与其原方案计算期内完全相同的现金流量系列周而复始的循环至共同计算周期结束。我们在此基础上计算出各个方案的年经费，选择年经费少的为最优方案。【例题 10-10】中两个方案服务期的最小公倍数为 10 年，于是方案 I 于第 5 年年末再投资一次，则其现金流量图（见图 10-5）及计算如下：

$$AC_1=800\times（A/P，8\%，10）+800\times（P/F，8\%，5）\times（A/P，8\%，10）+600=800（万元）$$
$$AC_2=724（万元）$$

结论：选择方案 II。

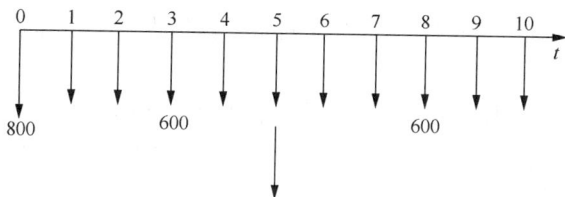

图 10-5　现金流量图（3）

需要注意的是，采用最小公倍数法时，我们虽然解决了各方案寿命不等时产生的现金流量不可比问题。但这种方法不适用于对某些不可再生资源开发型项目的选择和评价。我们在对这类项目进行评价的过程中，若采用最小公倍数法，则求得的共同计算期过长，甚至超过了项目寿命期的上限，这就降低了方案经济效果指标的可靠性与真实性。

② 研究期法。为了弥补最小公倍数法的不足，我们对寿命周期不等的互斥方案，也可以根据对市场前景的预测，直接选取一个适当的分析期作为各个方案共同的计算期。这种方法被称为研究期法。实践中，我们一般以互斥方案中年限最短或最长的方案的寿命为共同研究期。这样做同样可以解决各方案寿命不等时产生的现金流量不可比问题。该方法以共同研究期内各方案年经费为依据来进行比选，将年经费较低的选为最优方案。

在【例题 10-10】中，我们可以取方案 I 的寿命 5 年为研究期，则：

$AC_1 = 800 \times (A/P, 8\%, 5) + 600 = 800$（万元）。

现金流量图如图 10-6 所示。

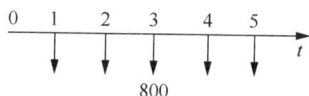

图 10-6　现金流量图（4）

$AC_2 = 1\,500 \times (A/P, 8\%, 10) + 500 = 724$（万元），取前 5 年的费用 724 万元。

现金流量图如图 10-7 所示。

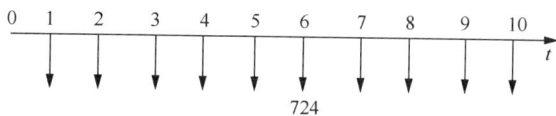

图 10-7　现金流量图（5）

结论：选择方案 II。

可以肯定，用研究期法进行方案比较时，如果不考虑技术进步及价格、费用等因素变化，而假设进行设备重置条件不改变，则对不同服务期的方案可用其差值进行直接比较。

10.4 不确定性分析方法

技术经济分析中所用到的数据，大多数来自对未来的预测与估算，如项目的预计建设周期、使用寿命、生产能力、产品价格等。通过先前对财务管理知识的学习，我们应该对项目投资的风险与不确定性有了更加清晰的认识。管理学中的不确定性指决策者事先不知道决策的所有可能结果，或者虽然知道可能的结果，但不知道它们出现的概率。技术经济分析中的不确定性来自方案评价过程中所采用的各种数据与实际值之间的偏差，如总投资、销售收入、经营成本、利率等因素的变化对方案经济效果的影响等。

这种关于未来可能变化的因素对方案效果的影响的分析被称为不确定性分析。我们进行不确定性分析时，通过运用定量手段计算出各种不确定因素对方案经济效果的影响程度，推断项目的抗风险能力，一方面为项目决策提供依据，另一方面也为制定改进措施和风险控制手段提供依据。本节主要介绍盈亏平衡分析和敏感性分析这两种分析方法。

10.4.1　盈亏平衡分析

盈亏平衡分析即通过分析工业项目产品生产成本、产销量与盈利之间的平衡关系，找出项目盈利和亏损在产量、单价、成本等方面的临界点，以判断不确定性因素对方案经济效果的影响程度，说明方案实施的风险大小。这个临界点被称为盈亏平衡点（Break Even Point，BEP），在该点，营业收入与生产成本相等，企业既不亏损也不盈利。盈亏平衡分析通常建立在以下假设的基础上。

盈亏平衡分析

（1）所采用的数据是项目投资正常年份内所达到设计生产能力时的数据，不考虑资金的时间价值及其他因素的影响。

（2）企业产品结构稳定，产品品种、收益和成本不变。

（3）生产量等于销售量，即产销平衡。

盈亏平衡点可以有多种表达方式，一般是从销售收入等于总成本费用即盈亏平衡方程式中导出。
设企业的销售价格（P）不变，则：

$$R=PQ$$

式中：R 代表税后销售收入（从企业角度看）；

P 代表单位产品价格（完税价格）；

Q 代表产品销量。

将税后销售收入与单位产品价格和产品销量的关系在坐标图中表达，则如图 10-8 所示。

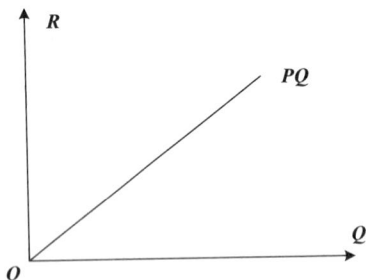

图 10-8　税后销售收入、产品销量与单位产品价格的关系

企业的总成本费用 C，从决策用的成本概念来看，可以分为以下两个部分。

（1）固定成本（C_f）：即在短期内不随着产量的变动而变动的成本，如企业租用厂房和购入机器设备的成本；

（2）可变成本（C_vQ）：即会随着产量的变动而变动的成本，如企业在劳动力、原材料、燃料等方面的投入。

企业的成本结构可以用如下公式表示：

$$C = C_f + C_v Q$$

式中：C_v 代表单位产品可变成本；

C_f 代表固定成本。

将企业的成本结构表示在图 10-8 所示的坐标图中，则得到图 10-9。

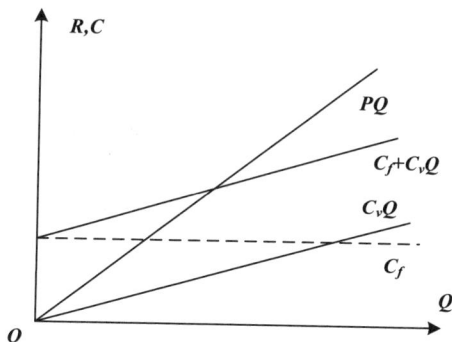

图 10-9　税后销售收入、总成本费用间的关系

当盈亏平衡时，则有：

$$PQ^* = C_f + C_v Q^*$$

式中：Q^* 为盈亏平衡点对应的产量。

将上述关系在同一坐标图中表达，则如图 10-10 所示。

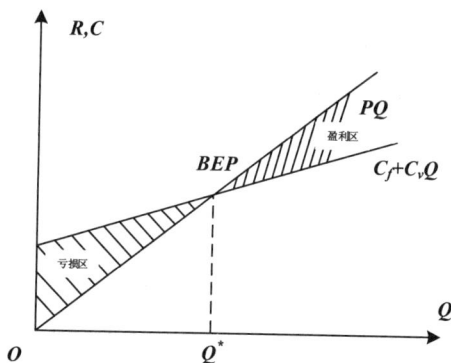

图 10-10　盈亏平衡分析图

从图 10-10 中可知，当企业在小于 Q^* 的产量下组织生产时，则项目亏损；在大于 Q^* 的产量下组织生产时，则项目盈利。显然 Q^* 是 BEP 的一个重要表达方式。

$$Q^* = \frac{C_f}{P - C_v}$$

其中，$P - C_v$ 表示每销售一个单位产品补偿了变动成本后的剩余，被称为单位产品的边际贡献。若项目设计生产能力为 Q_0，BEP 也可以用生产能力利用率来表达，即：

$$E = \frac{Q^*}{Q_0} \times 100\% = \frac{C_f}{(P - C_v)Q_0} \times 100\%$$

式中：E 代表盈亏平衡生产能力利用率。

所以 E 越小，BEP 也就越低，则项目盈利的可能性较大，造成亏损的可能性较小。如果按设计生产能力进行生产和销售，BEP 还可以由盈亏平衡价格来表达，即：

$$P^* = C_v + \frac{C_f}{Q_0}$$

【例题 10-11】 某工程方案设计生产能力为 12 万吨/年，单位产品售价（不含税）为 510 元/吨，总固定成本为 1 500 万元，单位成本为 250 元/吨，并与产量成比例关系，求盈亏平衡时的产量、生产能力利用率以及价格。

解：由相关公式得：

$$Q^* = \frac{1\ 500 \times 10^4}{510 - 250} = 5.77 \times 10^4\ (吨)$$

$$E = \frac{5.77 \times 10^4}{12 \times 10^4} \times 100\% = 48\%$$

$$P^* = 250 + \frac{1\ 500 \times 10^4}{12 \times 10^4} = 375\ (元/吨)$$

通过计算 BEP，可以对该方案发生亏损的可能性做出大致判断，如产量和价格允许的变化率。产量允许的降低率为：

$$1 - \frac{Q^*}{Q_0} = 1 - \frac{5.77 \times 10^4}{12 \times 10^4} = 52\%$$

价格允许的降低率为：

$$1 - \frac{P^*}{P} = 1 - \frac{375}{510} = 26\%$$

也就是说，其他条件不变时，只要产量降低幅度不超过生产能力的 52%，项目就不会发生亏损。同样只要企业产品价格降低幅度不超过 26%，企业就不至于亏损。

10.4.2　敏感性分析

敏感性分析（Sensitivity Analysis）通过对项目中最主要的不确定因素的变化对经济评价指标的影响进行评估，对项目承受各种风险的能力做出判断，从而为项目决策提供依据。

影响项目经济评价指标的因素多种多样，其中有的因素的微小变化会引起评价指标的大幅波动，对项目经济评价的可靠性产生较大影响，为项目带来较大风险，这类因素被称为敏感因素；反之，则被称为非敏感因素。敏感性分析的重点之一便是找出不确定因素中的敏感因素。

1. 敏感性分析的目的与步骤

（1）确定项目经济评价的分析指标。如前所述，对项目进行经济评价的指标有很多，我们在选择时应当依据项目本身的特点和实际需要，选择最能反映该项目经济效益和经济合理性的指标；同时，由于不确定性分析是在确定性分析的基础上进行的，所以本阶段选择的指标应与确定性分析中的一致。这里常用的分析指标包括内部收益率、净现值、投资回收期等。

（2）确定需要分析的不确定因素及其变动范围。我们根据项目的实际情况，在综合考虑因素的重要性以及评估工作的可操作性的基础上，选择对经济效益影响较大的指标作为分析对象。常用的不确定因素包括投资额、建设周期、产量、销量、价格、经营成本、折现率等。

（3）计算不确定因素变动对经济评价指标的影响，找出敏感因素。假定一次有一个或多个因素变动，其他因素不变，计算各种可能的不确定因素对经济评价指标影响的具体数值，采用敏感性分析计算表或分析图，将不确定因素与经济指标的对应关系反映出来。能使经济指标相对变化最大，或分析图中曲线斜率较大的因素即为敏感因素。此外，分析图还可以提供各种因素的临界点，即项目允许不确定因素向不利方向变化的极限值，它在项目风险评估与决策时具有重要的参考价值。

（4）结合确定性分析进行综合评价，对项目的风险情况做出判断。

2．应用举例

根据每次考虑的变动因素数量的不同，敏感性分析可以被细分为单因素分析和多因素敏感性分析。

（1）单因素敏感性分析。

【例题 10-12】 某项目初始投资为 1 000 万元，当年建成并投入使用，预计使用寿命为 10 年，每年可带来销售收入 600 万元，年经营费用为 400 万元，设基准利率为 10%。请分别对初始投资、年销售收入、年经营成本三个因素进行敏感性分析。

解：设初始投资为 K，年销售收入为 B，年经营成本为 C，则用净现值评价的项目经济效果为：
$$NPV=-K+(B-C) \cdot (P/A, 10\%, 10) = -1\,000+(600-400)\times6.144=228.8（万元）$$

下面分别对初始投资、年销售收入、年经营成本这三个不确定因素对净现值的影响进行单因素敏感性分析。

① 设投资额变动百分比为 X，投资额变动对净现值的影响可记为：
$$NPV=-K(1+X)+(B-C) \cdot (P/A, 10\%, 10)$$

② 设年销售收入变动百分比为 Y，投资额变动对净现值的影响可记为：
$$NPV=-K+[B(1+Y)-C] \cdot (P/A, 10\%, 10)$$

③ 设年经营成本变动百分比为 Z，投资额变动对净现值的影响可记为：
$$NPV=-K+[B-C(1+Z)] \cdot (P/A, 10\%, 10)$$

下面根据原始数值，试算在 X、Y、Z 取不同值的情况下，各不确定因素所产生的方案净现值，结果如表 10-5 所示。

表 10-5　　敏感性分析计算表　　单位：万元

因素 \ 变动率	-15%	-10%	-5%	0	5%	10%	15%
初始投资	378.8	328.8	278.8	228.8	178.8	128.8	78.8
年销售收入	-324.16	-139.84	44.48	228.8	413.12	597.44	781.76
年经营成本	597.44	474.56	351.68	228.8	105.92	-16.96	-139.84

根据上述结果绘制的敏感性分析图如图 10-11 所示。

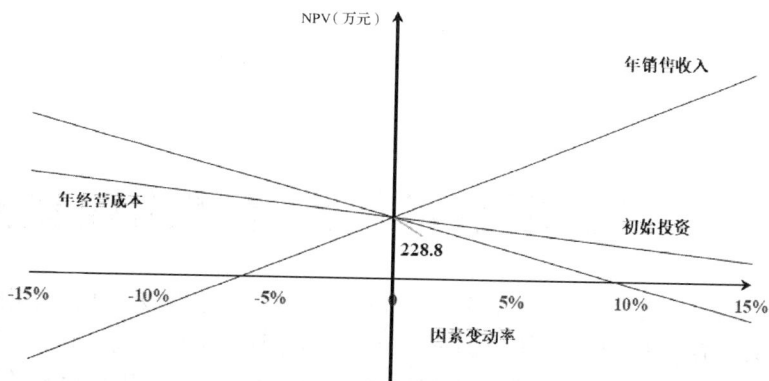

图 10-11　单因素敏感性分析图

由图 10-11 可知，在变动率相同的情况下，年销售收入对项目净现值的影响最大，而初始投资的影响最小。令 $NPV=0$，则有：

$$X=22.88\%，Y=-6.21\%，Z=9.31\%$$

所以，如果其他因素不变，初始投资的增幅超过 22.88%，或年销售收入减少 6.21%，或年经营成本提高 9.31%以上，方案均不可接受，所以年销售收入是其中最敏感的因素。在进行项目投资决策时，必须对年销售收入做出精确的预测。

（2）多因素敏感性分析。

实际上，影响项目经济效果的因素大多具有相关性，一个因素的变化会带动其他因素的变化，所以，多因素敏感性分析更加符合技术经济分析活动的实际情况。

【例题 10-13】 对【例题 10-12】进行多因素敏感性分析。

解：如果同时考虑投资额与年销售收入的变动。假设投资额变动比例为 X，年销售收入变动比例为 Y，则：

$$NPV= -K（1+X） + [B（1+Y）-C]\cdot（P/A，10\%，10）$$

将数据代入上式可得：

$$NPV=228.8-1\,000X+3\,686.4Y$$

计算 NPV 的临界值，即取 $NPV=0$，则有：

$$Y=0.271X-0.062$$

这是一个直线方程，如图 10-12 所示。

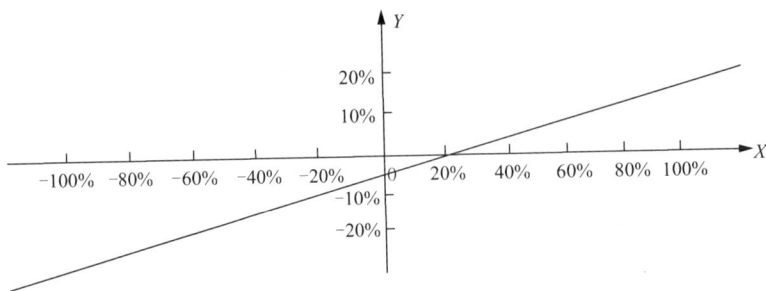

图 10-12 双因素敏感性分析图

在临界线的左上区域，$NPV>0$；在右下方区域，$NPV<0$，也就是说，只要初始投资与年销售收入同时变动的范围不超出左上方区域，则该项目可以接受。

依次类推，我们还可以进一步考虑初始投资、年销售收入、年经营成本三个因素同时变动对净现值的影响，此时会在坐标轴上得到若干组可行域，用于辅助决策。

10.5 公共项目可行性与费用效益分析

公共项目是指由政府为国家、社会和公众利益而投资建设、运营或向社会购买的非盈利项目。例如，城市的公共交通系统项目就是典型的公共项目。对于这类项目来说，前期必须经过严谨的可行性研究，同时，在项目实施的各阶段，仅仅通过财务分析并不能全面准确地衡量其经济效益，还需要通过费用效益分析进行国民经济评价。

10.5.1 项目可行性研究的内容

虽然可行性研究所要求的研究深度和复杂程度会由于项目自身特点以及项目所在国家或地区相关法规的规定而略有差别，但是其主要内容和工作大致如下。

1. 初步可行性分析

这一工作的内容主要是分析和研究项目提案或项目建议书所提出的项目的必要性、合理性、风险性和可行性，以及分析和评价项目提案或项目建议书中所得出的各种结论，从而做出项目是否立项的初始决策（初始决策是指对于某事物的首次决策）。通常，这一步的可行性分析涉及四个方面的内容：项目的技术可行性分析、项目的经济可行性分析、项目的运营可行性分析、项目的综合可行性分析。其中，项目的技术可行性分析是对于项目所采用的技术手段和项目产出物的技术要求等方面所进行的可行性分析与评价；项目的经济可行性分析是对项目工作的经济投入与产出和项目产出物的技术经济效果等方面的分析和评价；项目的运营可行性分析是对项目所需的各种条件和项目产出物投入运营后所需的各种支持条件的分析与评价；而项目的综合可行性分析是将前面给出的三个单项可行性分析综合在一起的项目可行性分析与评价。项目可行性分析的目的包括两个，其一是确定项目是否可行，从而得出项目是否立项的结论；其二是确定项目的哪个备选方案最好，并得出各个备选方案的优先序列。项目的初步可行性分析是一种过渡性的工作，有时可以放在项目提案或项目建议书阶段完成，有时可以与详细可行性分析合并进行。

2. 详细可行性分析

这一工作的内容是在初步可行性分析的基础上，进一步详细地分析项目的可行性，分析项目的技术可行性、经济可行性、运营可行性，以及项目的不确定性和各种风险，各种环境影响和各个备选方案的优劣。详细可行性分析一般要比初步可行性分析详细和复杂。例如，对于经济可行性分析，我们在这一阶段需要对项目进行财务评价和国民经济评价两个方面的分析。其中，项目财务评价是从企业的角度，按照国家现行财税制度和价格体系，分析和评价项目的财务效益，评估项目的财务可行性，决定项目是否可行的一项重要工作。各项财务评价指标从不同的角度分析和评价一个项目的财务可行性（最主要的有：财务静态评价指标与动态评价指标，动态评价指标即考虑了货币时间价值的评价指标）。这种评价对于企业是非常重要的，但是对国家、社会和国民经济的考虑不多，所以我们还要进行国民经济评价。国民经济评价是按照全社会资源合理配置的原则，从国家整体的角度考察项目的效益和费用。我们需要运用影子价格、影子工资、影子汇率、社会折现率等经济参数，分析项目对国民经济的贡献，从而对项目的经济可行性做出评价。进行这种评价是国家对于大中型项目的要求，一个大中型项目只有国民经济评价达到可行，方能获得批准。

3. 项目可行性分析报告的审批

项目可行性分析报告一般是由项目提出者、项目业主或项目的主管者自行或委托项目管理咨询单位完成的，项目的可行性分析研究者必须对分析的真实性、准确性和可靠性负责。同时项目的可行性分析报告还必须经过决策机构的审批，对于影响国计民生或与社区利益关系重大的项目还必须报送主管部门或国家机关，直至国务院审批。项目可行性分析报告审批的过程是一个项目最终决策的过程。不管项目可行性分析报告是否通过审批，这一过程的终结才是项目决策阶段的完成。项目可行性分析报告一旦获得审批，那么这一文件就成为今后项目投资决策的依据、项目设计的依据、项目资金筹措和资源配备的依据、项目实施的依据和指导文件以及项目实施完成并投入运营以后所做的后评估的依据。

📚 阅读材料 10-3

《南京地铁 11 号线一期工程可行性研究报告》评估会召开

受南京市发展和改革委员会委托，中铁第一勘察设计院集团有限公司（以下简称"铁一院"）于近日在南京市组织召开了《南京地铁11号线一期工程可行性研究报告》（以下简称《可研报告》）评估会。会议邀请来自天津、成都、南京的专家与铁一院专家组成专家组对报告进行了评估。省市相关部门、南京地铁集团等单位的领导和代表出席了会议。

专家组及与会代表认真审阅了《可研报告》、相关支持性文件和专题报告，听取了《可研报告》的汇报，查看了现场，并分为综合组、建筑组、结构组、机电组和经济组进行了充分讨论和交流。

专家组认为：《可研报告》文件编制内容较全面，项目建设范围和规模与批复的《建设规划》基本符合，采用的主要技术标准符合《城市轨道交通工程项目建设标准》《地铁设计规范》的要求。提出的线路走向和车站分布、主要工程方案基本符合城市总体规划、线网规划和建设规划。线、站位基本稳定，列车采用A型车6辆编组、速度目标值选用80km/h、运能设计满足客流需求及功能定位，车站规模与土建工法基本可行，设备系统配置满足运营要求。文件编制内容与深度，基本达到《可研报告》的编制深度要求。

（资料来源：根据网络资料改编，2018。）

10.5.2　费用效益分析概述

对投资公共项目的费用和效益进行比较，是确定各种投资方案经济性的基本途径。因此正确识别费用、效益是保证投资项目国民经济评价正确性的重要前提。

公共项目的效益是指项目对国民经济所做的贡献，分为直接效益和间接效益。直接效益是指项目产出物（物质产品或劳务）用影子价格计算的经济价值。一般表现为增加该产出物数量满足国内需求的效益；替代其他相同或类似企业的产出物，使被替代企业减产以减少国家有用资源耗费（或损失）的效益；增加出口（或减少进口）所增收（或节支）的国家外汇等。间接效益也称外部效益，是指项目为社会做出了贡献，而项目本身并未得益的那部分效益。

公共项目的费用是指国民经济为项目所付出的代价，分为直接费用和间接费用。直接费用是指用影子价格计算的项目投入物（固定资产和流动资金投资等一次性投入和经常性投入）的经济价值。一般表现为：其他部门为供应本项目投入物而扩大生产规模所耗用的资源费用；减少对其他项目（或最终顾客）投入物（或消费品）的供应而放弃的效益；增加进口（或减少出口）所耗费（或减收）的国家外汇等。间接费用则是指直接费用以外的费用，它从属于直接费用，是由直接费用引发的费用。例如，某地公路建设项目会导致农田减少，从而产生农产品产出减少等间接费用。

项目的间接效益和间接费用统称为"外部效果"。例如，工业项目所引进先进技术的扩散导致的科学技术水平的提高是外部效益；排出的废气、废水和废渣引起的环境污染是外部费用等。我们对显著的"外部效果"要做定量分析，计入项目的效益或费用；对不能定量的，应做定性描述。完全为新建生产性项目服务的商业、教育文化、卫生、住宅等生活福利设施的投资应被计作项目费用。这些生活福利设施所产生的效益，可被视为完全体现在项目的产出效益中，一般不必单独核算。有条件时，也可以计算这些生活福利设施所产生的效益，计入项目总效益。

10.5.3　费用效益分析的参数

费用效益分析涉及的主要参数包括：社会折现率、影子汇率以及影子工资。这些参数由专门机构进行测算和发布。

1.　社会折现率

社会折现率是建设项目经济评价的通用参数，在国民经济评价中被当作计算经济净现值时的折现率，并作为经济内部收益的基准值，是建设项目经济可行性的主要判别依据。

社会折现率是衡量资金时间价值的重要参数，代表社会资金被占用时应获得的最低回报率。适当的社会折现率有助于企业合理分配建设资金，引导资金投给对国民经济贡献大的项目，调节资金供需关系，促进资金在短期和长期项目间的合理配置。

社会折现率的确定可以体现国家的经济发展目标和宏观调控意图。一般我们根据目前国内的投资收益水平、资金机会成本、资金供需情况以及社会折现率对长、短期项目的影响等因素确定社会折现率，供各类建设项目评价时统一采用。

2.　影子汇率

影子汇率（Shadow Exchange Rate，SER）是指两国货币实际购买力的比价关系，是相对于官方汇率（Official Exchange Rate，OER）而言的。SER 和 OER 之间的关系如下式所示：

$$SER = \frac{OER}{SCF}$$

式中，SCF 为转换系数。

发展中国家大都过高估计本国货币购买力，官方汇率往往定得较低。

SER 和 OER 之间的差额实际上是一种价格补贴，影子汇率的作用是使贸易品和非贸易品之间建立一种相对合理的价格转换关系，以消除用 OER 度量时带来的偏差。

3.　影子工资

影子工资是项目使用劳动力，社会为此付出的代价。影子工资由劳动力的机会成本和社会资源耗费两部分组成。影子工资通常通过影子工资换算系数计算。影子工资换算系数是影子工资与项目中劳动力的工资和福利费的比值。对于影子工资转换系数，我们可视工作性质和当地生活水平，在 0～1 取值。

10.5.4　影子价格

影子价格也叫效率价格、计算价格。叫法不同但其内容基本一致，都是应用线性规划把资源和价格联系起来，即在一定的经济结构中，以线性方法计算、反映资源最优利用的价格。

1.　在线性规划中关于影子价格的表述

（1）在最优分配状态下，各种资源对目标函数的边际贡献（边际产出）就是其影子价格。

（2）第 i 种资源的影子价格是对第 i 种资源在实现最优目标函数数值时的一种价格估计。在决策中，我们应当在市场价格大于第 i 种资源的影子价格时，卖出第 i 种资源；在市场价格小于第 i 种资源影子价格时，买进第 i 种资源。

2.　在经济评价中关于影子价格的表述

（1）商品或者生产要素可用量的任何边际变化所引起的福利增加；

（2）为了达到一定的社会目标最优化所应该采取的价格；

（3）泛指实际价格以外的较能反映资源社会价值的那种价格；

（4）影子价格是在社会经济处于某种最优化状态下，反映社会劳动消耗、资源稀缺程度和需求状况的产品或资源的价格。

综上所述，影子价格都涉及资源的最优分配和边际贡献；既要反映资源的稀缺程度，又要反映资源的边际产出。资源稀缺程度的变化，市场需求结构的变化，产品劳动消耗水平的变化等都会导致影子价格的变化。如果把线性规划问题用于整个社会经济整体的资源分配，要求满足以下基本条件。

（1）市场容量和条件不受限制；

（2）各企业的产出不存在质量差别；

（3）价格完全由市场自由调节；

（4）各种资源对于每个可能的生产者来说，获得的机会是均等的。

10.5.5　费用效益分析的指标

费用效益分析以盈利能力的评价为主，评价指标包括以下三个。

1. 经济内部收益率（EIRR）

经济内部收益率作为主要评价指标，是反映项目对国民经济贡献的相对指标。它是使项目计算期内的经济现值累计等于零时的折现率。其表达式为：

$$\sum_{t=0}^{n}(B-C)_t \cdot (1+EIRR)^{-t}=0$$

式中，B 为国民经济效益流量；

C 为国民经济费用流量；

$(B-C)_t$ 为第 t 年的国民经济净效益流量；

n 为计算期。

当经济内部收益率大于等于社会折现率时，项目应是可以接受的；当经济内部收益率小于社会折现率时，项目应为不可以接受的。

2. 经济净现值（ENPV）和经济净现值率（ENPVR）

经济净现值是反映项目对国民经济所做贡献的绝对指标。它是用社会折现率将项目计算期内各年的净效益折算到建设起点（建设期期初）的现值之和。经济净现值大于零，表示国家为拟建项目付出代价后，除得到符合社会折现率的社会盈余外，还可以得到以现值计算的超额社会盈余。

经济净现值率是反映项目单位投资为国民经济所做净贡献的相对指标，它是经济净现值与投资现值之比。

一般情况下，经济净现值大于或等于零的项目，应是可以接受的。我们在选择方案时，应选经济净现值大的方案；当方案投资额不同时，需要用经济净现值率衡量。

3. 效益费用比

效益费用比是项目在计算期内效益流量的现值与费用流量的现值的比率，是我们进行经济费用效益分析的辅助评价指标，其计算公式为：

$$R_{BC}=\frac{\sum_{t=1}^{n}B_t(1+i_s)^{-t}}{\sum_{t=1}^{n}C_t(1+i_s)^{-t}}$$

式中，R_{BC} 为效益费用比；

B_t 为第 t 期的经济效益；

C_t 为第 t 期的经济费用。

如果效益费用比大于 1，表明项目资源配置的经济效率达到了可以接受的水平。

10.6 | 通信企业建设项目的技术经济分析

技术经济评价是我国邮电通信建设项目研究发展中的重要组成部分，是对项目进行科学决策的主要手段。国家有关部委曾联合发布《建设项目经济评价方法与参数》这一指导性文件，通信企业对建设项目的技术经济分析大多以此文件为依据，结合项目的具体实际予以展开。

10.6.1　通信企业建设项目技术经济分析的特点与要求

通信企业建设项目通常包含固定通信、移动通信、数据通信、传输网等项目，对这类项目的技术经济分析主要包括国民经济评价和财务评价两个方面，一般具有如下特点。

（1）项目本身具有普遍服务性、全程全网、外部效果显著等特点。

（2）对全局性的通信项目一般应进行财务分析和经济费用效益分析；对涉及局部的电信项目可只进行财务分析。

（3）通信项目的经济效益包括改善通信条件、提高服务质量、优化网络结构、增加服务内容、提高社会生活质量、提高社会生产效率、降低社会生产成本等。

（4）通信项目的财务效益为出售产品和提供服务的收入以及降低电信成本的效益。

（5）通信项目费用包括网络建设费用、网络运行维护费用以及其他费用。

此外，我们依据通信建设项目的特点，应采用静态指标和动态指标相结合的分析方法。在技术经济分析过程中还应当充分考虑局部利益和全局利益、远期效益和近期效益、社会效益和经济效益的结合。

10.6.2　通信企业建设项目技术经济分析的重要指标

1. 财务评价指标

通信企业建设项目本身的复杂性，使其经济评价也具有多角度性和多面性，暂时还不存在单独的指标来描述经济全貌。目前较为常用的财务评价指标包括：①净现值；②内部收益率；③财务基准收益率（通信行业一般取 12%）；④基准投资回收期；⑤动态投资回收期；⑥平均投资利润率。

在财务评价过程中，企业一般主要考虑几个关键性的计算过程及结果，这些计算以总成本费用表、现金流量表、净现值表等表格的形式表现全部的投资和自有资金投资在财务上产生的现金流量以及净现值方面的情况，有关盈余、利润、税金、分配等方面的情况，以及该项目资产、债务、计息等方面的情况。

2. 国民经济评价指标

国民经济评价是在财务评价的基础上进行衡量计算，同时也是利用项目投资来增加和消耗国民经济资源的重要价值依据。它与财务评价中的货币体系有所不同，它主要是通过产出物工资、投入物数量、汇率、价格等的变化，来有效反映各种资源的价值。

10.6.3　通信企业建设项目的不确定性分析

通信企业对建设项目进行经济评价时所采用的基本变量都是对于未来的预测和假设，因此具有不确定性。企业需要对各种影响因素对项目效益可能产生的各种影响进行计算，从而对评价结果的精准性和可靠性进行预测，增加建设项目投资决策的科学性，防止产生严重的经济风险。通信企业应用较多的不确定性分析方法是盈亏平衡分析和敏感性分析。

1. 盈亏平衡分析

盈亏平衡分析能够较好地反映行业发展水平与发展方向。但通信企业在对建设项目盈亏平衡进行分析时，一般都很难正确把握其变动成本和固定成本。尤其对于一些支撑平台类的软件集成建设项目（如大数据分析平台、人工智能分析平台等）来说尤其如此。

2. 敏感性分析

通信企业建设项目中会对投资回收期、净现值以及内部收益率等关键指标产生影响的因素主要包括通信资费、产品数量、产品价格、融资成本等。通信企业对以上因素进行单独分析较为困难，所以在实际工作中往往将这些因素归纳为基础投资、再分配收入和运营成本三个维度，进而对关键指标的变化进行分析，得出结论。

本章小结

技术经济分析是应用理论经济学基本原理，研究工程技术领域经济问题和经济规律、研究技术进步与经济增长之间的相互关系、研究技术领域内资源的最优配置和寻求技术与经济最佳结合的科学。技术经济分析的过程就是分析围绕某一目标进行的各种技术活动因资金的投入所取得的经济效果和经济效益。

不同时间点的等额资金在价值上的差别体现的就是资金的时间价值。资金时间价值的存在，使不同时间点上发生的现金流量无法直接加以比较。必须通过资金的等值计算，让这些现金流量处于同一时间点，然后进行对比，才能更真实地反映项目或技术方案的情况。

为了确保经济决策的正确性和科学性，研究经济效果评价的指标和方法是十分必要的。常用的评价指标包括投资回收期、追加投资回收期、净现值、内部收益率、净现值指数等；评价方法包括确定性评价（如多方案经济评价）和不确定性评价（盈亏平衡分析、敏感性分析）两类，对于同一个项目，应综合运用这两类方法进行分析。

对于公共项目这样通过财务分析无法全面准确地衡量其经济效益的项目，我们还需要通过费用效益分析进行国民经济评价。

最后，本章还介绍了通信企业建设项目技术经济分析的重要指标。

复习思考题

1. 技术经济分析的基本原理是什么？
2. 什么是资金的时间价值？如何进行等值计算？
3. 技术经济分析的常用方法有哪些？如何运用？
4. 某人从25岁参加工作起至59岁，每年存入养老金5 000元，若利率为6%，则在60～74岁每年可以等额领到多少钱？

5．某企业拟购买一项专利技术，预计使用该专利技术可产生年净收益 28 万元，其有效使用期为 6 年，若投资收益率为 15%，试求该专利技术的价值。

6．某企业获得 10 万元贷款，偿还期为 5 年、年利率为 10%，试就下面四种还款方式，分别计算 5 年还款总额及还款额的现值。

（1）每年年末还 2 万元本金和所欠利息；

（2）每年年末只还所欠利息，本金在第 5 年年末一次还清；

（3）每年年末等额偿还本金和利息；

（4）第 5 年年末一次还清本金和利息。

7．某企业现有两个备选的投资方案，方案 I 的投资额为 550 万元，年经营费用为 150 万元；方案 II 的投资额为 750 万元，年经营费用为 125 万元，标准投资回收期为 5 年，试计算追加投资回收期并选择最优方案。

8．某公司生产一种新产品，固定成本总额为 8 万元，单位变动成本为 9 元，产品售价为 11 元，试计算：

（1）盈亏平衡时的产量；

（2）若要盈利 2 万元，产量应为多少？

9．某项目初始投资为 1 200 万元，当年建成并投入使用，预计使用寿命为 8 年，每年可带来销售收入 750 万元，年经营费用为 500 万元，设基准利率为 8%。请分别对初始投资、年销售收入、年经营成本三个因素进行敏感性分析。

10．什么是费用效益分析？有哪些具体的指标？

参 考 文 献

[1] 陈荣秋，马士华. 生产与运作管理（第3版）[M]. 北京：高等教育出版社，2011.

[2] 蔡跃洲. 技术经济学研究方法及方法论述评[J]. 数量经济技术经济研究，2009.

[3]（美）菲利普·科特勒，凯文·莱恩·凯勒. 营销管理（第15版）[M]. 上海：格致出版社，2016.

[4]（美）菲利普·科特勒，等. 营销革命4.0：从传统到数字[M]. 北京：机械工业出版社，2018.

[5]（美）弗雷德·戴维. 徐飞，译. 战略管理（第13版全球版）[M]. 北京：中国人民大学出版社，2012.

[6]（美）加里·阿姆斯特朗，等. 市场营销学（第12版全球版）[M]. 王永贵，等，译. 北京：中国人民大学出版社，2017.

[7] 黄津孚. 现代企业管理原理（第六版）[M]. 北京：首都经济贸易大学出版社，2011.

[8] 荆新，王化成，刘俊彦. 财务管理学（第8版）[M]. 北京：中国人民大学出版社，2018.

[9] 郎宏文，等. 技术经济学[M]. 北京：人民邮电出版社，2016.

[10] 李启明. 现代企业管理（第五版）[M]. 北京：高等教育出版社，2017.

[11] 刘广第. 质量管理学（第三版）[M]. 北京：清华大学出版社，2018.

[12] 刘晓君，李玲燕. 技术经济学（第三版）[M]. 北京：科学出版社，2017.

[13]（美）路易斯·R.戈麦斯-梅西亚，等. 人力资源管理（第8版）[M]. 刘宁，等，译. 北京：北京大学出版社，2018.

[14]（美）爱德华·诺德，理查德·舍恩伯格. 运营管理：满足全球顾客需求（第7版）[M]. 何桢，译. 北京：中国人民大学出版社，2006.

[15] 清华大学中国科技政策研究中心. 中国人工智能发展报告2018[R]，2018.

[16]（美）托马斯·福斯特. 质量管理：集成的方法（第2版）[M]. 北京：中国人民大学出版社，2006.

[17] 王化成，黎来芳，佟岩，于悦. 财务管理（第5版）[M]. 北京：中国人民大学出版社，2017.

[18]（美）威廉·J. 史蒂文森. 运营管理（第8版）[M]. 北京：机械工业出版社，2005.

[19]（美）罗伯特·雅各布斯，理查德·蔡斯. 运营管理（第14版）[M]. 任建标，译. 北京：机械工业出版社，2015.

[20]（美）约瑟夫·M. 朱兰，等. 朱兰质量手册：通向卓越绩效的全面指南（第6版）[M]. 焦叔斌，等，译. 北京：中国人民大学出版社，2014.

[21] 张相斌，林萍，张冲. 供应链管理——设计、运作与改进[M]. 北京：人民邮电出版社，2015.

[22] 赵慧君. 电信运营商统一新媒体分析管理平台建设工程可行性研究[D]. 北京：北京邮电大学，2017.

[23] 赵维双，宋凯. 技术经济学[M]. 北京：机械工业出版社，2015.

[24] Johnson S P, Menor L J, Roth A V, Chase B R. A critical evaluation of the new service development process[J]. New Service Development, 2000,1-32.